L'HEPTAMÉRON DES GOURMETS

PAR ÉDOUARD NIGNON

L'HEPTAMÉRON

DES

GOURMETS

BIBLIOTHÈQUE NATIONALE
R.F.
IMPRIMÉS

JUSTIFICATION DU TIRAGE

Il a été tiré de

L'HEPTAMÉRON DES GOURMETS :

20 exemplaires sur papier ancien du Japon, numérotés de I. à XX.
120 exemplaires sur papier impérial du Japon, numérotés de 1 à 120.
10 exemplaires hors commerce, sur papier vergé, numérotés de A. à J.

Exemplaire N° 39

IMPRIMÉ POUR LA

BIBLIOTHÈQUE NATIONALE

A LA MÉMOIRE DE MON FILS

MARCEL NIGNON

TUÉ LE 8 OCTOBRE 1914

AU COMBAT DE LA BOISSELLE (SOMME)

E. NIGNON

ÉDOUARD NIGNON

L'HEPTAMÉRON DES GOURMETS

OU

Les Délices de la Cuisine Française

AVEC DES

AVANT-PROPOS

DE

MM. LUCIEN DESCAVES, de l'Académie Goncourt,
HENRI DE RÉGNIER, de l'Académie Française,
LAURENT TAILHADE, GUILLAUME APOLLINAIRE,
ANDRÉ MARY,
FERNAND FLEURET & ÉMILE GODEFROY.

DESSINS

DE

O. D. V. GUILLONNET et HENRI VARENNE.
Gravés sur bois par JARAUD.

A PARIS

L'AN M . C M XI X.

BIBLIOTHÈQUE NATIONALE — IMPRIMÉS. — R. F.

DON 1⁷²308

AVANT-PROPOS

U TEMPS de Tibère, rapporte Athénée, vivait à Rome le riche et voluptueux Apicius, auquel on prête un traité fameux de la chose culinaire. Ayant appris que les écrevisses de Lybie surpassaient en grandeur celles de Syrie, d'Égypte et de Minturnes, il appareilla sur-le-champ pour l'Afrique. Et là, comme des pêcheurs éthiopiens lui apportaient de lourds paniers de squilles : « N'y en a-t-il point de plus grandes ? » interrogea-t-il anxieux. Alors, se souvenant que celles de Minturnes étaient plus belles, il ordonna au timonier de cingler sans retard vers l'Italie.

C'est pour t'éviter à jamais d'entreprendre un voyage inutile, ô gourmet qui me liras, que sept Sages sont partis rechercher au pays de Cocagne le livre très profitable où tout l'art de cuisine est enclos. Leur dessein fut de te procurer les divins préceptes grâce auxquels la faune et la flore innombrables de France sauront t'inspirer des harmonies savoureuses autant qu'imprévues.

Tout au moins ces pages conservent-elles le fruit de nombreuses veilles et d'études patientes. Variations sur des thèmes obligés, elles proposent des retouches à des formules déjà célèbres, souvent même de pures innovations.

A ces recettes aimées, outre les suffrages de nos difficiles, je souhaite qu'elles parviennent à démontrer sans phrases que la Cuisine est digne du beau nom de science, en dépit des classifications admises du vulgaire : au même titre que la chimie, uniquement empirique jadis, ne réclame-t-elle pas, en effet, une exacte connaissance des proportions, des réactions et des mélanges ? Elle est aussi un art par son imprévu, la constante invention qu'elle exige, l'apport individuel du cuisinier lui-même, dont l'intelligence et la sensibilité transposent des données universelles à la façon du peintre qui traduit un paysage sur une toile. Bien plus, l'envisageant comme l'instrument d'une fonction primordiale, on y peut voir le seul art vraiment nécessaire à l'homme, celui dont Rabelais faisait découler tous les autres.

Tandis que la peinture, la musique, la sculpture et l'architecture n'affectent physiquement que l'un de nos sens, la Cuisine a l'ambition d'en exalter le faisceau en une magique symphonie, dont ne donnerait qu'une faible idée, celle obtenue par des Esseintes sur son orgue des liqueurs.

Sans que doive intervenir le goût, suprême arbitre en la

matière, l'odorat n'est-il point requis par le subtil parfum qui
monte des viandes savamment préparées ? Qu'il me soit permis
de rappeler, en témoignage, le départ éploré de Messer Blazius
du château où l'on dîne : « Adieu, bouteilles cachetées, fumet
sans pareil de venaisons cuites à point ! » et ces vers sur le
melon, savoureusement évocateurs :

> Quelle odeur sens-je en cette Chambre?
> Quel doux parfum de Musc et d'Ambre
> Me vient le Cerveau resjouïr,
> Et tout le cœur espanouïr ?
> Ha bon Dieu ! j'en tombe en extase ;
> Ces belles Fleurs qui dans ce Vase
> Parent le haut de ce Buffet,
> Feroient-elles bien cet effet?
> A-t-on bruslé de la pastille?
> N'est-ce point ce vin qui pétille
> Dans le Cristal, que l'Art humain
> A fait, pour couronner la main ;
> Et d'où sort quand on en veut boire
> Un air de Framboise, à la gloire
> Du bon terroir, qui l'a porté
> Pour nostre éternelle santé ?....
> Qu'est-ce-donc? Je l'ay descouvert
> Dans ce panier remply de vert ;
> C'est un Melon, où la Nature,
> Par une admirable structure,
> A voulu graver à l'entour
> Mille plaisans chiffres d'Amour......

Mais les yeux pétillent d'aise avant même que de capiteux
aromes ne soient venus chatouiller les narines frémissantes de
convoitise ! L'ouïe est charmée du grésillement des fritures, du
craquètement des beignets qui refroidissent, du chant monotone
de la vapeur soulevant le couvercle qui la comprime ! Que

dire encore des sensations exquises que donnent au toucher la peau fraîche des cerises ou celle soyeuse et duvetée des pêches ?

Combien peu cependant les daignèrent apprécier à leur juste mérite, ces délices de la table, qui ne se peuvent réaliser qu'à force de labeur ? Pour ces gens, gourmandise était synonyme de gloutonnerie ; et les Spartiates étaient des héros, qui faisaient leur ordinaire d'un sauvage brouet. Jamais un artiste n'est sorti de Sparte ; et c'est d'Athènes ou d'Alexandrie que vinrent Épicure et Aristippe, Anacréon, le poète du vin, et Archestrate, l'auteur du « Bien-Manger ». C'est en Grèce que le philosophe Aristoxène arrosait chaque soir de vin doux ses laitues, pour les cueillir le lendemain, à l'aurore.

Chez nous, de même, les vrais poètes, ont chéri la Cuisine et lui ont voué d'impérissables vers. Dans ces cabarets, où depuis Villon défilèrent leurs troupes, point n'en est qui n'ait sacrifié à la bouche. C'est à la Pomme de Pin, au milieu des pots, que Racine recevait la visite des Grâces qui firent leur sanctuaire de l'âme d'Aristophane, et que Despréaux, censeur impitoyable du Repas ridicule, vantait Boucingo et vouait au Styx les Crenet, les Mignot et autres empoisonneurs. Quant à Molière, commensal heureux du Roi Soleil, il propose à notre sympathie Chrysale, cet amateur de potages. Comment rougir, en telle compagnie, de l'intérêt que *suscite* en nous un passe-temps si agréable, celui qu'essaya Platon pour oublier la mort de son maître ?

Ami lecteur, je t'imagine volontiers feuilletant ces pages un soir d'été, à la clarté bleue des étoiles qui s'allument. Les ombres s'allongent des bosquets qui se sont tus ; et tu cherches pourquoi les Anciens, si prodigues de dieux, en donnèrent aux festins, mais point à l'adorable Cuisine. Du livre entr'ouvert, lentement s'élèvent, comme d'une cassolette, des odeurs suaves de rôtis et de sauces. Et la cuisinière, accourant te prévenir que la soupe fume sur la table, te surprend à murmurer au dieu l'hymne que lui chantait naguère le bon gros sieur de Saint-Amant :

> Par ces Bisques si renommées,
> Par ces langues de Bœuf fumées,
> Par ce Jambon couvert d'espice,
> Par ce long pendant de saucisse,
> Par la majesté de ce Broc,
> Par masse, toppe, cric et croc,
> Par ceste olive que je mange,
> Par ce gay passeport d'orange....
> Reçoy nous dans l'heureuse trouppe
> Des francs chevaliers de la Couppe,
> Et pour te monstrer tout divin
> Ne la laisse jamais sans Vin !

LES SEPT JOURNÉES DE COCAGNE

PREMIÈRE JOURNÉE

PRÉSENTÉE PAR

ANDRÉ MARY

PREMIÈRE JOURNÉE

I

ES Apédeutes s'étant emparé du pouvoir à la mort du roi
Chapeau, dernier du nom, gouvernèrent la nation des Ligures
à la façon dont l'Apprenti-Sorcier faisait le laboratoire de son
maître et ils n'eurent point de cesse que ce beau désordre,
joint à l'invasion subite des Cancouanes et des Urebecs, n'eût
engendré une suite de guerres et de calamités comme jamais le
monde n'en avait vues.

Un beau matin, cependant, comme on ne l'attendait plus, la Paix redescendit
du ciel; on chassa honteusement les vieillards Apédeutes, dont l'humeur tyrannique
et le morne babillage étaient devenus insupportables à tous. La jeunesse ligure
revendiqua l'honneur de diriger les destins de sa patrie : elle élut alors pour chef
le bon prince Akakia qui s'occupa avec zèle de rendre au pàys son ancienne
prospérité. Ce ne fut pas en un jour qu'on put relever tant de ruines et panser tant
de plaies, ensemencer les champs en jachère, replanter les vignes ·dévastées,
restaurer tant de joyeuses bastides et de belles hôtelleries et ramener l'abondance
dans les granges et les celliers.

Heureusement, un souverain des Antipodes, le roi de Cocagne, qu'une
origine commune et de vieux souvenirs de famille attachaient au roi Akakia et

qui aimait la douce Ligurie et ses frivoles enfants, leur fut d'un grand secours en cette occasion. Peu de temps après l'avènement d'Akakia, il lui écrivit :

« Cher et honoré Cousin, la Ligurie qui jouit maintenant des avantages d'un gouvernement habile, se prend à renaître, trop lentement encore à mon gré. Pour bien marquer les sentiments que je nourris envers cette généreuse nation et pour contribuer de tout mon pouvoir aux progrès de son relèvement, j'ai décidé de t'offrir la dive Bouteille conservée dans mes terres depuis le trépas de l'illustre Pantagruel qui, jadis, régna sur nos deux États réunis en un seul Empire. J'ai l'espoir que ce présent te sera agréable et que tu en connaîtras, sans tarder, les merveilleux effets.

« Ton affectionné,

« PHILÈNE. »

Akakia éprouva une grande joie à lire ce message qu'il reçut des mains de trois Moutardiers venus de Cocagne tout exprès pour le lui remettre. Il renvoya les ambassadeurs avec force cadeaux et une lettre scellée où il disait sa reconnaissance au noble Philène et où il lui annonçait l'embarquement prochain de missionnaires chargés de prendre possession de la précieuse Bouteille.

Un conseil de la Couronne les désigna : on les choisit parmi les hommes les plus beaux, les plus avisés, les mieux parlants du royaume, ni trop jeunes, ni trop vieux, et bien morigénés en toutes vertus. Porphyre, Ephestion, Adraste, Eurydamas, Typhis, Léander, Elpénor (tels étaient leurs noms), après une visite au bon Akakia qui leur dit, avec des mots qui vont au cœur, ce qu'il attendait d'eux, se rendirent à Phocée, accompagnés des vœux de tout un peuple ; puis, un clair matin de Pâques-Fleuries, la nef qui les portait cingla joyeusement vers Cocagne.

La traversée parut interminable aux ambassadeurs impatients de visiter une contrée si étrange et si différente de tous les pays connus, mais ils étaient soutenus, au milieu de la monotonie des horizons et des longues nuits silencieuses, par l'espérance de voir des choses mémorables et par l'honneur qu'ils retireraient du voyage.

Après plusieurs mois de navigation, la nef entra dans une zone merveilleusement tempérée. Des chapelets d'îlots fleuris émergèrent des flots, puis des rivages capricieusement découpés et couronnés de bois séculaires apparurent, tandis qu'une odeur de paradis, l'odeur confondue de l'oliban, du miel, du cinname et de la cannelle et celle de milliers de fleurs se répandait par la mer. Sur le pont où ils étaient accoudés, le divin Porphyre, le bel Ephestion, les charmants Léander et Typhis et leurs autres compagnons jouissaient des jeux éclatants de la lumière, à l'approche de ces terres inconnues.

On aborda dans une anse, on jeta les amarres sur un beau quai de marbre tout garni d'anneaux d'or. Le Roi de Cocagne était venu au devant des voyageurs avec toute sa suite, son sénéchal, son connétable, son chambellan, tous trois montés sur des licornes, dix mille vignerons, moutardiers, charcutiers, vinaigriers, sauciers, gateliers, marmitons et farceurs menés en quatre bataillons par le Maître des Épices Garingal, le Panetier Triptolème, Fessepinte, le grand Sommelier et Bourrabaquin, le grand Échanson. Quant au roi Philène, il était sur un splendide char traîné par douze tarandes, deux girafes et quatre éléphants. Un long hourrah monta d'entre les rangs pressés de la foule acclamant les ambassadeurs d'Akakia qui rendirent son salut de la façon la plus galante au joyeux peuple agitant ses bonnets. Une fanfare de saqueboutes, de bugles et de trompettes d'argent fit entendre de brillantes sonneries. Le bon Philène descendit de son char ; sa figure débonnaire en poire de bon-chrétien, aux yeux de perdrigon, sa couronne de morilles, son justaucorps couleur pistache, sa culotte braisée, son manteau à traîne que soutenaient des pages gentiment parés de chapeaux de pimprenelle, et la grande fourchette d'or qu'il portait majestueusement en guise de main de justice enchantèrent tous les regards.

Porphyre fit son compliment, auquel le roi répondit avec la meilleure grâce, puis il prit place avec Adraste, Eurydamas, Léander, Ephestion, Typhis et Elpénor dans une berline que bientôt le galop rapide de deux manticores emporta par la magnifique avenue au bout de laquelle étincelait le palais de Philène.

II

Les voyageurs furent conduits dans leurs appartements, où le barbier du Palais les frisa, les calamistra et les accommoda de son mieux (c'est l'usage en Cocagne de se raser minutieusement les lèvres afin de mieux savourer les mets), puis à l'invitation des officiers et serviteurs attachés à leurs personnes, ils se rendirent au cabinet de verdure où le Roi devait les traiter, ce premier jour.

Ils en profitèrent pour faire un tour de jardin, admirèrent la curieuse architecture des escaliers, fontaines, terrasses, galeries, le dessin des corbeilles et des massifs, la nature, la forme et les couleurs des végétaux de toute espèce qui étaient l'ornement de ce paradis, tandis que les guides leur donnaient toutes les explications souhaitables.

« Ne vous étonnez pas, ô Ligures, des particularités de notre flore et de notre faune, non plus que de la singularité de nos mœurs et coutumes, disait Triptolème à Porphyre en remontant la grande allée du parterre où cent jets d'eau de rose et de jasmin fusaient et retombaient dans les vasques bigarrées. En Cocagne règne une douceur perpétuelle ; la température, toujours égale, n'y saurait incommoder comme en tant de pays chauds ; les saisons s'y succèdent aussi variées qu'en vos contrées hyperboréennes, mais sans présenter les inconvénients des tristes intempéries et des fâcheux excès qui vous gâtent là-bas et l'hiver et l'été. S'il neige ici, c'est sucre en poudre ; s'il pleut, c'est eau de framboise et vin de Montrachet ; s'il gèle à glace, c'est sorbets au marasquin ; si le soleil darde, c'est rayons de miel ; s'il vente, c'est fumet de venaison et de perdrix rouge.... »

Les ambassadeurs d'Akakia, à la contemplation de toutes ces merveilles, n'en croyaient pas leurs yeux. « En vérité, disait Porphyre, les domaines du roi de Cocagne laissent loin derrière eux les jardins d'Alcinoüs ; car ici non seulement les plus rares essences portent en même temps des fleurs et des fruits, mais encore on en tire liqueurs et confitures ; il n'est pas jusqu'à l'écorce tombant à l'automne qui ne vaille les plus savoureux flans et les meilleures talmouses. Les fontaines pissent ratafias et sirops ; la terre recèle en guise de cailloux massepains et gimblettes ; dans les potagers l'on trouve, outre les légumes au naturel, des beignets de choux-fleurs, des salsifis frits et des asperges à la crème. Je vois des puits de miel et d'hypocras... Sans doute ici les ortolans tombent-ils tout rôtis du ciel et les charcutiers cueillent-ils l'andouille et le boudin, comme dans les îles du Sud on prend le pain sur les arbres ?

— Peu s'en faut, répondit Triptolème ; le travail en Cocagne n'est pas comme en vos climats peine, fatigue et punition du ciel ; c'est un jeu agréable et divers et toujours renouvelé.

On arriva au cabinet de verdure où le déjeuner était servi. Déjà le bon Philène était attablé, entouré de ses favoris qu'il appelait ses Choux et qui portaient de belles braguettes et des floquets de rubans multicolores. Des huissiers, ayant en sautoir des chaînes de coques et de bigorneaux, firent placer les convives. Le voyage, le grand air avaient aiguisé l'appétit des envoyés d'Akakia. Aussi firent-ils fête aux huîtres de Marennes, au jambon de Luxeuil, aux œufs brouillés, farcis et pochés de toutes façons qui ouvrirent le repas. Mais ce fut une clameur délirante, digne du thyrse de Bassareus, lorsque quatre Valets fort bien faits et vêtus d'une livrée resplendissante apportèrent sur leurs épaules, au son des violes et des flûtes, une énorme carpe en terrine, avec un buisson de homards bonne-dame.

« Je voudrais avoir un col de grue, comme le souhaitait Philoxène, s'exclama Léander, afin de pouvoir goûter plus longtemps le plaisir d'avaler tous ces coulis et toutes ces sauces !

— Je reprendrai un petit de cette selle de Béhague avec un doigt de Romanée, dit Adraste.

— Pour moi, j'ai assez bu, dit Elpénor, j'ai vin de pie. Donnez-moi une tranche de daube. »

La bonne chère, le vin déliaient à la fois toutes les langues et les convives faisaient assaut d'esprit, racontant cent folies et tenant les propos les plus gais.

On n'avait pas encore achevé la Salade Florise et pas encore entamé les Délices aux fraises qu'une cloche se fit entendre.

« C'est le dîner qui sonne, dit le bon roi Philène, placide devant ses quinze verres de Venise, tandis qu'à ses côtés ses Choux jouaient aux jonchets avec ses cure-dents.

— Comment, s'écria le divin Porphyre, nous ne nous levons pas de table ?

— Pour aujourd'hui, non ; nous prendrons l'air en continuant de manger ; d'ailleurs vous n'êtes pas encore remis des fatigues de la traversée. » Déjà les serviteurs, passant entre les convives, leur offraient le Caviar aux tranches de brioches grillées.

« Heureux Pays, heureux habitants, soupirait Eurydamas en se renversant béatement dans son fauteuil. Sans nul doute, ô Cocanéens, les maux qui sévissent sur notre triste continent et gâtent les rapports entre les hommes vous sont-ils à peu près tous épargnés : l'horrible soif de l'or, l'esprit de domination et tous ces appétits que notre raison est impuissante à maîtriser. Dites-moi, Triptolème, dans votre belle Cocagne, l'injustice, le dol, le meurtre et la rapine existent-ils ? Je ne vois chez vous ni casernes, ni tribunaux, ni prisons.

— En effet, nous ignorons ces institutions que le reste des humains considère comme indispensables à leur bonheur. Nous n'avons non plus ni hôpitaux, ni médecins ; car nous n'avons besoin de rien de tout cela. Nos guérisseurs, ce sont nos Cuisiniers qui sont encore nos juges et nos soldats. La loi de Cocagne est de telle nature que tous les délits et les crimes (heureusement fort rares) sont réprimés par des privations de rôts, d'entremets ou de desserts. Et cette seule menace est plus efficace que tous les supplices. Tenez, voyez-vous ces deux Cocanéens en pénitence, là-bas, au bout de cette table : ce sont deux bouilleurs de vin ; l'un est privé de fond d'artichaut Célestine, l'autre de soufflé Montpensier ; et je vous gage qu'ils sont bien châtiés et qu'ils ne recommenceront plus.

— Et la guerre, reprit Eurydamas ; n'avez-vous jamais de guerres, soit intestines, soit avec les voisins ?

— La seule, répondit Triptolème, dont on se souvienne dans le pays est l'expédition contre les Bedons, il y a de cela dix ans. Les Bedons sont une petite peuplade qui occupe la pointe occidentale de notre île. On leur reproche leur peu de civilité ; ils sont non des gourmets, mais d'insatiables gloutons. Assis sur des chaises très basses, une serviette nouée autour du cou, la tête au niveau du bord de la table, ils passent les jours et les nuits à jouer des mâchoires ; ils se soucient moins de la qualité que de la quantité et ils n'ont pas cette politesse et cet esprit qui, mieux qu'ail ou rocambole, assaisonnent les plats et font le charme des repas pris en commun. Pour en revenir à cette guerre, les Bedons nous avaient dérobé trois pots de fonds de volaille et une terrine de gibier et éventré un fût de Malvoisie. Nous leur prîmes des otages, les mettant pendant quelques jours à la diète, c'est-à-dire les nourrissant seulement de deux entrées et d'un relevé ; les Bedons vinrent à résipiscence et nous dédommagèrent. Cette guerre ne fit que deux victimes : encore celles-ci moururent-elles d'indigestion par trop de goinfrerie, au retour de leur captivité.

« Depuis ce jour, les diverses tribus de Cocagne vécurent en bonne intelligence.

« Pour ce qui est des Étrangers, nous n'avons rien à redouter d'eux. Une entreprise contre nous leur serait funeste. Outre que notre île est assez bien défendue par des rochers taillés à pic et par des bancs de madrépores, nos Cuisiniers, avec leurs lardoires et leurs lèchefrites sont pour nous les fantassins et les artilleurs les plus redoutables. Ces bons génies de Cocagne seraient, en l'occurrence, des magiciens aussi terribles que Canidie ou Circé. Ils cultivent le moly et la panacée, mais aussi les népenthès et les sucs de démence et de mort ; ils savent l'art de rajeunir et de ragaillardir, mais malheur à qui voudrait attenter à l'indépendance de la libre Cocagne ! »

A ce moment, le parc, les allées, les galeries, les massifs d'arbres s'embrasèrent tout d'un coup de feux de mille couleurs et de vapeurs merveilleuses. Une multitude de pétards et de fusées éclatèrent de toutes parts, illuminant la voûte céleste, les canaux et les bassins.

Les invités du bon roi Philène, quelque peu harassés d'une journée fertile en émotions prirent alors congé de leur hôte et regagnèrent leurs appartements.

Andeé **MARY**.

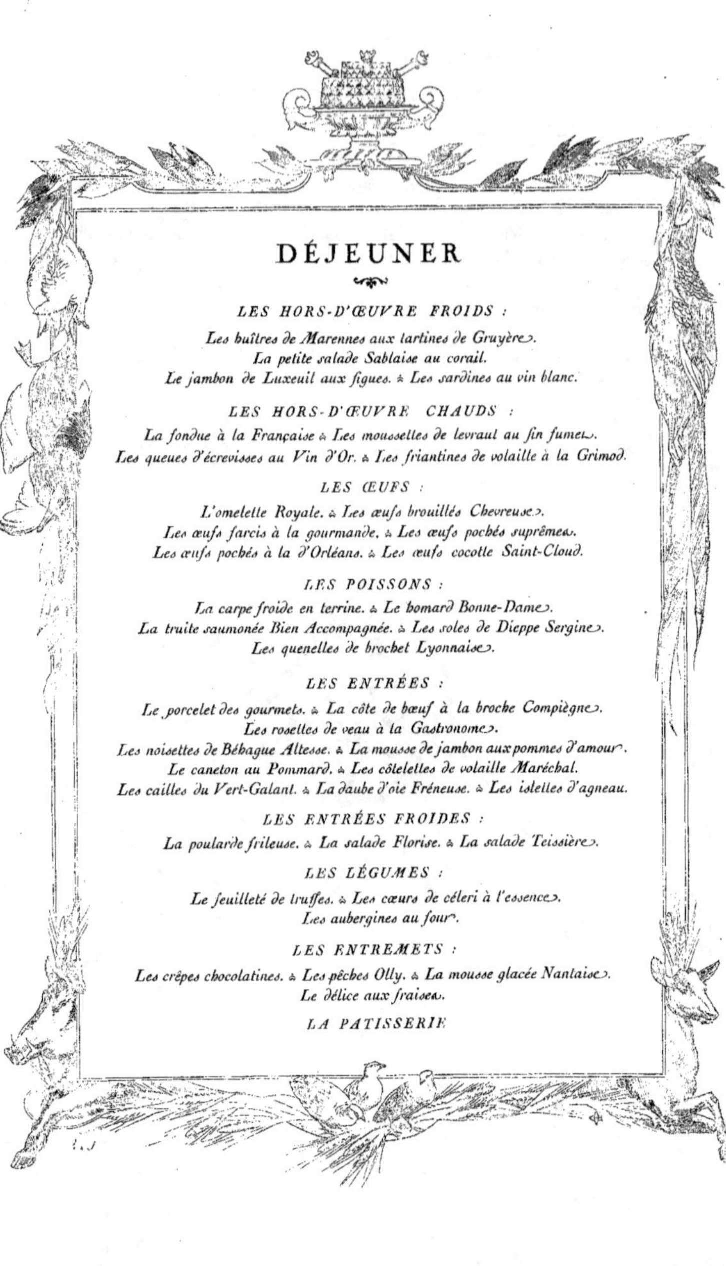

DÉJEUNER

LES HORS-D'ŒUVRE FROIDS :

Les huîtres de Marennes aux tartines de Gruyère.
La petite salade Sablaise au corail.
Le jambon de Luxeuil aux figues. ❧ Les sardines au vin blanc.

LES HORS-D'ŒUVRE CHAUDS :

La fondue à la Française ❧ Les moussettes de levraut au fin fumet.
Les queues d'écrevisses au Vin d'Or. ❧ Les friantines de volaille à la Grimod.

LES ŒUFS :

L'omelette Royale. ❧ Les œufs brouillés Chevreuse.
Les œufs farcis à la gourmande. ❧ Les œufs pochés suprêmes.
Les œufs pochés à la d'Orléans. ❧ Les œufs cocotte Saint-Cloud.

LES POISSONS :

La carpe froide en terrine. ❧ Le homard Bonne-Dame.
La truite saumonée Bien Accompagnée. ❧ Les soles de Dieppe Sergine.
Les quenelles de brochet Lyonnaise.

LES ENTRÉES :

Le porcelet des gourmets. ❧ La côte de bœuf à la broche Compiègne.
Les rosettes de veau à la Gastronome.
Les noisettes de Bébague Altesse. ❧ La mousse de jambon aux pommes d'amour.
Le caneton au Pommard. ❧ Les côtelettes de volaille Maréchal.
Les cailles du Vert-Galant. ❧ La daube d'oie Fréneuse. ❧ Les istelles d'agneau.

LES ENTRÉES FROIDES :

La poularde frileuse. ❧ La salade Florise. ❧ La salade Teissière.

LES LÉGUMES :

Le feuilleté de truffes. ❧ Les cœurs de céleri à l'essence.
Les aubergines au four.

LES ENTREMETS :

Les crêpes chocolatines. ❧ Les pêches Olly. ❧ La mousse glacée Nantaise.
Le délice aux fraises.

LA PATISSERIE

DÎNER

LES HORS-D'ŒUVRE FROIDS :
Le caviar gris aux tranches de brioche grillées. ❧ La petite salade parisienne.
Les œufs de vanneau.
Les truites marinées de Rozance.

LES HORS-D'ŒUVRE CHAUDS :
Les petites bouchées des Dames. ❧ Les feuilletés Cancalais.
Les croustades à la Marinière. ❧ Les petits friands du Régent.

LES POTAGES :
La crème de blanc de volaille aux noix fraîches.
La crème Longueville. ❧ La julienne verte. ❧ La bisque de nos Pères.
Le consommé Palestrina. ❧ Le consommé Châtelaine.
Le consommé froid Francillon.

LES POISSONS :
Les rosettes de turbot Jeannine. ❧ La barbue à la d'Orléans.
Les filets de sole à la Condé. ❧ Les suprêmes de truite en papillottes.
La fricassée de homard à la Debauge.

LES ENTRÉES :
La selle de veau Orlowsky.
Le filet de bœuf à la glace fine. ❧ Les noisettes d'agneau Vivienne.
Les perdreaux de l'Archevêque ❧ La poularde Simonnelle.
Les côtelettes de volaille Maleville. ❧ Le choux Maître-René.
Le lièvre aux saucisses à l'ancienne mode. ❧ Les rosettes de bœuf Villemain.
Les merveilleuses.

LES ENTRÉES FROIDES :
Le pâté de caneton d'Amiens. ❧ Le foie gras à la gelée de faisan.
La salade Directoire de laitues.

LES ROTS :
Le dindonneau Surprise. ❧ Les cailles à la feuille de vigne.

LES LÉGUMES :
Les fonds d'artichauts Célestine.
La purée de flageolets aux œufs Colette.
Les asperges à la française. ❧ Les endives Madeleine.

LES ENTREMETS :
Le soufflé Montpensier. ❧ Les pêches Amandines.
L'orangine. ❧ La coupe glacée framboisée.

LA PATISSERIE

LES HORS-D'ŒUVRE FROIDS

LES HUITRES DE MARENNES AUX TARTINES DE GRUYÈRE. — Parez un pain bis à huîtres, dont vous enlèverez la croûte; taillez-le en petites tranches très minces, qu'il faudra beurrer de beurre frais. Posez sur le beurre une lamette de gruyère, couvrez le tout d'une nouvelle tartine.

Puis offrez ces tartines sur une serviette avec des huîtres très fraîches, servies sur de la glace pilée.

LA PETITE SALADE SABLAISE AU CORAIL. — Réunissez douze escalopes de homard bien frais, cent cinquante grammes de haricots verts cuits et autant de pommes de terre cuites émincées; entourez cette salade de glace pilée.

D'autre part, préparez une sauce en mélangeant deux cuillerées à bouche de catsup-tomate avec du sel, du poivre et trois petites cuillerées de moutarde ordinaire; ajoutez-y deux cuillerées à bouche de vinaigre, autant de mayonnaise et, finalement, cinq cuillerées d'huile. Versez alors sur la salade cette sauce rose, à peine épaisse et reluisante; amalgamez bien le tout, dressez en dôme dans un vase en cristal, puis entourez de glace pilée. Hachez enfin le corail et semez-le sur cette salade que vous servirez très fraîche.

LE JAMBON DE LUXEUIL AUX FIGUES. — Dans un jambon de Luxeuil fumé et cru, taillez des tranches très fines, longues de douze centimètres et larges de quatre. Parez-les en n'y laissant que très peu de graisse. Coupez alors en quatre des figues confites, et placez un quart de figue sur l'extrémité de la tranche de jambon que vous enroulerez tout autour comme pour faire une paupiette. Puis dressez ces petits rouleaux sur une serviette à thé, autour d'un massif de persil frais.

LES SARDINES AU VIN BLANC. — Écaillez des sardines, videz-les et placez-les dans un plat à sauter où vous verserez une marinade de vin blanc. Mettez le tout à l'ébullition, puis laissez refroidir dans leur cuisson les sardines, que vous disposerez ensuite dans des raviers. Réduisez la cuisson des deux tiers et allongez-la du jus d'un citron; lorsqu'elle sera tout à fait refroidie, vous la passerez au linge fin et la verserez sur les sardines que vous servirez doûze heures après, les faisant alterner avec des lames de tomates émondées et très rouges. Vous les borderez en outre d'une guirlande de tranches fines de citron pelé.

LE CAVIAR GRIS AUX TRANCHES DE BRIOCHE. — Servez entière la boîte de quatre livres, entourée de glace pilée. Vous donnerez en même temps et à part des tranches de brioche mousseline, colorées des deux côtés sur le gril ou à la salamandre.

En Russie, l'on accompagne ce hors-d'œuvre d'oignon vert haché, quand c'en est la saison.

LA PETITE SALADE PARISIENNE. — Mettez dans un saladier cinquante queues et pattes d'écrevisses cuites au fin court-bouillon. Ajoutez-y des lamelles de truffes et autant de pommes de terre émincées; mais il faut que les queues d'écrevisses prédominent. Liez la salade de mayonnaise légèrement relevée, puis versez-la dans un vase en cristal taillé, entouré de glace pilée. Dressez-la en dôme, disposez tout autour des œufs de vanneau durs et formez au milieu un parterre de petits haricots verts dessinant un soleil, dont le centre sera fait de jaunes d'œufs durs hachés.

LES ŒUFS DE VANNEAU. — C'est un véritable régal que ces œufs frais, cuits très durs, et simplement plongés dans du sel mêlé à du paprika.

LES TRUITES MARINÉES DE ROZANCE. — Choisissez douze petites truites bien vivantes que vous viderez et essuierez bien. Salez-les, farinez-les et les cuisez à l'huile de belle couleur blonde. Placez-les alors dans un plat de porcelaine ou de faïence où vous les couvrirez d'une marinade préparée de façon suivante :

Faites chauffer dans une casserole un demi-litre d'huile fine, ajoutez un quart de litre de fin vinaigre avec une brindille de thym, un verre à madère de vin blanc sec, deux feuilles de laurier et deux clous de girofle. Cuisez cette marinade trente minutes; laissez-la refroidir et versez-la sur les poissons. Vous les y ferez baigner dix heures, puis les servirez avec un peu de marinade, les entourant d'une garniture de lames de citron.

LES HORS-D'ŒUVRE CHAUDS

LA FONDUE A LA FRANÇAISE. — De tous les écrivains culinaires qui ont traité de la fondue, il n'y en a pas deux qui l'aient décrite de la même manière. En voici encore une nouvelle qui, je l'espère, vous satisfera davantage; les proportions en sont valables pour six convives :

Versez dans une casserole cinq cuillerées de fine béchamelle; ajoutez-y deux cent cinquante grammes de parmesan râpé et autant de gruyère, puis travaillez soigneusement le tout. Quand ce sera bien fondu et bien chaud, vous y introduirez une pointe de cayenne, huit jaunes d'œufs passés à la mousseline et, finalement, douze blancs d'œufs bien fermes. Cuisez alors cet appareil dans une timbale à soufflé beurrée, puis disposez sur la surface de la fondue une rosace formée de losanges de gruyère.

Après vingt minutes de cuisson à four doux, vous servirez cette fondue toute chaude.

LES MOUSSETTES DE LEVRAUT AU FIN FUMET. — Pilez dans un mortier cinq cents grammes de chair crue de levraut bien frais avec du sel et du poivre. Passez au tamis fin, puis remettez cette farce dans le mortier, pour y incorporer peu à peu huit jaunes d'œufs et deux cent vingt-cinq grammes du beurre le plus fin possible. Mettez cette farce dans une terrine blanche, émaillée, que vous laisserez un quart d'heure sur la glace; vous devrez y mêler ensuite trois quarts de litre de crème fouettée montée sans sucre.

Beurrez alors de petites cocottes en porcelaine plissée; garnissez-les d'une grande cuillerée de votre farce, que vous égaliserez bien, puis couvrez-les de papier beurré et cuisez-les au bain-marie. Au moment de servir, coulez sur la farce une cuillerée de fine sauce salmis, préparée avec les débris et les os du levraut et parfumée à l'essence de truffes.

Présentez aussitôt les petites cocottes sur des serviettes à thé repliées.

LES QUEUES D'ÉCREVISSES AU VIN D'OR. — Dans un fin court-bouillon au vin blanc, faites cuire cent vingt belles écrevisses. Laissez-les refroidir dans leur cuisson; puis décortiquez-en les queues que vous parerez et passerez légèrement au beurre chaud. Versez sur elles, dans la sauteuse, un verre à bordeaux de fin porto rouge, couvrez et laissez réduire. Ajoutez-y ensuite assez de crème épaisse et fraîche pour en recouvrir complètement les queues. Saupoudrez d'une pincée de cayenne et d'un peu de sel.

Versez encore dans la casserole une petite louche à sauce de glace de volaille, recouvrez, puis laissez réduire jusqu'à ce que les queues s'enveloppent de cette crème onctueuse.

Pilez alors avec du beurre les carcasses d'écrevisses, faites fondre cet appareil au bain-marie et le passez à la mousseline dans une terrine d'eau froide. Liez les queues d'écrevisses avec deux cent cinquante grammes de ce beurre merveilleux, puis servez-les dans de petites cocottes de vermeil que vous présenterez avec une assiette sur une serviette artistement pliée.

☙

LES FRIANTINES DE VOLAILLE A LA GRIMOD. — Préparez cinq cents grammes de feuilletage à six tours que vous abaisserez et taillerez en deux bandes de cinquante centimètres de long sur vingt centimètres de large. Étalez une bande sur une plaque; placez-y, à des distances égales, des petits tas d'une fine purée de blanc de volaille liée de sauce Suprême. Posez, sur chaque petit tas, trois fines lames de truffe fraîche. Vous vous servirez, pour cette opération, d'une douille de la grosseur du petit doigt, et d'une poche.

Puis recouvrez le tout de la seconde abaisse que vous dorerez au jaune d'œuf. Donnez à chaque friantine la longueur et la grosseur d'une allumette (terme culinaire). Dessinez une feuille sur chacune d'elle avec la pointe d'un couteau. Séparez-les et cuisez-les très croustillantes et de belle couleur.

☙

LES PETITES BOUCHÉES DES DAMES. — Ce sont de toutes petites bouchées en feuilletage bien croustillantes et garnies d'une purée de caille au fumet de caille. Dressez-les en buisson sur une serviette et entourez-les d'une bordure d'argent.

☙

LES FEUILLETÉS CANCALAIS. — Cuisez vingt-quatre bouchées carrées, que vous garnirez de noix d'huîtres liées d'une sauce poisson. Décorez-les d'une belle lame de truffe lustrée de glace de volaille. Et servez-les en buisson.

☙

LES CROUSTADES A LA MARINIÈRE. — Cuisez douze bouchées ovales, puis garnissez-les de laitance de carpe pochée, bien épongée. Disposez par-dessus quatre belles queues d'écrevisses. Saucez-les d'une sauce Normande légèrement moutardée et servez-les en buisson.

☙

LES PETITS FRIANDS DU RÉGENT. — Abaissez un kilogramme de feuilletage à six tours de l'épaisseur d'une pièce de cinq francs. Taillez-le en bandes que vous diviserez en morceaux de dix centimètres de long et de sept centimètres de large. A l'aide d'un pinceau, humectez-en les bords d'eau fraîche, puis placez, au centre, de la purée de perdreau au fumet de truffe, à laquelle vous donnerez la forme d'une saucisse chipolata. Roulez les friands, pincez-en légèrement les deux bouts, et placez-les sur une plaque à pâtisserie. Dorez-les au jaune d'œuf et ciselez-les en forme de feuille, avant de les pousser au four où ils cuiront d'une belle couleur.

Servez-les aussitôt en buisson, sur une serviette.

LES ŒUFS

L'OMELETTE ROYALE. — Cette omelette, et c'est la raison de son appellation, était fort prisée de Charles X.

Pour la préparer, il faudra se procurer douze œufs de faisan, que vous battrez, comme si vous faisiez une omelette ordinaire, avec du sel, du poivre et deux cuillerées de crème double très épaisse et très fraîche.

D'autre part, étuvez au beurre des escalopes de beaux champignons frais avec autant de lames de truffes fraîches, que vous déglacerez au porto blanc. Ajoutez-y du sel, du poivre, et recouvrez-les de crème double; puis, faites-les cuire jusqu'à ce que la crème soit réduite et qu'elle enrobe étroitement la garniture. Vous y introduirez, enfin, deux cuillerées de glace blonde de volaille, et remuerez soigneusement le tout pour obtenir une liaison parfaite.

Cuisez alors l'omelette. Au moment de la renverser, placez en son centre l'appareil que vous venez de préparer. Enroulez adroitement l'omelette tout autour, pour que cet appareil en soit bien enveloppé.

Sur le plat long où vous la disposerez ensuite, vous entourerez l'omelette de sauce Château, et vous dresserez à sa surface, d'un bout à l'autre, un émincé de rognons de veau sauté au beurre et lié de sauce Château. Si vous pouvez disposer d'un plat de Sèvres dont le bord sera bleu, l'omelette n'en paraîtra que plus appétissante.

LES ŒUFS BROUILLÉS CHEVREUSE. — Cassez trois œufs dans cinq cents grammes de purée de volaille. Travaillez soigneusement cet appareil, puis le versez dans un moule à savarin en forme de couronne et préalablement beurré. Pochez-le au bain-marie, et démoulez-le sur un plat d'argent de forme ronde. Placez au centre, des œufs brouillés, garnis d'un émincé de truffes à la crème, et disposez autour du plat une bordure d'argent, que vous ornerez d'un chapelet de tout petits rognons de coq lustrés de glace de volaille.

LES ŒUFS FARCIS A LA GOURMANDE. — Cuisez six œufs durs, puis taillez-les dans le sens de la longueur. Retirez-en les jaunes que vous hacherez et mettrez dans une terrine avec autant de duxelles blanche, autant de petits dés de foie gras cuits au porto, et autant de blanc de volaille coupé en petits dés. Liez le tout d'un peu de sauce Française blanche, et relevez d'une pointe de cayenne.

Garnissez en dos d'âne les œufs de cette farce, saupoudrez-les de parmesan râpé que surmontera un petit morceau de beurre, puis glacez-les à la salamandre en les faisant parvenir à une belle couleur blonde. Au centre du plat, bordé d'argent, vous disposerez un pilaf de volaille, qu'entoureront les œufs farcis.

Et vous servirez à part une sauce Périgueux en julienne.

LES ŒUFS POCHÉS SUPRÊMES. — Faites arriver à l'ébullition deux litres d'eau acidulée au vinaigre et non salée. Placez douze œufs du jour dans une passoire, plongez-les dans cette eau, et retirez-les promptement.

Après cette opération qui vous permettra de détacher sans peine le blanc de la coquille, cassez vivement vos œufs dans l'eau, l'un après l'autre. Laissez-les cuire trois minutes en conservant le jaune très liquide, puis enlevez-les avec une cuiller percée et plongez-les dans l'eau froide. Donnez-leur alors une forme ovale très régulière, placez-les dans une casserole d'eau salée chaude, égouttez-les sur un linge et les épongez adroitement.

Disposez-les ensuite sur une bordure de mousse de volaille, qu'on aura démoulée sur un plat rond ; saucez-les d'une fine sauce Suprême au fumet de champignons, puis garnissez le centre du plat de belles pointes d'asperges vertes liées au beurre. Vous dresserez autour des œufs douze petites bouchées garnies de purée de noix de jambon d'York, dont le faîte s'ornera d'une belle lame de truffe lustrée de glace de volaille.

Cerclez enfin le plat d'une bordure d'argent.

LES ŒUFS POCHÉS A LA D'ORLÉANS. — Garnissez d'une cuillerée de fine purée de perdreau des tartelettes ovales en pâte feuilletée, fraîchement cuites. Coiffez la purée d'un œuf poché ; nappez les tartelettes de sauce Béarnaise à la tomate, puis dressez-les sur une serviette chaude.

LES ŒUFS EN COCOTTE SAINT-CLOUD. — Beurrez grassement des cocottes d'argent ou de porcelaine ; puis tapissez-les d'un salpicon de queues d'écrevisses lié de sauce Nantua. Cassez dans chaque cocotte un œuf que vous cuirez bien moelleux au bain-marie. Arrosez les œufs de sauce Nantua, et ornez-les d'une lame de truffe lustrée de glace de volaille, sur laquelle vous dresserez deux belles queues d'écrevisses très chaudes. Au moment de les servir, vous poserez les cocottes sur des serviettes à thé.

LES POTAGES

LA CRÈME DE BLANC DE VOLAILLE AUX NOIX FRAICHES. — Procédez comme s'il s'agissait d'une crème Altesse (cf. IIIᵉ journée). Il vous suffira de remplacer les amandes par deux cents grammes de noix fraîches pilées avec un décilitre de crème double. Avec cette crème, vous servirez douze rissoles de volaille dressées en buisson, entourées de douze tartelettes de gnocchi au parmesan bien gratinées, et dressées sur des serviettes bien chaudes.

LA CRÈME LONGUEVILLE. — Cuisez à l'anglaise de gros pois frais ; passez-les au tamis fin, puis à l'étamine. Vous devrez obtenir deux litres de purée, que vous verserez dans une casserole avec deux litres de fin consommé blanc de volaille. Dépouillez la crème pendant quelques instants et liez-la de six jaunes d'œufs et d'un demi-litre de crème double très fraîche. Beurrez-la ensuite avec trois cents grammes de beurre fin, et passez-la à la mousseline.

Vous la tiendrez bien chaude et la garnirez de gros macaronis pochés, farcis de mousse de volaille et émincés.

LA JULIENNE VERTE. — Ciselez trois belles laitues bien lavées. Cuisez-les au beurre avec une poignée d'oseille ciselée et mouillez-les d'excellent consommé de volaille.

Après une cuisson lente d'une heure et demie, vous y ajouterez une julienne de haricots verts cuits à l'anglaise, puis, au dernier moment, des pointes d'asperges vertes.

Vous dégraisserez soigneusement ce potage, avant de le servir, et le ferez accompagner de croquettes de volaille.

LA BISQUE DE NOS PÈRES. — Sautez au beurre cinquante écrevisses dites à bisque. Quand elles seront légèrement colorées, vous y ajouterez quatre cuillerées de mirepoix étuvée au beurre. Flambez-les alors avec un verre à madère de fine champagne. Ajoutez un grand verre de Sauternes; laissez réduire de moitié, puis mouillez le tout d'un litre de fin bouillon de poisson.

Décortiquez alors les queues d'écrevisses, pilez les carcasses; mêlez à cela cinq cents grammes de riz cuit au bouillon de poisson, puis passez le tout à l'étamine.

Mettez au feu votre purée, puis ajoutez-y la cuisson des écrevisses. Mouillez, s'il le faut, ce potage d'un peu de cuisson de poisson, et liez-le, lorsqu'il sera bien chaud, de cinq cents grammes de beurre et de trois décilitres de crème double épaisse. Servez alors en ajoutant les queues comme garniture.

LE CONSOMMÉ DE VOLAILLE PALESTRINA. — Versez dans une soupière que vous tiendrez au chaud, un consommé de volaille au fumet de tomates (Cf. la recette suivante). Garnissez-le de spaghetti pochés et taillés, qui n'auront pas plus de trois centimètres de longueur; ajoutez-y autant de julienne de blanc de volaille que vous taillerez de la même dimension que les spaghetti, puis une égale quantité de quenelles de volaille truffées, ayant la forme de chenilles allongées. Servez ce consommé avec vingt tartelettes garnies de purée de caille glacées au parmesan.

LE CONSOMMÉ CHATELAINE. — Clarifiez quatre litres de consommé de volaille en y joignant un kilogramme de tomates écrasées. Ce consommé devra lentement cuire pendant une heure, puis être passé au linge fin. Réduit de moitié, il sera d'un or éclatant et séduira par sa saveur. Vous le verserez dans une soupière, puis le garnirez de cinquante quenelles de volaille moulées en forme d'amandes et d'une fine julienne de cœurs de céleri blanchis, cuits au consommé blanc.

Vous donnerez en même temps vingt-quatre petites bouchées garnies de purée de blanc de volaille, et disposées sur une serviette.

CONSOMMÉ FROID FRANCILLON. — Dans une casserole bien étamée disposez un fin hachis composé d'un kilogramme de bœuf très maigre et d'un canard rouennais. Couvrez les chairs de cinq cents grammes de betterave rouge râpée, d'un pied de céleri râpé de même et d'un blanc d'œuf. Mouillez ce mélange de quatre litres de bouillon de bœuf ordinaire, travaillez-le avec soin et portez-le à l'ébullition. Après une heure et demie de cuisson lente, vous le passerez à la mousseline et le servirez très froid; il sera de la nuance d'un rubis foncé et d'une merveilleuse saveur.

LES POISSONS

LA CARPE FROIDE EN TERRINE. — Placez dans une saumonière le rouge de deux belles carottes, deux oignons émincés et cuits au beurre, six échalotes, quatre gousses d'ail et un beau bouquet garni. Posez la grille sur la saumonière. Prenez ensuite une carpe de cinq à six livres vidée par les ouïes, écaillée, parée de ses nageoires et soigneusement lavée; épongez-la bien, puis farcissez-la de la farce suivante :

Émincez cinq cents grammes de filet mignon de veau avec quatre cents grammes de lard gras frais; salez et poivrez, après quoi vous cuirez le tout à l'étouffée, aux trois quarts, avec une pincée d'épices et un oignon cuit blond, finement haché et passé au tamis de fer. Mettez alors cette farce dans une terrine avec quatre cuillerées de duxelles fine, trois belles truffes hachées et deux cuillerées de persil haché de même; vous y ajouterez cent cinquante grammes de panade, quatre œufs entiers et trois cuillerées de crème fraîche.

Piquez la carpe de lard fin, ficelez-la et posez-la sur la grille de la saumonière. Mouillez-la de deux bouteilles de bon Moulin-à-Vent et d'un litre de fumet de poisson, puis faites-la cuire lentement, pendant environ deux heures. Quand elle sera refroidie dans sa cuisson, vous la placerez dans une terrine basse et ovale.

De la cuisson, faites une belle gelée, en y mêlant, s'il est nécessaire, quelques feuilles de gélatine clarifiée. Vous recouvrirez entièrement la carpe de cette gelée et vous la servirez très froide, accompagnée d'une bonne sauce Gribiche.

⌒

LE HOMARD BONNE-DAME. — Taillez en tronçons deux homards vivants. Faites-les revenir au beurre, couvrez-les de crème fraîche et d'un peu de glace de veau, et les étuvez pendant une heure à feu doux. Ajoutez-y une cuillerée à dessert d'estragon haché, puis quand la sauce sera bien liée, vous la passerez à l'étamine sur les homards décortiqués pour que la chair en soit complètement enrobée. A ce moment, ajoutez six belles tomates émondées, épépinées, concassées et cuites au beurre, auxquelles vous aurez joint le corail des homards, passé au tamis fin avec cent grammes de beurre.

Faites cuire, d'autre part, une belle croustade basse en pâte fine et très large. Tapissez-en le fond d'une couche de spaghetti au beurre liés d'un peu de parmesan; garnissez-la ensuite avec les escalopes de homard que vous ferez alterner, jusqu'aux bords, de couches de macaroni.

A la surface de la timbale, disposez une épaisse couronne de belles lames de truffes lustrées de glace de viande, puis servez tout bouillant.

⌒

LA TRUITE SAUMONÉE BIEN ACCOMPAGNÉE. — Farcissez cette truite de farce fine de merlans et pochez-la sur le ventre au Barsac sur un fonds d'aromates, étuvés au beurre.

L'ayant cuite lentement, et arrosée largement et souvent, dressez-la sur le ventre; enlevez la robe, puis saucez votre truite d'une sauce très onctueuse de homard à l'américaine, fortement additionnée de crème double et passée à la mousseline.

Garnissez-la, par personne, d'une truffe entière cuite au Barsac et à la glace de volaille, d'une laitance de carpe pochée et d'un beau champignon étuvé au beurre, farci d'un salpicon de homard à l'américaine.

Décortiquez alors les queues de vingt-quatre belles crevettes roses et piquez-en la truite de la tête à la queue.

Vous enverrez à part une saucière d'une succulente sauce homard qui nappe simplement.

⌒

LES SOLES DE DIEPPE SERGINE. — Passez deux belles soles au lait et à la farine, que vous cuirez à la Meunière en les assaisonnant de sel et de poivre. Cuisez en même temps à l'étuvée, dans du beurre fin et avec du sel et du poivre, six jolies tomates émondées, épépinées et concassées.

Disposez cette étuvée de tomates, en forme de lit, sur un long plat d'argent; vous étendrez là-dessus vos soles lorsqu'elles seront bien dorées.

Préparez, d'autre part, vingt petites rissoles de morue à la crème et aux truffes. Faites frire ces rissoles de couleur blonde, puis dressez-les en buisson à chaque extrémité du plat. Décorez alors chaque côté du plat de six beaux champignons grillés, garnis d'une sauce Bercy relevée d'un peu de glace de poisson. Puis vous servirez le tout très chaud en offrant à part une sauce Colbert.

Le maître d'hôtel retirera les soles et les posera sur une assiette chaude; il lèvera les filets qu'il reposera sur les tomates, et passera le plat aux convives afin qu'ils se servent eux-mêmes.

LES QUENELLES DE BROCHET LYONNAISE. — Pilez cinq cents grammes de chair de brochet très blanc et très frais, avec du sel et du poivre. Passez votre chair au tamis, puis remettez-la au mortier pour lui ajouter deux cent cinquante grammes de panade au lait ou de frangipane sans sucre, épaisse comme une pâte à choux. Introduisez-y cent cinquante grammes de moelle de bœuf fondue au bain-marie et cent grammes de beurre; mélangez intimement cette farce au pilon, et placez-la dans une terrine émaillée que vous laisserez, une heure, sur la glace.

Roulez alors la farce en forme de croquettes de volaille, que vous ferez pocher pendant quinze minutes, à l'eau salée seulement, dans une casserole bien couverte.

Égouttez ces quenelles sur une serviette, disposez-les dans une timbale d'argent et baignez-les de sauce Nantua faite de béchamelle un peu claire; entourez-les ensuite de six fois plus de queues d'écrevisses que vous n'avez de quenelles.

Après l'avoir hermétiquement fermée, poussez votre timbale au four où vous la laisserez cuire dix minutes encore, afin que les quenelles puissent se développer du double.

Vous les servirez au sortir du four.

LES ROSETTES DE TURBOT JEANNINE. — Prenez des suprêmes de turbot; à l'aide d'un coupe-pâte levez-y des rosettes que vous piquerez chacune d'une rosace composée de lamelles de truffe très noires. Placez ces rosettes sur un plat grassement beurré et cuisez-les au fumet de champignons. Réduisez ensuite la cuisson, puis montez une sauce avec six jaunes d'œufs et un kilogramme de beurre d'écrevisses (pour douze rosettes).

D'autre part, étuvez au beurre douze beaux fonds d'artichaut, que vous tiendrez très blancs; garnissez-les de pointes d'asperges liées au beurre et placez-les dessous vos rosettes que vous saucerez largement de votre sauce. Disposez au centre soixante belles queues d'écrevisses cuites au court-bouillon et roulées dans du beurre. Et entourez le plat d'une bordure en argent.

LA BARBUE A LA D'ORLÉANS. — Dans un plat, grassement beurré et saupoudré de sel, placez une belle barbue d'une extrême fraîcheur. Noyez-la dans une cuisson de champignons et du fumet de poisson pris en quantités égales, recouvrez-la d'une feuille de papier beurré et laissez cuire à feu doux. Après avoir égoutté la barbue, faites réduire à glace la cuisson, que vous allongerez d'un demi-litre de sauce Hollandaise; travaillez le tout, passez à la mousseline, puis ajoutez deux cents grammes de beurre de homard.

Étendez alors la barbue sur un plat long. Dressez autour d'elle six laitances de carpes pochées, vingt-quatre noix d'huîtres pochées également et, à chaque extrémité du plat, six escalopes de homard cuites au court-bouillon. Saucez le tout de votre sauce pour en enrober à peine le mets, puis, avec art, tout le long du poisson, disposez vingt-quatre lames de truffe très noires et lustrées de glace de volaille. Servez à part le reste de la sauce.

LES FILETS DE SOLES A LA CONDÉ. — Épluchez six belles tomates. Séparez-les en deux dans le sens de la plus grande dimension, épépinez-les, puis assaisonnez-les à souhait. Faites-les ensuite étuver au beurre en les arrosant de glace de volaille légère.

D'autre part, cuisez lentement au beurre douze filets de soles au coin du feu, et sans les laisser colorer. Placez vos tomates sur un plat long; garnissez-les d'une purée de homard à la bordelaise convenablement égalisée, et, sur chacune d'elles, disposez un filet de sole. Ajoutez alors au beurre des filets la cuisson des tomates, allongez le beurre de quelques cuillerées de glace de volaille, puis montez ce fonds au beurre Maître-d'Hôtel pour en faire une sauce Colbert, dont vous napperez les filets de soles. Démoulez tout autour douze petits moules à darioles garnis de riz pilaf. Ornez le centre du plat d'un kilogramme de petites têtes de champignons étuvées au beurre, liées de crème et de quatre jaunes d'œufs. Après quoi vous servirez bien chaud.

LES SUPRÊMES DE TRUITES EN PAPILLOTES. — Émincez huit belles têtes de champignons très blancs et fraîchement tournés que vous cuirez au beurre fin, avec une échalote finement hachée. Lorsque vos champignons seront d'une belle couleur blonde, vous les salerez, les poivrerez et les déglacerez d'un verre à madère de vin de Bordeaux blanc sec ou de Chablis. Ajoutez-y alors une cuillerée à sauce de glace de viande blonde, deux cuillerées à sauce de fine demi-glace bien dépouillée, trois tomates émondées, épépinées, concassées et cuites au beurre, une cuillerée à dessert d'estragon haché et autant de persil. Faites cuire lentement cette sauce avec deux cuillerées de duxelles.

Pendant ce temps cuisez au beurre, à la Meunière, six filets de petites truites saumonées; laissez-les devenir de couleur blonde. Huilez ensuite six feuilles de papier d'office double, découpées en forme de cœur. Disposez au milieu de chacune de ces feuilles dépliées une cuillerée de votre appareil qui, en cuisant, aura pris de la consistance; placez un filet par-dessus, que vous recouvrirez d'une autre cuillerée de l'appareil. Repliez vos feuilles et plissez-en tous les bords pour obtenir des papillotes hermétiquement fermées, que vous pousserez au four sur un plat d'argent. Lorsque vous verrez le papier se dorer et gonfler, vous les ôterez du four et les servirez à la minute.

LA FRICASSÉE DE HOMARD A LA DEBAUGE. — Taillez en tronçons les queues de deux beaux homards vivants. Séparez les coffres en deux dans le sens de la longueur, enlevez le corail, puis sautez-les au beurre, que les chairs soient blondes et les carcasses rouges. Flambez avec trois verres à liqueur de bonne fine champagne, et couvrez hermétiquement; étouffez ensuite à feu lent pendant quinze minutes. Versez alors sur le tout de la crème double, ajoutez-y trente petites têtes de champignons tournées et cuites très blanches, ainsi que trois cuillerées à bouche de glace de volaille, puis laissez cuire lentement, pendant quarante minutes, avec cinq cents grammes de truffes fraîches pelées et émincées.

Décortiquez les chairs, que vous placerez dans une timbale d'argent en les couvrant avec les champignons, les truffes et les quenelles de merlans. Réduisez la cuisson qu'elle nappe et travaillez-la bien en y incorporant une liaison de six jaunes d'œufs. Beurrez-la d'un mélange de trois cents grammes de beurre fin passé au tamis avec le corail, puis relevez-la, onctueuse et rosée, d'une pointe de cayenne.

Arrosez le homard de cette sauce délectable et servez-le chaud.

LES ENTRÉES

LE PORCELET DES GOURMANDS. — Faites revenir au beurre deux cent cinquante grammes de lard de poitrine en lardons blanchis, trois cents grammes de blanc de volaille (sans le laisser dorer), puis trois cents grammes de foie gras frais. Après les avoir cuites séparément, rassemblez ces chairs dans la même sauteuse ; flambez-les d'un verre à madère de bonne eau-de-vie, et liez-les avec quelques cuillerées d'excellente glace de viande. Saupoudrez-les d'une pincée de fines épices, puis laissez le tout refroidir. Pilez longuement cette succulente farce avec deux cents grammes de foie de poularde cuit au beurre et tenu rose ; passez-la au tamis et travaillez-la soigneusement. Cela fait, incorporez-y en les conservant intactes, douze grosses truffes pelées et cuites au madère, ainsi que vingt-quatre belles figues confites que vous aurez fait tremper quatre jours dans du Porto avant de les cuire dans le même vin allongé de quelques cuillerées de glace de veau. Outre cela, faites rentrer dans la farce vingt-quatre ortolans entiers roidis au beurre et trois cuillerées de fine duxelles très fraîche avec ce qu'il faudra de sel et de poivre.

Cette garniture servira de farce à un porcelet très blanc que vous aurez choisi suffisamment fort pour douze personnes. Après lui avoir recousu le ventre, vous cuirez ce porcelet à la broche, les pattes reployées en dedans, comme s'il était couché. Servez-le entier dans sa peau blonde très croustillante, au milieu d'une enceinte que composeront des petits buissons de pommes de terre paille intercalés de bouquets de cresson.

Vous offrirez à part le jus assez gras de la lèchefrite.

LA CÔTE DE BŒUF A LA BROCHE COMPIÈGNE. — Parez et ficelez une côte de bœuf très tendre ; salez-la et cuisez-la à la broche, en l'arrosant aussi souvent que possible. Huit kilogrammes de côte de bœuf exigeront deux heures et demie de cuisson et quarante minutes de repos à l'étuve, avant d'être servis.

Cette méthode est la seule qui permette d'obtenir un bon rôti ; car le sang se concentre comme il le faut dans la pièce, et le jus devient abondant.

Mettant à part le jus gras, dressez la chair sur un plat. Garnissez-la de deux bouquets de pommes de terre Dauphine, de deux bouquets de cœur de céleri en branche, cuit au bouillon de volaille et étuvé au beurre pendant trente minutes, puis enfin, de deux bouquets de morilles de Compiègne à la crème bien enveloppées de crème. Ce rôti sera accompagné de trente talmouses préparées de façon suivante :

Faites arriver à l'ébullition un demi-litre d'eau avec deux cent cinquante grammes de beurre et du sel. Y ajoutant deux cents grammes de farine, faites-en une pâte à choux très ferme à laquelle vous mêlerez successivement six œufs et quatre cent cinquante grammes de fromage blanc bien égoutté. Confectionnez alors des abaisses de feuilletage extrêmement minces, dans lesquelles vous découperez de petites abaisses carrées de six centimètres de côté. Dressez votre appareil au milieu des carrés dont vous replierez les coins vers le centre ; dorez les talmouses au jaune d'œuf, cuisez-les au four moyen et servez-les bien chaudes.

LES ROSETTES DE VEAU GASTRONOME. — Taillez dans des filets mignons de veau dénervés douze rosettes de veau bien rondes. Assaisonnez-les de sel et de poivre et sautez-les au beurre de belle couleur. Déglacez alors de fin madère le fonds du plat à sauter, incorporez-y un demi-litre de crème double et deux petites louches de glace de veau blonde. Après quoi vous ajouterez à cette sauce six belles truffes pelées et émincées ainsi que six cents grammes de belles morilles sautées au beurre, et vous laisserez cuire le tout à feu doux.

Quand la garniture sera complètement enrobée, vous la placerez au centre des rosettes que vous aurez dressées sur des croûtons de pain de mie et recouvertes d'une tranche de jambon maigre de la même grandeur. Ornez chaque noisette d'une belle lame de truffe.

Et cerclez le plat d'une couronne en argent

LES NOISETTES DE BÉHAGUE ALTESSE. — Parez douze belles noisettes prises dans des filets de selle de Béhague. Saupoudrez-les de sel et de poivre, faites-les sauter au beurre pour qu'elles prennent de la couleur, puis tenez-les roses et au chaud.

Cuisez, d'autre part, dans des moules à tartelettes, pour les bien gratiner, douze petites tomates farcies d'une sorte de hachis de côte de bœuf bien braisée. Tandis que les tomates sont au feu, versez la cuisson des noisettes dans une sauteuse où vous l'allongerez de deux fois son volume de glace de veau. Réduisez le tout un instant, ajoutez-y quelques cuillerées de crème double, puis réduisez légèrement à nouveau ce mélange afin de le lier.

Dressez vos noisettes sur des fonds d'artichaut étuvés au beurre et garnis de morilles à la crème, puis ornez chacune d'elles d'une belle lame de moelle pochée lustrée de glace de veau. Entourez-les de vos tomates et versez au centre le fonds crémeux où vous disposerez soixante rognons de coq étuvés au beurre, mélangés d'autant de truffes cuites taillées en forme de rognons de coq. Saucez cette garniture du reste de la sauce, et entourez votre plat d'une bordure d'argent.

LA MOUSSE DE JAMBON AUX POMMES D'AMOUR. — Pilez un kilogramme de jambon d'York bien dessalé; ajoutez-y peu à peu une pincée de poivre blanc et cinq blancs d'œufs l'un après l'autre. Passez ce mélange au tamis fin, puis laissez-le trois heures sur la glace dans une terrine. Vous y introduirez ensuite un litre de crème double bien fraîche, que vous essayerez de temps en temps par une petite quenelle.

Une fois cette mousse arrivée à la consistance voulue, beurrez un moule à cylindre pour y placer la mousse; si celle-ci n'était pas suffisamment rose, il faudrait ajouter quelques gouttes de carmin. Faites cuire cette mousse au bain-marie dans le moule bien clos où vous la laisserez quarante-huit minutes par litre.

Enlevez-la alors; mais ne la démoulez qu'après avoir soigneusement épongé tout le jus qui en aura découlé sous le moule. Saucez ensuite cette mousse d'une fine demi-glace au porto, puis la garnissez de six petites bouchées fourrées de pointes d'asperges à la crème, intercalées de six autres petites bouchées garnies de purée de champignons et de six petites tomates cuites au beurre et farcies de purée de volaille très blanche. Vous servirez à part le reste de la sauce.

LE CANETON AU POMMARD. — Bridez en entrée un beau caneton de Nantes; faites-le dorer au beurre à la casserole, puis, retirant le beurre, flambez-le d'un grand verre de vieille eau-de-vie. Mouillez-le d'une demi-bouteille de bon pommard; ajoutez tout autour cinq cents grammes de petits champignons, deux cent cinquante grammes de lardons blanchis et rissolés, un bouquet garni et deux louches de fonds de veau. Faites cuire alors la volaille pendant une heure et demie et en l'arrosant souvent; les chairs devront être fort tendres sans cependant se désagréger. Puis dégraissez la sauce.

Dressez le caneton sur un plat rond. Quant au fonds, vous le lierez d'un petit verre à madère de sang de canard ou de porc, puis vous en saucerez le caneton. Garnissez enfin le plat de douze beaux champignons cuits au beurre et farcis d'une purée assez épaisse de haricots blancs à la bretonne. Nappez de sauce Mornay et gratinez au parmesan.

LES CÔTELETTES DE VOLAILLE MARÉCHALE. — Levez six beaux suprêmes de poulet Reine bien en chair, que vous dénerverez. Placez-les ensuite sur la table et soulevez-en la peau en y glissant un couteau assez mince pour effleurer à peine la chair; fendez vos suprêmes sans aller jusqu'à les séparer par votre section, et déployez-les à plat. Assaisonnez-les, puis recouvrez-les d'une fine couche de farce aux quenelles de volaille.

Garnissez alors une moitié de chaque suprême de quatre lames de truffe cuites au madère; posez sur chaque truffe, une lamelle de foie gras assaisonnée et cuite au beurre, mesurant les deux tiers de la grandeur du suprême; surmontez le foie gras de trois lames de truffe, puis refermez vos suprêmes, soudez-les bien, panez-les à l'anglaise à la mie de pain blanche, et donnez-leur la forme d'une carotte allongée. Faites-les cuire au beurre; quand elles seront blondes, vous dresserez les côtelettes en couronne. Arrosez-les de glace de volaille blonde et de leur beurre noisette de cuisson, puis mettez aux manches des papillotes.

Pour munir de manches ces côtelettes, prélevez des os dans la poitrine de la volaille que vous ficherez dans la partie pointue de la côtelette.

Garnissez le centre de la couronne de belles pointes d'asperges vertes liées à la crème. Entourez le plat d'une bordure d'argent et servez en même temps une sauce Périgueux très soignée.

LES CAILLES DU VERT-GALANT. — Videz par la poche douze cailles de belle prestance; farcissez-les de farce à gratin, dans laquelle vous ferez entrer leurs foies. Bridez-les en entrée, puis les cuisez au beurre à l'étouffée, les arrosant de temps à autre, pour qu'elles ne brûlent point ou ne prennent une vilaine couleur, d'une cuillerée à bouche de raisin pressé : ce verjus donnera au mets une saveur des plus agréables.

Quand les cailles seront cuites, vous les dresserez sur des croûtons de pain de mie passés au lait et dorés au beurre dans une sauteuse. Posez sur chaque oiseau une lame de jambon rose et très fine, de manière à les en habiller tous. Ajoutez alors à la cuisson un peu de fine demi-glace, puis soixante grains épluchés de raisins muscats. Vous dresserez cette garniture au centre des cailles, que vous arroserez de leur jus exquis.

LA DAUBE D'OIE FRÉNEUSE. — Parez et découpez une oie jeune en morceaux réguliers que vous ferez revenir au beurre, de couleur blonde, en n'utilisant ni le cou ni les ailerons. Retirez le beurre, puis ajoutez deux gousses d'ail et saupoudrez de farine que vous mélangerez soigneusement aux morceaux. Mouillez ensuite d'une bouteille de vin blanc et couvrez de bouillon blanc chaud, salez et poivrez. Ajoutez alors six tomates écrasées, le rouge de deux carottes, deux oignons émincés et dorés au beurre et un bouquet garni; cette sauce doit être claire et peu liée.

Fermez la casserole et cuisez au four lentement. A moitié de la cuisson, égouttez les morceaux dans un plat à sauter; couvrez-les de cinq cents grammes de gros lardons de poitrine blanchie, rissolés au beurre et d'autant de petits navets également rissolés au beurre. Passez dessus la sauce blonde, puis achevez de cuire au four votre daube recouverte d'un papier beurré. Lorsque le tout est cuit, la sauce doit être liée à point et suave.

Envoyez en même temps vingt-quatre laitues braisées dans un bon fonds de veau.

LES ISLETTES D'AGNEAU. — Hachez finement avec un tiers de leur poids de lard gras, douze petits filets mignons d'agneau, soigneusement dénervés; assaisonnez ce hachis de poivre, de sel et d'une pincée de thym en poudre. Formez-en de petits palets de la dimension d'une pièce de cinq francs, que vous dorerez bien au beurre, puis enfermerez successivement entre des demi-tomates émondées, épépinées et cuites au beurre. Placez ces islettes dans la cuisson et les déglacez de fin barsac en ajoutant une cuillerée à bouche de glace de veau par islette. Faites lentement étouffer pendant une heure en arrosant souvent.

Dressez alors les islettes en couronne sur un plat rond, dont le centre s'ornera d'un rizotto aux truffes lié de parmesan et de quelques cuillerées de sauce Suprême.

Ce mets, qu'il faut servir bouillant, se recommande aux gourmets durant la saison d'automne.

LA SELLE DE VEAU PRINCE ORLOWSKY. — Parez la selle et braisez-la, en mouillant de porto et d'excellent fonds. Levez ensuite les filets et taillez-les en aiguillettes que vous dresserez sur l'os en y intercalant des lames de rognon de veau également braisé. Nappez le tout d'une purée de champignons crémeuse à souhait. Saupoudrez de parmesan, beurrez et faites dorer au four. Dressez la selle sur un plat long que vous garnirez de douze belles truffes cuites au champagne et liées d'un fonds de veau réduit, de douze escalopes de foie gras sautées, de douze céleris fondants et de douze laitues braisées.

Servez le fonds à part après l'avoir suffisamment clarifié pour lui donner la couleur d'un beau rubis.

LE FILET DE BŒUF A LA GLACE FINE. — Parez et piquez soigneusement de lard fin un beau filet de bœuf; ficelez-le, puis cuisez-le à la broche en l'arrosant autant qu'il est possible. (Quinze minutes de cuisson seront nécessaires par kilogramme de chair.) Laissez ensuite reposer votre rôti vingt-cinq minutes à l'étuve, avant de le servir.

Dressez-le sur un plat où vous l'arroserez d'une glace de veau réduite au fin porto. (Ce filet doit être glacé et brillant). Garnissez-le de deux bouquets de gros champignons étuvés au beurre, garnis d'une purée de choux-fleurs à la crème d'une blancheur éclatante. Garnissez-le aussi de deux bouquets de petits fonds d'artichaut cuits au blanc, puis étuvés au beurre et garnis de pointes d'asperges vertes liées au beurre. Joignez-y en outre deux bouquets de petites pommes de terre nouvelles fondantes, cuites dans un bouillon de volaille avec moitié de leur poids de beurre; on les aura retirées du bouillon, dès sa complète réduction, pour ne pas les laisser rissoler dans le beurre.

Servez à part le jus ainsi qu'un plat de beignets soufflés sans sucre, fourrés d'un onctueux hachis d'agneau.

LES NOISETTES D'AGNEAU VIVIENNE. — Dans une selle d'agneau, taillez douze belles noisettes. Cuisez-les au beurre de couleur rose, et les dressez en couronne sur un plat rond en les posant sur des fonds d'artichaut très blancs, étuvés au beurre et garnis de morilles à la crème.

Au centre, placez un sauté de rognon de veau émincé, sauté au porto, lié à la crème et à la glace de volaille. Couvrez vos noisettes de lames de jambon rose de la même grandeur, puis arrosez-les d'un filet de jus de veau lié au beurre en façon de sauce Colbert. Vous enserrerez les noisettes dans une petite couronne de gnocchi de semoule fine dorés au parmesan et très chauds.

LES PERDREAUX DE L'ARCHEVÊQUE. — Un savant archevêque de Tours, pieux personnage, autant que savant gastronome, racontait à ses convives qu'il n'avait pas de plaisir plus grand, à ses moments perdus, que de confectionner des plats de son invention, réglant le temps de la cuisson et autres opérations culinaires sur les heures de son bréviaire. Entre autres mets recherchés de sa fantaisie, il était très fier d'une certaine façon d'appareiller les perdreaux dont nous avons la bonne fortune de pouvoir enrichir notre trésor de recettes :

Faites blanchir largement un beau chou. Rafraîchissez-le, égouttez-le, puis pressez-le bien pour en extraire toute l'humidité. Étalez les feuilles sur un marbre et enlevez les côtes. Faites alors dorer au four deux perdrix rouges ou grises; placez-les au centre de la plus belle feuille, et recouvrez-les des autres feuilles que vous assaisonnerez de sel, de poivre et arroserez de beurre fondu. Vous refaites ainsi le chou, que vous enveloppez de bardes de lard et que vous ficelez.

Placez ce chou dans une terrine en porcelaine allant au feu, sur une couche de rouge de carotte et d'oignons émincés et étuvés au beurre; joignez un bouquet garni, arrosez de fonds de veau peu lié, puis faites cuire deux heures et demie au four, en arrosant souvent, avec un saucisson de ménage blanchi et un morceau de lard de poitrine également blanchi. Retirez ensuite les perdrix, puis mettez dans une autre terrine bien chaude le chou, le saucisson et le lard taillés en tranches minces. Posez là-dessus deux beaux perdreaux rôtis, roses et bien bardés; arrosez-les du jus passé des perdrix et servez-les tels quels.

LA POULARDE SIMONNETTE. — Fendez par le dos une belle poularde, du cou au croupion, et troussez-lui les pattes en dedans. Posez-la ensuite dans un plat creux en porcelaine et arrosez-la d'un grand verre à bordeaux de fin vinaigre, d'autant de vin blanc sec et d'un demi-verre d'huile fine. Ajoutez à ce liquide deux carottes émincées, deux oignons, quelques brindilles de persil, une feuille de laurier, une brindille de thym, une gousse d'ail écrasée, une pincée de sel et quinze grains de poivre. Laissez mariner la poularde quatre jours et quatre nuits, en la retournant deux fois par jour. Portez-la ensuite au four et cuisez-la au beurre en l'arrosant de la marinade préalablement cuite, réduite des deux tiers et passée.

Quand la poularde aura cuit trois quarts d'heure, vous verserez sur elle un verre à bordeaux de sang de volaille, de lièvre, de lapin ou de porc; ceci fait, prolongez la cuisson d'un quart d'heure encore, puis arrosez la bête du sang qui s'est mélangé au beurre.

Dressez alors la poularde sur un plat, répandez le fonds sur elle et entourez-la de douze beaux champignons étuvés au beurre, garnis de nouilles au parmesan et gratinés à la salamandre de couleur blonde.

LES CÔTELETTES DE VOLAILLE MALEVILLE. — Levez douze beaux filets sur six poulardes, dénervez-les, et cuisez-les au beurre avec du sel, sans les laisser prendre couleur. Déglacez ensuite le fonds de la sauteuse avec un bon verre de porto, réduisez-le de moitié avec une louche de glace de volaille, puis ajoutez un demi-litre de crème épaisse, ainsi que douze truffes moyennes pelées. Couvrez la sauteuse, et cuisez lentement. Ajoutez quatre jaunes d'œufs et cent cinquante grammes de beurre à la sauce, qui, passée à la mousseline fine, devra enrober les truffes.

Dressez alors les côtelettes en couronne sur un plat rond dont vous garnirez le centre d'une pyramide d'amandes à la crème, façonnées dans des concombres; disposez un cercle de truffes au pied de la pyramide de concombre, puis saucez les côtelettes, et revêtez-les de papillotes.

LE CHOU MAÎTRE RENÉ. — Blanchissez des feuilles de chou, choisies entre les plus blanches ; parez-les et pressez-les, une fois rafraîchies, qu'elles dégorgent toute leur eau. Couchez-les sur une serviette très blanche et les nappez de farce à saucisse. Amoncelez-les, l'une sur l'autre, pour pouvoir reformer un chou. Disposez ensuite, au centre des dernières feuilles, deux douzaines de beaux marrons cuits à l'eau de céleri, égouttés, puis étouffés avec cinq cents grammes de beurre fin ; ajoutez à ces marrons une douzaine de fraîches truffes enveloppées de foie gras frais coupé en petits dés.

Assaisonnez de haut goût et fermez le chou que vous modèlerez rond. Entourez-le de bardes de lard, ficelez-le, puis étouffez-le au beurre la durée d'une heure. Mouillez-le alors aux trois quarts de jus de veau ou de volaille peu lié ; et faites-le cuire au four sur un triangle, pendant quatre heures nouvelles. Arrosez-le souvent et servez-le avec des perdreaux rôtis à la broche et sans cesse arrosés, que vous dresserez sur des tartines cuites au beurre et farcies de farce à gratin de foie de perdreau.

LE LIÈVRE AUX SAUCISSES A L'ANCIENNE MODE. — Mettez dans une terrine longue le rouge émincé d'une carotte, un oignon moyen, deux échalotes, deux gousses d'ail émincées, du persil en branche, une brindille de thym, ainsi qu'une cuillerée à bouche ou à soupe de poivre en grains. Sur cette couche d'ingrédients placez un râble abondamment piqué ; arrosez-le de cinq cuillerées de bonne huile fine, d'un grand verre de vin blanc bien choisi et très sec, puis d'un verre à bordeaux de vinaigre fin fait avec du vin rouge ou du vin blanc. Laissez-y mariner votre lièvre pendant quatre jours, en l'arrosant toutes les trois heures. Après cela, vous le ferez cuire au beurre dans une terrine en porcelaine ; et vous l'y arroserez de temps à autre avec la marinade cuite et réduite de moitié.

Faites, d'autre part, roidir au beurre douze petites saucisses chipolata ; placez-les autour du râble et laissez cuire le tout ensemble. Au dernier moment, liez le jus du râble avec le sang du lièvre ; mouillez copieusement ce mets de votre sauce.

Et servez-le bouillant, l'accompagnant d'une fine purée de marrons à la crème, qui sera ornée de petits croûtons de pain perdu.

LES ROSETTES DE BŒUF VILLEMAIN. — Taillez six petits filets dans un beau filet de bœuf. Parez-les bien en leur donnant une forme absolument ronde et passez-leur tout autour un bracelet de ficelle pour les contenir. Assaisonnez-les de sel et de poivre, puis faites-les cuire au beurre dans un plat à sauter en les tenant roses. Dressez-les alors sur des escalopes de rognon de veau sautées au beurre. Placez sur chaque filet une rosette de foie gras de circonférence égale à celle des filets sautés au beurre.

Déglacez de fine malvoisie le fonds du plat à sauter ; ajoutez-y quelques cuillerées de fine demi-glace blonde, laissez réduire d'un quart et incorporez-y deux cents grammes de beurre fin. Passez la sauce à la mousseline, saucez-en les filets, puis garnissez le centre du plat de morilles à la crème additionnée de quelques cuillerées de glace de volaille blonde. Disposez autour des filets un fort cordon de minuscules pommes de terre en petits pois, cuites au beurre à l'étouffée, et légèrement liées de la sauce des filets dans laquelle vous aurez versé une julienne fine de noix de jambon d'York bien rose. Vous cerclerez le tout d'une couronne d'argent.

LES MERVEILLEUSES. — Choisissez douze belles cailles, que vous viderez par la poche. D'autre part, triturez au moyen d'une fourchette cinq cents grammes de foie gras cuit au Porto ainsi que cinq belles truffes pelées, cuites au Porto et à la glace de volaille blonde. Mélangez bien le tout avec la cuisson des truffes qu'il faudra lier d'une parfaite succulence, puis ajoutez-y des foies de cailles. Farcissez vos oiseaux de cette farce ; enveloppez-les de feuilles de vigne et de fines bardes de lard, ficelez-les et faites-les cuire au beurre lentement. Déglacez-les ensuite au fin Porto, tandis que vous lierez le fonds de quelques cuillerées de glace de volaille blonde.

Disposez alors les cailles en couronne ; dressez-les, les pattes en dehors, sur des escalopes de riz de veau étuvées au beurre à cru et lustrées de glace de veau. Cerclez le plat d'une couronne d'argent ; et garnissez-en le centre d'un buisson de petits croûtons en dés, passés au lait non écrémé et rendus croustillants par une friture au beurre. Sur ce blond buisson vous répandrez le fonds des cailles.

LES ENTRÉES FROIDES

LA POULARDE FRILEUSE. — Pilez deux grosses truffes fraîches et pelées ; ajoutez-y deux beaux filets de volaille dénervés, puis un foie gras moyen frais et très ferme, que vous aurez fait mariner au madère et à l'eau-de-vie pendant six heures. Épicez de sel, de poivre et d'une pointe d'épices. Passez ensuite cette farce au tamis, amalgamez-la bien, puis laissez-la reposer deux heures sur la glace avec cent cinquante grammes de pistaches épluchées.

Cela fait, enlevez les os de l'estomac d'une belle poularde blanche ; fourrez la bête de l'appareil que vous avez préparé, puis recousez l'ouverture. Bridez-la en entrée et passez sur les filets de belles lames de truffes, entre la chair et la peau. Bardez-la bien, puis faites-la cuire lentement au beurre. Dès qu'elle parviendra au blond pâle, vous la mouillerez du madère de la marinade et de quatre décilitres de blond de volaille. Introduisez encore dans la sauteuse six belles truffes entières et pelées ; recouvrez, et terminez la cuisson qui ne devra pas durer plus d'une heure un quart. Sondez la poularde, puis laissez-la refroidir dans sa cuisson. Déballez-la ensuite et posez-la dans une vasque ovale en cristal taillé.

Clarifiez alors la cuisson en l'additionnant d'un demi-litre de fine gelée de volaille. Mettez refroidir cette gelée ; lorsqu'elle sera prête à napper, vous placerez les truffes autour de la poularde, et vous enterrerez la poularde dans la gelée jusqu'à la naissance des suprêmes qui, eux aussi, devront être lustrés.

Entourez la poularde de glace pilée. Et servez en même temps une salade de têtes d'asperges vertes saupoudrée de jaunes d'œufs durs passés au tamis fin.

LE PÂTÉ DE CANETON D'AMIENS. — Ce pâté légendaire est l'un des plus précieux trésors de la cuisine française, et j'estime que si les anciens l'avaient connu, ils auraient voulu qu'il figurât au nombre des sept merveilles du monde.

Désossez un canard de Rouen et farcissez-le d'une farce à gratin de foie de canard (la farce à gratin est décrite plus loin à la recette du dindonneau surprise), de dés de foie gras et de dés de truffes pelées ; la farce sera salée, épicée et mouillée de deux cuillerées de madère et d'autant de cognac. Formez du tout une boule ; puis foncez un moule haut et carré, que vous tapisserez de bardes de lard et de farce. Placez au centre le canard en boule ; vous le recouvrirez de farce et d'une barde de lard. Fermez ensuite avec de la pâte, formez la cheminée et cuisez au four moyen. La cuisson terminée, laissez refroidir vingt-quatre heures, puis, par l'ouverture, faites couler sur le pâté de la gelée de canard faite avec la carcasse et du fonds de volaille corsé.

LE FOIE GRAS A LA GELÉE DE FAISAN. — Placez dans une casserole six cents grammes de jarret de veau, six cents grammes de rondin de gîte de bœuf, six cents grammes de carcasse de faisan, un oignon, un poireau, une branche de céleri, un bouquet garni et deux pieds de veau blanchis. Mouillez le tout de trois litres de fonds blanc léger. Cuisez ensuite à feu doux, écumez bien, dégraissez souvent, puis passez à la mousseline après trois heures de cuisson. Si la gelée est assez consistante n'employez pas la gélatine, ces proportions ne l'exigeant pas ; il est cependant nécessaire de s'en rendre compte.

Cela fait, bigarrez de truffes un beau foie gras d'un kilogramme, bien dénervé et paré ; assaisonnez-le de sel, de poivre et d'une pincée d'épices ; enveloppez-le d'une barde de lard, ficelez-le et cuisez-le dans la gelée. Quand il aura cuit vingt-cinq minutes et qu'il sera rose, vous le laisserez refroidir dans sa cuisson. Déballez-le alors, épongez-le bien, et placez-le dans une vasque de cristal que vous tiendrez au timbre.

Sur ce, il vous faudra clarifier la gelée : tenez donc le fonds bien dégraissé. Lorsqu'il sera tiède vous le verserez sur deux cents grammes de faisan maigre, pilé. Y ajoutant un blanc d'œuf, fouettez sur feu vif, jusqu'à l'ébullition. Cuisez ensuite cette gelée à feu doux pendant quinze minutes ; passez-la à la mousseline, et ne la versez sur le foie, que lorsqu'elle sera sur le point d'être en huile. Tenez une heure au frais, puis dressez la vasque sur une serviette.

LA SALADE FLORISE. — Travaillez dans une assiette creuse deux jaunes d'œufs crus avec du sel, du poivre, du vinaigre et de l'huile. Une fois le tout bien mélangé, ajoutez deux cuillerées à bouche de bon vin rouge, puis versez cet assaisonnement sur une salade de cœur de laitue.

Remuez bien votre salade et servez-la aussitôt avec quatre œufs durs partagés en quatre.

LA SALADE DE TEISSIÈRE. — Ayez six belles pommes Calville. Détachez-en un chapeau, puis, à l'aide d'un coupe-pâte, découpez tout autour la pomme jusqu'aux trois quarts ; vous enlèverez alors la partie taillée, pour la découper en tranches. Préparez également des tranches de cœur de céleri très blanc et très tendre légèrement blanchi.

Cela fait, regarnissez toute la cavité de la pomme, de tranches de pommes intercalées de tranches de céleri.

Nappez cette salade d'un assaisonnement de vinaigrette ordinaire composée de sel, de poivre, de vinaigre, d'huile et d'un peu de moutarde ordinaire. Replacez le chapeau par-dessus, mettez les pommes au timbre .pendant trois heures, puis servez-les sur une serviette reployée.

Cette salade est très cordialement dédiée à mon ami, le général de Teissière.

LA SALADE DE LAITUE DIRECTOIRE. — Ne prenez que les cœurs que vous laverez en les remuant très adroitement. Épongez bien la salade, placez-la dans un saladier, puis assaisonnez-la de sel, de poivre, d'une cuillerée à bouche de vinaigre, de trois cuillerées à bouche d'huile et d'une branche de cerfeuil.

Remuez-la simplement au moment de la servir et arrosez-la de trois cuillerées de jus un peu gras de rôti de volaille.

Un de mes amis m'a conté que son aïeul, ayant émigré à Londres en 1793 et se trouvant sans ressources, avait eu l'idée ingénieuse de se faire une spécialité de l'accommodement des salades. Il les préparait, pour une livre sterling, selon le secret que je viens de révéler sauf que je n'ai point parlé des fleurs de capucine, dont il les parsemait finalement.

Vous pourrez aussi ajouter à la laitue, à l'escarole, à la romaine, à la chicorée, à l'endive ou à la mâche, soit des tomates émincées, soit des betteraves.

LES RÔTS

LE DINDONNEAU SURPRISE. — Faites revenir au beurre six cents grammes de lard de poitrine frais. Ajoutez-y trois cents grammes de foies de volaille bien parés et sans fiel, que vous tiendrez roses, puis deux cent cinquante grammes de filet de lapin de garenne et cent cinquante grammes de foie gras. Flambez le tout d'un verre à madère d'excellente eau-de-vie. Mêlez à cela du sel, du poivre et une pincée d'épices; mouillez d'une cuillerée à sauce de glace de viande, et laissez refroidir. Pilez le tout en y incorporant trois cuillerées de duxelles, ainsi que trois œufs entiers, puis passez au tamis cette farce à gratin.

Videz alors un dindonneau par la poche; tapissez-en l'intérieur de la farce que vous avez confectionnée. Placez au centre six escalopes de foie gras sautées au beurre, six belles truffes cuites au champagne et six ortolans cuits en les tenant roses. Bridez le dindonneau, bardez-le et cuisez-le à la broche bien doré.

Puis dressez-le sur un plat, l'entourant de six jolis bouquets de cresson intercalés de bouquets de pommes paille très blondes et très chaudes.

Servez à part le jus gras de la lèchefrite.

LES CAILLES À LA FEUILLE DE VIGNE. — Videz les cailles en laissant le foie à l'intérieur, puis flambez-les et les farcissez de farce à gratin de foie gras truffé, à raison d'une cuillerée de farce par oiseau.

Bardez-les en posant sur chaque caille une feuille de vigne soigneusement lavée, épongée et bien beurrée; saupoudrez le beurre d'une pincée de sel fin, puis appliquez sur la caille la côte de la feuille. Bardez ensuite de lard et passez deux bracelets de ficelle l'un sur l'estomac, l'autre sur le gras des cuisses, afin que la caille conserve son aspect de bridage en rôti.

Cuisez les cailles à la broche de dix à douze minutes, selon la grosseur, en les arrosant de beurre noisette.

Enlevez les bracelets, dressez les oiseaux sur canapé farci d'une farce à gratin, composée à proportions égales de foie de volaille et de foie gras; puis, arrosez-les du beurre de la lèchefrite. Entourez les cailles de trois beaux bouquets de pommes paille et de trois autres de cresson frais, ceints d'un chapelet de très minces lames de citron. (Cette bordure est calculée pour douze cailles). Vous servirez à part le jus qui sera légèrement gras.

LES LÉGUMES

LE FEUILLETÉ DE TRUFFES. — Confectionnez cinq cents grammes de feuilletage à six tours pour six truffes de cent grammes. Préparez, d'autre part, cinq cents grammes de chair à saucisses fine avec deux cents grammes de foie gras haché, une bonne pincée d'épices, deux truffes finement hachées, du sel et du poivre.

Étalez soigneusement cette farce sur un plat à pie ; posez au-dessus les truffes, que vous arroserez d'un verre de la meilleure fine-champagne qui se puisse trouver, puis, versez sur le tout six cuillerées de fin fonds de veau réduit blond.

Enfermez farce et truffes dans une abaisse de feuilletage dorée, dont vous décorerez le couvercle de feuilles tracées à la pointe d'un couteau. Poussez alors le plat au four pour quarante minutes, puis servez-le tel quel sur un plat long ; et vous serez surpris par sa saveur.

LES CŒURS DE CÉLERI A L'ESSENCE. — Parez douze beaux pieds de céleri, dont vous ne conserverez que les cœurs d'une longueur moyenne de dix centimètres. Faites-les blanchir, rafraîchissez-les, puis pressez-les pour leur ôter toute l'humidité. Enveloppez-les alors de bardes de lard, ficelez-les et faites-les cuire dans la cuisson de trois kilogrammes de champignons. Ajoutez deux cent cinquante grammes de beurre et laissez mijoter. Débardez ensuite les céleris pour les placer dans une sauteuse bien rétamée.

D'autre part, réduisez la cuisson des deux tiers et versez-la sur les céleris, mêlez-y encore trois cuillerées de glace de volaille et finissez de cuire au fondant. Servez, avec une garniture de croûtons de feuilletage, vos céleris qu'enrobera une onctueuse essence, beurrée à point.

LES AUBERGINES AU FOUR. — Prenez six aubergines que vous émincez en long, après en avoir enlevé la peau, et six belles tomates que vous épépinez. Faites revenir les unes et les autres dans le beurre, pendant dix minutes, avec deux petites gousses d'ail, qui seront jetées ensuite.

Placez les aubergines et les tomates par couches successives dans une terrine allant au feu et préalablement beurrée, salez et poivrez, puis arrosez le tout de quelques cuillerées de fonds de veau lié. Placez la terrine au four, laissez cuire à feu modéré pendant deux heures; retirez ensuite le couvercle, saupoudrez le dessus de parmesan et de chapelure, et faites gratiner cinq minutes.

LES FONDS D'ARTICHAUTS CÉLESTINE. —Faites cuire douze beaux fonds d'artichauts bien blancs. Égouttez-les, épongez-les, puis étuvez-les lentement au beurre pendant vingt minutes. Garnissez-les de morilles sautées au beurre et liées à la crème et à la glace de volaille; saupoudrez-les ensuite de parmesan râpé, glacez-les de belle couleur et dressez-les en couronne sur un plat rond.

Vous disposerez au centre, en pyramide, une étuvée de tomates concassées et liées de glace de veau.

LA PURÉE DE FLAGEOLETS AUX ŒUFS COLETTE. — Préparez avec des flageolets nouveaux une fine purée crémeuse que vous dresserez dans une croustade en feuilletage et très croustillante.

D'autre part, taillez en deux six œufs durs dans le sens de la longueur ; enlevez-en les jaunes et farcissez-les en dôme d'un fin hachis d'agneau moelleux. Nappez-les de sauce Mornay, saupoudrez-les de parmesan, puis faites-les glacer au beurre à la salamandre. Passez au-dessus les jaunes d'œufs au tamis et disposez ces œufs en couronne sur la purée de flageolets.

LES ASPERGES A LA FRANÇAISE. — Prenez de belles asperges blanches ou vertes. Epluchez-les bien, puis faites-les cuire dans beaucoup d'eau salée.

Dressez-les ensuite en berceau et servez-les avec une sauce Hollandaise.

Pour préparer cette sauce, faites infuser un gramme de mignonnette dans cinq cuillerées d'eau. Réduisez de moitié, incorporez six jaunes d'œufs et cuisez à feu doux. Ajoutez encore cinq cents grammes de beurre fondu, puis quelques cuillerées d'eau, s'il est nécessaire, avec une pincée de sel; et passez à la mousseline. En aucun cas, n'acidulez cette sauce.

LES ENDIVES MADELEINE. — Faites ramollir les endives dans une cuisson de champignons; puis, mettez-les dans une sauteuse après les avoir égouttées.

Réduisez d'autre part la cuisson après y avoir mêlé une quantité égale de crème double et trois cuillerées de glace de volaille. Versez cette essence sur les endives et laissez-les cuire encore à petit feu pendant vingt-cinq minutes. Liez le tout de deux cent cinquante grammes de beurre (quantité correspondant à un kilogramme d'endives). Puis dressez les endives sur une belle purée de champignons. Saucez-les et les glacez de belle couleur, au parmesan.

LES ENTREMETS

LES CRÊPES CHOCOLATINES. — Cuisez douze crêpes, très minces et pralinées, avec de la poudre de macarons introduite dans la pâte avant la cuisson; garnissez-les d'une fine couche de frangipane très légère, puis roulez-les en forme de cigare. Rognez-en les bouts, panez les extrémités pour que l'appareil n'en sorte pas et soudez-les sur toute leur longueur. Rissolez les crêpes au beurre pour les rendre bien croustillantes, puis roulez-les dans du chocolat en poudre. Vous servirez en même temps du chocolat fondu à la crème. (Voir plus loin la recette de l'appareil à crêpe.)

LES PÊCHES OLLY. — Mettez dans une casserole deux cent cinquante grammes de farine, dix jaunes d'œufs et deux cents grammes de sucre en poudre; délayez le tout avec huit décilitres de lait non écrémé, ajoutez-y un grain de sel, cent grammes de beurre et un bâton de vanille; cuisez ensuite à feu doux en remuant sans arrêt. Dès que cet appareil arrivera à l'ébullition, vous le retirerez du feu pour y incorporer deux cents grammes de beurre noisette. Passez le tout à la mousseline et dressez-en une partie sur un plat rond. Vous disposerez là-dessus des demi-pêches cuites au sirop que vous recouvrirez de la même crème. Saupoudrez de poudre de praline et faites gratiner au four.

Servez en même temps et à part une saucière contenant de la sauce aux abricots au marasquin.

LA MOUSSE GLACÉE NANTAISE. — Dans un bassin à blancs d'œufs versez trois décilitres de sirop vanillé à vingt-cinq degrés. Incorporez-y huit jaunes d'œufs très frais; puis fouettez cet appareil jusqu'à ce qu'il soit épais, mousseux et léger. Ajoutez-y trois décilitres de purée de fraises des bois bien mûres et des plus parfumées, que vous aurez travaillée sur glace avec du sucre glacé. Quand la purée sera épaisse, vous la mélangerez à un litre de Fleurette fouettée très ferme et bien égouttée.

Remplissez-en une caisse à mousse que vous fermerez bien. Mettez la mousse à glacer pendant deux heures, renversez-la ensuite dans une caisse en carton dite « à biscuit glacé », dont il faudra nouer les faveurs qui ornent les coins. Enfin décorez cette mousse de fraises des bois cristallisées au sucre en poudre et dressez tout autour douze petites meringues garnies de crème fouettée à la purée de fraises.

LE DÉLICE AUX FRAISES. — Mélangez dans une terrine un demi-litre de sabayon froid très ferme et très mousseux avec deux décilitres de purée de fraises et deux cent cinquante grammes de petites fraises des bois bien mûres. Dans une timbale à soufflé en argent dressez alors un papier à dix centimètres du fond; versez-y votre appareil et portez la timbale au rafraîchissoir pour l'y laisser frapper pendant deux heures et demie.

Au moment de servir cette glace, lustrez-en la surface de gelée de fraises.

LE SOUFFLÉ MONTPENSIER. — Préparez un soufflé fin avec cent grammes de pâte de pistaches au marasquin mélangée à de la pâte à soufflé, puis terminez-le comme un soufflé fin (Cf. IVme journée).

LES PÊCHES AMANDINES. — Pochez au sirop vanillé six belles pêches que vous laisserez refroidir dans leur cuisson pour les garder très blanches.

Cuisez, d'autre part, un kilogramme de cerises noires et douces, et privées de leurs noyaux. Laissez-les refroidir dans leur cuisson, puis faites-les égoutter sur un tamis et réduisez leur cuisson, jusqu'à la rendre très consistante. Masquez ensuite le fond d'un plat rond de macarons finement hachés; disposez au-dessus les cerises que vous couvrirez d'une quantité de macarons hachés égale à celle de la première couche.

Au centre du plat, dressez alors en couronne vos pêches, que surmonteront des pyramides de crème fouettée, très ferme. Nappez-les légèrement d'un peu du sirop refroidi des cerises; vous emploierez le reste à part en l'allongeant de cherry-brandy.

L'ORANGINE. — Versez dans une terrine un litre de sirop à dix-huit degrés; pressez dessus le zeste de six oranges avec le jus de huit oranges et d'un citron. Puis colorez cette glace d'une goutte de carmin, et la pressez à la sorbetière en lui conférant toute la finesse possible. Vous la servirez dans des oranges creusées que vous arroserez, ainsi que la glace, de fin curaçao.

LA COUPE GLACÉE FRAMBOISÉE. — Garnissez à demi des coupes à champagne de framboises qui, toute une heure, auront macéré dans du cherry-brandy.

Arrosez les fruits d'une cuillerée à dessert de leur marinade et d'autant de gelée de groseilles; puis couvrez le tout de glace de vanille très fine et placez au centre une belle framboise.

LA PÂTISSERIE

LES AMANDES GRILLÉES A L'ANCIENNE. — Émondez un kilogramme d'amandes, épongez-les pour qu'elles soient bien sèches, puis étalez-les sur une plaque en les enrobant de trois cents grammes de sucre. Poussez la plaque au four et laissez les amandes blondir. Vous les remuerez souvent pour que la couleur soit égale.

LE GÂTEAU CASTILLANE. — Dans un moule à pain de Gênes cuisez de la génoise mousseline. Laissez-la refroidir, puis séparez-la en deux dans le sens de la largeur. Fourrez votre gâteau d'une marmelade d'ananas au marasquin ; glacez-le de fondant d'ananas, et garnissez-en le tour d'amandes grillées à l'ancienne. Vous disposerez au centre de la gelée de groseilles.

LES TARTELETTES AUX PÊCHES. — Cuisez des petits flans dans des moules à tartelettes. Quand ils seront à point, vous les laisserez refroidir, les garnirez à demi de crème frangipane, et les coifferez de demi-pêches pochées au sirop. Décorez ces fruits de cerises demi-sucre et d'angélique, puis lustrez-les de gelée de pêches.

LES TALMOUSES DE NANTES. — Foncez des moules à tartelettes de rognures de feuilletage ; piquez les fonds pour que la pâte ne se lève pas, puis garnissez-les d'une crème ainsi composée :

Mélangez en quantités égales de la pâte à pain de La Mecque et de la frangipane à la vanille. Ajoutez-y trois œufs pour faire douze tartelettes. Dessinez à la surface une croix composée, comme pour les Pont-Neuf, de deux petites bandes en feuilletage. Glacez-les, cuisez-les au four ordinaire et servez-les chaudes.

LES PETITS BÂTONS VANILLÉS. — Broyez très finement deux cent cinquante grammes d'amandes émondées avec cinq cents grammes de sucre en poudre, dont cinquante grammes seront vanillés ; ajoutez ensuite un blanc d'œuf pour rendre la pâte très ferme.

D'autres part, saupoudrez de sucre un marbre, et faites avec la pâte une abaisse carrée, de moyenne épaisseur, que vous couvrirez de glace royale ferme, légère et bien travaillée. Taillez cette abaisse en bandes de cinq centimètres de largeur où vous découperez des bâtonnets, larges d'un demi-centimètre. Relevez-les sur des plaques sèches, et cuisez-les au four doux.

DEUXIÈME JOURNÉE

PRÉSENTÉE PAR

ÉMILE GODEFROY

DEUXIÈME JOURNÉE

ᴇ lendemain ils allèrent badauder au marché des Halles.

« Nombrez-moi ces chapons du Mans, dit Elpénor, je gage que la Ligurie ne viendrait pas à bout de les engloutir dans l'espace d'un an.

— Mais cette motte de beurre d'Isigny, dit Eurydamas, en deux heures de montée parviendrez-vous au haut?

— Le beau boudin lové en meule, dit Éphestion! Il y a là de quoi sonder les gouffres de la Mer Océane!

— On le tire, dit Bourrabaquin, de la grande mine de Charcuterie qui est à douze parasanges de la ville, en amont.

— Et ces belles saucisses? demanda Léander.

— Elles jaillissent des volcans du Centre que vous pouvez apercevoir de ce côté.

— Quels sont ces voyageurs qui descendent du ciel assis sur des griffons et portant manteaux de plumes comme Topinambous?

— Ce sont les Néphélococcygiens, qui, dans la haute région qu'ils habitent, ne trouvent à gober que des mouches.

— Et ces pauvres diables, accouvés aux soupiraux des rôtisseurs?

— Utopiens. Ils gonflent des vessies de fumée et revendront cette drogue bien cher à leurs compatriotes.

— Et ceux-là qui vont charriant de grandes terrines de tripes ?

— Chiméricains, dont l'île ne produit que des animaux à viande creuse.

— Et ces autres qui font rire vos badauds parisiens ?

— Ils viennent des îles du Singe-Vert, situées au ponant de Cocagne, à deux journées de voyage par bon vent; ils font grand trafic de bourdes et de contes en l'air.

Les marchands cocanéens étaient doux et plaisants : qui prenait un chou, ils lui donnaient en présent deux perdrix ; une poule d'Inde, ils la bourraient de truffes; le plus souvent ils ne voulaient point accepter d'argent et disaient encore : « Mille grâces, Monseigneur ! »

Ce jour-là le déjeuner fut servi dans la grande salle dite salon de Comus, décorée de hautes lices représentant les scènes les plus fameuses de l'histoire de Cocagne, et qui découvrait à l'occident sur le parc et la mer. L'une de ces tapisseries, d'un caractère bien différent des autres, montrait une campagne désolée; çà et là des ruines et, parmi, de maigres ânes rouges paissant des chardons. « Cette allégorie, dit le Sénéchal, nous rappelle un oracle ancien suivant lequel, dès que nous cesserons d'être gourmands, un cataclysme renversera les édifices de nos pères; nous serons alors métamorphosés en ces animaux dont vous voyez ici la figure et la couleur. »

Pendant qu'ils admiraient ces merveilles, le roi fit son entrée et, après les avoir embrassés l'un après l'autre, s'installa dans sa belle cathèdre d'or. Incontinent, les serviteurs présentèrent la Salade de faisan à la parisienne que suivirent les Petites caisses de noix d'huîtres, les Œufs frits aux pommes d'amour, le Turbotin à la nantaise, la Daube de bœuf Tourangelle que le roi repoussa dès qu'il y eut goûté. Puis vinrent le Foie gras Altesse, les Fines laitues dame Simonne, le Café glacé à la française.

Au dessert, Macaron, le visage bouleversé, vint dire au roi : « Sire, je vous apporte une funeste nouvelle.

— Quelle ? » demanda le roi.

Mais le docteur Culinaire, pénétré de douleur, ne pouvait parler.

« Sire, dit Poupelin, qui venait derrière, votre fidèle Biscuit de Reims est mort.

— Mort, hélas ! et comment est-il mort ?

— Péri dans un bain de Champagne, dit Savarin.

— Oh ! l'ivrogne, s'écria le roi.

— Il s'est noyé, dit Croquignolle, dans la coupe de Nestor, exhumée l'an passé à Pylos, ne pouvant endurer l'affront de s'être endormi à son poste et d'avoir laissé trop longtemps au four la Daube de bœuf Tourangelle.

— Par Bacchus, dit le roi, elle était diablement salée! Pauvre Biscuit de Reims!... Mais nous-mêmes, comme dit le poète :

Peut-être que demain nous ne reboirons pas!

« Que les restes de ce malheureux soient portés hors la ville cette nuit et mis en terre au milieu de nos vignes d'Épernay! Il ne convient pas que notre bonne ville retentisse de lamentations et de chants funèbres pendant le séjour de ces illustres étrangers. Néanmoins, pour honorer la mémoire de mon loyal officier, j'ordonne qu'en façon de monument soit élevée sur un socle, au lieu où il sera inhumé, la grande tasse dans laquelle, en partant de ce monde, il but le coup de l'étrier. »

L'après-midi les convives, à l'exception du roi qui se retira pour travailler avec ses ministres, allèrent se reposer dans le parc où ils s'amusèrent à suivre des yeux les ébats de toutes sortes de gracieux oiseaux au riche plumage et de quadrupèdes connus ou inconnus d'eux dont le peintre du bord, dressant son chevalet de campagne, se mit à portraire les plus beaux et les plus singuliers. Nos amis devisèrent gaiement en attendant le repas du soir.

Le soleil s'apprêtait à quitter l'hémisphère pour aller porter la lumière aux Ligures et aux autres malheureux antipodes et n'éclairait plus que la cîme des cèdres et le coupeau doré du palais. « De toutes les merveilles que vous tenez renfermées dans cette magnifique demeure, dit Elpénor, celles que je contemplasse plus volontiers, ce sont vos dames qui, je m'assure, sont de beaucoup les plus dignes d'admiration.

— Patience, dit le Chambellan, votre désir sera bientôt satisfait : nos dames assisteront au dîner et vous ne serez point déçus, si avantageuse que soit l'opinion que vous avez d'elles.

— Elles reçoivent, je le présume, dit Eurydamas, l'éducation la plus raffinée.

— Oui, répondit Bourrabaquin, elles savent l'économique, excellent dans toutes les sortes de travaux qui conviennent à leur faiblesse; elles jouent de tous les instruments à ravir, possèdent par cœur tous les poètes de la table et les bons conteurs : en un mot, elles sont accomplies. Il faut dire que la tâche de nos éducateurs est grandement facilitée par la délicatesse et la finesse qu'elles ont reçues de la nature, laquelle se montre envers elles généreuse de tous ses dons.

— Rendent-elles leurs maris heureux, demanda Léander?

— Sans doute : belles, bonnes, douces, délicates, fines, ménagères comme elles sont.

— Et, dit Ephestion, ont-elles beaucoup d'enfants?

— Autant qu'elles peuvent.

— Quoi! vous ne craignez point qu'une géniture trop nombreuse diminue l'abondance dont vous jouissez?

— Mais au contraire, l'abondance augmente à mesure que croit la peuplaison.

— La plupart des unions sont heureuses, je le présume parce que, sans doute, les parents ne contrarient point les inclinations des jeunes gens?

— Cela va sans dire.

— Heureux amants de Cocagne! dit Léander avec un soupir, sans doute vous ignorez les tourments affreux de l'amour?

— Mais vos femmes sont-elles fidèles à leurs époux, dit Adraste?

— Pourquoi seraient-elles infidèles et leur déroberaient-elles ce dont elles ont à volonté?

— Vous ne m'entendez point; je vous demande, les trompent-elles?

— Les tromper? Croyez-vous qu'il y ait un sujet du subtil Philène que sa femme pût tromper sur ce qu'il boit ou mange et lui faire prendre merle pour grive, vin de Suresnes pour Moulin-à-Vent?

— Ce n'est point cela : dites-moi, en Cocagne, y a-t-il des cocus?

— Cocus? non... peut-être...; mais que voulez-vous dire? Je ne saisis point.

— Parmi les habitants de ce pays n'en est-il point qui portent des cornes?

— Vous voyez sur ces pelouses tous les animaux cornus que l'on trouve dans nos îles : cerfs, chevreuils, isards, bouquetins, chamois, élans, rennes, gazelles, mouflons, gnous, yacks, monoscéros, tarandes, faunes, satyres, lièvres cornus, mais aucun homme n'y porte bois ni ramure. Si une semblable espèce d'homme existe, nous ne la connaissons point et c'est la première fois que je l'entends nommer. »

Quand on eut fait comprendre à ces bons seigneurs ce que l'on appelle porter cornes en mariage, d'abord ils firent une grande risée à laquelle nos amis ne purent se tenir de prendre part, tant ils eurent de plaisir à les voir si joyeux; puis ils jurèrent qu'ils ne trouveraient point de cocus chez eux, ni mâles ni femelles, ce dont les voyageurs furent ébahis, et ils convinrent que de toutes les singularités de Cocagne celle-ci leur paraissait la plus émerveillable.

Le beau bruit d'un chaudron heurté en cadence et balancé dans les airs vint les interrompre.

« C'est, dit le Chambellan, Sa Majesté qui nous convoque au réfectoire. »

Ils trouvèrent le roi dans le grand vestibule où il attendait la reine et les autres dames. La reine Claude parut au haut de l'escalier de marbre, ceinte de son écharpe et toute resplendissante de pierreries. A sa suite venaient les demoiselles d'honneur qui portaient sa longue traîne et quantité de dames vêtues de robes chatoyantes de toutes couleurs et ceintes pareillement du cordon bleu.

Le roi baisa la main de la reine et leurs Majestés entrèrent au salon. Les seigneurs suivirent, chacun menant une dame ou demoiselle : Porphyre la blanche Fleur-d'Orange, Adraste la tendre Rayon-de-Miel, Ephestion la délicieuse Bergamote, Eurydamas la piquante Clou-de-Girofle, Typhis la savoureuse Fraise-des-Mousses, Léander la petite Noix-Muguette, Elpénor la joyeuse Pomme-d'Api.

Le festin fut encore plus magnifique et plus délicieux que les précédents. Nos ambassadeurs soutinrent le renom chevaleresque de leur nation. Au premier verre de Xérès, après le consommé à la française, la tête leur tourna et ils ne surent pas où ils étaient. Ils firent pourtant honneur aux jolis pâtés de caille, chef-d'œuvre d'un moderne Apicius, aux filets de barbue Louis-Philippe, à la poularde à la Valois et autres pièces de gueule, incomparables merveilles de gastronomie transcendante. Mais ils s'excusèrent, quelque alléchantes qu'elles fussent, de ne goûter qu'à peine aux morilles Richemonde, à quoi le bénin Philène répondit par un sourire entendu. Les Baisers fins leur eussent plu davantage; mais ce n'était que tentation.

C'est par une fête vénitienne que se termina la journée; en suite de quoi chacun se retira dans sa chambre. Et, tandis que nos heureux voyageurs dormaient paisiblement, plus d'une belle Cocanéenne demeura longtemps pensive au balcon à écouter Bulbul chanter dans le bocage.

ÉMILE GODEFROY.

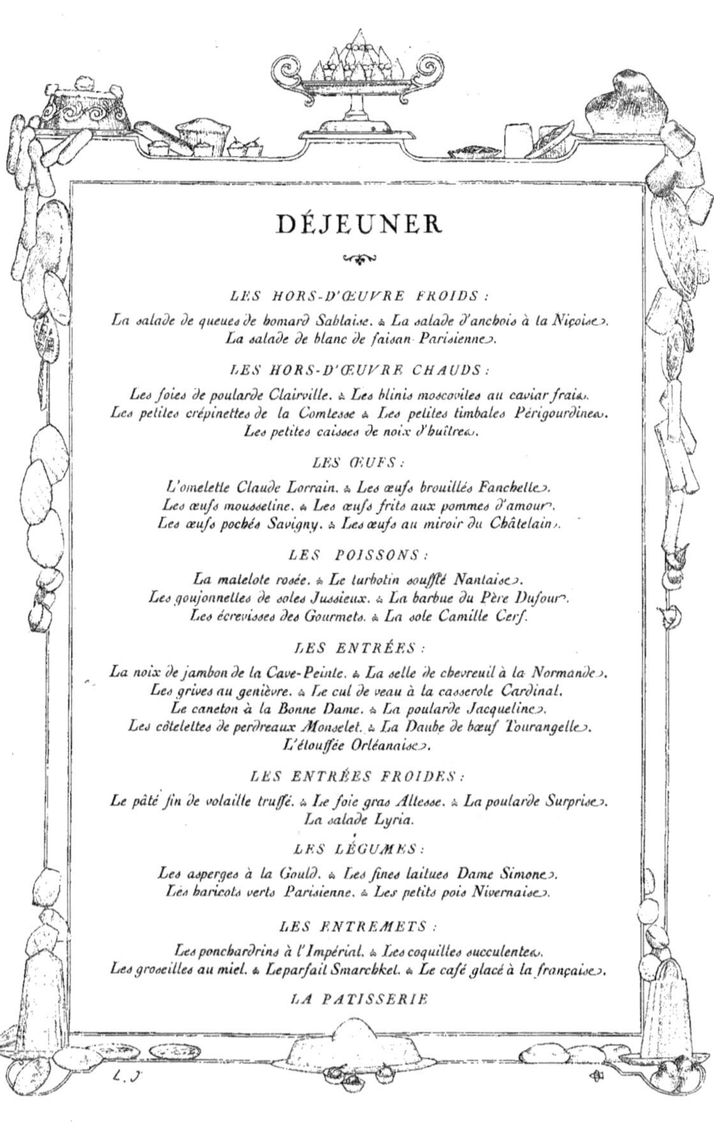

DÉJEUNER

LES HORS-D'ŒUVRE FROIDS :

La salade de queues de homard Sablaise. ☙ La salade d'anchois à la Niçoise.
La salade de blanc de faisan Parisienne.

LES HORS-D'ŒUVRE CHAUDS :

Les foies de poularde Clairville. ☙ Les blinis moscovites au caviar frais.
Les petites crépinettes de la Comtesse ☙ Les petites timbales Périgourdines.
Les petites caisses de noix d'huîtres.

LES ŒUFS :

L'omelette Claude Lorrain. ☙ Les œufs brouillés Fanchette.
Les œufs mousseline. ☙ Les œufs frits aux pommes d'amour.
Les œufs pochés Savigny. ☙ Les œufs au miroir du Châtelain.

LES POISSONS :

La matelote rosée. ☙ Le turbotin soufflé Nantaise.
Les goujonnelles de soles Jussieux. ☙ La barbue du Père Dufour.
Les écrevisses des Gourmets. ☙ La sole Camille Cerf.

LES ENTRÉES :

La noix de jambon de la Cave-Peinte. ☙ La selle de chevreuil à la Normande.
Les grives au genièvre. ☙ Le cul de veau à la casserole Cardinal.
Le caneton à la Bonne Dame. ☙ La poularde Jacqueline.
Les côtelettes de perdreaux Monselet. ☙ La Daube de bœuf Tourangelle.
L'étouffée Orléanaise.

LES ENTRÉES FROIDES :

Le pâté fin de volaille truffé. ☙ Le foie gras Altesse. ☙ La poularde Surprise.
La salade Lyria.

LES LÉGUMES :

Les asperges à la Gould. ☙ Les fines laitues Dame Simone.
Les haricots verts Parisienne. ☙ Les petits pois Nivernaise.

LES ENTREMETS :

Les ponchardrins à l'Impérial. ☙ Les coquilles succulentes.
Les groseilles au miel. ☙ Le parfait Smarchkel. ☙ Le café glacé à la française.

LA PATISSERIE

L. J

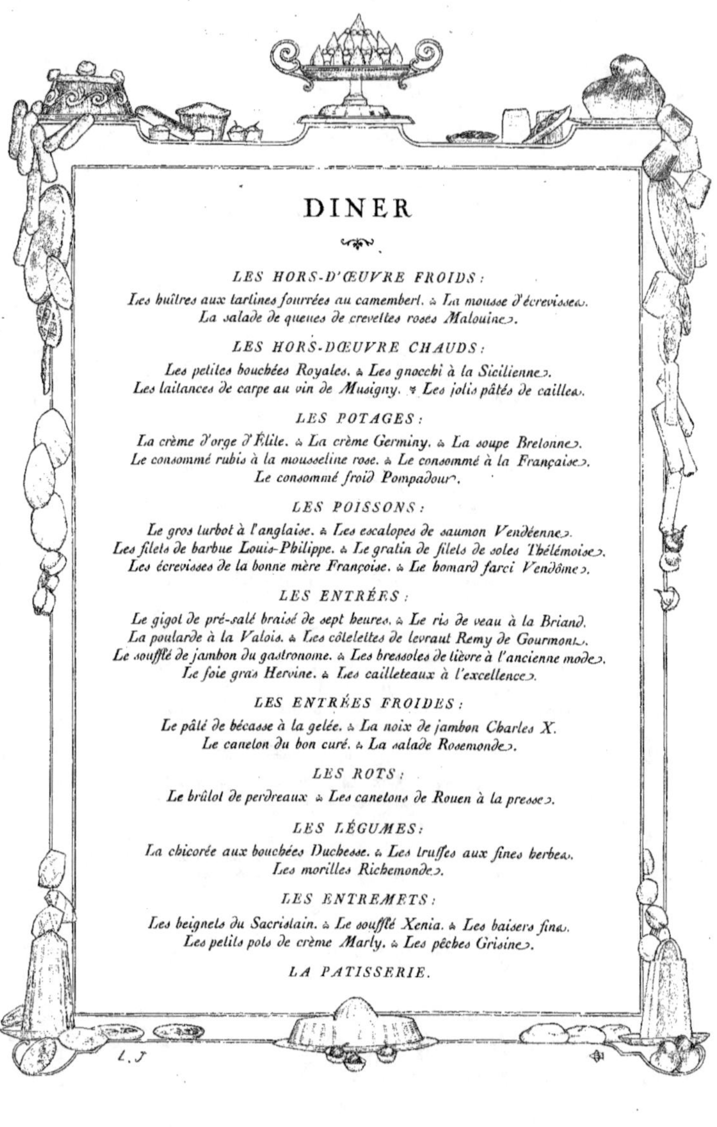

DINER

LES HORS-D'ŒUVRE FROIDS :

Les huîtres aux tartines fourrées au camembert. ❧ La mousse d'écrevisses.
La salade de queues de crevettes roses Malouine.

LES HORS-DŒUVRE CHAUDS :

Les petites bouchées Royales. ❧ Les gnocchi à la Sicilienne.
Les laitances de carpe au vin de Musigny. ❧ Les jolis pâtés de cailles.

LES POTAGES :

La crème d'orge d'Élile. ❧ La crème Germiny. ❧ La soupe Bretonne.
Le consommé rubis à la mousseline rose. ❧ Le consommé à la Française.
Le consommé froid Pompadour.

LES POISSONS :

Le gros turbot à l'anglaise. ❧ Les escalopes de saumon Vendéenne.
Les filets de barbue Louis-Philippe. ❧ Le gratin de filets de soles Thélémoise.
Les écrevisses de la bonne mère Françoise. ❧ Le homard farci Vendôme.

LES ENTRÉES :

Le gigot de pré-salé braisé de sept heures. ❧ Le ris de veau à la Briand.
La poularde à la Valois. ❧ Les côtelettes de levraut Remy de Gourmont.
Le soufflé de jambon du gastronome. ❧ Les bressoles de lièvre à l'ancienne mode.
Le foie gras Hervine. ❧ Les cailleteaux à l'excellence.

LES ENTRÉES FROIDES :

Le pâté de bécasse à la gelée. ❧ La noix de jambon Charles X.
Le caneton du bon curé. ❧ La salade Rosemonde.

LES ROTS :

Le brûlot de perdreaux ❧ Les canetons de Rouen à la presse.

LES LÉGUMES :

La chicorée aux bouchées Duchesse. ❧ Les truffes aux fines herbes.
Les morilles Richemonde.

LES ENTREMETS :

Les beignets du Sacristain. ❧ Le soufflé Xenia. ❧ Les baisers fins.
Les petits pots de crème Marly. ❧ Les pêches Grisine.

LA PATISSERIE.

LES HORS-D'ŒUVRE FROIDS

LA SALADE DE QUEUES DE HOMARD SABLAISE. — Au centre d'un plat de porcelaine à bords bleus, disposez en dôme une petite salade composée de pinces de homard taillées en escalopes, d'œufs durs émincés et d'un kilo de haricots verts. Dressez tout autour, en couronne, trois belles queues de homard taillées en escalopes d'un demi-centimètre d'épaisseur. Assaisonnez le tout d'une vinaigrette contenant du cerfeuil, de l'estragon et du persil. Puis placez au-dessus trois cœurs de laitues taillés en quatre.

Cette salade, servie très froide, sera accompagnée d'une saucière de mayonnaise.

LA PETITE SALADE D'ANCHOIS A LA NIÇOISE. — Prenez de beaux filets d'anchois bien dessalés et marinés à l'huile pendant vingt-quatre heures. Dressez-les dans une assiette creuse à hors-d'œuvre, puis décorez-les de tomates émincées, d'œufs durs hachés, de persil, de lames de cornichon et d'olives farcies, disposées avec symétrie.

LA SALADE DE BLANC DE FAISAN PARISIENNE. — Faites cuire au beurre à l'étouffée, quatre suprêmes de faisan, en les plaçant à côté du feu, afin que la chaleur très douce cuise à point les chairs et ne les colore pas.

D'autre part disposez en pyramide dans un saladier une salade de haricots verts et de truffes ; bordez cette salade des suprêmes de faisan taillés en escalopes et nappés de fine vinaigrette. Puis servez ce hors-d'œuvre entouré de glace pilée, en offrant à part une sauce mayonnaise au catsup.

LES HUITRES AUX TARTINES FOURRÉES AU CAMEMBERT. — Il ne faut se servir que d'huîtres vivantes, que l'on ouvrira juste au moment de les manger. Parmi les huîtres recommandables aux gourmets, nous citerons les Marennes, les Belons, les Côte-Rouges, les Ostendes, les Burnham et les Natives.

Servez-les avec des tartines ou des petits sandwichs très minces, taillés dans du pain bis, mesurant dix centimètres de long sur six centimètres de large. Beurrez ces tartines de beurre très fin, assaisonné d'une pincée de paprika. Saupoudrez-les alors de copeaux très minces de fromage de camembert. On peut employer également le gruyère ou le brie.

LA SALADE DE QUEUES DE CREVETTES MALOUINE. — Décortiquez un kilo de belles crevettes roses. Mettez les queues dans un saladier à hors-d'œuvre ; mêlez-y six œufs durs émincés, trois douzaines de belles noix d'huîtres pochées, puis liez le tout d'une sauce Gribiche (la recette en est donnée pour les rosettes de saumon).

Disposez en dôme cette salade, couronnez-en la base d'une guirlande de radis roses émincés dont vous n'aurez pas enlevé le rouge. Et servez-la dans de la glace pilée.

LA MOUSSE D'ÉCREVISSES. — Cuisez quarante belles écrevisses dans une mirepoix, flambez-les au cognac et mouillez-les d'un mélange de vin blanc et de cuisson de champignons du volume d'un litre. Quand elles seront froides, vous décortiquerez les queues, que vous parerez et mettrez au timbre.

Pilez alors finement les carapaces avec cent grammes de beurre d'écrevisses. Ajoutez-y deux décilitres de fin velouté de poisson, passez le tout à l'étamine, puis mettez cette purée sur la glace où elle devra reposer une heure. Incorporez-y ensuite un décilitre et quart de gelée de poisson, avec quatre décilitres de crème fraîche fouettée. Mélangez doucement le tout ; puis versez cet appareil dans une vasque de cristal, taillée en forme de timbale. Décorez-en la surface avec les queues d'écrevisses que vous lustrerez de gelée. Portez enfin le plat dans la cave à glace ; vous l'y laisserez deux heures, entouré de glace pilée, après quoi vous lustrerez la mousse d'une fine gelée de poisson.

LES HORS-D'ŒUVRE CHAUDS.

LES FOIES DE POULARDE A LA CLAIRVILLE. — Ayez cinq cents grammes de beaux foies de poularde d'un blond pâle. Parez-les attentivement, nettoyez-les entièrement de leur fiel, puis taillez-les en escalopes assez épaisses.

Émincez, d'autre part, deux cent cinquante grammes de champignons très frais. Cuisez-les au beurre de couleur blonde, avec du sel, du poivre et une pointe d'échalote hachée menu. Déglacez ensuite le fond de la sauteuse d'un petit verre d'excellent vin blanc sec, et ajoutez-lui une cuillerée à sauce de glace blonde de volaille.

Maintenant, sautez au beurre les foies de volaille en les tenant roses, mélangez-leur cent cinquante grammes de petits lardons rissolés au beurre, puis versez le tout dans la sauteuse, où vous l'amalgamerez avec les champignons. Emplissez des cocottes de porcelaine de cette garniture, qu'il faudra tapisser d'une couche de fine purée de lapereau. Saupoudrez le tout d'une pincée de mie de pain fraîche et blanche sur laquelle vous poserez une rondelle de beurre ; faites gratiner ensuite les cocottes sur une plaque, à l'eau bouillante. Et servez-les toutes chaudes sur des serviettes.

LES BLINIS MOSCOVITES AU CAVIAR FRAIS. — Le caviar est fort agréable avec ces petites crêpes que les Russes préparent de bien des manières. Il me suffira d'indiquer ici la méthode fort appréciée que d'ordinaire suivait mon blinchtchik du restaurant de l'Ermitage, à Moscou :

Dans une terrine blanche émaillée, mettez un verre et demi de farine de sarrazin, que vous travaillerez avec un verre d'eau tiède, deux verres de lait chaud, une cuillerée à café de sel, autant de sucre et finalement six grammes de levure. Fermez hermétiquement la terrine et placez-la dans un endroit où la pâte puisse convenablement se développer et pousser.

Attendez le moment où celle-ci sera suffisamment levée et touchera le couvercle ; vous la travaillerez alors avec une spatule en buis et, successivement, y incorporerez deux verres et demi de farine de gruau, un quart de livre de beurre fondu, cinq jaunes d'œufs, un verre de lait chaud et les cinq blancs d'œufs battus très ferme.

Cela fait, couchez immédiatement vos crêpes dans les scavarotkas (poêles à blinis) et cuisez-les des deux côtés à l'entrée du four à pâtisserie ou simplement sur le fourneau.

Veillez à ce qu'elles soient dorées des deux côtés, puis servez-les à même les poêles avec du caviar frais.

D'aucunes fois, l'on parsème la poêle d'œufs hachés avant d'y étendre la crêpe.

LES PETITES CRÉPINETTES DE LA COMTESSE. — Pilez une demi-livre de filets de perdreaux bien tendres avec un poids égal de lard gras. Assaisonnez ce hachis de sel, de poivre et d'une prise d'épices fines ; passez le tout au tamis, puis placez cette farce dans une terrine en y ajoutant cent vingt-cinq grammes de truffes en dés et deux cent vingt-cinq grammes de foie gras cru et taillé en dés. Homogénéisez soigneusement cette farce pour en former des petites crépinettes ovales que vous habillerez de crépine de porc, passerez au beurre fondu, panerez de mie de pain fraîche et très blanche, puis ferez griller.

Servez-les en les accompagnant d'une sauce salmis de perdreaux aux truffes et d'une fine purée de champignons.

LES PETITES TIMBALES PÉRIGOURDINES. — Foncez des petits moules à darioles de rognures de feuilletage, mélangées d'un tiers de pâte de four fine. Chemisez-en légèrement l'intérieur d'une couche légère de farce de quenelles de faisan, puis remplissez-les de lames de truffes cuites à la crème et colorées légèrement à la glace blonde de volaille. Couvrez les timbales d'une mince abaisse ornée que vous y souderez ; formez ensuite la crête tout autour et ornez les couvercles de petites feuilles imitées en pâte fine. Pratiquez une petite cheminée au centre de l'abaisse ; dorez les timbales au jaune d'œuf et poussez-les au four sur une plaque.

Après une cuisson de trente à trente-cinq minutes, vous les servirez en buisson sur une serviette toute chaude.

LES PETITES CAISSES DE NOIX D'HUITRES. — Garnissez le fond et les parois de six caisses en porcelaine d'une mince couche de farce de mousseline de brochet que vous pocherez au bain-marie. Distribuez ensuite dans ces caisses trente-six noix d'huîtres de Marennes, cuites dans leur eau ; et disposez au-dessus six belles queues de crevettes roses décortiquées.

Remettez alors sur le feu la cuisson des huîtres ; incorporez-y quatre jaunes d'œufs que vous chaufferez légèrement avec quatre cuillerées de crème double. Montez cette sauce avec cinq cents grammes de beurre, passez-la à la mousseline et saucez-en le contenu des caissettes.

LES PETITES BOUCHÉES ROYALES. — Cuisez douze petites bouchées ovales en feuilletage de sept tours, puis tenez-les au chaud à l'étuve.

Désossez, d'autre part, douze ortolans. Assaisonnez-les et farcissez-les d'une farce à gratin de lapereau au foie gras, au centre de laquelle vous placerez une perle de truffe. Refermez les oiseaux, cousez-les, cuisez-les au beurre dix minutes, puis glacez-les à la salamandre avec de la sauce salmis fine.

Garnissez à demi les bouchées de purée de champignons très crémeuse, que vous recouvrirez de vos ortolans, légèrement saucés d'un fumet d'ortolans à l'essence de truffe. Dressez-les ensuite sur une serviette.

LES GNOCCHI A LA SICILIENNE. — Dans un litre de lait bouillant, pochez les trois quarts d'un paquet de semoule italienne. Une fois cuite et épaissie, liez la semoule avec trois jaunes d'œufs, quarante grammes de beurre et autant de parmesan. Étendez ensuite cette bouillie dans un plat beurré en lui donnant un centimètre d'épaisseur. Quand votre appareil sera tout à fait froid, vous le découperez, à l'emporte-pièce cannelé, en petits cylindres de cinq centimètres de diamètre, que vous dresserez en couronne sur un plat grassement beurré.

Saupoudrez les gnocchi de parmesan, puis glacez-les légèrement au four. Et dressez dans le puits, au moment de servir, soit une purée de tomates fraîches, soit une étuvée de tomates fraîches concassées, cuites au beurre et liées de glace de veau.

LES LAITANCES DE CARPE AU VIN DE MUSIGNY. — Faites dégorger douze belles laitances de carpes. Cuisez-les dans du vin récent de Musigny avec une anguille coupée en tronçons ; puis enlevez-les du feu lorsque la cuisson en sera achevée. Faites alors réduire la sauce à glace, épaississez-la d'une cuillerée de fine demi-glace et montez-la avec cinq cents grammes de beurre fin ; assaisonnez-la de poivre de Cayenne et passez-la à la mousseline.

Cela fait, placez les laitances dans des tartelettes allongées en forme de bateau, puis entourez-les de queues d'écrevisses. Posez dessus un champignon gentiment sculpté. Saucez-les et les servez immédiatement.

LES JOLIS PATÉS DE CAILLES. — Désossez six cailles, que vous fendrez en deux dans le sens de la longueur. Assaisonnez-les et les farcissez d'une farce à gratin de lapereau au foie gras, avec au centre un morceau de truffe. (Pour la recette de la farce à gratin, voir le Pâté de bécasses à la gelée, page 59). Roulez-les en paupiettes ; puis placez-les sur des abaisses en feuilletage de forme rectangulaire où vous aurez posé à l'avance une cuillerée à dessert de farce à gratin. Humectez les bords de la pâte et roulez le tout en friand. Dorez les pâtés et cuisez-les au four après les avoir munis d'une petite cheminée installée dans un orifice, que l'on aura pratiqué en leur centre. Enlevez ensuite les cheminées et versez à l'intérieur de chaque pâté une cuillerée de sauce salmis de caille.

Dressez les petits pâtés en buisson sur une serviette.

LES ŒUFS

L'OMELETTE CLAUDE LORRAIN. — Dans une terrine blanche émaillée, cassez douze œufs bien frais. Battez-les soigneusement avec du sel et une pointe de poivre, et cuisez-les dans une poêle bien propre et grassement beurrée. Placez au centre de l'omelette un ragoût d'escalopes de laitance de carpe et de queues d'écrevisses liées d'une sauce normande ; roulez ensuite l'omelette, dorez-la et la renversez sur un long plat d'argent.

Dressez au-dessus douze belles lames de truffes lustrées de glace de volaille, puis entourez le plat d'un cordon de sauce normande. Vous dresserez en plus, à chaque extrémité, un bouquet de tomates émondées, épépinées, concassées et cuites au beurre.

Les omelettes doivent, en général, être légèrement baveuses ; un peu plus cuites, elles deviendraient spongieuses.

LES ŒUFS BROUILLÉS FANCHETTE. — Beurrez grassement une sauteuse et cassez-y douze œufs, que vous allongerez de trois cuillerées de crème double épaisse et très fraîche. Assaisonnez de sel et de poivre, battez bien le tout, puis avec précaution, placez votre sauteuse sur un feu doux, sans cesser de travailler les œufs avec une cuiller en buis.

Dès que les œufs auront pris consistance, vous ajouterez cent grammes de beurre frais et dix cuillerées à dessert de belles pointes d'asperges vertes liées au beurre. Versez ensuite l'appareil dans un vol-au-vent bien chaud dont vous décorerez la surface d'une couronne de vingt lames de truffes lustrées de glace de volaille, encerclant une rosace en pointes d'asperges vertes. Entourez le vol-au-vent d'une couronne d'argent, couvrez-le et le servez sur une serviette pliée.

LES ŒUFS MOUSSELINE. — Placez huit jaunes d'œufs dans une sauteuse, ajoutez-y six cuillerées d'eau froide, du sel et une pincée de poivre, puis mettez cuire cet appareil sur un feu doux. Lorsqu'il commencera à prendre consistance, vous y introduirez cinq cents grammes de beurre fondu.

Une fois cette Hollandaise montée très serré, ajoutez-lui huit blancs d'œufs bien fermes et garnissez-en douze moules ovales à darioles beurrés, que vous pocherez au bain-marie à moitié couvert. Après dix minutes de cuisson, sondez et démoulez sur un croûton en feuilletage que vous viendrez de cuire : ces croûtons, piqués en maints endroits pour qu'ils ne lèvent pas auront la forme d'une petite galette à fromage.

Saucez alors le tout d'une sauce composée de crème double et du tiers de l'appareil aux œufs, puis colorez légèrement à la salamandre. Avant de le servir, saupoudrez le plat d'une julienne de truffes et entourez-le d'une bordure d'argent.

LES ŒUFS FRITS AUX POMMES D'AMOUR. — Versez dans une poêle un tiers de litre de bonne huile sans odeur. Passez ensuite à l'eau bouillante douze œufs bien frais que vous retirerez aussitôt ; cassez l'un de ces œufs dans l'huile chaude, puis tournez-le à l'aide d'une cuiller en buis pour qu'il reprenne son aspect primitif. Vous l'enlèverez quand vous le verrez doré et de forme ovale, et le tiendrez au chaud à l'étuve, tandis que successivement vous appliquerez aux onze autres le même procédé. Le jaune, finalement, restera très liquide, mais le blanc sera bien pris et aura revêtu une plaisante couleur blonde.

D'autre part, cuisez au beurre à l'étuvée douze demi-tomates émondées, épépinées et assaisonnées. Salez à point les œufs, dressez-les en couronne, les faisant alterner avec les tomates ; arrosez-les enfin d'un filet de glace de volaille.

Au centre du plat, qu'entourera une bordure d'argent, vous disposerez un beau bouquet de pommes de terre paille très blondes.

LES ŒUFS AU MIROIR DU CHATELAIN. — Faites cuire des œufs au miroir. D'autre part faites sauter au beurre, en les tenant roses, des escalopes de foie de poularde. Ajoutez-y une égale quantité de lames de truffes fraîches ; puis liez le tout de sauce Madère fine bien dépouillée. Disposez ensuite ce ragoût délicat, comme une couronne, autour des œufs.

LES ŒUFS POCHÉS A LA SAVIGNY. — Dressez les œufs sur des croûtons ovales de pain de mie, creusés et dorés au beurre d'une belle couleur. Garnissez-les d'une purée de grives liée au fumet de grives, puis saucez les œufs légèrement de fumée de grives à l'essence de truffes. Surmontez-les d'une belle lame de moelle pochée que vous rehausserez encore d'une tête de grive élégamment préparée.

Vous servirez les œufs très chauds et offrirez à part ce qui reste de la sauce.

LES POTAGES

LA CRÈME D'ORGE D'ÉLITE. — La préparation de cette crème est identique à celle de la crème Altesse (voir IIIe journée) excepté que vous remplacerez le riz par cinq cents grammes d'orge perlée que vous aurez mise à tremper pendant douze heures.

Liez finalement ce potage avec cinq jaunes d'œufs mélangés à cinq décilitres de crème double; puis garnissez-le de perles du Japon, à raison de deux cuillerées à soupe de perles cuites par personne. Il faudra servir en même temps un buisson de paillettes au parmesan sortant du four.

LA CRÈME GERMINY. — Dans une casserole bien étamée versez un litre de bouillon blanc de volaille; liez-le de dix jaunes d'œufs et d'un demi-litre de crème double bien fraîche. Prenez ensuite ce potage à la spatule en bois de buis, et quand il sera en crème, vous y ajouterez deux cuillerées à soupe d'oseilles ciselées et fondues au beurre. Incorporez-y encore trois cents grammes de beurre extrêmement fin, puis servez en accompagnant d'une julienne de pain doré au beurre.

LA SOUPE BRETONNE. — Taillez en forme de paysanne des quantités égales de carottes et de navets nouveaux. Étuvez au beurre ces légumes, mouillez-les de bouillon blanc de volaille, puis cuisez-les lentement avec trente petits bouquets de choux-fleurs bien blanchis et une julienne de cœurs de céleris étuvés au beurre. Quand la cuisson sera à point, vous lierez votre soupe de six jaunes d'œufs et d'un quart de litre de crème double par litre de bouillon.

Saupoudrez le potage, au moment de le servir, d'une poignée de cerfeuil en peluche.

LE CONSOMMÉ RUBIS A LA MOUSSELINE ROSE. — En clarifiant le consommé, incorporez-y six tomates bien mûres, écrasées à l'avance. Cuisez ce consommé avec une goutte de carmin pour lui communiquer une belle couleur rubis. Puis passez-le dans une soupière où vous le garnirez abondamment de perles roses faites de farce de volaille mousseline. Vous servirez en même temps vingt petites bouchées garnies de purée de volaille, que vous surmonterez chacune d'une lame de truffe lustrée de glace de volaille.

LE CONSOMMÉ DE VOLAILLE A LA FRANÇAISE. — Versez un consommé de volaille bien chaud dans une soupière. Garnissez-le d'une mousseline de volaille, cuite dans un moule à charlotte, puis découpée à l'emporte-pièce en rondelles du diamètre d'une pièce de deux francs. Ajoutez-y une égale quantité de boudin de volaille truffé et émincé, et du rouge de carotte en grosse et courte julienne, cuite au consommé de volaille. Joignez-y en outre un poids équivalent de pointes d'asperges vertes. Vous offrirez alors, en le servant, des petites bouchées garnies de purée de blanc de dinde et coiffées d'un disque de noix de jambon très maigre.

CONSOMMÉ FROID POMPADOUR. — Dans une casserole bien étamée, réunissez un kilogramme de bœuf très maigre, finement haché, avec quatre pigeons, un pied de céleri râpé et un blanc d'œuf. Amalgamez le tout à souhait, puis ajoutez quatre litres d'excellent bouillon de volaille. Sans cesser de le remuer, laissez ce bouillon parvenir à l'ébullition, puis faites-le cuire à feu doux pendant une heure et demie, et passez-le à la mousseline. Vous le tiendrez clair et de couleur blonde, et le servirez froid, tel que l'aimait Mme de Pompadour.

LES POISSONS

LA MATELOTE ROSÉE. — Tronçonnez une belle anguille et placez-la dans une casserole avec deux cents grammes de tomates et six beaux filets de sole très blancs. Joignez-y un oignon émincé, un bouquet garni, une gousse d'ail, du poivre et du sel; puis mouillez le tout d'un litre et demi de vin blanc sec et mettez à l'ébullition. Après une cuisson lente, transportez les morceaux de poisson dans une timbale d'argent. Recouvrez-les de vingt têtes de champignons tournées, cuites bien blanches, et de soixante queues d'écrevisses.

A la cuisson réduite à glace ajoutez un quart de litre de crème; réduisez à nouveau de moitié, puis mélangez six jaunes d'œufs. Beurrez alors la sauce de cinq cents grammes de beurre d'écrevisses; épicez-la d'une pointe de Cayenne et passez-la sur le poisson. En cuisant, la tomate l'aura teintée d'une jolie couleur rose.

Vous disposerez tout autour douze croûtons de pain de mie dorés au beurre et farcis d'un hachis de laitance de carpe.

LE TURBOTIN SOUFFLÉ NANTAISE. — Levez, sans en altérer la forme, les filets d'un turbotin cru. Cuisez l'arête et posez-la sur un plat long, puis taillez et parez les filets en huit rectangles de six centimètres environ sur trois, que vous ferez pocher au fumet de poisson.

Pilez d'autre part six cents grammes de chair de turbotin très blanc avec du sel, une pointe de muscade et trois blancs d'œufs. Passez cet appareil au tamis dans une terrine, que vous laisserez trente minutes sur la glace; après quoi, vous y mêlerez peu à peu un demi-litre de crème double bien fraîche, puis deux blancs d'œufs battus en neige. Couvrez alors d'une couche légère de cette farce à soufflé l'arête du poisson, qu'ensuite vous vêtirez symétriquement de vos filets, en manière de turbotin. Nappez ces filets de l'appareil à soufflé, puis faites-les pocher au four en les arrosant de beurre fondu. Colorez votre poisson de couleur blonde et entourez-le de pommes de terre Dauphine creusées puis fourrées d'un salpicon de homard à l'américaine.

Vous servirez à part une saucière de sauce Normande, garnie de trente-six noix d'huîtres pochées.

LES GOUJONNETTES DE SOLE JUSSIEU. — Taillez douze filets de soles très blancs en forme de goujonnettes, que vous passerez au beurre chaud sans les colorer. Déglacez-les au vieux madère, le meilleur dont vous disposerez. Réduisez de moitié le madère; puis couvrez les goujonnettes de crème, d'un peu de sel et de poivre de Cayenne, d'une julienne de trois cents grammes de truffes fraîches noires, et de deux cents grammes d'une julienne de champignons étuvés au beurre. Cuisez à feu doux. Quand la sauce nappera les goujonnettes, vous les beurrerez légèrement avec cent cinquante grammes de beurre de homard additionné de trois jaunes d'œufs ; disposez-les ensuite dans une petite terrine en porcelaine munie d'un couvercle, puis servez.

LA BARBUE DU PÈRE DUFOUR. — Beurrez grassement un plat à sauter, disposez-y un oignon moyen émincé, du sel, du poivre et un petit bouquet garni. Recouvrez le tout de votre barbue, que vous entourerez de vingt-quatre petites têtes de champignons cuits et de six tronçons d'anguille. Mouillez le plat d'une bouteille de bon Pommard et recouvrez-le d'un papier beurré. Cuisez alors votre poisson pendant vingt-cinq minutes, puis égouttez-le. Réduisez la sauce des deux tiers ; liez-la de beurre manié, assaisonné de trois cuillerées à dessert d'essence d'anchois ; incorporez-y trois cents grammes de beurre frais, et passez-la à la mousseline.

Dressez sur un plat votre barbue ; disposez au-dessus les champignons et, de chaque côté, vingt queues d'écrevisses, ainsi que les tronçons d'anguille ; saucez largement le tout, puis enfermez le poisson dans une couronne de croûtons de pain de mie frits au beurre.

LES ÉCREVISSES DES GOURMETS. — Étuvez au beurre le rouge d'une carotte taillée en paysanne, un gros oignon, un bouquet garni et le cœur bien blanchi d'un beau céleri blanc. Mouillez le tout d'une bouteille de champagne brut, allongez d'un demi-litre de cuisson de champignons, puis assaisonnez de sel, de poivre moulu au moulin et d'une pointe de poivre de Cayenne. Cuisez lentement ce court-bouillon, et jetez-y, dès qu'il bouillira, trente-six belles écrevisses châtrées, amputées de la palmette médiane et de leur nageoire caudale.

Après une cuisson lente de douze minutes, placez les écrevisses décortiquées dans une timbale d'argent. Réduisez alors le fonds des deux tiers ; liez-le de cinq cents grammes de beurre frais, puis versez-le sur les écrevisses, que vous servirez très chaudes et bien enrobées de ce fonds réduit avec les ingrédients.

LA SOLE CAMILLE CERF. — Taillez deux beaux blancs de poireaux en julienne, que vous cuirez lentement au beurre, pour ne point les laisser colorer, avec un petit oignon coupé menu. Ajoutez trois tomates fraîches émondées, épépinées et cuites au beurre ; mouillez le tout d'un demi-litre de fine cuisson de poisson et laissez réduire d'un quart. Sur un plat grassement beurré, couchez alors une belle sole du poids de six cents grammes : dépouillée de ses deux peaux, elle sera d'une éclatante blancheur. Couvrez-la de l'appareil auquel vous mêlerez une forte pincée de safran, puis faites-la pocher à feu doux. Quand elle sera cuite, vous la dresserez sur un plat long, l'environnant d'une couronne de petites escalopes de queues de homard cuites au court-bouillon.

Réduisez ensuite la cuisson d'un quart, incorporez-y trois grandes cuillerées de crème double et menez ainsi la sauce jusqu'à ce qu'elle nappe ; additionnez-la encore de cent cinquante grammes de beurre, puis saucez-en complètement la sole qui ne manquera pas de recueillir autant d'éloges que lui en décerna le fameux gourmet à qui je la dédiai.

LE GROS TURBOT A L'ANGLAISE. — Prenez un beau turbot blanc et très épais (car un turbot plat est de qualité toujours inférieure). Videz-le par l'ouïe, faites-le dégorger en séparant un peu les filets du côté noir ; puis laissez-le six heures dans l'eau froide. Placez-le ensuite dans une turbotière, où vous le couvrirez d'eau froide et d'un litre de lait, épicez d'une poignée de sel et laissez cuire à feu doux, en comptant quinze minutes de cuisson par kilogramme à partir de l'entrée en ébullition.

Présentez le turbot sur une serviette blanche, entouré de persil frisé, de douze œufs pochés et de douze écrevisses cuites au court-bouillon. Accompagnez-le d'une saucière de beurre fondu assaisonné de mignonnette (à raison d'une cuillerée par kilogramme de beurre) et passé à la mousseline à l'instant même où l'on va le servir. Servez en outre une timbale de grosses pommes de terre cuites à la vapeur.

D'aucuns préfèrent le turbot avec une sauce hollandaise et les pommes croquettes.

Aussi simple que soit ce mets, j'ai tenu à en donner la recette pour que soit rectifiée sa préparation.

LES ESCALOPES DE SAUMON VENDÉENNE. — Dans un beau filet de saumon, taillez douze belles escalopes. Parez-les, panez-les à l'anglaise et cuisez-les au beurre de belle couleur. Dressez en couronne sur un plat rond, dont le centre sera garni d'une étuvée de tomates : ce sont des tomates émondées, épépinées, grossièrement concassées, cuites lentement au beurre, puis liées de glace de volaille. Entourez les escalopes de pommes de terre Duchesse, pas plus grosses que des petits macarons et rissolées au beurre, que vous intercalerez de petites têtes de cèpes rissolées au beurre.

Servez en même temps une sauce Valois, qui est une sauce Béarnaise terminée avec de la blonde glace de viande.

LES FILETS DE BARBUE LOUIS-PHILIPPE. — Levez huit beaux filets de barbue que vous parerez bien. Dans une sauteuse grassement beurrée placez alors deux cent cinquante grammes de truffes fraîches émincées. Couchez sur ce lit vos filets, mouillez-les de trois décilitres de champagne brut et de deux décilitres de fumet de champignons, couvrez-les d'un couvercle et faites-les cuire à feu vif. Laissez reposer quelques minutes, puis dressez les filets sur un plat d'argent et tenez-les au chaud.

Mêlez alors à la cuisson un décilitre de crème double et trois cuillerées à soupe de glace de volaille. Quand vous verrez la spatule s'enrober de cette sauce dont s'exhalera le parfum onctueux, vous retirerez la sauce et en saucerez les filets, sur lesquels vous disposerez les lames de truffe.

Garnissez les extrémités du plat d'un horly de laitances de carpes. Enserrez les filets dans deux rangées de six petites bouchées garnies d'une purée de queues d'écrevisses à la bordelaise, puis servez-les très chauds.

Cette recette me fut donnée, jadis, par l'ancien chef des fourneaux de Louis-Philippe. Ce vieux cuisinier ajoutait, en me la contant, que ces filets de barbue faisaient le régal préféré du roi gastronome.

LE GRATIN DE FILETS DE SOLES THÉLÉMOISE. — Saupoudrez un plat grassement beurré de sel, de poivre et de persil fraîchement haché. (Trois cuillerées de persil conviendront à vingt filets de soles.) Dressez ensuite les filets sur ce beurre que vous assaisonnerez légèrement encore ; tout autour, rangez avec art de belles tranches de champignons frais, finement émincés, puis arrosez d'un verre à bordeaux de vin blanc et d'une petite sauce italienne, dont je vous révélerai plus bas le secret. Ayant parsemé le tout de mie de pain fraîche et couvert votre mets de huit rondelles de beurre frais, mettez au four votre plat et surveillez-le de temps à autre pour le faire bien gratiner.

Tandis qu'il mijote, creusez six petites tomates ; assaisonnez-les, farcissez-les de hachis de mouton bien fondant et faites-les cuire au beurre. Vous les dresserez en cercle autour des filets de sole lorsque ceux-ci seront à point.

Les amis qui goûtèrent à ce plat en furent si satisfaits qu'ils le dédièrent avec moi au souvenir des mignonnes raffinées de l'Utopie rabelaisienne... Mais voici que j'allais oublier la recette de la sauce :

Placez dans une sauteuse trois cuillerées à soupe de fine Duxelles, allongée de deux décilitres et demi de demi-glace bien dépouillée; ajoutez-y trois cuillerées de fumet de poisson et cuisez cinq minutes. Vous relèverez cette sauce d'une pointe de poivre de Cayenne, puis en napperez les poissons.

LES ÉCREVISSES DE BONNE MÈRE FRANÇOISE. — Préparez un bon court-bouillon. Faites-y cuire dix minutes vos écrevisses, puis laissez-les refroidir. Décortiquez alors les queues et placez-les dans une sauteuse ou dans un petit plat à sauter avec un poids de truffes fraîches et émincées égal au poids des écrevisses décortiquées. Ajoutez-y un grand verre de madère pour cinquante queues et pattes, puis réduisez le tout de moitié dans la sauteuse bien couverte. Arrosez copieusement votre mets de crème double, recouvrez hermétiquement le plat et laissez réduire à nouveau pendant quelques minutes.

Cela fait, retirez les écrevisses et les truffes que vous placerez dans une timbale d'argent. Réduisez alors la crème pour qu'elle nappe légèrement, assaisonnez-la d'une pointe de poivre de Cayenne, liez-la avec cinq jaunes d'œufs et deux cent cinquante grammes de beurre, puis passez-la à la mousseline sur les chairs des écrevisses.

Les écrevisses, très chaudes et bien enrobées de cette sauce exquise, seront servies avec des tartines de pain passées au lait et rissolées au beurre.

C'est une vieille et délicieuse amie qui m'a légué cette recette, bonne mère Françoise qui m'a laissé le souvenir d'un admirable cordon bleu.

LE HOMARD FARCI VENDÔME. — Séparez en deux dans le sens de la longueur deux homards de grosseur moyenne. Décortiquez-en les pinces et les queues, taillez-les en dés moyens, joignez-y ensuite un volume égal de truffes et un égal volume de champignons. Liez le tout de fine Béchamel réduite avec une petite louche de glace de volaille, du sel et une pointe de Cayenne. Garnissez-en les carapaces, puis nivelez bien. Saupoudrez alors les homards de parmesan râpé, arrosez-les de beurre fondu et faites-les glacer, à la salamandre, de couleur blonde.

LES ENTRÉES

LA NOIX DE JAMBON DE LA CAVE-PEINTE. — Cuisez un jambon selon la formule du jambon au champagne (voir cinquième journée); enlevez-en la noix que vous parerez bien en y laissant adhérer trois millimètres de graisse. Garnissez alors d'une purée de champignons le fond d'une croustade ovale en pâte fine à pâté. Découpez la noix en lames, dont vous recouvrirez la purée de champignons; arrosez ces lames d'une fine demi-glace réduite avec de la cuisson. Fermez ensuite la croustade avec son couvercle et placez-la toute chaude au centre d'un plat long, où vous l'entourerez de vingt-quatre godets de concombre blanchis, assaisonnés, farcis de farce à gratin au foie de canard et braisés bien fondant. Ces godets alterneront avec douze petites croquettes en nouilles, dorées au beurre.

Vous servirez à part une sauce tomate bien beurrée, allongée de deux cuillerées de glace de veau, et qui sera fine et onctueuse.

LA SELLE DE CHEVREUIL A LA NORMANDE. — La selle est cuite dans un plat à sauter, bien piquée de lard fin et arrosée de beurre fondu. Humectez-la de bon vinaigre, lorsqu'elle sera à moitié cuite ; puis dressez-la sur un plat long. Dégraissez ensuite le fonds, que vous allongerez d'un demi-litre de bonne crème d'Isigny, d'un verre à madère de glace de veau et d'autant de sauce poivrade. Réduisez cette sauce d'un tiers, passez-la à la mousseline et relevez-la d'une pointe de poivre de Cayenne.

Tout autour du plat, disposez vingt petites pommes d'api pelées et cuites à l'eau et au beurre, puis aux deux extrémités deux beaux bouquets de pommes de terre Dauphine. Vous servirez à part, en même temps que la sauce, une fine purée de céleri très crémeuse.

LES GRIVES AU GENIÈVRE. — Cuisez au beurre les grives bien bardées, le bec leur traversant les cuisses. Cuisez-les dans des petits poêlons en terre, en tenant compte qu'il faudra deux grives par personne et autant de poêlons que de convives. Quand vos oiseaux seront presque à point, vous les saupoudrerez de fondue de baies de genièvre finement hachées. Ajoutez des croûtons de pain en dés frits au beurre et versez sur les grives de chaque poêlon une cuillerée de jus de gibier, réduit au point d'être une glace, ainsi que douze petits lardons dorés au beurre.

Servez les grives brûlantes, après les avoir saupoudrées de sel très fin.

LE CUL DE VEAU A LA CASSEROLE DU CARDINAL. — Au sculpteur H. Varenne, qui faisait son buste, le cardinal M., confessant son aimable épicurisme, révélait cette recette que je m'en voudrais de laisser ignorer aux gourmets :

« Lorsque j'étais curé de Saint-Sulpice, contait le cardinal, il m'arrivait souvent de donner congé à ma bonne pour pouvoir préparer seul mon plat favori, un cul-de-veau à la casserole.

« Je faisais revenir dans une casserole en terre très épaisse des petits lardons entrelardés, que je laissais convenablement rissoler. J'ajoutais une bonne poignée de petits oignons avec autant de champignons, que j'ôtais une fois cuits. J'y jetais encore un gros morceau de beurre ; puis, ayant piqué ma pièce de veau d'une pointe d'ail, je la faisais lentement revenir. Sur cette chair bien dorée et presque cuite je versais alors un grand verre de bon vieux vin blanc, puis un verre d'eau. Je mêlais à la cuisson mes lardons, mes champignons, quelques feuilles de sauge, du poivre moulu gros, et je laissais mijoter.

« Je ne pouvais m'empêcher de soulever le couvercle pour aspirer le délicat fumet qui montait de la casserole. Dieu me pardonne ce coupable plaisir ! »

LE CANETON A LA BONNE DAME. — Faites rôtir à la broche un beau caneton nantais dodu et tendre, dont il faut que la peau devienne croustillante. Préparez en même temps une purée fine de navets très blancs, en étuvant au beurre des navets blanchis, puis les liant de quelques cuillerées de crème double et d'excellent beurre, après les avoir passés à l'étamine.

Découpez le caneton en aiguillettes, que vous arroserez de leur jus succulent. Garnissez chaque extrémité du plat d'un buisson de douze petites crépinettes de porc frais. Offrez alors les aiguillettes en servant à part la purée de navets aussi crémeuse que possible.

LA POULARDE JACQUELINE. — Découpez une belle poularde très fine. Parez-la bien, assaisonnez-la de sel et de poivre et faites-la dorer de belle couleur blonde.

Dans la sauteuse versez précipitamment en pleine cuisson un grand verre de Chablis du meilleur cru, puis fermez hermétiquement. Quand le vin sera réduit de moitié, vous couvrirez le tout de crème double et vous ferez cuire, pendant vingt-cinq minutes, avec une petite louche de glace de viande et six tomates émondées, épépinées et étuvées au beurre bien fondantes.

Dressez ensuite la poularde au centre d'un plat rond. Arrosez-la de sa sauce, que la simple cuisson aura suffisamment réduite; trois jaunes d'œufs y auront été joints, par ailleurs, pour la rendre onctueuse.

Entourez, enfin, la bête de petits boudins noirs grillés que vous intercalerez de jolis champignons étuvés au beurre, garnis eux-mêmes d'élégantes pointes d'asperges vertes liées au beurre.

LES COTELETTES DE PERDREAUX MONSELET. — Levez les filets d'autant de perdreaux qu'il vous est nécessaire. Dénervez-les bien en ne leur laissant que l'os de l'aileron. Salez et poivrez.

D'autre part, préparez une bonne sauce salmis avec les cuisses, les carcasses et une fine demi-glace. Sautez les filets au beurre, papillotez-les, puis dressez-les en couronne en les faisant alterner avec des escalopes de foie gras également sautées au beurre. Ornez le centre du plat d'un ragoût de truffes que vous aurez cuites dans la sauce après les avoir hermétiquement couvertes.

Entourez le plat d'une bordure d'argent. Et servez à part le reste de la sauce.

Cette recette me vient de M. Dugléret, cuisinier fameux qui valut au Café Anglais d'être considéré longtemps comme le premier restaurant du monde.

LA DAUBE DE BŒUF TOURANGELLE. — Taillez en gros dés de six centimètres, deux kilogrammes de pointe de culotte un peu grasse et une belle queue de bœuf. Placez ces morceaux dans une terrine avec deux carottes émincées, deux gros oignons, un bouquet garni, quatre cent cinquante grammes de couenne de lard blanchie et rafraîchie, du sel et du poivre. Mouillez le tout d'un verre à bordeaux de Fine Champagne et d'un litre de Moulin-à-Vent jeune. Fermez ensuite hermétiquement la terrine et laissez mariner trente-six heures dans un lieu frais.

Ce temps écoulé, mettez fondre dans une braisière cinq cents grammes de beurre. Quand il sera bien chaud, vous placerez dans la braisière vos viandes et vos légumes épongés. Faites revenir le tout d'une belle couleur, flambez d'un verre d'eau-de-vie; ajoutez trois gousses d'ail écrasées et six échalotes émincées, puis mouillez avec la marinade. Arrosez les viandes d'un excellent fonds de bœuf pour les y faire baigner ; introduisez ensuite un kilogramme de champignons frais, émincés et rissolés au beurre de couleur blonde. Couvrez hermétiquement, provoquez une ébullition rapide et laissez cuire à feu doux pendant quatre heures.

Enlevez alors les morceaux de viande l'un après l'autre, puis mettez-les dans une terrine ronde émaillée, allant au feu. Versez une quantité suffisante du fonds dégraissé pour submerger les viandes. Lutez le couvercle avec un peu de pâte fraîche et propre, et remettez au four la terrine pour une heure encore.

Servez ce plat avec des gnocchi à la romaine, qui se préparent de la façon suivante :

Dans un litre de lait faites chauffer trois cent cinquante grammes de semoule fine avec un grain de sel et un morceau de sucre. Quand cette bouillie sera cuite et très consistante, vous y incorporerez cinq jaunes d'œufs et vous lierez soigneusement. Versez cet appareil dans un plat en lui donnant un centimètre et demi d'épaisseur. A l'aide d'un coupe-pâte rond, découpez alors dans la pâte refroidie des disques du diamètre d'une pièce de cinq francs. Placez les gnocchi sur un plat beurré, saupoudrez-les largement de parmesan râpé, puis les faites gratiner de belle couleur.

L'ÉTOUFFÉE ORLÉANAISE. — Parez une longe de veau et taillez-y six belles noisettes que vous ferez dorer au beurre avec six noisettes de ris de veau bien blanchies et six cuisses de poulardes très fines. Lorsque les chairs seront teintes de couleur blonde, vous les mouillerez d'une demi-bouteille de vieux Vouvray, puis vous couvrirez hermétiquement après avoir assaisonné à point de sel, de poivre, d'une pincée de basilic et d'une autre de sarriette. Une fois le vin réduit aux trois quarts, ajoutez une petite louche de fonds de veau légèrement lié. Dressez les chairs dans une terrine en porcelaine allant au feu, passez sur elles le fonds de telle sorte qu'il les recouvre à peine et disposez dessus le tout, douze petits cœurs de laitue délicatement braisés. Mettez au four, pour trente minutes, la terrine bien close. N'omettez point d'arroser votre mets fréquemment et servez-le à même le pot dans son jus onctueux et parfumé.

LE GIGOT DE PRÉ-SALÉ BRAISÉ DE SEPT HEURES. — Placez au fond d'une braisière une mirepoix d'émincé de carottes et d'oignons avec un bouquet garni. Faites colorer le tout au beurre de belle couleur blonde, et couchez sur ce lit un gigot fin de Béhague ou de Pré-Salé, bien paré, ficelé, et doré au beurre à la broche pendant trente minutes. Sur cette chair admirable versez un verre d'excellente eau-de-vie que vous flamberez. Ajoutez une bouteille de Chablis très sec, de Montrachet ou de Meursault. Après réduction, mouillez largement le gigot d'un bon fonds de bœuf ou de veau. Laissez-le au four pendant cinq heures dans la braisière bien couverte. Placez-le ensuite dans une autre braisière très propre. Dégraissez le fonds, puis le passez sur la viande, que vous laisserez encore au four pendant deux heures en l'arrosant souvent. Vous le servirez arrosé de son jus lié et succulent, en l'accompagnant d'une purée de navets cuits dans du lait et beurrés à point, ou bien d'une purée fine de marrons ; à moins que vous ne préfériez encore offrir avec ce plat des haricots blancs à la crème, gratinés, préparés comme il suit :

Faites cuire de beaux haricots blancs, égouttez-les soigneusement, puis liez-les d'une sauce Mornay au gruyère. Placez-les dans un plat où vous les saupoudrerez de parmesan et les ferez gratiner d'une belle couleur.

LE RIS DE VEAU A LA BRIAND. — Blanchissez entièrement deux belles noix de ris de veau. Épongez-les bien, passez-les à l'anglaise et cuisez-les lentement au beurre en les arrosant fréquemment. Quand elles seront cuites aux trois quarts, vous les mouillerez de fine glace de veau. Déglacez-les ensuite avec deux verres à liqueur de Porto rouge. Répandez sur les ris le beurre et le fonds, au moment de les servir. Garnissez-les enfin de deux jolis bouquets de pointes d'asperges, liées au beurre et très crémeuses, auxquels vous adjoindrez deux autres bouquets de champignons étuvés au beurre et garnis de Béarnaise. Présentez à part, dans une casserole d'argent, des truffes fraîches émincées, cuites à la crème.

LA POULARDE A LA VALOIS. — Découpez une belle poularde à sauter, que vous parerez et assaisonnerez de sel et de poivre. Faites-la colorer lentement au beurre blond en veillant à ce que les morceaux gardent leur embonpoint. Ajoutez quatre belles tomates émondées, épépinées, étuvées au beurre et déglacées d'un verre à bordeaux de bon Porto doré. Après réduction de moitié, ajoutez vingt-quatre belles lames de truffes. Couvrez le tout de crème fraîche, épaisse; incorporez-y une cuillerée de glace de volaille et cuisez lentement pendant quarante-cinq minutes. Il faudra que la sauce soit déliée et enrobe à souhait les membres de la volaille.

Dressez alors la poularde au centre d'un plat et la saucez avec la garniture de tomates et de truffes. Entourez-la de beaux champignons cuits au beurre, garnis de riz pilaff lié de sauce suprême et glacé au parmesan. Vous servirez cela tout fumant.

LES COTELETTES DE LEVRAUT REMY DE GOURMONT. — Levez six beaux filets de levraut. Dénervez-les, piquez-les de lard fin, assaisonnez-les de sel et de poivre et faites-les sauter au beurre en les tenant roses. Dressez-les ensuite en couronne en les intercalant d'œufs frits bien faits. Garnissez le centre du plat d'un buisson de pommes de terre paille; puis disposez tout autour des côtelettes, des petites crépinettes de levraut, préparées avec les cuisses du levraut.

Servez en même temps une saucière de sauce Béarnaise, que vous tiendrez aussi chaude que les côtelettes.

LE SOUFFLÉ DE JAMBON DU GASTRONOME. — Pilez trois cents grammes de jambon cru pris dans la noix, avec cent cinquante grammes de blanc de volaille. Ajoutez-y trois cuillerées à soupe de fine Béchamel froide un peu serrée. Passez le tout au tamis fin, puis versez dans une sauteuse cette purée épicée d'une pointe de poivre blanc. Mêlez-y alors deux décilitres et demi de Béchamel chaude et trois cuillerées d'essence de jambon. Quand cet appareil sera chaud, vous l'allongerez et le lierez de sept jaunes d'œufs. Après l'avoir bien travaillé, vous y incorporerez en outre huit blancs d'œufs montés très fermes.

Moulez ensuite le soufflé dans une timbale d'argent beurrée et cuisez-le en l'arrosant de beurre fondu. Vous servirez à part un ragoût de lames de truffes cuites à la crème.

LES BRESSOLES DE LIÈVRE A L'ANCIENNE. — Coupez les filets de lièvre en travers et séparez-les en deux. Taillez-les en deux dans le sens de la longueur et applatissez-les légèrement pour en faire des petits filets mignons, longs et bien parés. Piquez ces petits filets de lard fin; faites-les sauter au beurre, assaisonnez-les et dressez-les en couronne, en les intercalant de croûtons de pain de mie taillés en cœur et cuits au beurre de couleur blonde. Nappez alors ces croûtons d'une farce à gratin ordinaire, relevée d'un peu d'échalote; puis saucez le tout d'une succulente sauce poivrade.

Au centre du plat, qu'entoure une bordure d'argent, disposez un ragoût de petits champignons et de marrons étuvés au beurre fin et lié à la crème. Offrez à part, en servant, le reste de la sauce ainsi qu'une saucière contenant de la gelée de groseilles.

Pour confectionner la sauce poivrade, vous étuverez à l'huile une mirepoix composée de rouge de carotte et d'oignons, d'un bouquet garni ainsi que d'un kilogramme et demi de lièvre mariné. Après avoir fait écouler l'huile, versez sur le tout un demi-litre de vinaigre. Réduisez à fond, puis mouillez de deux litres de fine demi-glace, d'un litre de fonds de bœuf, et de la marinade. Cuisez lentement cette sauce pendant une heure et demie; passez-la au chinois et dépouillez-la bien. Enfin, passez-la à la mousseline; et n'oubliez point qu'elle devra être légèrement relevée.

LE FOIE GRAS HERVINE. — Panez à l'anglaise un beau foie gras bien paré et bien assaisonné. Cuisez-le au beurre dans une sauteuse en l'arrosant de temps en temps d'une cuillerée de Porto et de glace de veau. Dressez-le ensuite sur un plat cerclé d'une couronne d'argent, en l'entourant de petites truffes étuvées au Madère et à la glace de veau.

Offrez à part, en même temps que le fonds des truffes, une timbale de pointes d'asperges vertes liées au beurre.

LES CAILLETEAUX A L'EXCELLENCE. — Troussez douze jeunes cailles ; bardez-les entièrement et cuisez-les au beurre en les tenant roses.

D'autre part, faites étuver au beurre un oignon haché menu sur lequel vous répandrez deux bons verres de riz Patna. Quand le beurre moussera bien, vous mouillerez de six verres de fonds blanc de volaille ; couvrez alors le riz et cuisez-le vingt et une minutes sans y toucher. Transvasez-le ensuite dans une autre sauteuse, incorporez-lui du beurre noisette, recouvrez-le et laissez-le ainsi pendant quinze minutes. Vous lui mélangerez, après ce temps, six belles tomates épluchées, épépinées, concassées, étuvées au beurre et liées de glace de volaille. Amalgamez soigneusement, puis versez la moitié du riz dans une timbale d'argent.

Placez au milieu les cailleteaux que vous enfouirez sous le reste du riz. Ornez la surface d'une couronne de petites escalopes de foie gras sautées au beurre, au centre de laquelle vous disposerez des lames de truffes cuites au madère et liées de glace de volaille.

Avec cette timbale, servie très chaude et couverte, vous offrirez séparément une sauce Colbert.

LE PÂTÉ FIN DE VOLAILLE AUX TRUFFES. — Désossez une belle poularde, enlevez les cuisses et piquez alternativement les suprêmes de lard fin et de truffes. Mettez le tout sur un plat avec, en plus, quatre suprêmes de poulet Reine piqués de lard ; ajoutez-y trois cent cinquante grammes de truffes et un demi-foie gras pris dans le plus beau côté. Faites mariner le tout deux heures avec du Madère et du Cognac, puis salez et poivrez la chair dans la marinade. Pendant ce temps, confectionnez la farce suivante :

Mettez dans un mortier cinq cents grammes de volaille, deux cents grammes de noix de veau, deux cent cinquante grammes de filet mignon de porc et un kilogramme de lard gras frais. Ajoutez-y du sel, du poivre, la marinade, trois œufs entiers et deux cent cinquante grammes de foie gras. Pilez soigneusement le tout et passez au tamis fin, puis laissez reposer une heure, après avoir convenablement amalgamé ce mélange à l'aide d'une cuiller en bois. Foncez ensuite un moule ovale de pâte fine à foncer que vous tapisserez de lard et d'une couche de farce.

Confectionnez alors une galantine de volaille dans laquelle vous placerez au centre le foie gras et de chaque côté les truffes avec les filets de volaille. Enveloppez le tout de votre farce, à laquelle vous aurez incorporé cent cinquante grammes de dés de noix de jambon et de langue écarlate, ainsi que quelques pistaches. Roulez bien cette galantine, puis la posez dans le pâté, la recouvrant de farce et de bardes de lard.

Fermez le pâté d'une abaisse en pâte, formez la cheminée à sa surface et laissez reposer pendant deux heures, après avoir décoré le couvercle de feuillage. Dorez le pâté au jaune d'œuf et le cuisez au four moyen pendant deux heures et demie sur une plaque recouverte de feuilles de papier d'office beurré.

Laissez refroidir le pâté pendant vingt-quatre heures. Garnissez-le ensuite d'une fine gelée de volaille, tenez-le dans un endroit frais, puis servez-le douze heures après.

LE FOIE GRAS ALTESSE. — Cuisez au Porto deux beaux foies gras selon la formule du foie gras rose au Porto rouge. (Voir VIe journée.)

Quand ils seront tout à fait froids dans leur cuisson, vous les bigarrerez de lames de truffes. Lustrez-les de leur gelée qui, par sa couleur, aura l'air d'un beau rubis et par sa saveur, d'un fin fonds de volaille : ce sont là qualités que seul leur pourra conférer un cuisinier gourmet. Dressez alors les foies comme des mitres d'évêque sur un fonds de riz taillé, les entourant de six petites chartreuses composées de la sorte :

Chemisez six moules à dariole avec la gelée des foies; décorez-les de belles demi-pistaches, puis garnissez-en le centre d'une purée de grives ou de cailles. Nappez-les ensuite de gelée et mettez-les au timbre pour deux heures, avant de les démouler autour des foies.

Croûtonnez votre plat de la même gelée. Placez enfin symétriquement trois petits hâtelets et servez en même temps une salade très froide que composeront, en quantités égales, une fine julienne de cœurs de céleris blanchis, de fins haricots verts, ainsi que de la noix de jambon en julienne fine.

LA POULARDE SURPRISE. — Désossez l'estomac d'une belle poularde en entaillant le dos de part en part. Fourrez la poularde de truffes pelées et de gros dés de foie gras bien assaisonnés ; recousez-la, puis laissez-la reposer pendant une nuit. Le lendemain, bridez-la en entrée, bardez-la et la faites cuire au beurre lentement. Au moment où vous la verrez prendre couleur, vous la mouillerez jusqu'au niveau des cuisses d'un fonds délicat de volaille. Cuisez-la encore une heure et quart, puis laissez-la refroidir dans sa cuisson.

Préparez, d'autre part, une croûte longue en pâte fine à pâté. Pincez bien le pourtour, décorez le couvercle de feuilles et mettez cuire la croûte. Lorsque celle-ci sera froide, vous en enlèverez l'intérieur, et y placerez la poularde. Nappez alors la poularde de la gelée produite par sa cuisson, que vous allongerez de gelée de volaille très parfumée en essence de volaille.

Posez enfin le couvercle et servez la poularde, six heures après, sur une serviette pliée.

LE PÂTÉ DE BÉCASSES A LA GELÉE. — Placez dans un plat quatre belles bécasses désossées. Assaisonnez-les de sel, de poivre et d'épices; arrosez-les ensuite de Madère et de Cognac en égales quantités, puis laissez-les mariner trois heures. Les débris vous serviront à préparer un bon fumet mouillé de fonds de gibier.

Confectionnez, d'autre part, une farce à gratin et pilez les carcasses. Lorsqu'elles seront bien triturées, vous les mélangerez avec la farce à gratin, le fumet réduit à glace, trois œufs et les intestins. Passez le tout au tamis fin et laissez reposer au timbre pendant trois heures.

Foncez alors un moule ovale de pâte fine à foncer; posez-le sur une plaque garnie de plusieurs feuilles de papier d'office et le tapissez encore de bardes de lard fines et fraîches.

De vos bécasses faites quatre petites galantines ovales auxquelles vous donnerez la moitié de la longueur du pâté; farcissez-les de farce, et disposez au centre de la farce un quart de foie gras abondamment piqué de truffes fraîches et pelées. Reformez les bécasses et les garnissez de bardes de farce.

Au fond du pâté, également bardé de farce, placez alors deux bécasses dans le sens de la longueur. Couchez les deux autres par-dessus et couvrez le tout de farce. Posez au sommet une barde de lard et fermez le pâté d'un couvercle en pâte, décoré de feuillage, doré à l'œuf. Faites la cheminée et laissez le pâté reposer deux heures; cuisez-le ensuite au four moyen pendant deux heures et demie. Laissez-le refroidir trente-six heures, puis coulez à l'intérieur une gelée au fumet de bécasses. Vous ne le servirez que vingt-quatre heures après.

Voici maintenant comment il faut préparer la farce à gratin pour ce pâté exquis :

Faites revenir trois cent soixante-quinze grammes de lard de poitrine, un poids égal de lapin de garenne et autant de foie de volaille, puis soixante grammes de champignons émincés, cinquante grammes de truffes émincées de même et deux cents grammes de foie gras en dés. Flambez le tout de Fine Champagne, allongez de glace de veau et laissez refroidir. Vous assaisonnerez alors la farce d'une prise d'épices, de sel, de poivre et d'une pincée de poudre de sarriette; vous la lierez avec six jaunes d'œufs et la passerez au tamis.

NOIX DE JAMBON CHARLES X. — Cuisez un jambon d'York. Enlevez-en la noix, que vous mettrez dans une casserole avec une demi-bouteille de Malvoisie, puis tiendrez au four trente minutes en l'arrosant souvent. Laissez-la refroidir dans sa cuisson; parez-la bien et lui donnez une belle forme allongée. Taillez-la ensuite en tranches régulières et fines que vous accolerez l'une à l'autre pour rendre à la noix sa forme primitive. Ce faisant, intercalez vos tranches de lames minces de foie gras, comme l'enseigne la recette du foie gras à la gelée de faisan (Voir Iʳᵉ journée).

Dressez alors la noix sur un plat rond en l'allongeant sensiblement, lustrez-la de gelée de volaille et l'entourez d'une couronne de truffes. Décorez le plat, aux deux pointes de la noix, d'une salade russe moulée dans des moules à parfait, bien chemisés de fine gelée de volaille. Et servez-le après l'avoir embelli de croûtons de gelée.

LE CANETON DU BON CURÉ. — Bridez en entrée un beau caneton de Nantes. Faites-le dorer au beurre que vous égoutterez ensuite, puis flambez-le avec un bon verre d'eau-de-vie. Mouillez-le alors de trois décilitres d'excellent vin blanc sec, de quatre décilitres de bon fonds de veau réduit et d'une cuillerée à sauce de fine demi-glace. Il faudra que le caneton soit baigné jusqu'à mi-cuisses; vous le couvrirez bien et le ferez cuire au four pendant dix minutes en l'arrosant trois fois au moins.

Entourez-le ensuite de deux petites bottes de navets nouveaux, tournés, blanchis et glacés au beurre; de deux oignons moyens et de dix-huit petites saucisses chipolata roidies au beurre. Cuisez le tout lentement en tenant le caneton bien fondant; et laissez refroidir après la cuisson. Quand votre caneton sera tiède, vous le dresserez dans une vasque de cristal, en disposant tout autour la garniture.

Renforcez le fonds de gelée de volaille avant d'en couvrir entièrement votre volaille. Et quand six heures seront écoulées, vous pourrez servir ce délectable caneton.

LA SALADE LYRIA. — Cuisez un riz pilaff au jus de veau durant vingt-cinq minutes; assaisonnez-le en salade de sel, de poivre, d'huile, de vinaigre et d'une julienne de piments doux.

Disposez en bordure douze fonds d'artichauts nappés de sauce Tartare. Dressez le riz au centre, en pyramide; puis servez sur de la glace pilée.

LA SALADE ROSEMONDE. — Dans une vasque de cristal, placez deux bouquets de truffes émincées, cuites au Madère, deux bouquets de belles pointes d'asperges vertes, ainsi que deux bouquets de petits spaghettis taillés en menus bâtonnets de la longueur des pointes d'asperges. Disposez au centre vingt-quatre petites boules de choux-fleurs très blanches cuites à point à grande eau. Entourez alors la vasque de glace pilée, puis versez sur la salade un assaisonnement composé de sel, de poivre, d'huile et de vinaigre patiemment travaillés avec une demi-cuillerée à café de moutarde ordinaire, et trois jaunes d'œufs cuits durs réduits en purée.

Ne mélangez cette salade qu'après l'avoir présentée.

LES RÔTS

LE BRULOT DE PERDREAU. — Ayez six pouillards. Bridez-les bien en entrée, enveloppez-les de feuilles de vigne et bardez-les. Faites-les cuire lentement au beurre dans une casserole en les arrosant de huit cuillerées de Fine Champagne, distribuée en quatre fois. Mouillez-les alors de glace de gibier (faisan ou lapereau) ; puis épicez ce fonds succulent de perdreaux d'une pointe de Cayenne afin de lui donner du piquant.

Dressez les perdreaux sur des tartines de pain rissolées au beurre, et farcies d'une farce à gratin mêlée de truffes finement hachées. Disposez-les en couronne sur un plat rond cerclé d'argent et répandez sur eux du beurre noisette. Garnissez le centre du plat de minces tranches d'aubergine passées à la farine, frites et assaisonnées de sel et de paprika. Vous servirez le jus dans une saucière.

LE CANETON DE ROUEN A LA PRESSE. — Cuisez vingt minutes, au four ou à la broche, un beau caneton de Rouen bridé en rôti.

Dans un plat long et légèrement creux, faites réduire, pendant ce temps, le quart d'une bouteille de Moulin-à-Vent ou d'autre bon vin rouge, épicé de sel et de poivre au moulin. Quand ce vin sera complètement réduit et formera glace, vous y ajouterez un verre à madère d'eau-de-vie, puis vous flamberez et réduirez à sec, et laisserez refroidir tout à fait. Passez alors, à travers un tamis de fer, les foies de quatre canards ou de cinq poulardes, mettez-les sur le plat et travaillez-les avec la moitié de leur volume de beurre frais.

Levez ensuite les cuisses du canard, ciselez-les, assaisonnez-les de sel et de poivre, et portez-les à griller, avec les ailes dépouillées de leur peau. Taillez des aiguillettes que vous disposerez sur un plat long, en plaçant à chaque bout une cuisse et tenez au chaud. Enlevez le croupion du canard, séparez en trois la carcasse et la pressez pour en extraire le sang que vous ferez couler sur les foies.

Allumez alors le réchaud, puis remuez cette sauce à la fourchette et liez-la. Sitôt prise (le goût de poivre devra s'y faire légèrement sentir), ajoutez toutes les larmes d'un demi-citron ; nappez les aiguillettes, chauffez le tout et servez sans retard.

Toutes ces opérations devront se faire dans la salle à manger.

LES LÉGUMES

LES ASPERGES A LA GOULD. — Faites cuire de belles asperges blanches. Egouttez-les, épongez-les et les roulez dans du beurre fondu puis dans de la mie de pain fraîche. Faites-les griller en les arrosant souvent de beurre fondu. Et servez-les accompagnées d'une sauce Béarnaise.

LES FINES LAITUES DAME SIMONE. — Faites blanchir douze beaux cœurs de laitues. Rafraîchissez-les, pressez-les pour en extraire toute l'humidité et ficelez-les.

Placez-les ensuite dans une sauteuse où vous les couvrirez de crème double épaisse et d'un verre à madère de glace de volaille ; salez légèrement et laissez cuire à feu doux. Pendant ce temps, étuvez au beurre pendant dix minutes douze beaux fonds d'artichauts ; garnissez-les légèrement de purée de champignons et sur chacun d'eux posez une laitue.

Réduisez d'autre part la cuisson des laitues, liez-la de trois jaunes d'œufs et de cent cinquante grammes de beurre. Nappez-en les laitues, puis saupoudrez-les de parmesan râpé ; faites-les glacer et servez-les avec un fonds de veau, qui les entoure en couronne.

LES HARICOTS VERTS PARISIENNE. — Faites cuire un kilogramme de haricots verts fins de Paris. Liez-les au beurre, salez-les à peine, puis dressez-les en couronne sur un plat rond. Saupoudrez-les d'un peu de persil haché finement. Et dressez en pyramide, au centre de la couronne, un litre et demi de pois verts cuits à la française et liés au beurre.

LES PETITS POIS A LA NIVERNAISE. — Cuisez des petits pois à la française. Réduisez le jus avec un demi-litre de crème double. Avant de servir, placez les petits pois dans cette crème et liez-les soigneusement.

LA CHICORÉE AUX BOUCHÉES DUCHESSE. — Lavez dans plusieurs eaux douze belles têtes de chicorée que vous parerez et ferez cuire à l'eau salée. Rafraîchissez-les bien, pressez-les pour leur ôter toute humidité, puis hachez-les finement. Placez ce hachis dans une terrine contenant quatre cents grammes de beurre fondu ; ajoutez-y du sel, du poivre, une pointe de muscade, ainsi qu'un quart de litre de fine Béchamel. Mettez alors au four, sur un triangle, votre terrine couverte d'un papier beurré. Lorsque la chicorée sera braisée à point, vous la lierez avec six jaunes d'œufs et six cuillerées de crème fraîche épaisse. Beurrez-la finalement de trois cents grammes de beurre frais ; disposez-la dans un légumier large, et l'entourez de petites bouchées en feuilletage fourrées de purée de volaille.

Cette chicorée pourra de même être utilisée comme garniture.

LES TRUFFES AUX FINES HERBES. — Émincez cinq cents grammes d'excellentes truffes pelées et très mûres, que vous sauterez au beurre, après les avoir assaisonnées de sel et de poivre. Mouillez-les d'un verre à porto de Madère, couvrez les aussitôt, puis, lorsque le Madère sera réduit de moitié, vous incorporerez à la cuisson une petite louche de glace de volaille et autant de fonds de veau très clair et doré. Laissez mijoter les truffes de la sorte ; liez-les de beurre fin et servez-les dans un légumier, saupoudrées d'une cuillerée de persil fraîchement haché.

LES MORILLES RICHEMONDE. — Mettez tremper un kilogramme de morilles noires pendant trois minutes, pour que tout le sable s'en aille au fond du récipient. Lavez-les dans plusieurs eaux, épongez-les et faites-les sauter au beurre dans une sauteuse. Déglacez-les au Porto doré, puis couvrez-les de crème double épaisse, de quatre cuillerées de fine Soubise et d'autant de glace de veau ou de viande. Laissez cuire ainsi à feu doux. Lorsqu'elles seront à point, vous y ajouterez quatre jaunes d'œufs et deux cents cinquante grammes de beurre fin. Liez-en les morilles, qu'elles s'enrobent à souhait de cette sauce succulente. Vous les disposerez ensuite dans un beau vol-au-vent très croustillant.

LES ENTREMETS

LES PONCHARDRINS A L'IMPÉRIAL. — Cuisez une bordure en pâte à savarin. Trempez-la dans un sirop à kirsch ; dressez-la sur un plat rond très chaud ; puis, au centre, placez une compote de demi-pêches bien blanches et, tout autour, une compote de belles cerises. Sur le ponchardrin ou le savarin, placez une couche de crème pâtissière à la crème d'amandes ; disposez au-dessus une couronne de tranches d'ananas cuits au sirop. Puis saucez le tout d'une sauce d'ananas au kirsch.

Le sirop dont il faut tremper les ponchardrins s'obtiendra en faisant bouillir un demi-litre de sirop à trente degrés avec de la vanille ; ce sirop vanillé, mélangé avec un demi-décilitre de rhum, autant de cognac et de lait d'amandes, devra être immédiatement utilisé.

LES COQUILLES SUCCULENTES. — Cuisez douze belles meringues en forme de coquilles. Au centre de chacune d'elle, versez un demi-pot de confiture de Bar-le-Duc rouge, qu'à l'aide d'une poche vous recouvrirez de crème fouettée Chantilly. Dressez ces coquilles sur un tambour en pastillage ou sur une serviette.

LES GROSEILLES AU MIEL. — Égrenez cinq cents grammes de groseilles rouges bien mûres et autant de blanches. Mélangez-les avec du bon miel liquide. Quand les groseilles seront enrobées, vous les servirez toutes fraîches.

LE PARFAIT SMARCHKEL. — Travaillez dans une casserole deux cent cinquante grammes de farine tamisée avec six décilitres de lait et cent quatre-vingt grammes de sucre. Faites prendre cet appareil sur un feu doux. Lorqu'il sera cuit et crémeux, vous enlèverez du feu la pâte pour la coucher, sur une plaque cirée, en couches très fines, aussi fines que possible. Cuisez les smarchkel de couleur blonde, laissez-les refroidir, puis écrasez-les.

Préparez en outre un appareil à parfait vanillé ; mélangez-y les smarchkel, puis moulez le tout dans des moules à bombe, qu'il vous faudra frapper trois heures.

LE CAFÉ GLACÉ A LA FRANÇAISE. — Préparez un litre de café fraîchement brûlé, sucrez-le à point et le laissez refroidir. Versez-le dans une sorbetière, sanglez-le bien, turbinez-le un peu, puis finissez de le prendre à la spatule. Il faudra qu'il soit bien mousseux et qu'il ait augmenté du double de son volume. Emplissez-en des tasses aux trois quarts, que vous comblerez de crème Chantilly sucrée à point.

Servez en même temps, à part, des petites meringues sans garniture.

LES BEIGNETS DU SACRISTAIN. — Dans seize décilitres de lait non écrémé, délayez trois cents grammes de farine avec autant de fécule de riz. Passez cet appareil au chinois fin dans une casserole ; ajoutez-y, petit à petit, un grain de sel, deux cent cinquante grammes de beurre fin et six cuillerées de sucre. Laissez sur feu doux cette pâte arriver à l'ébullition, retirez-la ensuite et la mettez à l'écart pendant vingt-cinq minutes. Incorporez-y alors quatre cuillerées de crème double ; puis, lorsque l'appareil aura atteint la consistance d'une pâte à choux, vous y introduirez cent vingt-cinq grammes de macarons pulvérisés, cinquante grammes de beurre, huit jaunes d'œufs et deux œufs entiers.

Sitôt cet appareil rendu très homogène, placez-en la moitié sur une plaque carrée; égalisez la pâte, laissez-la refroidir au timbre et la recouvrez d'une couche de pâte d'abricots d'un demi-centimètre d'épaisseur, sur laquelle vous verserez le reste de la crème. Égalisez le tout pour que la pâte d'abricots se trouve bien au centre.

Quand ce sera tout à fait froid, vous emporterez au coupe-pâte des beignets de la dimension d'une pièce de cinq francs. Passez ces beignets à la poudre de macaron, panez-les à l'anglaise, puis faites-les frire en leur donnant une belle couleur. Dressez-les ensuite en buisson tandis que vous les arroserez d'une sauce d'abricots au marasquin.

LE SOUFFLÉ XÉNIA. — Sans en abîmer la peau, évidez douze belles pommes reinettes, en pratiquant dans le haut une entaille en forme de chapeau. Servez-vous de la pulpe enlevée pour faire un demi-litre de marmelade de pommes réduite et vanillée, assez consistante en outre. Battez ensuite huit blancs d'œufs bien fermes; sucrez-les puis les mélangez à la marmelade. Garnissez les pommes en dôme de cet appareil; placez-les sur une plaque, saupoudrez-les de sucre et cuisez au four quinze minutes environ.

LES BAISERS FINS. — Garnissez d'un appareil à biscuit glacé des coquilles fines de meringues rosées. Glacez-les au vieux kirsch, fourrez-les de confiture rouge de Bar-le-Duc, puis les mettez au rafraîchissoir pour une heure et demie. Servez ensuite ces meringues en buisson dans un petit panier en sucre.

LES PETITS POTS DE CRÈME MARLY. — Amenez à l'ébullition dix pots de lait contenant une gousse de vanille et dix-huit morceaux de sucre.

D'autre part, réunissez dans une terrine très propre six jaunes d'œufs avec trois œufs entiers; travaillez-les bien, versez-y votre lait tiède et passez le tout à la mousseline. Vous en remplirez les pots, les laisserez reposer quinze minutes, les écumerez soigneusement et les ferez cuire au bain-marie, après les avoir recouverts d'un couvercle bien chaud. Au sortir du four, où ils vous apparaîtront brillants comme une glace, vous les laisserez refroidir, les parerez, puis les garnirez en dôme d'une crème Chantilly à laquelle vous aurez mêlé du chocolat fondu en pot, à raison de quatre tablettes pour douze cuillerées de crème.

LES PÊCHES GRISINE. — Ayez une couronne de savarin non trempée et fraîchement cuite. Taillez-y douze beaux croûtons que vous parsèmerez de sucre en poudre que l'on nomme glace. Placez ces croûtons sur une tourtière et poussez-les au four pour les colorer à point des deux côtés. Garnissez-les ensuite, et copieusement, de marmelade d'abricots un peu serrée; disposez-les, en couronne, sur un plat rond d'argent, déjà nappé de crème frangipane, puis dressez sur chacun d'eux une demi-pêche pochée au sirop vanillé. Recouvrez votre entremets de crème frangipane, saupoudrez-le de poudre à praline ou de poudre à macaron et poussez-le au four où vous le laisserez jusqu'à ce qu'il se soit coloré d'une belle teinte blonde. Ornez le centre du plat d'une compote de cerises dénoyautées et servez-le sans retard en l'accompagnant d'une sauce abricot relevée de kirsch et de marasquin.

LA PÂTISSERIE

LA COURONNE D'ELEUSIS. — Dans un moule à savarin, dont le fond sera légèrement creusé, cuisez une crème renversée à la vanille, que vous y laisserez refroidir.

Battez alors bien ferme douze blancs d'œufs ; ajoutez-y cinq cents grammes de sucre en poudre et mélangez intimement. Puis, à l'aide d'une cuiller ovale dite à rayon, prélevez-en à pleine cuiller des morceaux de la forme d'un beau demi-œuf d'oie. Plongez ces morceaux dans de l'eau bouillante un peu sucrée, contenue dans une sauteuse ; cuisez-les des deux côtés, après quoi vous les égoutterez sur un tamis. Quand ils seront froids, vous les parerez et les dresserez en cercle sur la couronne de crème, où vous les saucerez copieusement de gelée de groseille. Le centre sera garni en dôme de crème Chantilly, additionnée de trois petits pots de Bar-le-Duc rouge.

LA TARTE AMÉLIE. — Foncez un cercle à tarte de rognures de feuilletage mélangées d'un tiers de pâte fine à foncer. Après quoi vous lui confectionnerez une frangipane pour garniture, ainsi que je vais le dire :

Réunissez dans une casserole deux cent cinquante grammes de sucre en poudre, cent cinquante grammes de beau gruau, six œufs, cinq jaunes d'œufs et l'intérieur d'un demibâton de vanille. Travaillez bien le tout, ajoutez-y un litre de lait bouillant, puis mélangez avec soin, mettez au feu et cuisez lentement au premier bouillon. Versez aussitôt cet appareil dans une terrine et travaillez-le tant qu'il sera tiède. Remplissez-en le flan à moitié, puis garnissez-le jusqu'aux bords d'une compote de cerises dénoyautées, régulièrement disposée en couronne. Cela fait, mettez cuire au four votre tarte. Laissez-la refroidir et nappez-la d'une gelée légère de groseille.

LA MERINGUE. — Battez dix blancs d'œufs en neige consistante, ajoutez-leur ensuite cinq cents grammes de sucre glacé, c'est-à-dire de sucre en poudre passé au tambour. Mélangez adroitement le tout, puis ayez une poche garnie d'une douille unie assez grande, où vous placerez une partie de l'appareil. Formez de la sorte des demi-œufs de dinde sur du papier collé ; étalez vos feuilles de papier sur des planches humides et faites cuire au four modérément chaud après avoir copieusement saupoudré les meringues de sucre en poudre. Quand celles-ci seront cuites et blondes, vous les ôterez du four, les décollerez et en creuserez l'intérieur à l'aide d'un œuf, contre lequel vous appuierez le biscuit. Faites sécher les meringues à l'étuve pendant quatre ou cinq heures et les portez dans un endroit sec, si vous voulez les conserver. Vous les garnirez de crème Chantilly vanillée ou de glace assorties.

LES DOIGTS DE LA LUNE. — Ces délicieux petits biscuits se servent habituellement avec des glaces ou des marmelades : abricots, pêches ou ananas, ou bien encore avec des compotes. En voici la recette :

Placez dans un bassin cinq cents grammes de sucre glacé, je veux dire très blanc et très fin. Ajoutez huit blancs d'œufs et vanillez sans crainte. Quand l'appareil sera très ferme et presque à point, vous farinerez une plaque à biscuit. Poussez-y, au moyen d'une poche et d'une douille unie, des biscuits de la dimension et de la grosseur du petit doigt, qu'il vous faudra cuire à feu doux. Laissez-les refroidir, puis servez-les en buisson.

TROISIÈME JOURNÉE

PRÉSENTÉE PAR

LAURENT TAILHADE

TROISIÈME JOURNÉE

ADRASTE, TRIMALCHIO

TRIMALCHIO. — Grande chose que la Cuisine, Seigneur Adraste, et le plus bel art qui nous soit venu des Dieux. Que la cithare apollonienne célèbre en cadences eurythmiques ses vertus! Comme la musique, elle émeut nos fibres intimes. Elle pénètre au fond de ce jardin secret où les hôtes périssables du terrestre domaine cultivent, loin des profanes, l'immortelle fleur de volupté. Comme l'éloquence, elle dilate les cœurs et fait lucides les esprits. Elle balaie ainsi qu'un nuage d'automne, les haines, les rivalités, les ambitions. Elle ramène Picrochole aux rêves de Dicéopolis. Pareille à la Trève du bon Aristophane, elle marche entre Phalès et Théoria. Quand ils ont épuisé l'ornement des discours et des ruses, quand ils ont, sur l'échiquier du monde, aheurté fols, princes, reines et cavaliers, c'est vers la cuisine réparatrice que les hommes d'État, pour obtenir la paix et fonder l'équilibre, élèvent de suppliantes mains. Contemplez cette heureuse entente du magnanime Philène et du grand Akakia! La dive bouteille, sauvegarde bien fleurante de leur accord, prend place, désormais, entre les signes tutélaires les victorieux emblèmes des nations. En elle réside toute joie, en elle, toute sapience, tout bonheur. De ses entrailles, découle toute prospérité. Plus auguste que le voile de la Déesse ou que les anciles de Numa, elle seule mérite vraiment le nom de Sainte-Ampoule, image parfumée et vénérable, symbole toujours ami de la gracieuse abondance, mère des jeux et des chansons, quand le rire s'assied aux tables du festin.

Depuis trois jours, nos yeux autant que nos palais, se délectent de merveilles. Ces banquets de Cocagne, avec, pour prélude et ouverture, les instants passés dans les bibliothèques, la visite des cabinets, des serres, des collections, des musées, atteste la fraternelle communion de tous les arts avec l'art suprême d'Apicius ou de Cambacérès. L'orfèvre, l'émailleur, le verrier, le céramiste, le jardinier parent, à qui mieux mieux, l'autel gastronomique. Venise, Bruges, Malines, Valenciennes, l'Irlande, la Flandre, l'Auvergne et l'Angleterre fanfreluchent pour elle un vêtement royal. Autant que l'Amour, en effet, la Cuisine demande un linge princier. Elle se harnache de dentelles. Trousseau de madone ou d'archiduchesse, la parure qui l'accompagne ne doit pas être inférieure à l'intrinsèque de sa beauté.

L'éloquence lui fait cortège. Le bien dire enguirlande ses chefs-d'œuvre. Une suave rhétorique préconise chacun de ses efforts. « Les petits soufflés de caille au fumet, les truites de rivière au vin dru, les pomponnettes de laitue! » Et tant d'autres merveilles, au déjeuner de ce matin! Quels noms pimpants et savoureux déjà! Quelle piaffe! Et quel art de pimenter l'appétit d'un élégant mystère!

Ne pensez-vous pas, Seigneur, que les personnes admises à ce jubilé culinaire emporteront, sous d'autres climats, un souvenir non moins durable que leur vie? Heureux ceux qui ont pris part aux fastes de l'histoire, qui, même, simples témoins, ont vu se lever les grands jours de l'humanité! En fut-il jamais plus grand ou plus heureux que celui-ci, quand, au Pays de Cocagne, sur cette grande, profitable, généreuse et fortifiante cuisine, peuples et rois fondent, rassérénés, un pacte de réconciliation pérennelle et de véritable amour, tandis que le grand Bourrabaquin prodigue les rouges-bords aux noms fameux, verse les « clos » de Bourgogne et les « châteaux » du Médoc dans les irénéens calices de la fraternité.

ADRASTE. — Vous parlez d'or, Seigneur. Et que ce soit le jeune Iacchos aimé des abeilles, que ce soit la grave Cérès ou même le riant Comus, longtemps déshonoré par les vaudevillistes, je rends grâce au génie affectueux qui, parmi tant de convives, m'a donné place auprès de vous. Cependant, nouveau venu dans ce royaume, hors les fonctionnaires en place, je ne connais guère que le personnel, assez restreint, de l'ambassade. Voilà qui vous explique l'ignorance où je suis et l'excuse, peut-être, du nom qu'illustrent vos talents et votre urbanité.

TRIMALCHIO. — Chut! Ne le dites pas. Je le tiens fort secret chez les disciples d'Épicure. Ils n'aiment pas les Juifs, pour des motifs politiques, en dehors même du « displicuit nasus ». En effet, depuis que les Douze Tribus s'adonnent à l'œuvre socialiste et comptent la révolution parmi leurs entreprises commerciales, on ne peut plus dîner en paix. Songez-y! Le bolchevisme russe menace le caviar! Donc, pareil à la plupart de mes consanguins, j'ai pris un pseudonyme. Pour tout le monde ici, baron de Pessundat (oh! noblesse du Pape), je vous dirai en confidence mon vrai nom: Melek, fils de Melek, dont à Rome j'avais, déjà, fait Trimalchio, après l'héritage de mon maître et la mort de sa vieille épouse. Moi aussi, je donnais à dîner; j'encourageais les artistes; je prêtais chichement quelques sommes aux patriciens nécessiteux. Ils me payaient en flatterie; ils faisaient chorus avec les poètes, auxquels j'abandonnais quelque peu de ma desserte, les tartes au fromage, les sangliers tués quand le vent d'autan se lève et fait tourner la venaison. A cause de cela, je pense, mes dîners gardent encore une célébrité assez vivante pour que votre Grimod de la Reynière ait cru devoir les imiter, vers la fin du siècle dix-huitième. En ce temps là, je fréquentais beaucoup chez les fermiers généraux. Ils faisaient à peu près les mêmes commerces et n'avaient pas de meilleures façons que moi. Leur table me procurait une extase véritable, après la grossièreté des mangeailles romaines, avec assaisonnements d'étuves, d'histrions et leurs « vomitoria ».

ADRASTE. — Quoi! seigneur Trimalchio! Parlez-vous donc sans rire? Ou bien, cherchez-vous le plaisir de bouffonner à mes dépens? Comment! vous le riche par excellence, qui, chaque soir, serviez à vos parasites les mets prodigieux venus du désert numidique ou de l'ultime Thulé : poissons géants, coquillages monstrueux, murènes et lamproies, huîtres du lac Lucrin et raisins d'Apamée. Homme chéri des dieux! vous pour qui l'huile de Vénafre et le vin de Cécube se mêlaient au garum, en des sauces dont la formule, hélas! reste à jamais perdue. Amphytrion qui, sur la face de vos invités promeniez le tranchant des couteaux neufs, en leur soumettant des énigmes; vous qui, sans retenue aucune, lâchiez la bonde à vos complexions, pendant que l'aigre Fortunata mesurait la piquette aux esclaves et leur coupait du pain, vous ne regrettez point le « triclinium », et les portiques, et les bains de votre palais? Avez-vous donc renié pour le luxe moderne, si mesquin, si rabougri, si ladre, vos lits d'ivoire, la table de citronnier, les meubles incrustés d'écaille et d'or, les marbres, les coupes myrrhines, dignes d'un Consul?

TRIMALCHIO. — Hélas! Seigneur, faut-il qu'un esprit si excellent demeure à ce point abusé par la littérature? Souffrez que l'on vous désenchante un peu.

Grâce à l'immortalité que me légua Pétrone, mon auteur, je vis, tel que vous-même, dans les Champs-Elyséens de la fiction poétique. Hélène y garde sa jeunesse éternelle et sa beauté, Hercule, sa vigueur, Achille, son courroux. Car nous seuls, fils des poètes, nous recommençons, pour le divertissement des hommes qui croissent, meurent, tombent et ressuscitent dans leurs fils, quelques-uns des gestes qui nous ont promus à l'immortalité. La marchandise, néanmoins, l'aptitude héréditaire de me substituer à l'indigène à travers les pays et les temps où me conduit « Bonus Eventus », m'ont rendu familière la comparaison des divers siècles et de leurs mœurs. Rome fut grande, certes, et belle, quand la Grèce en eut éduqué les citoyens, quand l'Asie eut inoculé peu à peu le goût du plaisir élégant, de l'ostentation et du luxe noble à cette pesante féodalité rurale, qui, en dehors de la bigotterie et de la chicane, ignorait tout des arts civilisés. J'ai admiré les bombances des Quirites auprès desquelles vos festins de Gargantua semblent goûters de pensionnaires, les « crevailles » de Louis XIV, une réfection de hors-d'œuvre, en attendant la substance du dîner. Alors, un repas durait huit jours : les convives ne quittaient la table que pour dormir entre deux services. Baladins, jongleurs, aulétrides égayaient, de leurs musiques ou de leurs jeux, la conversation languissante. Et demi-nus, les reins cambrés dans une ceinture de pourpre, des esclaves adolescents offraient leur chevelure aux convives pour s'essuyer les doigts. Cette pompe vous a émerveillés. Le gril d'argent où cuisaient les escargots que j'offrais à mes habitués vous apparaît comme un luxe incomparable et presque scélérat, à force de grandeur.

Il en est de même pour la nourriture. Ces montagnes de chair, ces vastes esturgeons, les sangliers qu'on éventre sur la table et dont les flancs ouverts épandent à profusion crépinettes et boudins, les pâtés d'où, part un vol de becquefigues, vous apparaissent dans un recul surhumain et presque fabuleux. Non seulement le festin de Trimalcion, mais le souper de Néron, mais la cène d'Héliogabale assument à vos yeux un caractère mythique. Ainsi, le repas de Pélops ou la nourriture des Harpies.

Ajoutez à cette illusion ce que les cuistres de collège ont incorporé de dyspepsie et de sottise aux menus d'Horace, de Pétrone ou de Martial ! Grimauds ballonnés de phaséoles, gorgés d'« abondance » les voyez-vous, sous le lyripippion de Janotus ou la redingote maigre du sieur Entêtard, énumérant les délices offertes aux jeunes romains, couronnés de tilleul et de verveine, dans le « triclinium » où le fils d'Œnobarbus installe ses amis?

Le mirage gastronomique s'est accru de tout le vide que les pions faméliques sentaient au creux de leur misérable estomac.

Convenez, qu'à tout prendre, ces mangeailles n'ont rien qui vous émoustille plus que de raison. Elles pêchent par la lourdeur, le manque de finesse, la brutalité des condiments. Regrettez-vous les salmis à l'assa-fœtida? Et seriez-vous délecté outre mesure par des intestins de poissons longuement fermentés? C'était le « garum » pourtant, le « garum» de Mécène et de Lucullus! D'autres mets encore ont été surfaits qui sembleraient fort médiocres aux connaisseurs d'à présent. La « poule numidique », dont Suétone mène un si grand bruit, n'est autre chose que la vulgaire pintade. Vous trouverez, chez l'épicier du coin, avec « l'oiseau du Phase » des truffes dont l' « heureux » Nasidiénus jamais ne soupçonna l'arome transcendant.

Quant au « bouclier de Minerve », cette coûteuse galimafrée attribuée au sordide Vitellius, ce ragoût banal où cervelles de paons, testicules de coqs, langues de rossignols, crêtes de phénicoptères, foies de scares, truffes et champignons se mêlaient dans une sauce brune, à part les langues immangeables du rossignol, je ne vois pas ce qui, à parler franc, le distingue du « vol-au-vent à la financière » que, bon ou mauvais, on n'esquive guère dans un dîner parisien.

Lisez, seigneur, le menu étalé sous vos yeux, en offrant une attention recueillie à ce « homard de l'île verte » où le queux du roi Philène semble s'être surpassé. Vous verrez combien la cuisine, — chose française — est grande ici, en même temps que simple et bigarrée. On soupire en lisant un tel menu, devant l'infirmité de la nature humaine? Être assis au troisième dîner de Cocagne et ne pouvoir manger de tout! Endurer l'obligation d'hésiter, sinon de choisir entre « la poularde délice, la poularde frimas et la poularde à la moelle! » Abandonner « le marcassin du chasseur » pour le « chateaubriant aux perles noires! » N'est-ce pas un deuil aussi navrant que celui d'Iphigénie ou d'Andromède?

Jadis nous avions le « vomitorium ». Le « vomitorium » manquait de grâce. Vous avez changé tout cela, comme vous avez fait de notre urbanité la politesse, de notre alexandrin l'hexamètre de Chénier, de Ronsard ou d'Hugo.

ADRASTE. — Néanmoins cher seigneur! ne regrettez pas d'être né pour la première fois au temps, où régnait le fils divin d'Œnobarbus! Le « vomitorium », j'en conviens, est aboli, mais non point les sujets de nausée. Urbanité, politesse, qui se soucie à présent de ces choses? La Démocratie accorde à tous le droit d'avoir de mauvaises manières ; mais elle proscrit les bonnes façons avec acharnement.

Votre parallèle entre la cuisine de Rome et celle de Paris, montre que la flamme de l'art brûle toujours dans quelques poitrines d'élite. Pour discerner le nombre de vers, entendre les sons harmonieux ou pénétrer dans l'intimité des saveurs, il faut, avant tout, un don de nature. On vient au monde gourmet comme chanteur ou poète. Apicius est le Virgile, Carême, le Lamartine des fourneaux.

Acceptez encore une « crêpe flambée » à moins que vous ne préfériez la « croûte aux pêches ». Déjà le dîner s'achève, les rayons du couchant, comme dans cette églogue que nous aimâmes, allongent sur les gazons l'ombre des charmilles, tandis que les phalènes crépusculaires dansent, autour des belles-de-nuit, une sarabande amoureuse et que des corbeilles humides monte, avec un peu de nuit, l'arome doux et pénétrant du soir.

Laurent TAILHADE.

DÉJEUNER

LES HORS-D'ŒUVRE FROIDS :

La stoudine de galantine d'anguille. ❧ La salade de noix d'huîtres Carême.

LES HORS-D'ŒUVRE CHAUDS :

Les petites rissoles Fontanges. ❧ Les petits soufflés de caille au fumet.
Les tartelettes alsaciennes.

LES ŒUFS :

Les œufs Martyne. ❧ Les œufs Thierrette. ❧ Les œufs brouillés Favorite.
Les œufs Mariette. ❧ L'omelette Sablaise. ❧ Les œufs au miroir à la Chartres.

LES POISSONS :

La carpe à la Pontréanaise. ❧ Les truites de rivière au vin dru.
La sole Bonnefoy. ❧ Le homard au Porto.
La mousseline de turbot à la Bauloise. ❧ Les écrevisses à la Batelière.
Les filets de sole du Village.

LES ENTRÉES :

Le Pot Royal. ❧ Les aiguillettes de bœuf à la cuiller.
Les côtes de veau Maman Jeanne. ❧ Les mousselines de jambon Carmen.
La poularde de Houdan Friande. ❧ Les fondants de volaille à la Française.
Le caneton à la Romaine. ❧ Les bressoles de lièvre à la d'Orsay.
Le poulet au citron.

LES ENTRÉES FROIDES :

La langouste à l'Élégante. ❧ Le marbré de bœuf. ❧ La salade Élisa.

LES LÉGUMES :

Les cardons à la Rossini. ❧ Les champignons au Madère à la Chevigné.
Les pomponnettes de laitue. ❧ La compote paysanne.

. LES ENTREMETS :

Le soufflé Délice. ❧ Les pêches Marceline.
Les quartiers de poire Duchesse Anne. ❧ Les beignets Marquise.
Le soufflé glacé Mélisande.

LA PATISSERIE

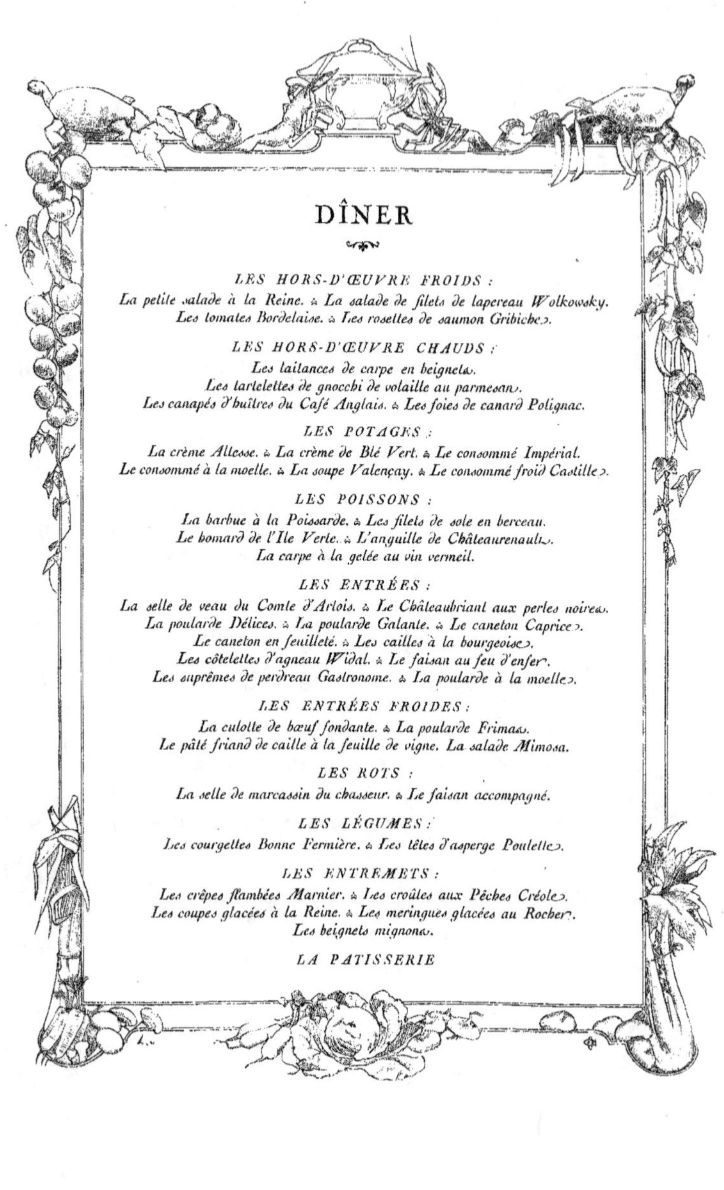

DÎNER

LES HORS-D'ŒUVRE FROIDS :

La petite salade à la Reine. ❧ La salade de filets de lapereau Wolkowsky.
Les tomates Bordelaise. ❧ Les rosettes de saumon Gribiche.

LES HORS-D'ŒUVRE CHAUDS :

Les laitances de carpe en beignets.
Les tartelettes de gnocchi de volaille au parmesan.
Les canapés d'huîtres du Café Anglais. ❧ Les foies de canard Polignac.

LES POTAGES :

La crème Altesse. ❧ La crème de Blé Vert. ❧ Le consommé Impérial.
Le consommé à la moelle. ❧ La soupe Valençay. ❧ Le consommé froid Castille.

LES POISSONS :

La barbue à la Poissarde. ❧ Les filets de sole en berceau.
Le homard de l'Ile Verte. ❧ L'anguille de Châteaurenault.
La carpe à la gelée au vin vermeil.

LES ENTRÉES :

La selle de veau du Comte d'Artois. ❧ Le Châteaubriant aux perles noires.
La poularde Délices. ❧ La poularde Galante. ❧ Le caneton Caprice.
Le caneton en feuilleté. ❧ Les cailles à la bourgeoise.
Les côtelettes d'agneau Widal. ❧ Le faisan au feu d'enfer.
Les suprêmes de perdreau Gastronome. ❧ La poularde à la moelle.

LES ENTRÉES FROIDES :

La culotte de bœuf fondante. ❧ La poularde Frimas.
Le pâté friand de caille à la feuille de vigne. La salade Mimosa.

LES ROTS :

La selle de marcassin du chasseur. ❧ Le faisan accompagné.

LES LÉGUMES :

Les courgettes Bonne Fermière. ❧ Les têtes d'asperge Poulette.

LES ENTREMETS :

Les crêpes flambées Marnier. ❧ Les croûtes aux Pêches Créole.
Les coupes glacées à la Reine. ❧ Les meringues glacées au Rocher.
Les beignets mignons.

LA PATISSERIE

LES HORS-D'ŒUVRE FROIDS

LA STOUDINE DE GALANTINE D'ANGUILLE. — Dépouillez une anguille de rivière du poids d'un kilogramme. Ouvrez-la par le ventre d'un bout à l'autre, coupez-lui la tête, lavez-la bien, puis épongez-la. Enlevez alors l'arête avec soin et aplatissez les chairs. Disposez à l'intérieur une farce de brochet, mêlée de pistaches en julienne, de truffes coupées en dés et de filets de sole, coupés de même et assaisonnés à point. Roulez l'anguille en forme de saucisson, enveloppez-la dans une serviette, ficelez-la comme une galantine, puis faites-la cuire pendant deux heures dans un fin court-bouillon de poisson ; après quoi, vous la laisserez refroidir dans sa cuisson.

Déballez-la ensuite et partagez-la en tranches d'un centimètre et demi d'épaisseur que vous disposerez en couronne dans une terrine basse et ronde et couvrirez entièrement de la gelée produite par la cuisson.

Quand la consistance vous paraîtra suffisante, vous prélèverez un disque au centre de la gelée et comblerez le creux ainsi obtenu par une pyramide de beau caviar frais.

Cette stoudine sera servie entourée de glace pilée.

SALADE DE NOIX D'HUITRES CARÊME. — Parez quatre douzaines de marennes ; pochez-les dans leur eau, laissez-les refroidir et placez-les dans un saladier. Incorporez-y six œufs durs émincés, une julienne de filets de sole pochés et mis sous une presse légère ; puis liez le tout d'une sauce vinaigrette légèrement moutardée et d'une cuillerée à soupe de catsup (c'est ainsi que se nomme une sauce tomate anglaise).

Dans un saladier à hors-d'œuvre dressez en dôme cette salade, dont vous ceindrez la base d'une couronne de menues escalopes de petits homards intercalées de minces lames de tomate. Servez ce mets entouré de glace pilée.

LA PETITE SALADE A LA REINE. — Taillez en escalopes quatre blancs de volaille que vous placerez dans un saladier. Ajoutez-y autant de pommes de terre émincées et de têtes d'asperges blanches, puis liez le tout d'une mayonnaise un peu relevée. Dressez la salade en pyramide dans un vase de cristal taillé que vous entourerez de glace pilée. Posez au pied de la salade douze œufs de vanneau en couronne, et rangez au-dessus, en forme de soleil, des têtes d'asperges blanches fraîchement cuites, les pointes réunies vers le sommet.

LA SALADE DE LAPEREAU WOLKOWSKY. — Levez les filets de six râbles de lapereaux, que vous ferez blanchir dans très peu de cuisson aromatisée au fumet de champignons. Émincez finement ces filets, puis les placez dans une terrine ; ajoutez-y deux cent cinquante grammes de truffes fraîches émincées sans être cuites, ainsi que six beaux champignons marinés émincés finement. Assaisonnez le tout d'une vinaigrette liée de jaunes d'œufs durs, travaillez le tout soigneusement, et dressez en dôme la salade dans un saladier à hors-d'œuvre, l'entourant à la base d'une couronne de pointes d'asperges vertes. Il convient, pour l'ornementation, d'ajouter une ceinture de glace pilée.

LES ROSETTES DE SAUMON GRIBICHE. — Dans un demi-saumon taillez des filets de même épaisseur, sur lesquels, à l'aide de coupe-pâte rond, vous prélèverez des rosettes de la dimension d'une petite soucoupe à café. Placez ces rosettes de saumon dans un plat à sauter, arrosez-les d'un fin court-bouillon, puis pochez-les. Lorsqu'elles seront refroidies dans leur cuisson, vous les égoutterez et les épongerez. Posez alors au centre de chaque disque une lame de tomate bien rouge et, au centre de la lame de tomate, une feuille de cerfeuil très verte. Entourez la lame de tomate d'une couronne de petits pois, cuits à l'anglaise, d'une belle couleur verte, et nappez le tout d'une succulente gelée de poisson. Ce faisant, usez de toute votre habileté pour ne point déranger la garniture. Placez enfin ces rosettes sur une bordure de gelée démoulée sur un plat rond, dont il faudra orner le centre d'une élégante salade de légumes aux queues d'écrevisses.

Ainsi ordonné, servez ce mets avec la sauce gribiche qui se prépare de la façon suivante :

Écrasez six jaunes d'œufs durs dans une terrine, mêlez-y un peu de moutarde, de sel, de poivre, puis avec de l'huile et du vinaigre montez une mayonnaise légère et peu liée, assaisonnée d'herbes hachées telles que civette, cerfeuil, estragon et ciboulette.

LES TOMATES BORDELAISE. — Épluchez douze petites tomates aussitôt après les avoir ébouillantées, évidez-les par l'œil en forme de godets, puis mettez-les à mariner pendant six heures dans une vinaigrette composée d'huile et de vinaigre, en parties égales, avec un assaisonnement de sel et de poivre.

D'autre part, préparez une salade en mélangeant une julienne de blanc de volaille avec le même poids de champignons marinés en julienne et la même quantité de pointes d'asperges vertes; relevez cette salade de sel, de poivre, de ciboulette, de cerfeuil et de persil très finement hachés, puis liez-la de mayonnaise au catsup. Égouttez les tomates, garnissez-les de cette salade et servez-les dans leur marinade, entourées d'olivettes.

LES HORS-D'ŒUVRE CHAUDS

LES PETITES RISSOLES FONTANGES. — Abaissez en carré une livre de rognures de feuilletage que vous découperez sur le marbre en bandes de huit centimètres de large. A l'aide d'un pinceau humectez d'eau les bords de ces bandes, puis garnissez-en le centre, à des intervalles de cinq centimètres, d'un salpicon de foie gras et de truffes. Liez le tout au moyen d'une sauce française blanche bien relevée et repliez la pâte sur elle-même pour enfermer l'appareil.

Soudez les bords : la pâte ne devra pas y être plus épaisse qu'au milieu. Enlevez ensuite les rissoles avec un coupe-pâte cannelé, et les placez sur une serviette enfarinée. Cuisez-les, une heure après, en pleine friture. Lorsqu'elles seront d'une belle couleur, vous les dresserez en buisson sur une serviette.

Vous pourrez également préparer ces rissoles à la purée de gibier, de volaille, ou de moelle de bœuf en dés, liée de sauce bordelaise au vin rouge.

LES PETITS SOUFFLÉS DE CAILLE AU FUMET. — Posez à l'étuve douze petites caisses de papier plissé, beurré au pinceau. D'autre part, pilez vingt-quatre filets de cailles rôties rose. Ajoutez-y deux cuillerées de farce au gratin de gibier, du sel, du poivre, cent grammes de beurre fin et cinq cuillerées de sauce salmis de caille réduite et froide. Passez le tout au tamis; chauffez légèrement votre purée, ajoutez-y huit jaunes d'œufs crus, après quoi vous y mélangerez avec adresse huit blancs d'œufs battus très fermes.

Garnissez les caisses en dôme, fermez-les et les laissez au four sur une plaque pendant dix ou douze minutes. Vous les dresserez ensuite sur une serviette.

LES TARTELETTES ALSACIENNES. — Foncez douze moules à tartelettes de rognures de feuilletage. Garnissez-les de petits gnocchi pochés et liés de Mornay; saupoudrez-les de parmesan râpé, arrosez-les de beurre fondu, puis placez-les sur une plaque que vous pousserez au four. De temps en temps, vous soulèverez les tartelettes. Lorsque la pâte en sera très blonde et le dessus doré, vous retirerez les tartelettes du four et les dresserez en buisson.

LES LAITANCES DE CARPE EN BEIGNETS. — Pochez les laitances au court-bouillon au vin. Lorsqu'elles seront refroidies, vous les parerez et les passerez à la pâte à frire très légère et bien faite. Faites-les frire ensuite en pleine friture, puis dressez-les en buisson, sur une serviette, au centre d'une couronne de pommes de terre paille, et saupoudrez-les de sel. Accompagnez ce plat d'une sauce tomate fraîche bien beurrée et corsée d'une petite louche de glace de volaille.

LES TARTELETTES DE GNOCCHI DE VOLAILLE AU PARMESAN. — Foncez de rognures de feuilletage, douze moules à tartelettes de grandeur moyenne ; garnissez-les à demi d'une fine purée de volaille, sur laquelle vous disposerez des petits gnocchi pochés à l'eau, pas plus gros que des perles. Nappez-les légèrement de sauce Mornay, puis saupoudrez-les de parmesan râpé. Faites-les cuire au four jusqu'à ce que la pâte devienne croustillante et la surface d'une belle couleur dorée. Vous les servirez dès leur sortie du four.

Voici maintenant comment se préparent ces gnocchi : Prenez cinq décilitres de lait bouillant, salez-le légèrement, et ajoutez-y une pincée de muscade, cinquante grammes de beurre fin et deux cent cinquante grammes de farine tamisée. De tout cela, faites une pâte à chou. Puis incorporez successivement six œufs à cet appareil, ainsi que cent grammes de parmesan râpé. Vous servant d'une poche et d'une petite douille, poussez de petites perles grosses comme des pois frais. Vous les laisserez tomber dans de l'eau bouillante salée à point, et dès que les gnocchi commenceront à durcir, vous les égoutterez et en garnirez les tartelettes.

LES CANAPÉS D'HUITRES, DU CAFÉ ANGLAIS. — Taillez dans du pain de mie des canapés longs de huit centimètres, larges de cinq et d'un demi-centimètre d'épaisseur. Faites-les frire au beurre de façon à les rendre très croustillants sur les bords et moelleux au centre; puis disposez au-dessus six huîtres légèrement pochées dans leur eau et bien épongées. Saupoudrez-les de parmesan râpé, arrosez-les de beurre fondu et passez-les à la salamandre pour les colorer. Servez-les alors sur une serviette.

LES FOIES DE CANARD POLIGNAC. — Parez cinq cents grammes de beaux foies de caneton, que vous séparerez dans le sens de la longueur. Salez-les, poivrez-les et les faites sauter au beurre noisette en les laissant roses, car une cuisson prolongée les rendrait amers. Placez-les ensuite dans un plat creux, sur six bonnes cuillerées de Duxelles. Déglacez de Madère le fonds de la cuisson, ajoutez-y encore quatre cuillerées de crème fraîche épaisse, et réduisez le tout d'un quart. Lorsque cette sauce sera à point, vous la verserez sur les foies, que vous ferez gratiner de belle couleur.

LES POTAGES

LA CRÈME ALTESSE. — Dans une casserole bien étamée, qui contiendra déjà deux litres de bouillon blanc de volaille, placez deux estomacs de poule blanchis. Faites arriver le tout à l'ébullition, ajoutez-y trente-cinq grammes de riz Caroline blanchi, puis laissez cuire doucement pendant quarante-cinq minutes encore. Retirez alors les estomacs, et enlevez les chairs pour les piler avec le riz. Remettez ensuite le tout dans une casserole, mouillez de bouillon de volaille, passez à l'étamine et laissez arriver une nouvelle fois à l'ébullition.

Retirez aussitôt le coulis ; après quoi, vous le lierez de six jaunes d'œufs, de quatre décilitres de crème double bien fraîche et de cent cinquante grammes d'amandes fraîches, pilées et passées. Ajoutez-y enfin cinq cents grammes du beurre le plus fin que vous pourrez trouver ; passez cette crème à la mousseline, et versez-la toute chaude dans une soupière où vous la garnirez de fines perles de farce à quenelles de volaille. Vous servirez en même temps, deux douzaines de petits friands de volaille à peine sortis du four et dressés en buisson sur une serviette.

LA CRÈME DE BLÉ VERT. — Blanchissez un litre de blé vert que vous mouillerez d'un fonds blanc de volaille lié très fin. Quand il sera cuit, vous le passerez au tamis, puis à l'étamine. Dépouillez-le alors et lui ajoutez quatre cuillerées de purée de blanc de volaille ainsi que six cuillerées de purée de pointes d'asperges vertes. Par l'addition de crème double, vous rendrez cette crème onctueuse, légère et très fine. Vous la garnirez alors de perles blanches faites de farce à quenelles de volaille, et vous y mêlerez en abondance du blé vert cuit à part.

En servant cette crème, vous offrirez un plat de petits pâtés chauds.

LE CONSOMMÉ IMPÉRIAL. — Préparez pour six personnes un litre et demi de fin consommé de volaille, garnissez-le abondamment de petites quenelles de blanc de volaille en forme d'amande et truffées, ainsi que de royale blanche enlevée à l'emporte-pièce de la grandeur d'une pièce d'un franc. Évidez ensuite quatre belles truffes que vous aurez enlevées au coupe-pâte du diamètre d'une pièce de deux francs. Ayant empli le creux de ces truffes d'une fine farce de volaille, pochez-les, puis émincez-les en fines lames d'une parfaite régularité.

Avec ce consommé sera servi un plat de profiteroles sans sucre, fourrées d'un salpicon à la reine.

LE CONSOMMÉ A LA MOELLE. — Taillez en morceaux cinq livres de queue de bœuf. Blanchissez-les et rafraîchissez-les ; épongez-les, et sur un feu lent faites-les revenir de belle couleur avec le rouge d'une carotte et un oignon coupé en quatre. Quand le tout est bien revenu, égouttez le beurre et mouillez d'un verre à bordeaux de Madère de la meilleure qualité, ainsi que d'une bouteille de bon vin de Sauternes. Laissez réduire de moitié et mouillez de quatre litres de bouillon de volaille. Cuisez alors quatre heures et demie ou cinq heures, à petit feu ; ajoutez une cuillerée à soupe de poivre en grain, deux clous de girofle et un bouquet garni. Cela fait, passez le potage dans une autre casserole au travers d'une mousseline. Si toutefois votre potage n'était pas suffisamment clair et doré, il faudrait le clarifier par l'adjonction d'un kilogramme et demi de gîte à la noix pilé.

Taillez d'autre part de belles lames de moelle bien dégorgée, que vous pocherez. Versez alors le consommé dans la soupière, et déposez-y des lames de moelle à raison de cinq par personne.

En y versant, à travers un linge fin, un peu de Madère où auront infusé de la sauge, du romarin, du basilic et une pincée de menthe, vous obtiendrez une oxtail-soupe, que vous garnirez de morceaux de queue de bœuf désossés et taillés en gros dés.

LA SOUPE VALENÇAY. — Prenez le rouge émincé de trois carottes taillées en quatre et un tiers de navet taillé de même façon. Étuvez ces légumes au beurre et mouillez-les de deux litres de consommé « madrilène ». Ajoutez-y une julienne fine de cœur de céleri en branche, cuite au bouillon blanc de volaille, puis mettez à feu doux avec deux cœurs de laitues ciselées et cuites au beurre.

Au moment de servir ce potage, vous le dégraisserez complètement, puis vous y verserez une pluie abondante de petites feuilles de cresson blanchies et rafraîchies, autant qu'il se peut, ainsi que de grosses quenelles de volaille mousseline à raison d'une par personne.

CONSOMMÉ FROID CASTILLE. — Dans une casserole bien étamée placez un kilogramme de bœuf très maigre haché menu avec une poule légèrement colorée au four. Ajoutez un blanc d'œuf ainsi qu'un concombre râpé de moyenne grosseur. Homogénéisez avec soin, puis ajoutez quatre litres de bouillon fin de volaille. Portez le tout à l'ébullition en remuant sans cesse; puis laissez cuire une heure et demie en une lente ébullition, et passez à la mousseline.

On servira très froid ce potage blond que le concombre aura doué d'une admirable saveur.

LES ŒUFS

LES ŒUFS MARTYNE. — Garnissez de purée de faisan très moelleuse des tartelettes ovales en pâte feuilletée; d'autre part, nappez des œufs pochés de très fine sauce salmis de faisan au fumet de truffes. Dressez ces œufs sur la purée de faisan, puis disposez vos tartelettes en couronne sur un plat rond, au centre duquel vous élèverez un buisson de petites truffes et de champignons liés de sauce salmis.

Une bordure d'argent entourera le plat, que vous servirez bien chaud en offrant à part une sauce salmis de faisan.

LES ŒUFS THIERRETTE. — Taillez douze escalopes de rognon de veau, assaisonnez-les et passez-les au beurre, à la mie de pain fraîche. Faites-les griller d'une belle couleur, puis dressez-les en couronne sur un plat rond. Disposez sur chaque escalope une demi-tomate émondée, épépinée, cuite très fondante au beurre et arrosée légèrement de glace de volaille. Sur chaque demi-tomate, placez un œuf cuit à la poêle au miroir, puis détaché au coupe-pâte de la même dimension que les escalopes.

Le puits sera garni d'une savoureuse purée de cèpes frais.

LES ŒUFS BROUILLÉS FAVORITE. — Préparez douze œufs brouillés, selon la formule des œufs Fanchette. Prenez ensuite six belles truffes pesant cent grammes environ, pelez-les, cuisez-les au Champagne et au jus de veau, évidez-les en forme de godets, puis lustrez-les de glace de volaille blonde. Garnissez ces truffes avec les œufs brouillés et placez au centre de chacune d'elle, une cuillerée à café de tomate émondée, épépinée, concassée et étuvée au beurre.

Servez ce mets très chaud sur un plat cerclé d'une bordure d'argent, où reposera le jus des truffes.

L'OMELETTE SABLAISE. — Cuisez un homard à l'américaine, pilez-le soigneusement, puis passez-le au tamis fin pour en obtenir une purée que vous lierez de crème double. A l'intérieur de l'omelette disposez cette succulente purée, puis renversez l'omelette sur un plat et l'entourez d'un cordon de sauce américaine.

Vous en ornerez la surface, d'une rosace composée de six lames de truffes.

LES ŒUFS AU MIROIR A LA CHARTRES. — Beurrez un plat à œufs en porcelaine. Cassez des œufs frais dont vous ne salerez que les blancs. Posez alors le plat sur une tourtière froide que vous mettrez au four. Quand l'œuf apparaîtra blanc comme un miroir, vous enlèverez le plat du four et vous achèverez la cuisson sur le fourneau, mais en vous gardant bien de laisser durcir le blanc. Entourez ce plat d'un cordon de belles pointes d'asperges vertes, passées au beurre, que vous enfermerez aussi, sans nul intervalle, dans une enceinte de tomates successivement émondées, épépinées, concassées, puis étuvées au beurre, mélangées à un émincé de beaux rognons de coq et enfin légèrement liées d'une cuillerée de glace de veau.

LES ŒUFS MARIETTE. — Préparez des œufs farcis Chimay que vous dresserez sur des demi-tomates émondées, épépinées, cuites au beurre et bien fondantes. Disposez-les en couronne sur un plat, dont le centre doit s'orner de belles pointes d'asperges vertes liées au beurre. Puis enserrez les œufs d'un cordon de sauce Colbert.

LES POISSONS

LA CARPE A LA PONTRÉANAISE. — Dans un petit village fort peu connu de Bretagne, on trouve de merveilleuses carpes que les habitants de la contrée préparent de la manière que je m'en vais décrire :

Tuez la carpe en lui assénant un coup sur la tête. Écaillez-la, videz-la bien par les ouïes, puis préparez une farce en faisant revenir au beurre deux cent cinquante grammes de chair à saucisse avec une poignée d'oseille ciselée, deux échalotes finement hachées, du persil, de la laitance, trois jaunes d'œufs durs hachés et deux cuillerées de bonne crème. Farcissez-en votre poisson que vous mettrez au four dans un plat allongé, après l'avoir ciselé. Versez sur la carpe cinq cents grammes de beurre fondu et cuisez-la en l'arrosant autant que possible. A point, elle sera fondante ; vous la saupoudrerez alors de mie de pain fraîche, la laisserez bien gratiner et la servirez toute chaude.

LES TRUITES DE RIVIÈRE AU VIN DRU. — Choisissez dix belles truites vivantes, parez-les et couchez-les sur un plat à sauter. Arrosez-les alors d'un bon court-bouillon allongé d'une bouteille de Champagne brut. Pochez les truites pendant dix minutes, puis servez-les aussitôt avec une sauce mousseline et des pommes de terre nouvelles, choisies entre les plus belles et cuites à la vapeur.

Pour les servir, le maître d'hôtel les dépouillera de leur robe avec beaucoup d'adresse et de vivacité, puis les offrira toutes fumantes avec la sauce.

LA SOLE BONNEFOY. — Sur un plat long largement beurré, placez votre sole, salée et poivrée. Cuisez-la dans un demi-litre de fumet de poisson, et réduisez à glace la cuisson après y avoir joint deux petites louches de purée de tomates fraîches. Quand cette réduction aura atteint une certaine consistance, vous la relâcherez de quelques cuillerées de crème épaisse et de cent cinquante grammes de beurre fin. Placez alors la sole sur un plat long, garnissez-la de la tête à la queue de vingt-quatre belles lames de truffes, puis arrosez-la de sa sauce onctueuse et succulente, que l'on nomme sauce Bonnefoy.

Glacez à la salamandre et rangez tout autour dix petites darioles de riz pilaff.

LE HOMARD AU PORTO. — Taillez en tronçons deux beaux homards vivants et retirez le corail des coffres. Sautez-les légèrement au beurre, mouillez-les d'une demi-bouteille de bon Porto, puis laissez réduire de trois quarts le Porto dans la sauteuse hermétiquement close. Après une cuisson de trente minutes, décortiquez les chairs, escalopez-les et remettez-les dans leur cuisson. Recouvrez- les de crème double très fraîche et bien épaisse ; ajoutez-y de plus une pointe de poivre de Cayenne et deux cent cinquante grammes d'épaisses lames de truffes fraîches. Remettez sur le feu pour vingt minutes ; liez ensuite avec trois jaunes d'œufs et cent cinquante grammes de beurre de homard auquel sera mélangé le corail passé au tamis.

Servez les homards, enrobés de cette merveilleuse sauce, dans une terrine en porcelaine émaillée, soigneusement couverte et entourée d'eau bouillante.

MOUSSELINE DE TURBOT BAULOISE. — Préparez un homard américain très crémeux. Dressez-le dans un plat rond d'argent, entourez-le de belles quenelles de turbot et couvrez-le de lames de truffes, lustrées de glace de volaille.

L'ÉCREVISSE A LA BATELIÈRE. — Étuvez au beurre une mirepoix composée du rouge de deux belles carottes, de six échalotes, de trois cuillerées de céleri en branche râpé et d'un bouquet garni.

Quand cette mirepoix sera bien fondue, vous disposerez au-dessus quatre douzaines de belles écrevisses très propres et bien épongées, que vous ferez revenir légèrement. Flambez ensuite ces écrevisses dans trois décilitres de bonne eau-de-vie, puis mouillez-les d'une demi-bouteille de bon vin blanc sec et de deux petites louches de cuisson de poisson. Cuisez-les rapidement pendant quinze minutes et dressez-les dans une soupière. Sur ce, passez le fonds dans une sauteuse, liez-le de cinq cents grammes de beurre, puis relevez-le d'une pointe de Cayenne et de deux cent cinquante grammes de tomates émondées, épépinées, concassées et étuvées au beurre. De cette sauce, qui ne sera pas épaisse mais simplement liée, vous arroserez les écrevisses, avant de les parsemer d'une poignée de persil fraîchement haché.

LES FILETS DE SOLE DU VILLAGE. — Épluchez douze belles carottes nouvelles ; taillez-les en deux dans le sens de la longueur, enlevez-en le cœur, émincez-les finement dans le sens transversal, puis faites-les étuver avec six petits oignons nouveaux émincés en rouelles formant anneaux. Avant que ces légumes ne se colorent, mouillez-les d'un quart de litre de cuisson de champignons, et cuisez-les jusqu'à réduction complète de la cuisson. Disposez alors ces légumes au fond d'une poissonnière grassement beurrée, parsemez-les de sel et de poivre et couchez-y douze beaux filets de soles très blancs. Mouillez le tout d'un excellent fumet de poisson (n'en prenez que ce qu'il faut pour couvrir les filets de sole); fermez hermétiquement et laissez cuire quinze minutes, après quoi vous étendrez les filets de sole sur un plat. Réduisez ensuite la cuisson des deux tiers ; liez ce fonds avec deux cents grammes de beurre, une petite cuillerée à sauce de glace blonde de veau ainsi qu'une cuillerée à dessert de persil frais haché. Vous napperez les filets de cette sauce de manière à les enrober complètement, et vous les environnerez d'une couronne de menues pommes de terre taillées en amande.

Ces pommes de terre auront été cuites à l'eau, égouttées, puis étuvées avec un gros morceau de beurre, dont on les aura couvertes pour que le beurre se répande sur elles en glace fine.

LA BARBUE A LA POISSARDE. — Préparez votre barbue, lavez-la bien, puis fendez-la du côté noir, le long de l'arête. L'ayant assaisonnée par l'ouverture, de poivre et de sel, vous beurrerez grassement un plat de porcelaine blanche, où vous disposerez du sel, du poivre, une cuillerée à dessert d'échalote et de persil hachés finement. Couchez là-dessus votre barbue et mouillez-la de deux décilitres de vin blanc. Mélangez à cette sauce quelques cuillerées de cuisson de champignons ainsi que la cuisson de trente-six noix d'huîtres de Marennes pochées. Poussez alors le plat au four, et n'omettez point d'arroser de temps à autre pendant la cuisson. Lorsque votre barbue sera à demi cuite, vous la saupoudrerez de mie de pain fraîche et la parsemerez de quelques rondelles de beurre frais; puis vous donnerez à la mie de pain une belle couleur blonde.

La cuisson au four dure environ vingt-cinq minutes. Avant d'ôter le plat du four replacez vos noix d'huîtres. Entourez le poisson d'un cordon de glace de veau, puis garnissez-le, à chaque extrémité, d'un buisson de petits goujons frits au beurre.

LES FILETS DE SOLE EN BERCEAU. — Cuisez au beurre douze filets de sole avec quelques cuillerées de fumet de poisson. Pendant ce temps, séparez en deux six petites aubergines, dans le sens de la longueur. Sans atteindre la peau, ciselez les chairs que vous ferez cuire au beurre; hachez-les légèrement, et les mélangez avec un quart de riz cuit au pilaff. Liez le tout d'une cuillerée de sauce de poisson et de glace de volaille, puis garnissez-en les aubergines, que vous recouvrirez de deux filets de sole et disposerez sur un plat long. Dès lors, réduisez à satiété la cuisson des filets de sole, incorporez-y un demi-litre de crème double et quatre cuillerées de glace de volaille. Réduisez légèrement à nouveau, puis ajoutez trois jaunes d'œufs ainsi que trois cents grammes de beurre. Saucez les filets abondamment et faites-les glacer à la salamandre.

LE HOMARD DE L'ILE VERTE. — Prenez cinq homards vivants, dont vous taillerez les queues en tronçons. Partagez en deux les têtes dans le sens de la longueur; évidez-les sur une assiette en rejetant la poche de gravier, puis faites revenir le tout au beurre et à l'huile, avec du sel et du poivre.

Flambez ces morceaux avec un verre de Fine Champagne; ajoutez ensuite dix tomates épluchées, concassées, épépinées et assaisonnées de sel, de poivre de Cayenne, de trois échalotes hachées, de deux gousses d'ail et d'un petit bouquet garni. Vous ferez étuver ce mélange pendant dix minutes, après quoi, vous l'arroserez de cinq décilitres de vin blanc de Montrachet. Vous le laisserez cuire lentement dix minutes encore, puis le recouvrirez de crème double bien fraîche et de deux décilitres de glace de veau. Après une nouvelle cuisson de vingt-cinq minutes, enlevez les homards, décortiquez-les et placez-les dans une timbale d'argent.

Passez alors le tout à l'étamine ; ajoutez-y les intestins passés au tamis et mélangés à deux cents grammes de beurre de homard et à deux cuillerées à dessert d'estragon grossièrement haché. Puis réduisez la sauce jusqu'à ce qu'elle nappe.

Vous servirez ce plat très chaud en l'accompagnant de riz pilaff.

L'ANGUILLE DE CHATEAURENAULT. — Dépouillez une anguille, laissez-la près d'un quart d'heure dans le sel pour la dégraisser, puis coupez-la en rouelles d'un centimètre d'épaisseur.

Faites sauter ces rouelles dans du beurre bien chaud, d'où vous les retirerez une fois cuites ; vous y ajouterez un beurre d'escargot et six beaux cèpes émincés, sautés au beurre, que vous mélangerez avec six demi-tomates émondées, épépinées, concassées et sautées au beurre.

LA CARPE A LA GELÉE AU VIN VERMEIL. — Procurez-vous une carpe qui n'ait pas séjournée dans la vase. Videz-la bien et enlevez-en les ouïes, les nageoires puis les écailles, en insérant de la queue à la tête la pointe du couteau entre les écailles et le derme. Enfin, ceignez-lui le corps de six bracelets de ficelles.

Garnissez alors le fond d'une poissonnière d'une mirepoix émincée de rouge de carotte et d'oignons cuits ensemble au beurre ; ajoutez-y une ou deux gousses d'ail écrasées, un bouquet garni, du sel et du poivre en grains. Couchez votre carpe dans cette mirepoix, la couvrant à demi de vin rouge de Moulin-à-Vent et d'un volume égal de fin fumet de poisson. Faites arriver le tout à l'ébullition, puis fermez la poissonnière avec une feuille de papier beurré et avec son couvercle, et donnez une cuisson lente. Lorsque la carpe sera à point, vous la laisserez refroidir dans sa cuisson, après quoi vous la dresserez dans un plat creux en porcelaine, où vous l'entourerez de douze tronçons d'anguilles, alternant avec douze belles laitances de carpe cuites dans une partie de la cuisson. Portez ensuite le tout à la glacière.

D'autre part, passez la cuisson à travers un linge fin et incorporez-y quelques feuilles de gélatine clarifiée. Travaillez cette gelée pour la rendre d'une belle couleur rubis, passez-la à la mousseline et la faites refroidir. Dès qu'elle nappera, vous en verserez ce qu'il faudra sur la carpe pour l'y enterrer complètement.

En le servant, accompagnez ce plat d'une sauce française, faite d'une purée de tomates fraîches, bien égouttées, assaisonnées de sel, de poivre, d'huile et de vinaigre, que vous aurez enfouie dans de la glace pilée.

Vous offrirez en même temps une salade de légumes liée de mayonnaise.

LES ENTRÉES CHAUDES

LE POT ROYAL. — Il est des mets succulents qu'une mode irraisonnée délaisse et qu'une propagande justifiée va tirer de l'oubli. Le Pot Royal est de ceux-ci, et j'en donnerai le secret tel qu'il me fut confié par un vieux chef d'apprentissage.

Prenez un pot où se préparent les tripes à la mode de Caen. L'ayant tapissé de bardes de lard, placez-y deux belles carottes, trois gros oignons piqués chacun d'un clou de girofle, un gros bouquet garni, ainsi qu'un sachet contenant soixante grammes de baies de genièvre. Sur ces ingrédients divers, disposez trois livres de belle choucroute fraîche et très blanche, que vous recouvrirez d'une noix de jambon d'York cuite à l'ordinaire, mais parée d'un peu de sa graisse. Flanquez le jambon de trois perdrix rouges colorées au four et d'un petit cervelas de porc ; puis cachez le tout sous trois livres de choucroute, que vous masquerez complètement avec deux cents grammes de graisse d'oie ou d'excellent saindoux. Mouillez d'une demi-bouteille de Champagne brut et remplissez jusqu'aux bords de bouillon blanc de volaille à peine salé, mais d'un arome précieux. Fermez le pot avec des bardes de lard et poussez-le au four, où vous le laisserez cinq heures.

Enlevez alors successivement du pot tout ce qu'il contient. Vous y replacerez la choucroute, sur laquelle vous dresserez six petits perdreaux tendres, délicatement bardés et rôtis rose à la broche. Quant à la noix de jambon, taillée en lames égales, vous en ferez une couronne autour des perdreaux.

Offrez à part, ainsi qu'une saucière renfermant le jus exquis des perdreaux, six belles tartines de pain de ménage, rendues croustillantes par une friture au beurre et farcies assez copieusement d'un fin hachis de lapin de garenne.

Servi en hiver, ce régal surpassera toutes les attentes.

LES AIGUILLETTES DE BŒUF A LA CUILLER. — Prenez une pointe de culotte de bœuf du Limousin ; roulez-la, parez-la et ficelez-la bien. Faites-la cuire alors à la limite, dans une bonne braise, l'arrosant d'excellent fonds de veau très renforcé de Madère et d'eau-de-vie, et la glaçant régulièrement de son jus. Dressez-la ensuite sur un plat où vous l'entourerez de bouchées de moelle, intercalées de croustades de nouilles, et de gros oignons farcis de hachis d'agneau et braisés bien fondant. Aux deux extrémités, disposez de gros marrons cuits moelleux dans un bouillon de volaille beurré. Arrosez la pièce de son jus succulent, puis versez-la en offrant à part le fonds soigneusement dégraissé et légèrement lié par la seule réduction.

LES CÔTES DE VEAU MAMAN JEANNE. — Prenez six belles côtes de veau premières ; parez-les, poivrez-les et faites-les cuire lentement au beurre dans une sauteuse, en ne les retournant qu'une fois. Lorsqu'elles seront bien dorées, vous verserez dans votre plat quelques cuillerées d'eau fraîche ; vous recouvrirez bien les côtes et les laisserez cuire à l'étuvée.

Le jus réduit, recommencez l'opération et vous aurez à la seconde reprise, soit après trente minutes de cuisson, un mets prodigieusement savoureux. Dressez les côtes en couronne, les arrosant d'une partie de leur jus, dont le reste sera servi à part. Disposez au centre du plat des petits pois à la française liés à la crème mode Nivernaise, puis entourez les côtes de petites carottes fondantes cuites à la Vichy et de quatre bouquets de fins haricots verts cuits à grande eau et liés au beurre fin.

LES MOUSSELINES DE JAMBON CARMEN. — Moulez douze belles quenelles, avec l'appareil à mousse de jambon, décrit à la formule de : « La mousse de jambon aux fruits d'Amour ». Fourrez-les de purée de champignons et pochez-les au bouillon de volaille. Dressez-les alors sur des escalopes de foie gras sautées au beurre, et formez-en une couronne que vous saucerez et napperez d'une demi-glace transparente au Porto rouge.

Décorez les quenelles d'une belle lame de truffe, puis, au centre du plat, disposez un beau bouquet de pointes d'asperges vertes liées au beurre.

LA POULARDE DE HOUDAN FRIANDE. — Videz par le haut la poularde et enlevez-lui la fourchette. Fourrez-la ensuite de riz pilaff, lié à la sauce Suprême, auquel vous mélangerez six truffes moyennes cuites au Porto et au Madère, cent cinquante grammes de petites escalopes de foie gras et une pointe de Cayenne. Retroussez et bridez les pattes ; bardez entièrement la bête de lard frais, ficelez-la et la faites cuire lentement au beurre dans une cocotte de porcelaine en l'arrosant souvent. Quand elle sera presque à point, vous la flamberez avec de bonne fine Champagne et vous verserez sur elle la cuisson des truffes ainsi que quelques cuillerées de fonds de veau un peu lié.

Après une cuisson d'une heure un quart environ, vous la sonderez dans le gras de la cuisse ; et vous saurez que votre volaille est prête à la blancheur de la perle liquide, que vous ferez apparaître. Dégraissez alors le fonds, qui sera d'une très grande saveur. Déficelez et débardez la poularde dont la couleur tirera sur le blond pâle, puis dressez-la au centre d'un plat rond en argent. Garnissez-la de huit tomates, farcies d'un hachis d'agneau moelleux et gratiné au four dans des moules à pomponnettes. Arrosez-la, enfin, d'une partie du fonds, dont vous servirez le reste dans une saucière.

Et vous entourerez le plat d'une élégante bordure en argent.

LES FONDANTS DE VOLAILLE A LA FRANÇAISE. — Préparez une farce de quenelles de volaille mousseline, ainsi qu'une purée de volaille faite uniquement de blanc de volaille. Ceci fait, chemisez une cuiller à soupe en argent de farce de volaille ; sur cette couche de farce, placez une forte cuillerée à café de purée de volaille liée à la sauce Suprême. Vous l'étalerez sur toute la cuiller, puis la recouvrirez de farce de volaille. A l'aide d'une autre cuiller, démoulez le tout dans une sauteuse beurrée. Pochez vos fondants dans du bouillon blanc de volaille ; couvrez-les et faites-les cuire à feu lent sans qu'ils parviennent à l'ébullition. Placez-les ensuite sur une mousseline et les épongez bien.

Dressez-les alors sur des escalopes de foie gras taillées dans un foie gras poché au Porto, puis saucez-les de sauce Suprême au fumet de Porto. Garnissez le centre du plat de belles pointes d'asperges vertes liées au beurre, et rangez tout autour en couronne des petites truffes très rondes, cuites avec le foie gras et roulées dans une glace légère de volaille montée au beurre.

Pour préparer la farce mousseline dont il est ici question, pilez au mortier cinq cents grammes de filets de poularde. Assaisonnez de sel et de poivre blanc, ajoutez successivement deux blancs d'œufs et passez au tamis fin. Tenez cette farce sur glace pilée pendant deux heures et demie, puis, la laissant toujours sur la glace, relâchez-la peu à peu avec trois quarts de litre de crème double très fraîche.

LE CANETON A LA ROMAINE. — Farcissez un beau canard nantais bien charnu de raisins de Malaga épépinés, de raisins de Corinthe et de riz pilaff lié de sauce Suprême. Bridez-le en entrée, placez-le dans une terrine, puis, l'étouffant au beurre, aspergez-le fréquemment de quelques gouttes de bon Marsala et de jus de veau réduit. Entourez-le de douze cœurs de laitue entièrement braisés et arrosés du jus du caneton. Après quoi, vous dégraisserez et servirez le caneton dans la terrine.

Cette recette me fut communiquée par M. Gallier, rédacteur au *Temps* et gastronome distingué.

LES BRESSOLES DE LIÈVRE A LA D'ORSAY. — Dans deux râbles de lièvre levez quatre filets. Dénervez-les, puis taillez-les transversalement en trois parties.

Aplatissez-les ensuite pour en former des médaillons, que vous piquerez en rosaces de fins lardons. Sautez-les au beurre, dressez-les en couronne sur des croûtons de pain de mie farcis de farce à gratin, puis saucez-les d'une succulente sauce poivrade dans laquelle vous aurez versé deux cuillerées de belles câpres et autant de pignons.

Vous garnirez le centre du plat d'une fine purée de haricots blancs à la bretonne.

LE POULET AU CITRON. — Découpez une poularde bien nourrie et dodue en sept morceaux qui seront : les deux cuisses, les deux ailes, l'estomac, et le dos partagé en deux. Faites revenir ces morceaux de couleur blonde, avec vingt petits oignons nouveaux et vingt petites têtes de champignons fraîches soigneusement lavées et épongées, un bouquet garni, et du sel et du poivre en quantités voulues. Puis couvrez hermétiquement et laissez cuire pendant une heure et demie à l'étouffée. Découvrant alors la sauteuse où mijote un fonds onctueux et odorant, exprimez sur les chairs toutes les larmes d'un beau citron et versez-y quelques cuillerées de fine glace de volaille.

Vous servirez la poularde, toute chaude, sur un plat rond, arrosée de son jus merveilleux et au milieu de sa garniture.

Ce mets dont l'exécution réclame toute l'expérience d'un grand praticien, devra être fréquemment arrosé durant sa cuisson. Semblable à ces gens nerveux pour qui l'antichambre est un supplice, il demande à ne point attendre, mais à être porté tout fumant sur la table pour la plus grande joie des gourmets.

LA SELLE DE VEAU DU COMTE D'ARTOIS. — La voici telle que ce grand seigneur aimait qu'on la lui fît : Cette selle, d'abord parée puis ficelée, doit être cuite à la broche et arrosée fréquemment. Elle sera blonde comme un louis d'or. Vous cuirez de même les rognons à la broche, juste au-dessus de la selle, afin que pendant la cuisson la graisse en puisse découler sur la selle; ce procédé lui conférera une saveur exquise. Vous pouvez aussi cuire en même temps une noix de jambon bien dessalée, que vous découperez en tranches fines avec les rognons de veau. Prélevez ensuite les filets de la selle, une fois qu'en sera terminée la cuisson. Escalopez-les, replacez-les sur l'os de la selle en les intercalant de tranches de jambon et de rognon de veau, puis arrosez le tout du jus un peu gras.

Dressez autour du plat deux bouquets de rissoles de volaille, deux autres de laitues farcies et braisées, deux autres aussi de gros champignons garnis de chicorée à la crème.

Offrez à part, ainsi que le jus de la lèchefrite passé à la mousseline, une casserole d'argent contenant de belles truffes cuites à l'étouffée au Champagne et arrosées de glace blonde de volaille.

LE CHATEAUBRIANT AUX PERLES NOIRES. — Taillez un kilogramme de chair dans le centre d'un excellent filet de bœuf bien paré. Cuisez lentement au beurre le filet, salé et poivré, en l'arrosant souvent et le tenant rose. Retirez-le du feu, posez-le sur un plat d'argent, puis égouttez le beurre de la cuisson.

Placez d'autre part dans la sauteuse douze petites truffes de trente grammes, bien rondes et pelées, que vous déglacerez au Madère. Étouffez ces truffes, mouillez-les de quelques cuillerées de demi-glace aussi dorée que transparente. Après les avoir cuites, vous les dresserez autour du châteaubriant, que vous saucerez du fonds passé à l'étamine.

Entourez le plat d'une bordure d'argent, et servez à part le reste de la sauce et des belles pommes de terre Dauphine.

LA POULARDE DÉLICES. — Videz la poularde par le haut, enlevez-lui l'os de l'estomac, puis fendez-la. Placez alors, à l'intérieur de la volaille, un petit foie gras abondamment cloué de gros morceaux de truffes ; ce foie, bien assaisonné, aura mariné deux heures dans du Madère. Bridez la poularde, les pattes en dedans, et bardez-la de telle sorte qu'elle disparaisse sous les bardes de lard. Après l'avoir ficelée, vous la cuirez lentement pendant une heure et demie, au beurre et à l'étuvée, dans une casserole en porcelaine.

Sondez-la pour étudier si le foie est cuit ; débardez-la ensuite et, pour qu'elle soit blonde, arrosez-la de fonds de volaille réduit et de Porto rouge.

Vous la dresserez alors sur un plat rond, l'entourant de douze petites bouchées garnies de minuscules dés de ris de veau étuvés au beurre et liés à la sauce Suprême. Intercalez les bouchées de huit belles truffes cuites, puis arrosez la poularde d'un peu de son fonds. Le reste du fonds sera monté à la crème avec cent cinquante grammes de beurre frais par tiers de litre de sauce.

Pour que cette poularde, comme on doit s'y attendre, devienne un merveilleux régal, il faudra que l'artiste chargé de la préparer et de la façonner, y consacre tout son goût et toute sa patience.

⌒

LA POULARDE GALANTE. — Cuisez une douzaine de beaux marrons dans un fonds blanc de volaille. Lorsqu'ils seront cuits, vous leur ajouterez autant de toutes petites truffes fraîches cuites au Madère. Arrosez le tout de quelques cuillerées de glace de volaille claire, puis laissez refroidir.

Prenez alors une belle poularde. Fourrez-la de cet appareil mélangé d'une farce au gratin de foie gras. Glissez-lui des lames de truffes entre la peau et les suprêmes ; bridez-la en entrée, enveloppez-la entièrement de bardes de lard, puis faites-la cuire au beurre pendant trois quarts d'heure. Cela fait, déballez-la et la remettez dans la casserole avec six cœurs de céleri bien braisés.

Réduisez la cuisson des céleris avec la cuisson des truffes et quelques cuillerées de glace de veau ; vous passerez ce fonds sur la poularde, que vous laisserez cuire encore à l'étuvée pendant trente minutes, en l'arrosant souvent.

Avant de la servir, entourez la poularde de céleris garnis de trois lames de moelle de bœuf pochée. Baignez le tout du fonds dégraissé, puis entourez le plat d'une bordure d'argent.

⌒

LE CANETON CAPRICE. — Farcissez un caneton de petits boudins de volaille grillés et d'autant de petites truffes. Bridez-le, bardez-le et cuisez-le au beurre dans une casserole, en l'arrosant souvent durant sa cuisson lente. Lorsqu'il sera presque à point, vous l'entourerez de deux douzaines de petites têtes de cèpes blanchies, épongées et dorées au beurre. Mouillez le tout d'un peu de vin blanc, laissez complètement réduire après avoir hermétiquement clos la casserole, puis versez sur la volaille quelques cuillerées de glace claire de volaille.

Dressez alors le canard sur un plat rond en argent. Disposez tout autour les têtes de cèpes en couronne ; et composez en outre une couronne, extérieure à la première, avec de beaux marrons étuvés au beurre, après une cuisson au bouillon de volaille. Dégraissez ensuite le fonds, pour pouvoir arroser le caneton d'une partie de la sauce et servir le reste à part dans une saucière.

Cerclez enfin le plat d'une bordure d'argent.

⌒

LE CANETON FEUILLETÉ. — Préparez cinq cents grammes de farce à saucisse très fine que vous assaisonnerez de sel, de poivre et d'autres épices. Ajoutez-y deux cents grammes de foie gras finement haché ainsi que deux truffes fraîches pelées et hachées aussi finement que les foies.

Fourrez de cette farce un beau caneton Nantais, bridez-le en entrée et piquez de lard fin les ailes ; puis faites-le poêler au beurre et cuisez-le à l'étouffée, en l'arrosant de temps à autre de quelques cuillerées de fin Madère et d'autant de fonds de volaille réduit.

Lorsque le caneton sera à point, vous le découperez en aiguillettes, mais en laissant les cuisses entières. Placez la farce au fond d'un plat de porcelaine, long et creux, et tapissez-la de belles lames de truffes fraîches. Disposez alors les cuisses à chaque extrémité du plat et les aiguillettes au centre, sur les truffes. Saucez le tout du fonds légèrement gras, puis enveloppez votre mets de feuilletage additionné de deux cents grammes de parmesan râpé, doré au jaune d'œuf. Pincez attentivement les bords du feuilletage pour que le fumet ne puisse s'amoindrir.

Saupoudrez la pâte de parmesan, cuisez-la au four et servez tel quel le caneton feuilleté.

☙

LES CAILLES A LA BOURGEOISE. — Bridez en entrée douze belles cailles de vigne. Pochez-les dans un excellent fonds de bœuf très corsé, placez-les ensuite dans une cocotte en porcelaine et garnissez-les de minuscules champignons étuvés au beurre et d'autant de lardons dorés. Mouillez alors du jus des cailles, bien dégraissé, la garniture que vous aurez placée au centre.

Puis servez les cailles sur des laitues braisées bien fondantes, étuvées dans un fonds de veau très fin. Le jus réduit à point les enrobera à souhait.

☙

LES CÔTELETTES D'AGNEAU WIDAL. — Choisissez exclusivement des côtes premières. Panez-les légèrement et faites-les griller au beurre, juste avant de les servir. Les dressant en couronne, disposez au centre de grosses lames de truffes à la crème mélangées de petites morilles bien noires de Compiègne. Servez-les, enfin, en offrant à part une timbale de pommes de terre fondantes en amandes.

Ce mets plaisait fort au savant professeur pour qui on l'imagina.

☙

LE FAISAN AU FEU D'ENFER. — Truffez un bon faisan très tendre en mêlant aux truffes des morceaux de foie gras sautés au beurre et hautement assaisonnés. Bardez bien la bête, puis faites-la cuire au beurre à la casserole. Quand elle sera cuite aux trois quarts (vous la flamberez entièrement de la meilleure Fine Champagne que vous pourrez trouver. On ne saurait trop répéter à ce propos que l'excellence des mets dépend pour beaucoup de l'arome de la Fine Champagne dont on doit les flamber.) Déglacez ensuite avec un fonds de volaille réduit et relevé d'une pointe de poivre de Cayenne.

Posez alors sur un plat rond, le faisan débridé et recouvert de ses bardes. Garnissez-le de huit moules à darioles, garnis de nouilles pochées, liées au beurre et au parmesan, dont le centre sera pourvu d'une purée de volaille bien crémeuse.

Démoulez ces chartreuses sur le pourtour du plat avant d'arroser le faisan du fonds légèrement lié et à peine gras. Dressez encore sous le faisan un croûton garni d'un fin gratin au foie de gibier ; parez le plat d'une bordure d'argent, et offrez dans une saucière le reste du jus, passablement relevé en Cayenne.

☙

LES SUPRÊMES DE PERDREAUX GASTRONOME. — Levez les suprêmes de trois beaux perdreaux très tendres et dénervez-les.

D'autre part, faites cuire au beurre, avec une pointe d'échalote, les cuisses et les filets de trois lapereaux ; ajoutez à cette cuisson des fines herbes, un émincé de champignons déglacé au vin blanc et trois cuillerées de glace de volaille. Étouffez bien le tout, puis enlevez les os des chairs; pilez et passez au tamis, et tenez au chaud cette purée très fine. Cuisez alors les suprêmes au beurre, et dressez-les en couronne sur un plat rond, au centre duquel vous disposerez la purée.

Ceci fait, mettez encore dans le fonds des suprêmes, dix-huit belles lames de truffes avec un peu de Madère; ajoutez-y quelques cuillerées de sauce salmis, faite avec les carcasses. Garnissez alors chaque suprême de trois lames de truffes, puis lustrez vos suprêmes avec la sauce passée à la mousseline.

Le reste de la sauce sera servi en même temps. Vous entourerez le plat d'une bordure d'argent et offrirez à part, sur une serviette, vingt-quatre croquettes de purée de champignons frites au beurre et bien dorées.

LA POULARDE A LA MOELLE. — Hachez trois blancs de volaille avec deux cent cinquante grammes de moelle de bœuf. Assaisonnez ce hachis de sel et de poivre, ajoutez-y trois belles truffes pelées et hachées ainsi que trois cuillerées de farce à gratin, et farcissez-en la poularde. Dressez la volaille en entrée, bardez-la bien, puis, douze heures après, faites-la cuire dans une casserole au beurre et à l'étuvée. Déglacez-la ensuite avec un vin blanc sec recommandable et, de temps à autre, arrosez-la de quelques cuillerées de jus de volaille réduit.

Après une heure et quart de cuisson, vous débriderez votre poularde toute dorée et la servirez dans un plat long, copieusement arrosée du fonds dégraissé. Entourez-la de six cœurs de céleri braisés bien fondant, intercalés de six fonds d'artichaut étuvés au beurre et garnis de morilles à la crème. Un peu de fonds de volaille servira à saucer les cœurs de céleri et les fonds d'artichaut; le reste sera offert à part.

N'oubliez point de cercler le plat d'une bordure d'argent.

LES ENTRÉES FROIDES

LA LANGOUSTE A L'ÉLÉGANTE. — Avec un soin jaloux enlevez la chair de la queue, en détachant la membrane inférieure. Découpez cette chair en escalopes régulières que vous allez napper légèrement à la gelée. Placez au centre des escalopes, une belle lame de truffe, au centre de laquelle viendra se poser une petite boulette, grosse comme un pois, du corail de la langouste. Entourez cette lame de deux feuilles d'estragon blanchi et rafraîchi à l'eau glacée pour en former une bague; puis lustrez entièrement le tout de gelée.

Lorsque la gelée sera prise, vous enlèverez les escalopes à l'emporte-pièce à l'aide d'un coupe-pâte. Placez ensuite la tête et la queue sur un morceau de riz taillé en coin, beurrez-le et garnissez-le aussitôt de feuilles de laitue disposées en manière de feuilles d'artichaut. Cela fait, posez les escalopes, de la tête à la queue, sur la carapace de la langouste, en les faisant successivement chevaucher avec toute l'élégance souhaitable.

Garnissez tout autour d'un aspic d'œufs de vanneau (ou si vous ne le pouvez, de simples œufs durs de poule) et de douze petites tomates régulières, garnies d'une salade de légumes liée à la mayonnaise, que vous ferez alterner avec douze petites chartreuses de légumes décorées. Entourez ceci d'une couronne de vingt-quatre belles écrevisses troussées et cuites au court-bouillon.

Plantez finalement au centre de la tête, entre les deux antennes, un hâtelet composé d'une belle écrevisse troussée, d'un joli cœur de laitue et d'une grosse truffe lustrée de gelée.

Servez en même temps une saucière de mayonnaise mêlée d'herbes hachées, qui seront, si l'on veut, du persil, du cerfeuil, de l'estragon et de la civette.

LA CULOTTE DE BŒUF FONDANTE. — Ayez quatre kilogrammes de culotte de bœuf de premier choix. Piquez bien votre chair de lardons de lard frais; assaisonnez-la à point, ficelez-la bien et mettez-la une nuit à mariner au Madère.

Faites-la dorer lentement dans une braisière, flambez-la à l'eau-de-vie, puis ajoutez le Madère de la marinade. Placez alors tout autour une grosse mirepoix de carottes et d'oignons émincés grossièrement et étuvés au beurre, ainsi que quatre gousses d'ail, six échalotes, un bouquet garni et deux pieds de céleri émincés, blanchis et étuvés avec la mirepoix. Ajoutez-y enfin trois pieds de veau désossés et blanchis, puis six tomates concassées.

Lorsque les parures de la culotte seront revenues au beurre, vous ajouterez un kilogramme et demi de jarret de veau revenu avec les parures. Couvrez le tout entièrement de fonds de bœuf; faites partir la cuisson, couvrez hermétiquement la casserole et cuisez lentement au four pendant six heures. Cela fait, mettez la pièce dans une autre casserole, passez dessus le fonds au chinois, puis remettez le tout au feu pour deux heures environ.

Vous arroserez souvent la viande à la rendre assez fondante pour qu'une aiguille y puisse pénétrer sans le moindre effort. Quand la viande aura refroidi dans cette cuisson, vous la placerez dans une vasque longue en cristal. Clarifiez alors la cuisson avec un litre de gelée ordinaire, sans employer de blancs d'œufs; passez-la, et quand elle aura pris une consistance légère, vous y enterrerez la culotte de bœuf.

Servez en même temps une sauce de raifort à la crème, ainsi qu'une salade de légumes, savamment composée.

LE MARBRÉ DE BŒUF. — Lardez une culotte de bœuf, ficelez-la, puis mettez-la mariner pendant deux jours dans du Madère et du Cognac. Au bout de ce temps, faites-la braiser très fondante, comme il est dit dans la recette qui précède.

Laissez-la refroidir dans sa cuisson; vous la taillerez ensuite en tranches régulières que vous parerez et poserez dans une terrine ovale, en les faisant alterner avec de belles lames de noix de jambon d'York. Cimentez le tout de purée de foie gras au Porto, puis coulez dans la terrine une bonne gelée préparée avec la cuisson. Laissez la terrine au timbre pendant toute une nuit; après quoi, vous en découperez le contenu en tranches marbrées que vous dresserez en couronne autour d'une salade composée de pickles, de haricots blancs, de spaghetti, de pointes d'asperges, de pommes de terre et de haricots verts; ces divers ingrédients, liés de mayonnaise, seront décorés à la truffe et à la langue écarlate.

LA POULARDE FRIMAS. — Bridez une poularde en entrée; lardez-la bien, cuisez-la dans un fonds blanc de volaille, au parfum capiteux de volaille, puis laissez-la refroidir dans cette cuisson. Vous la débarderez ensuite, la débriderez et enlèverez l'estomac au ras des ailerons.

Levez les suprêmes en belles aiguillettes, placez-les sur une plaque et mettez-les au timbre. Disposez alors dans le coffre de la poularde une mousse de faisan à laquelle vous aurez joint la moitié de son volume de foie gras cuit et refroidi au Porto. Replacez les aiguillettes de la poularde sur cette mousse en reformant l'estomac. Placez au centre, de la pointe de l'estomac à l'autre extrémité, douze belles lames de truffes cuites au Madère ; puis lustrez et enrobez la poularde d'une bonne gelée de volaille simplement rosée, mais d'un parfum suave et d'une extrême finesse.

Dressez la bête sur un petit support en riz taillé et très blanc. Encadrez-la de six beaux fonds d'artichaut, garnis d'une salade de légumes liée à la mayonnaise et surmontée d'un bel œuf poché, décoré lui-même d'estragon et lustré de gelée. Ces fonds d'artichaut alterneront avec des truffes cuites au Champagne et à la glace de volaille, que vous aurez suffisamment remuées lors de leur refroidissement pour qu'elles s'enrobent, toutes, de la cuisson ; ces truffes aussi seront lustrées de gelée.

Croûtonnez le plat de beaux croûtons de gelée et piquez sur la poularde trois hâtelets bien composés.

⌒

LE PÂTÉ FRIAND DE CAILLE A LA FEUILLE DE VIGNE. — Peut-on imaginer régal plus fin et plus onctueux que ce pâté de caille ? L'adorable chose que cet art culinaire qui, chaque minute, nous réserve des surprises et nous captive assez durant tout le repas pour nous arracher aux inquiétudes de la vie !

Désossez douze belles cailles de vigne tuées au fusil, que vous poserez sur un plat, la peau en dessous. Assaisonnez-les de sel, de poivre et d'une prise d'épices, puis arrosez-les d'antique Madère et de vieille Fine. Faites-les mariner de la sorte pendant six heures.

Pilez pendant ce temps un kilo de filet de faisan avec le râble et les cuisses d'un lapin de garenne très tendre. Ajoutez-y un kilo de lard gras frais, cent cinquante grammes de filet mignon de porc, du sel, du poivre et finalement la marinade. Introduisez trois œufs entiers ; passez le tout au tamis fin, puis additionnez cette farce de deux cent cinquante grammes de farce à gratin de foie de volaille, puis des foies du faisan et des cailles. Homogénéisez soigneusement la farce, essayez-la pour juger de l'assaisonnement, après quoi vous en farcirez les cailles ; de celles-ci vous confectionnerez de petites galantines, avec au centre un beau morceau de foie gras et deux belles lames de truffe.

Foncez ensuite un moule ovale de pâte brisée fine, préparée vingt-quatre heures d'avance. Bardez-en complètement l'intérieur, puis tapissez les bardes elles-mêmes d'une couche de farce. Disposez au fond six cailles, dont quatre sur une seule file garniront le pâté dans toute sa longueur, tandis que les deux autres, dans le même sens, seront respectivement placées au centre des deux moitiés ainsi délimitées. Recouvrez chaque oiseau d'une mince couche de farce ; parsemez cette farce de grosses lames de truffes fraîches, puis étalez par-dessus le tout une barde de lard.

Ayant habillé de la sorte toutes les cailles, terminez le pâté en couvrant les oiseaux de farce, d'une barde de lard et enfin d'un feuilletage. Formez alors la cheminée, dorez la pâte au jaune d'œuf et laissez reposer le tout pendant deux heures. Posez alors le pâté sur une plaque, tapissée de papier d'office beurré ; cuisez-le pendant trois heures au four moyen, laissez-le refroidir vingt-quatre heures, puis garnissez-le de gelée de caille.

Vous pouvez le servir douze heures après.

⌒

LA SALADE ÉLISA. — Tapissez les flancs d'un saladier de cristal taillé, d'une haie de spaghetti dressés, cuits à l'italienne et longs de deux centimètres. Appliquez contre cette couronne une autre couronne de jolies pointes d'asperges vertes ; celles-ci supporteront de petits haricots blancs frais, cuits à grande eau, puis de tout petits haricots verts, cuits à l'anglaise. Dressez alors au centre une pyramide de cinquante queues d'écrevisses bien parées, et tenez le saladier environné de glace pilée.

Après avoir présenté la salade, vous l'assaisonnerez d'une sauce vinaigrette, liée avec les jaunes de quatre œufs durs, et vous la mélangerez.

LA SALADE MIMOSA. — Jaunes d'œufs hachés de la grosseur des fleurs du mimosa ; parsemez-en abondamment une belle salade de laitue, que vous décorerez d'une couronne de cerfeuil.

LES RÔTS

LA SELLE DE MARCASSIN AU CHASSEUR. — Après avoir levé la peau, ôté les nerfs et piqué la chair de lard fin, faites mariner cette chair vingt-quatre heures seulement, avec des carottes émincées, des oignons, du persil, du thym et du laurier. Versez dessus deux verres de vin blanc, un verre de vinaigre de vin rouge et un verre d'huile.

Cuisez ce rôti à la broche en l'arrosant de beurre fondu ; dressez-le sur un plat long, puis entourez-le de croquettes de marrons et de gros champignons farcis. Envoyez à part une saucière de sauce poivrade très dépouillée, contenant un émincé de cornichons.

LE FAISAN ACCOMPAGNÉ. — Truffez et bardez entièrement, vingt-quatre heures avant de le cuire, un beau faisan que vous rôtirez à la broche. Dressez-le ensuite sur un canapé préparé avec son foie, du foie gras et des truffes hachés ensemble, et dûment arrosé avec le jus du faisan. Placez à chaque extrémité du plat un gros perdreau rôti à la broche, et, de chaque côté, une bécasse ; puis disposez tout autour une ceinture de cailles et d'ortolans. Tous ces oiseaux seront bien bardés et dressés sur des croûtes. Quant au faisan, superbement paré de son plumage, avec la tête, les ailes et la queue, il faudra l'entourer d'une couronne de cresson et d'une bordure de citron émincé. Rassemblez le jus dans une saucière que vous enverrez à part.

Puis servez tout fumant ce plat majestueux, en l'accompagnant d'un Clos-Vougeot d'un âge respectable.

LES LÉGUMES

LES CARDONS A LA ROSSINI. — Dans un beau pied de cardon très blanc, dont vous n'utiliserez que le cœur, taillez des morceaux d'une longueur moyenne de dix centimètres. Parez-les, arrondissez-en les coins, frottez-les au citron et cuisez-les au blanc dans un demi-litre de dégraissis de marmite ; cependant il vaudrait mieux employer à cet effet cinq cents grammes de beurre. Les ayant hermétiquement couverts, faites cuire les cardons près d'une heure et demie à feu très doux. Égouttez-les ensuite, épongez-les et les farcissez de purée de blanc de volaille. Placez-les enfin, les plus petits par dessous, dans un plat rond dont le centre supportera un ragoût fin de petites truffes liées d'un fonds de veau doré et savoureux.

LES CHAMPIGNONS AU MADÈRE A LA CHEVIGNÉ. — Tournez un kilogramme de champignons frais de moyenne grosseur. Passez-les vivement au beurre chaud, déglacez-les au bon vieux Madère. Ajoutez-y un verre à porto de glace de volaille. Roulez-les bien dans cette glace, couvrez-les de crème double épaisse et très fraîche, et cuisez-les lentement. Quand la crème enveloppera les champignons à souhait, vous incorporerez au tout trois jaunes d'œufs, deux cents grammes de beurre fin, ainsi qu'une pointe de Cayenne. Garnissez de ces champignons un vol-au-vent croustillant, puis servez.

LES POMPONNETTES DE LAITUE. — Cuisez à l'eau salée de belles feuilles de laitue blanchies, et rafraîchissez-les. Étalez-les alors sur un linge très fin en les superposant deux à deux, puis garnissez-les entièrement d'une fine purée composée d'égales quantités de purée de champignons et de purée de blanc de volaille. Au centre de la purée posez un œuf poché dont le jaune sera bien liquide.

Roulez le tout en forme de pomponnettes rondes, que vous disposerez en couronne sur un plat grassement beurré. Assaisonnez bien les pomponnettes et nappez-les légèrement d'une sauce Mornay. Saupoudrez-les ensuite de parmesan râpé, arrosez-les copieusement de beurre fondu et les passez au four pour les gratiner de couleur dorée. Cela fait, dressez tout autour un cordon de glace blonde de volaille, tandis que vous parerez le centre d'un joli buisson de pointes d'asperges vertes, cuites à l'eau et liées au beurre frais.

LA COMPOTE PAYSANNE. — Cuisez à la française deux litres d'excellents pois, que vous lierez au beurre fin. Par ailleurs, faites cuire en même temps cinq cents grammes de haricots verts, également liés au beurre. Disposez ces légumes par couches alternées dans une timbale d'argent, puis dressez autour une couronne de petites carottes fondantes, préparées comme il va être dit :

Faites tourner deux bottes de carottes, placez-les dans une casserole avec trois cents grammes de beurre, trois morceaux de sucre et un peu de sel ; couvrez-les d'eau froide et laissez arriver à l'ébullition. Couvrez-les alors et laissez-les cuire doucement jusqu'à ce que toute l'eau s'en soit évaporée ; le beurre enveloppera les carottes d'une glace fine et brillante.

LES COURGETTES BONNE FERMIÈRE. — Épluchez six belles courgettes et huit tomates, émincez-les, puis faites-les sauter au beurre séparément. Lorsqu'elles seront dorées vous les placerez par couches dans une timbale plate en argent sans omettre d'assaisonner de sel et de poivre une seule de ces couches successives. Arrosez les légumes du beurre de leur cuisson, d'un verre à bordeaux de fonds de veau et d'un peu de glace de volaille. Saupoudrez-les de mie de pain fraîche, puis faites-les gratiner au four.

Deux heures après, ôtez les courgettes du four ; entourez-les alors de croûtons de mie de pain, trempés dans de la crème Fleurette et dorés à la façon des pains perdus.

LES TÊTES D'ASPERGE POULETTE. — Choisissez entre les plus belles des asperges blanches ou vertes, que vous ferez cuire en les laissant un peu croquantes. Coupez les pointes d'une longueur de huit centimètres et placez-les dans une sauteuse. Vous les y couvrirez de crème fraîche, épaisse et succulente, et vous achèverez très lentement la cuisson. Liez le tout de quatre jaunes d'œufs et de cent cinquante grammes de beurre fin (ceci pour cinquante têtes d'asperges environ).

Disposez alors dans un légumier vos asperges salées à point et saucez-les.

LES ENTREMETS

LE SOUFFLÉ DÉLICE. — Mélangez soixante grammes de sucre vanillé avec cinquante grammes de farine tamisée ; délayez ce mélange dans du lait non écrémé et cuisez-le comme une frangipane. Ajoutez-y ensuite cinq tablettes de chocolat fin fondu en pâte, et six jaunes d'œufs. Passez le tout à la mousseline, puis incorporez à cet appareil six blancs d'œufs fouettés et cinq cuillerées de crème fouettée, bien égouttée. Distribuez cet appareil dans des caisses en papier; saupoudrez vos soufflés de sucre en poudre et de poudre de macarons, et cuisez-les quatre minutes au four bien chaud.

LES PÊCHES MARCELINE. — Cuisez au sirop vanillé douze pêches de Montreuil émondées et laissez-les refroidir dans leur sirop. Egouttez-les ensuite soigneusement, puis épongez-les. Disposez alors, sur le fond d'un plat rond en argent, une couche d'un centimètre de riz Condé. Recouvrez complètement le riz de petites fraises des bois, nappez le tout d'une gelée de fraises, puis rangez les pêches tout autour. Au centre, dressez de la crème fouettée en forme de rocher. Formez ensuite, sur le dessus des pêches, de belles marguerites avec des demi-amandes, et placez une fraise au milieu de chaque fleur. Nappez encore les pêches d'une gelée de fraises et servez votre plat très frais en l'accompagnant d'une sauce fraise au Porto rouge.

LES QUARTIERS DE POIRE DUCHESSE ANNE. — Tournez six belles poires du Doyenné-du-Comice, puis séparez-les en deux dans le sens de la longueur. Evidez-en le centre à l'aide d'une cuiller; creusez-les comme si vous faisiez une meringue, et cuisez-les au sirop.

Cuisez d'autre part un biscuit aux amandes dans un moule à bords plats. Quand il sera froid, vous le dresserez dans un plat rond, et vous disposerez au-dessus les demi-poires en couronne, la partie creusée étant tournée vers le haut. Garnissez de gelée de groseille la cavité de la poire; nappez chaque fruit de sauce sabayon froide très mousseuse, puis ornez-les de chapelets de groseilles prises dans de la confiture de groseilles rouges de Bar-le-Duc.

Dressez au centre une glace aux pistaches en forme de rocher. Et nappez le fond du plat de gelée de groseilles.

LES BEIGNETS MARQUISE. — Préparez une pâte à beignets soufflés pour vingt-quatre beignets. Cuisez-les très ronds, très légers et de belle couleur; égouttez-les et fendez-les sur un côté, par où vous les remplirez de confiture rouge de Bar.

Vous les dresserez en buisson.

LE SOUFFLÉ GLACÉ MÉLISANDE. — Faites fondre six tablettes de chocolat Marquis à entremets dans trois quarts de litre de lait, avec une gousse de vanille et deux cent cinquante grammes de sucre; ajoutez au mélange six feuilles de gélatine clarifiée. Quand le tout sera bien fondu et bien cuit, vous laisserez refroidir, puis vous incorporerez dix jaunes d'œufs. Mettez cet appareil sur le feu; lorsqu'il nappera à la spatule comme une crème anglaise, vous le passerez à la mousseline et vous le porterez sur la glace, où il faudra le remuer sans cesse, jusqu'à son entier refroidissement. Ajoutez-y alors de la crème Chantilly ainsi qu'un tiers de litre de crème Fleurette montée fortement et bien égouttée.

Ceci fait, prenez une timbale d'argent à soufflé; disposez, à l'intérieur, une feuille de papier de la hauteur que devra atteindre le soufflé, soit cinq ou six centimètres. Comblez la cavité avec votre appareil; puis sangler la timbale et la mettez au rafraîchissoir creux pour deux heures et demie.

Enlevez ensuite le papier et saupoudrez le soufflé de praliné, d'avelines et de sucre en poudre.

LES CRÊPES FLAMBÉES MARNIER. — Placez dans une terrine blanche émaillée cinq cents grammes de farine tamisée de beau gruau, deux cents grammes de sucre en poudre, une pincée de sel et douze œufs entiers ; allongez le tout d'un litre de lait, d'un demi-litre de crème Fleurette, d'un demi-décilitre de Fine Champagne et de trois cuillerées d'orgeat. Passez cet appareil au linge fin et versez-y six cuillerées de poudre de macaron. Cuisez alors vos crêpes de la minceur d'une mousseline. Ceci terminé, mettez en pommade cent cinquante grammes de beurre (quantité prévue pour dix-huit crêpes). Puis sur cent cinquante grammes de sucre, frottez le zeste de trois oranges. Faites fondre ce sucre dans un décilitre de Fine Champagne, additionné d'autant de curaçao Marnier cordon rouge ; écrasez-le soigneusement et mélangez-le au beurre. Dans un plat d'argent, posé sur un réchaud à trois lampes, versez alors trois cuillerées de ce beurre ; ajoutez-y quatre cuillerées de fine Champagne et autant de Marnier. Lorsque le tout flambera bien, vous y plongerez une crêpe ; l'ayant flambée à souhait des deux côtés, vous la plierez en quatre.

Servez-les l'une après l'autre, sans attendre, en répétant sans cesse la même opération.

LES CROÛTES AUX PÊCHES CRÉOLE. — Préparez et cuisez une couronne de savarin aux amandes ; lorsque ce gâteau sera froid, vous le taillerez en tranches. Saupoudrez alors de sucre fin une plaque à pâtisserie ; placez-y les tranches également saupoudrées, puis faites-les glacer et blondir des deux côtés. Laissez-les refroidir ensuite, nappez-les de purée ferme d'abricots et couvrez-les d'une tranche d'ananas cuit en compote, et de dimension égale à celle de la croûte. Dressez ces tranches en couronne, en les faisant chevaucher ; puis élevez au centre un croûton formant pyramide, taillé dans un pain de mie, frit de belle couleur et surmonté d'un hâtelet garni de fruits. Disposez sur les croûtes une douzaine de belles demi-pêches pochées au sirop vanillé. Garnissez le vide existant entre la pyramide et les pêches, d'un salpicon d'ananas lié à la purée d'abricots ; saucez le tout d'une sauce d'abricots au rhum, ornez chaque pêche d'une cerise demi-sucre, puis servez votre entremets bien chaud.

Toutes les croûtes se font de la même manière ; leur nom dépend des fruits dont on les garnit. Il est à remarquer entre autres que la croûte aux cerises se fait exactement selon cette formule, en remplaçant simplement les ananas par une compote de cerises.

LES COUPES GLACÉES A LA REINE. — Taillez en dés des pêches pelées et pochées ; faites-les macérer dans du Cherry-Brandy. Remplissez-en à moitié vos coupes, puis garnissez-les de glace à la vanille que vous ceindrez d'un cordon de groseilles de Bar rouge. Ornez enfin le centre de la glace d'une grosse perle de crème Chantilly.

LES MERINGUES GLACÉES AU ROCHER. — Cuisez douze petites meringues. Garnissez-en deux de fine glace à la pistache, deux de fine glace à la fraise, deux à la vanille, deux au chocolat-crème, deux au café, deux à l'ananas ou à la pêche ; puis dressez-les en buisson sur une serviette.

LES BEIGNETS MIGNONS. — Mettez bouillir un litre de lait avec un bâton de vanille et deux cent cinquante grammes de sucre. Quand la vanille sera suffisamment infusée, vous laisserez refroidir le tout et vous mélangerez à cet appareil douze œufs soigneusement battus. Versez cette crème dans un moule à charlotte chemisé de caramel ; cuisez-la au bain-marie et laissez-la refroidir complètement. Démoulez-la ensuite, puis à l'aide d'un tube de trois centimètres de diamètre, prélevez-y des bâtonnets que vous découperez en disques d'un centimètre d'épaisseur. Panez ces disques à l'anglaise, faites-les frire, et servez-les en les accompagnant d'une sauce ananas au kirsch.

LA PÂTISSERIE

LES TARTELETTES MARQUISE. — Faites cuire au lait vanillé, deux cents grammes de riz Caroline soigneusement blanchi. Ajoutez-y pendant la cuisson cent grammes de sucre ; et mélangez adroitement six jaunes d'œufs, lorsque cet appareil sera à point et moelleux à souhait. Foncez alors de rognures de feuilletage, des moules à tartelettes rondes ; tapissez-en le fonds d'une cuillerée à entremets de marmelade d'abricots, puis achevez de les garnir avec votre riz. Saupoudrez les tartelettes de sucre, et cuisez-les de belle couleur. Vous les servirez froides et parsemées de sucre glace.

LES PALETS DE DAMES. — Travaillez en crème cinq cents grammes du beurre le plus fin. Quand ce beurre sera à point, vous y mêlerez cinq cents grammes de sucre en poudre, puis cinq cents grammes de gruau tamisé et huit œufs, ajoutés l'un après l'autre. Sur une plaque beurrée, vous coucherez alors, à la poche, des palets de la grandeur d'une pièce de cinq francs ; vous les cuirez au four chaud, jusqu'à ce qu'ils vous apparaissent d'une alléchante couleur dorée.

LES MACARONS D'AMIENS. — Il faut émonder cinq cents grammes d'amandes douces, les piler avec cinq cents grammes de sucre en poudre et les passer à la broyeuse. Mettez alors cette pâte dans une terrine et ajoutez-y successivement de six à huit blancs d'œufs. Si les œufs sont grands, vous n'emploierez que six blancs, afin de conserver à cette pâte une grande consistance. Mêlez-y finalement, six cuillerées de gelée de pommes ou de marmelade d'abricots ; mais la gelée de pommes serait préférable. Roulez la pâte et formez-en des petits palets de la dimension d'un demi-fromage de Gervais. Vous placerez vos macarons sur une plaque cirée, et les cuirez à four doux.

LE CAKE. — Placez dans une terrine blanche émaillée, deux cent cinquante grammes de beurre, que vous travaillerez avec de la crème moelleuse jusqu'à parfaite homogénéité. Ajoutez l'un après l'autre six œufs très frais, amalgamez avec soin la pâte ; après quoi, vous y incorporerez successivement deux cent cinquante grammes de sucre glace, un verre à madère de Rhum supérieur, deux cent vingt-cinq grammes de raisins de Corinthe bien lavés, et deux cent cinquante grammes de farine de froment tamisée. Versez ce mélange dans un moule long à cake, beurré au préalable, et saupoudrez de farine tamisée. Vous cuirez à four moyen et servirez ce gâteau froid, après l'avoir coupé en tranches.

LES PETITS GÂTEAUX DE NANTES. — Ainsi les fabriquait le pâtissier Link :
Placez sur le marbre un litre de gruau tamisé ; faites la fontaine, et placez au centre deux cents grammes de beurre fin, un œuf entier, cinq jaunes d'œufs, quinze gouttes de fleur d'oranger, trente grammes de poudre d'amandes et soixante grammes de fruits confits hachés. Mélangez le tout en arrosant cet appareil de crème Fleurette. Lorsque votre pâte aura atteint la consistance d'une pâte à foncer, vous la laisserez reposer au frais pendant quatre heures, puis vous la fraiserez deux fois.
Abaissez-la ensuite en une couche de quatre millimètres d'épaisseur, où vous prélèverez au coupe-pâte des disques de quinze centimètres de diamètre. Placez ces gâteaux sur une plaque, pincez-les tout autour et dorez-les. Quadrillez-les avec une fourchette, cuisez-les au four ordinaire et les faites refroidir sur une grille.

QUATRIÈME JOURNÉE

PRÉSENTÉE PAR

GUILLAUME APOLLINAIRE

QUATRIÈME JOURNÉE

N ne saurait rendre un compte exact de l'Ambassade des sept envoyés ligures à la cour de Cocagne sans parler des efforts qu'ils firent pour concilier la mesure et la modération qu'ils aimaient à observer en toutes circonstances, avec la gourmandise qu'éveillait en eux les mets exquis que Philène leur faisait servir.

Une longue discussion s'était engagée à ce sujet, tandis qu'étant encore au lit, fenêtres ouvertes, ils humaient les effluves savoureux dont l'air du royaume était embaumé. Mais Eurydamas dissipa tous les doutes.

« Nous nous rendrons dignes de la magnificence du roi Philène, s'écria-t-il, en faisant aussi bonne chère qu'il le souhaite, et néanmoins nous respecterons la sagesse qui est notre règle en ne reprenant pas plus de trois fois de chaque plat. Car ne l'oublions pas; nous sommes au pays de Cocagne où la modération consiste à festoyer sans gloutonnerie. Et toute notre attention doit se porter sur ce point : Ne pas être indigne de la réputation de gourmets qui nous a précédés. »

On applaudit aux sages paroles d'Eurydamas et les ambassadeurs sortirent de leur hôtel vers les dix heures. Ils portaient une grande couronne de laurier mêlé de thym, de marjolaine et de romarin, tel que celui qui fut planté sur la tombe de Malbrouk et qui est un condiment admirable et bien propre à relever la saveur des rôtis de chevreau, d'agneau, voire celle des gigots de pré-salé.

Ils allèrent ainsi pompeusement jusqu'à la Grand'Place où ils déposèrent la couronne devant le monument que l'on avait élevé à M. de Montmaur, non pas en la qualité de professeur au Collège de France, dont il avait été revêtu de son vivant, mais bien en celle de gourmet et d'inventeur de la Capnomancie ou Art de juger les gens d'après la fumée de la cuisine. Les sept envoyés d'Akakia avaient tenu à faire cette pieuse démarche, car ils n'ignoraient pas, que dans le pays de Cocagne, la psychologie et le droit sont entièrement fondés sur la Capnomancie.

C'est encore M. de Montmaur qui disait à des convives trop bruyants :

« Silence, messieurs, on ne s'entend pas manger! » D'où cette croyance répandue en Cocagne qu'il y a une certaine analogie entre la musique et la gastronomie et qu'un repas est comme un orchestre avec ses accords, ses arpèges, ses soli, ses ensembles, ses adagios et ses fortissimos.

Leur pieuse mission accomplie, les Ambassadeurs qui, dès l'aube avaient pris médecine, se trouvèrent frais et dispos lorsque sur le coup de midi, ils entrèrent dans la salle du festin où le roi les attendait ayant avec soi les corps constitués du royaume auxquels s'était jointe l'Assemblée des Coquins et des Coquines où n'entraient que les membres des plus vieilles familles du pays et dont le nom rappelait l'étymologie même de Cocagne qui est « coquina » c'est-à-dire Cuisine. Le Collège gracieux des Coquettes s'avança alors et les envoyés d'Akakia ne furent pas les moins empressés auprès d'elles.

On se mit à table...

« Il y a ici un style moderne qui est national! » dit le divin Porphyre à Eurydamas tandis que les hors-d'œuvre chauds ou froids ayant été dégustés, ils examinaient la salle tout en vidant leur troisième verre de vin de Grèce. En effet, l'architecture aussi bien que les ornements, les meubles, l'argenterie, la vaisselle plate et la porcelaine ressortissaient à un art qui s'inspirait de motifs décoratifs tirés du cocotier, de la noix de coco, de la feuille de coca et partout se retrouvait le coq d'or qui figure dans les armoiries de Cocagne.

A ce moment, le grand Échanson Bourrabaquin monta sur une tribune et dit avec beaucoup de gravité :

« Au nom du roi mon maître, je prie leurs Excellences melliflues et suréminentes, les Ambassadeurs de sa Majesté très subtile Akakia roi de Ligurie de boire autant qu'il leur plaira des vins qui leur seront offerts, car dans notre beau pays existe la Fontaine de Jouvence qui remédie à tous les excès et lorsqu'on s'y baigne on en sort en pleine santé et ayant à peine vingt ans. »

Le vénérable panetier Triptolème, médecin et juriste très prévoyant, lui succéda et expliqua que pour des raisons analogues, ils pouvaient goûter à tous les mets qui leur seraient servis.

Mais, le bel Éphestion se penchant à l'oreille d'Elpénor lui avoua qu'entre tant de hors-d'œuvre succulents, il avait tenu à ne goûter qu'à « la noix de Jambon Cambacérès », faisant observer qu'au xiiie siècle, on se décarêmait avec du jambon et que cette viande était encore bonne pour célébrer la paix si du moins on pouvait comparer au Carême, la guerre où le sang coule à flots.

Philène, qui ayant l'oreille fine, l'avait entendu se mit à traiter cette grande question ; montrant que la guerre avait été un long Carême ainsi que le démontraient surabondamment les Restrictions, Cartes alimentaires, Jours de Privation et de jeûne que l'Humanité avait supportés, non sans impatience.

De jolies servantes qui faisaient, en présentant les mets, mille grâces plus agaçantes les unes que les autres, apportèrent avec les différents plats d'œufs, « l'omelette de Léon X » qui eut un grand succès.

Elpénor dont l'érudition n'était jamais en défaut rappela que les Égyptiens avaient une singulière façon de faire cuire les œufs ; ils les mettaient dans une fronde et les faisaient tourner si rapidement, que le frottement de l'air suffisait pour les cuire. Il ajouta que les Romains préféraient les œufs longs à ceux qui étaient courts et recherchaient avant tout ceux de perdrix et ceux de faisans. L'année commençait alors au mois de mars et ils se donnaient pour étrennes des œufs rouges en mémoire de Castor et Pollux.

Aussitôt, de jeunes garçons à la mine avenante survinrent pour verser la Malvoisie chargée de dissiper la saveur que laissent les œufs dans la bouche et qui s'oppose à la dégustation des grands crus de Bourgogne ou de Bordeaux dont, précieux et bien appris, les flots rouges ou ambres arrosèrent désormais ce merveilleux Sympose.

Les propos qui s'échangeaient avaient trait aux questions les plus brûlantes et parfois les plus irrévérencieuses. Néanmoins, nous ne rapporterons ici que ce qu'Adraste dit à voix basse à Léander :

« La magnificence de ce repas me paraît la plus raisonnable du monde. Elle est destinée, à mon sens, à nous permettre, avant notre départ, de faire l'essai des vertus extraordinaires de la Fontaine de Jouvence dont, pour ma part, je ne serais pas fâché de connaître les effets. »

Alors Léander admira beaucoup sa subtilité et tandis que l'on servait « la tourte d'anguille chaude aux laitances », il rappela que les anciens Bretons rendaient un culte aux anguilles et tout en dégustant ces savoureuses divinités celtiques, il ajouta :

« D'autre part, excusez-moi ! Je regrette seulement que le menu n'indique qu'une érudition passablement romantique. L'Histoire politique et littéraire y tient une place importante mais souvent à titre d'anachronismes. Je le regrette, car le roi Philène est le plus éminent de tous les gourmets et son cellerier nous fournit des preuves de l'excellence de son goût en matière de vins. »

Et là-dessus, il allégua Horace, Pline et Fabius Pictor.

Mais Adraste lui répliqua magistralement que les anachronismes n'avaient, dans ce cas, aucune importance. Qu'au sens où le prenait Léander, le mot n'était pas applicable aux choses de la bouche, car un anachronisme culinaire ne peut être autre chose qu'une faute grave dans les services, comme de servir la soupe à la fin du souper ainsi que cela se pratique fréquemment en Auvergne ou bien de manger la salade au commencement du repas, ce que font couramment les Catalans. « Et, ajouta-t-il, il n'est pas plus anachronique de manger « l'omelette de Léon X » au xxᵉ siècle que de voir en même temps, comme à Paris, une rue Vercingétorix qui vivait avant Jésus-Christ. »

« Je me rends ! » dit Léander, au moment où l'on apportait « le homard Saint-Cloud » et pour faire oublier sa boutade intempestive il confia à Adraste en lui demandant le secret le plus absolu :

« Vous savez que j'interroge volontiers les valets et les servantes. C'est pourquoi je suis en mesure de vous dévoiler la raison de la qualité supérieure des poissons qui nous sont servis. »

« Et quelle est-elle ? » demanda Adraste.

Léander dit en clignant d'un œil :

« Le roi Philène tient à les apprêter lui-même ! »

« Quoi d'étonnant ? repartit Elpénor qui avait saisi la confidence au vol. Montaigne l'a dit, il y a fort longtemps : « Les grands se piquent de savoir « apprêter le poisson. »

Adraste et Léander sourirent et, comme on apportait « la bouillabaisse des gourmets », le premier eut l'idée de réciter les vers où Méry énumère les poissons qui entrent dans la composition du grand mets méditerranéen à saveur d'hellénisme antique :

La rascasse nourrie aux crevasses des syrtes
Dans les golfes couverts de lauriers et de myrtes
Ou devant un rocher garni de fleurs de thym
Apporte leurs parfums aux tables du festin ;

> Parmi les poissons nourris assez près de la rade,
> Dans le creux des récifs ; le beau rouget, l'orade,
> Le pagel délicat, le Saint-Pierre odorant,
> Gibier de mer suivi par le loup dévorant,
> Enfin la golinette avec ses yeux de bogues,
> Et d'autres oubliés par les ichthyologues
> Fins poissons que Neptune, aux feux d'un ciel ardent
> Choisit à la fourchette et jamais au trident.

Ce déjeuner fastueux se termina sans encombre.

On mit à profit l'intervalle qui le séparait du dîner, pour visiter les sites les plus riants du royaume de Cocagne et des avions assurèrent la rapidité du voyage.

Le dîner fut un triomphe pour les chefs des cuisines du roi de Cocagne et dans son enthousiasme, Adraste n'hésita pas à comparer l'inspiration qui en avait dicté la composition au ton de Ronsard pour lequel il avait une particulière estime. Et il est de fait que les mets qui furent servis avaient une saveur digne d'être comparée au poète royal qui fut le chef de la Pléiade.

Lorsque parurent les « filets de sole Nausicaa » le roi Philène recommanda :

« Mangez ce mets très chaud et mastiquez lentement. Après quoi, ne manquez pas de boire deux verres de Sauternes, nectar qui semble avoir été créé pour cette ambroisie. »

Le divin Porphyre se tut jusqu'au moment où l'on servit « les perdreaux rouges de la belle Toulousaine » :

« Voilà, s'écria-t-il, un mets digne de Lucullus et de Brillat-Savarin ! »

Et tout ému il but religieusement du Clos-Vougeot qu'on venait de verser.

Le festin se déroula triomphalement et l'on apportait « la neige aux fraises » quand le bel Éphestion, s'étant levé, s'adressa ainsi à Philène :

« Salut, roi de Cocagne, vaillant chef, dont la renommée dans le monde, surpasse celle des guerriers et des législateurs les plus fameux !

« Quelle langue peut assez éloquemment célébrer ces « filets de sole de la fée Mélusine » dignes d'être servis au banquet par lequel, héritiers des Lusignan, les Anglais célébreraient la prise de Jérusalem par des troupes britanniques, ainsi que le prédisait Shakespeare dans la scène première de l'acte premier d'Henri IV !

« Mais comment décrire le goût exquis des « côtelettes de levraut Crébillon ». Et à ce propos, si j'osais élever timidement la voix, je demanderais que l'on ajoutât : « le fils », car le père, ce tragique atroce et sans génie est indigne de donner son nom à un manger aussi délicat !

« Et que dire de « la poularde du passeur ! » Mais quel honneur pour cette volaille que sur vos ordres, elle ait péri et enfin, ait été mangée par nous arrosée d'un vin incomparable.

« Et de ces « cailles accompagnées d'ortolans », il vaut mieux que je ne dise rien. Leur haute destinée ne dépasse leur mérite qu'à cause de votre seule présence ici, ô roi Philène.

« Quant aux entremets que vous nous fîtes servir, ce sont d'incomparables joyaux aussi fugaces que les gemmes lumineuses d'un feu d'artifice. Mais, si de leur saveur exquise il ne doit rien rester, j'en veux du moins éternellement conserver la mémoire. »

Tandis que l'on applaudissait, des musiciens vinrent se ranger au fond de la salle, et aussitôt ils attaquèrent la « Marche Royale de Cocagne »...

Après le dîner on fut au grand Cinéma de la Cour où l'on projeta un film qui montrait dans tous leurs détails les mécanismes par lesquels la Dive Bouteille avait été préservée de la destruction pendant la longue guerre qui venait de finir.

Les actes d'héroïsme militaire ou civil accomplis en ces circonstances étaient si nombreux que cette vue inspira aussitôt, au roi Philène, l'idée de créer l'ordre du Pinard, destiné à les récompenser. Il en promit les insignes aux sept envoyés d'Akakia qui tout en se confondant en remerciements s'efforçaient de réprimer de grands bâillements, car tout ce qui avait trait à la guerre, leur causait un ennui insurmontable.

Mais ils retrouvèrent tout leur entrain, lorsqu'ils furent dans la rue où les plus belles personnes de la capitale attendaient leur sortie, bien qu'il fût près de trois heures du matin. Elles leur firent une ovation à la mode de Cocagne qui est de crier « Bon Appétit ! » et tinrent à les reconduire jusqu'à la porte de leur hôtel.

Guillaume APOLLINAIRE.

DÉJEUNER

LES HORS-D'ŒUVRE FROIDS :

Les rillettes d'oie aux fines tartines. ❧ La noix de jambon Cambacérès.
La salade Florentine. ❧ Les petites tomates à la Favorite.

LES HORS-D'ŒUVRE CHAUDS :

Les tartelettes Lucullus. ❧ Les petites timbales Régence.
Les savarines de foie gras. ❧ Les rissolettes de grives Pèlerine.

LES ŒUFS :

Les œufs farcis Lavallière. ❧ Les œufs pochés Wally. ❧ Les œufs Marquise.
L'omelette de Léon X. ❧ L'omelette Princière. ❧ Les œufs au miroir Batelière.
Les œufs pochés froids à la Chartres.

LES POISSONS :

La truite saumonée Rubis. ❧ Les filets de barbue au bon fumet.
Les laitances de carpe Demina. ❧ La tourte d'anguille chaude aux laitances.
Le homard Saint-Cloud. ❧ La bouillabaisse des Gourmets.

LES ENTRÉES CHAUDES :

La côte de bœuf braisée Darmont. ❧ Les côtes de veau en Rosace.
La selle de pré-salé Marquise ❧ La poularde Gourmande.
La poularde des Tonneliers. ❧ Le caneton Follette. ❧ Le caneton au jus d'or.
Le civet de lièvre à la Royale. ❧ Les filets de levraut Marie-Jeanne.
Les cailles aux laitues au Porto. ❧ Les bressoles de veau Coigny.

LES ENTRÉES FROIDES :

Le pâté de bécassines. ❧ Le pâté de foie gras de Strasbourg.
La fricassée de volaille de Belley. ❧ La salade Princesse.

LES LÉGUMES :

La bordure Printanière. ❧ La chicorée aux amandes fraîches.

LES ENTREMETS :

La croûte aux cerises à la Duchesse. ❧ Le soufflé fin.
La bordure d'ananas Sylviane. ❧ L'épis d'or.

LA PATISSERIE

DÎNER

LES HORS-D'ŒUVRE FROIDS :
La salade de gelinotte Olivier. ≈ Les canapés Bretons. ≈ Les artichauts Volney.
Les aubergines Panine. ≈ La salade Trévise.

LES HORS-D'ŒUVRE CHAUDS :
Les rissolettes mignonnes. ≈ Les boudins de lapereau aux pistaches.
La bordure de gnocchi aux truffes à la crème. ≈ Les anneaux d'anchois.

LES POTAGES :
La crème Émeraude. ≈ La crème Nignon. ≈ La croûte au pot de nos Ancêtres.
Le consommé à la Duse. ≈ Le consommé à la Jambe de Bois.
La soupe Normande. ≈ Le consommé froid George V.

LES POISSONS :
Les soles Barville. ≈ Les filets de sole Beaumont.
Les truites de rivière aux croquettes fines.
Les noisettes de truite saumonée à la gelée de Musigny.
Le homard Thermidor.

LES ENTRÉES CHAUDES :
Le baron d'agneau aux beignets fins. ≈ La selle de chevreuil Marly.
Les côtelettes de levraut Crébillon. ≈ La poularde du Passeur.
L'oie de la Saint-Martin. ≈ Les perdreaux rouges de la Belle Toulousaine.
Le faisan de Brillat-Savarin. ≈ Les côtes de veau aux pistaches.
Les cailles Cavalière. ≈ Les grives au chasseur.

LES ENTRÉES FROIDES :
La selle de pré-salé Saint-Amant. ≈ Le pâté de lièvre de Nantes.
La salade à la d'Orléans.

LES ROTS :
Les cailles accompagnées d'ortolans sur la cendre.
Les poussins aux perles noires Catheline.

LES LÉGUMES :
Les asperges au gratin. ≈ Les aubergines à l'étouffée.
Les petits pois Normande.

LES ENTREMETS :
Le soufflé Chocolatine. ≈ La croûte Maréchale. ≈ Le pouding soufflé Cerisette.
Le benoîton. ≈ La neige aux fraises. ≈ La coupe glacée Napolitaine.

LA PATISSERIE

LES HORS-D'ŒUVRE FROIDS

LES RILLETTES D'OIE AUX FINES TARTINES. — Nettoyez et flambez une oie très grasse. Désossez-la, enlevez-en les gros nerfs, puis découpez la chair en petits dés. Cuisez le tout dans une casserole avec cinq cents grammes de lard frais, deux cent cinquante grammes de saindoux fin, deux décilitres d'eau, du sel, du poivre et une pincée de piment en poudre. Lorsque les dés seront dorés et cuits à point, vous les ferez égoutter sur une passoire et les hacherez finement. Travaillez ce hachis dans une terrine avec le saindoux égoutté, puis laissez-le refroidir au timbre, pendant trois jours, dans des pots recouverts de saindoux. Vous servirez ces rillettes sur de fines tartines à moins que vous ne préfériez offrir le pot sur une serviette.

LA NOIX DE JAMBON CAMBACÉRÈS. — Levez la noix d'un jambon d'York cuite. Parez-la et taillez-la transversalement en tranches fines et régulières afin d'obtenir une julienne de jambon superposée.

D'autre part, faites cuire au Porto un beau foie gras. Lorsqu'il sera refroidi, vous le pilerez avec du sel et du poivre et le passerez au tamis. Cela fait, travaillez-le sur glace en y ajoutant trois cuillerées à bouche de la gelée produite par sa cuisson. Nappez alors les tranches de jambon de cette onctueuse purée, reconstituez-la et placez-la dans une petite terrine ronde d'aspect somptueux où vous la tapisserez de lames de truffes noires. (Il vous faudra prendre garde de réserver un espace libre de deux centimètres jusqu'aux bords de la terrine). Couvrez-la d'une couche d'un centimètre et demi de gelée qu'aura donnée la cuisson du foie gras. Et servez cette noix très froide.

LA SALADE FLORENTINE. — Composez une couronne de tomates émondées et émincées que vous intercalerez de lames de thon à l'huile. Entourez cette couronne d'œufs durs émincés, puis assaisonnez d'une vinaigrette lorsqu'il faudra servir. Vous environnerez cette salade de glace pilée.

LES PETITES TOMATES A LA FAVORITE. — Émondez douze petites tomates mûres et rondes. Creusez-les à demi, épépinez-les, puis les placez dans une terrine où vous les couvrirez de sauce vinaigrette. Laissez-les mariner ainsi pendant douze heures ; égouttez-les et garnissez-les en dôme d'une julienne de thon à l'huile liée de mayonnaise légèrement relevée de catsup. Posez sur le thon un disque de tomate bien rouge. Et servez ce mets en l'entourant de glace pilée.

LA SALADE DE GELINOTTE OLIVIER. — Dans un saladier environné de glace pilée, placez les filets de trois gelinottes rôties et refroidies, bien parés et émincés en lames assez épaisses. Ajoutez un concombre épluché, épépiné, émincé, mariné à l'eau salée, puis égoutté et pressé pour en extraire l'humidité. Introduisez encore six pommes de terre moyennes cuites à l'eau et émondées, trente-six queues d'écrevisses, deux cœurs de laitues émincés, une botte de radis roses également émincés. Assaisonnez de sel et de poivre, puis liez le tout d'une mayonnaise bien relevée et versez-y une cuillerée de Cabul-sauce.

Dressée en dôme dans un petit saladier de cristal, cette salade s'ornera à sa base d'une couronne de queues d'écrevisses sur laquelle sera posée une couronne de lames de truffes, tandis qu'un beau cœur de laitue en décorera le sommet. Avant de la servir, vous entourerez la salade de glace pilée.

LES CANAPÉS BRETONS. — Taillez des tartines fines de pain de seigle, beurrez-les, puis couvrez ces tartines d'une purée de thon à l'huile, sur laquelle vous disposerez des demi-sardines à l'huile (Philippe et Canaud) dont vous aurez enlevé la peau. Les sardines seront entourées d'œufs durs hachés.

LES ARTICHAUTS VOLNEY. — Ayez vingt-quatre petits artichauts marinés à la grecque que vous éviderez légèrement. Garnissez les puits d'un salpicon de thon à l'huile et de queues de crevettes roses taillées en dés, que vous lierez de mayonnaise au catsup-tomatos. Taillez uniformément tous les fonds d'artichauts. Vous les disposerez en cercle sur deux assiettes à dessert, les entourant d'une couronne de petites lames de tomates en salade. Dressez au centre, en pyramide, une salade de tout petits haricots verts cuits à l'eau salée.

LES AUBERGINES PANINE. — Pelez six aubergines ; sur chacune d'elle pratiquez dans le sens de la longueur quatre entailles, assez légères cependant pour ne point les séparer en quartiers. Garnissez les entailles d'épaisses tranches de tomates, puis entourez chaque aubergine de quelques bracelets de ficelle. Disposez ensuite vos légumes dans une casserole basse et couvrez-les d'eau ; ajoutez encore un verre à bordeaux de fine huile d'olive, le jus d'un citron, du sel, du poivre et une pincée de paprika. Faites cuire alors à feu doux jusqu'à ce que de toute la cuisson il ne reste plus que l'huile. Placez les aubergines dans une vasque oblongue, après les avoir débarrassées de leurs bracelets ; vous les y recouvrirez d'une sauce vinaigrette préparée avec l'huile de la cuisson que vous assaisonnerez avec le jus d'un citron, du sel et du poivre. Ornez le pourtour du saladier d'une couronne d'olives de Séville farcies, puis servez sur glace pilée.

LA SALADE TRÉVISE. — Séparez en deux six œufs durs, dans le sens de la longueur ; dressez-les dans un petit saladier à hors-d'œuvre où vous les napperez de mayonnaise. Garnissez le puits d'une salade de queues de crevettes roses mêlées de pointes d'asperges vertes d'égale longueur. Formez autour des œufs une couronne de tranches de tomates marinées à la vinaigrette et légèrement épongées. Puis servez la salade entourée de glace pilée.

LES HORS-D'ŒUVRE CHAUDS

LES TARTELETTES LUCULLUS. — Faites cuire douze belles tartelettes rondes en rognures de feuilletage. Quand elles seront très croustillantes, vous les garnirez de toutes petites escalopes de foies gras sautées au beurre. Placez dans chaque tartelette trois escalopes avec autant de lames de truffes cuites dans une fine demi-glace bien dépouillée. Vous les saucerez copieusement et les servirez sur une serviette.

LES PETITES TIMBALES RÉGENCE. — Aplatissez deux kilogrammes de beurre fin pour en faire une brique longue de vingt-cinq centimètres, large de vingt et épaisse de six. Tenez ce beurre au timbre, afin qu'il soit très ferme. Prélevez ensuite douze bâtonnets dans ce beurre au moyen d'un tube à colonne du diamètre d'un bouchon de Champagne. Panez-les à l'anglaise à la mie de pain fraîche et faites-les frire de belle couleur dans de la graisse de rognon de veau. Détachez un chapeau de vos bâtonnets, évidez-les, puis les garnissez d'une fine purée de caille au fumet, confectionnée avec des débris de ces oiseaux. Vous coifferez la purée d'une belle lame de truffe lustrée.

LES SAVARINES DE FOIE GRAS. — Cuisez dans des moules de minuscules pomponnettes en pâte à savarin. A leur sortie du four, évidez-les aux trois quarts. Emplissez ces petites cavités d'un salpicon de foie gras lié d'une fine demi-glace au fumet de truffes. Recouvrez-les de leur chapeau, que vous avez découpé avant de les creuser, puis servez-les sur une serviette.

LES RISSOLETTES DE GRIVES PÈLERINE. — Abaissez du feuilletage à six tours en bandes minces, larges de vingt centimètres et de la longueur qu'il faudra. Sur cette bande dont vous humecterez les bords d'eau froide, disposez à cinq centimètres les uns des autres et à cinq centimètres du bord, de petits tas de purée de grive froide au fumet de grive. Repliez alors la bande par le milieu de façon à recouvrir la purée. Soudez la pâte et découpez les rissolettes au coupe-pâte canelé. Vous les panerez à l'anglaise à la mie de pain fraîche et les ferez frire de belle couleur en les rendant très croustillantes.

LES RISSOLETTES MIGNONNES. — Procédez comme pour les rissolettes de grive de la recette précédente, mais en réduisant de moitié les proportions, tant de la pâte que de la purée. Au lieu de purée de grive vous emploierez une purée de volaille garnie d'un tout petit salpicon de truffes et de champignons; et vous servirez sur une serviette avec du persil frit.

LES BOUDINS DE LAPEREAU AUX PISTACHES. — Ces boudins se préparent de la même façon que les boudins de faisan (voir V^e journée), si ce n'est que l'on se sert de lapereau en place de faisan. Vous mêlerez au salpicon des demi-pistaches émondées.

LA BORDURE DE GNOCCHI AUX TRUFFES A LA CRÈME. — Dans un litre de lait en ébullition, épicé d'une pincée de sel, versez en pluie, en remuant à l'aide d'une spatule en buis deux cent cinquante grammes de semoule fine de blé, de polenta ou de riz. Donnez à cette bouillie vingt minutes de cuisson. Après y avoir incorporé gros comme un œuf de beurre, étalez-la sur une plaque humide en une couche d'un centimètre et demi d'épaisseur. Laissez-la refroidir au timbre ; puis à l'aide d'un emporte-pièce rond, découpez-y des gnocchi formant des disques de cinq centimètres de diamètre, que vous placerez en couronne sur un plat rond beurré en les faisant chevaucher. Saupoudrez copieusement de parmesan râpé, arrosez de beurre fondu et gratinez de belle couleur.

D'autre part, vous aurez placé dans une sauteuse, cinq cents grammes de truffes aussi fraîches que possible, pelées et émincées. Cuisez-les à demi avec un verre de Porto sec, couvrez-les de crème et de quatre cuillerées de glace de volaille, puis achevez de les cuire avec du sel et une pointe de Cayenne. Quand les truffes seront enrobées de la crème, vous les lierez avec cent cinquante grammes de beurre et deux jaunes d'œufs. Vous en garnirez ensuite le centre du plat.

LES ANNEAUX D'ANCHOIS.— Abaissez du feuilletage très mince que vous découperez en lamelles de deux centimètres de largeur, et de la longueur d'un beau filet d'anchois.

Sur l'axe d'une lamelle couchez un beau filet d'anchois. Roulez-les ensemble en forme de cigarette, puis réunissez les deux bouts en les soudant, de manière à former des anneaux. Frits en pleine friture et de couleur blonde, ces anneaux seront servis en buisson.

LES ŒUFS

LES ŒUFS FARCIS LAVALLIÈRE. — Fendez en deux six œufs durs dans le sens de la longueur, et enlevez-en les jaunes. Garnissez les blancs d'une purée de volaille, nappez-les de sauce Mornay légère, saupoudrez-les de parmesan et les dorez à la salamandre. Posez alors votre plat au-dessous d'un tamis au travers duquel vous ferez passer les jaunes, puis dressez les œufs en couronne sur des escalopes de ris de veau sautées au beurre. Le plat où vous les servirez sera ceint d'une bordure d'argent; vous en ornerez le centre d'un beau bouquet de pointes d'asperges vertes liées au beurre. En l'offrant, présentez une sauce Périgueux en julienne.

LES ŒUFS POCHÉS WALLY. — Dressez en couronne sur un plat rond des fonds d'artichauts étuvés au beurre, contenant de la purée de champignons très blanche et très crémeuse. Sur ces fonds, posez vos œufs surmontés d'une belle lame de truffe, puis garnissez le centre du plat de rognons de coq étuvés au beurre et d'autant de petites quenelles de gibier étirées en forme d'amande.

Lustrez le tout d'une fine sauce salmis de bécasses, et entourez le plat d'une bordure d'argent.

LES ŒUFS MARQUISE. — Beurrez douze petites cocottes en porcelaine, rondes et plissées, que vous tapisserez de purée de blanc de volaille très fine. Dans chacune d'elles cassez un œuf frais et versez sur l'œuf une cuillerée à café de crème double. Cuisez ces cocottes au bain-marie, puis dressez autour de chaque œuf une couronne de belles têtes d'asperges vertes passées au beurre.

Pour les servir, placez ces cocottes dans des cassolettes d'argent, posées sur des serviettes pliées.

L'OMELETTE DE LÉON X. — Cuisez une omelette de douze œufs. Au moment de la rouler, garnissez-la dans toute sa longueur d'une fine purée de volaille très blanche. Renversez-la ensuite et disposez à sa surface, d'un bout à l'autre, vingt lames de truffes fraîches, cuites à la crème. Laissez l'omelette quelque peu baveuse, saucez-la d'une fine Béchamel et saupoudrez-la de parmesan râpé; glacez-la encore à la salamandre, puis disposez aux extrémités du plat des tomates étuvées au beurre, liées de glace de volaille.

L'OMELETTE PRINCIÈRE. — A douze œufs de vanneau, battus en omelette, incorporez trois œufs ordinaires, du sel et du poivre. Après l'avoir cuite, placez au centre de cette omelette des pointes d'asperges liées au beurre; renversez-la ensuite de sorte que les asperges se trouvent au-dessous.

Émaillez la surface de l'omelette de vingt-quatre lames de truffes cuites au Madère et à la glace de volaille. Bordez enfin votre plat de douze croûtons de pain de mie cuits au beurre frais et garnis de purée de grives en dôme.

LES ŒUFS AU MIROIR BATELIÈRE. — Faites cuire un œuf au miroir, puis le ceignez d'une couronne de belles moules marinières décortiquées. Versez sur le tout le fonds de la cuisson réduite et liée au beurre. Ayant enrobé les moules de cette fine sauce, vous les saupoudrerez d'un peu de persil finement haché.

LES ŒUFS POCHÉS FROIDS A LA CHARTRES. — Faites pocher douze œufs bien frais en tenant le jaune liquide ; passez-les à l'eau très froide et parez-les. Décorez-les ensuite de palmettes d'estragon, puis lustrez-les de succulente gelée de volaille absolument blanche. Taillez alors des escalopes de langouste de l'épaisseur d'un macaron de Nancy. Dressez-les en couronne au fond d'une terrine basse en porcelaine, sur une salade de pointes d'asperges vertes. Recouvrez-les de vos œufs ; puis disposez en buisson au centre de la terrine une salade de tomates émondées et épépinées.

LES POTAGES

LA CRÈME ÉMERAUDE. — A une crème de petits pois frais donnez la couleur de l'émeraude. Liez ce potage de quatre jaunes d'œufs et de six cuillerées de crème par litre. Beurrez-le à point, puis servez-le avec des œufs pochés.

LA CRÈME NIGNON. — Comme je venais de créer un potage pour M. Paul Hervieu, l'éminent dramaturge à qui j'en offrais la dédicace me répliqua qu'il tenait à ce que cette crème portât mon nom, car c'était la meilleure qu'il eût jamais goûtée. Je ne pus que m'incliner devant ce désir flatteur, bien qu'il me fallût pour cela déroger à un principe que je m'étais imposé.

Voici donc la formule de ma crème :

Versez dans une casserole un litre de consommé blanc de volaille auquel vous ajouterez dix jaunes d'œufs allongés de trois décilitres de crème double. Placez le tout sur le feu et laissez l'y prendre, comme si c'était une crème anglaise. Lorsque le consommé sera sur le point d'enrober la spatule, vous le tirerez du feu et l'allongerez d'un demi-litre de purée de petits pois frais, cuits à l'anglaise.

Au moment de le servir, ajoutez à ce potage cinquante grammes de perles du Japon cuites au consommé blanc de volaille, puis apportez-le sans le laisser refroidir.

LA CROUTE-AU-POT DE NOS ANCÊTRES. — Taillez en gousses d'ail quarante petits quartiers de carottes nouvelles et trente quartiers de navets. Étuvez-les lentement au dégraissis de marmite, avec douze blancs de poireaux de la grosseur d'un petit bouchon. Lorsque les légumes seront cuits à demi, vous les mouillerez d'un litre de bouillon de volaille, puis vous laisserez le tout réduire.

Cette opération sera répétée trois fois ; après quoi vous ajouterez deux litres de consommé et ferez cuire doucement en dégraissant avec soin.

Maintenant, cuisez à part un beau chou de Milan bien paré ; coupez-le en cubes réguliers que vous plongerez dans le potage. Laissez la soupe sur le feu quelques minutes encore. Servez-la ensuite avec des croûtes taillées dans des flûtes de pain, que vous aurez débarrassées de leur mie avant de les passer au four pour les sécher.

Gardez-vous bien de faire revenir vos légumes au beurre, si vous voulez que le potage ne semble point trouble. Cet inconvénient sera rendu impossible par la cuisson au dégraissis frais.

LE CONSOMMÉ A LA DUSE. — C'est ainsi que je dénomme un fin consommé Madrilène servi avec de très petites ravioles de volaille et des lames de truffes.

LE CONSOMMÉ A LA JAMBE DE BOIS — Préparez un consommé Ox-tail peu lié, que vous garnirez de rouge de carotte en boule, de navets et d'une fine julienne de céleri.

Vous servirez à part, sur des serviettes à thé, autant d'os à moelle pochée que vous aurez de convives.

LA SOUPE NORMANDE. — Cuisez au beurre une paysanne bien étuvée; mouillez-la de bouillon blanc de veau et de volaille, puis la cuisez à feu doux avec deux laitues ciselées. Quand elle sera à point, vous lierez cette soupe de trois jaunes d'œufs, de deux décilitres de crème double et de six cuillerées à bouche de fine purée de pommes de terre.

(Toutes ces proportions se rapportent à un litre de bouillon).

LE CONSOMMÉ FROID GEORGE V. — Ayez un kilogramme de bœuf très maigre, du gîte à la noix de préférence. Faites-en un hachis fin, ainsi que d'une poule légèrement colorée au four; vous réunissez le tout dans une casserole bien étamée avec un blanc d'œuf et une cuillerée à café de poudre de Curry. Une fois ce mélange homogénéisé, versez-y quatre litres de fin bouillon de volaille. Portez à l'ébullition sans cesser de remuer; après quoi vous éloignerez la casserole du feu vif afin de prolonger la cuisson pendant une heure et demie.

Ce consommé, passé à la mousseline, sera blond et très clair. Les gourmets qui le goûteront très froid y apprécieront fort la piquante saveur du Curry.

LES POISSONS

LA TRUITE SAUMONÉE RUBIS. — Videz une truite saumonée par les ouïes. Fourrez-la d'une farce de merlan à laquelle vous aurez ajouté des fines herbes, mais point d'estragon. Ficelez-la ensuite et la placez sur la grille d'une poissonnière, que vous poserez à son tour sur un tapis d'oignons, de carottes, de gousses d'ail, de persil, de thym, de laurier et de poivre en grain. Mouillez la truite d'une bouteille de Corton, d'une demi-bouteille de Chablis, puis de cinq décilitres de fumet de poisson. Cuisez-la lentement, et laissez-la refroidir dans sa cuisson.

De la cuisson confectionnez une gelée, dont la couleur et la transparence seront celles d'un rubis. Dépouillez la truite de sa robe, parez-la bien et nappez-la largement de cette gelée. Garnissez-la de douze œufs pochés dressés sur des escalopes de langouste décorées à l'estragon et lustrées de gelée; vous ferez alterner ces œufs avec douze petites tomates émondées, creusées en godet et garnies d'une salade de julienne de truffes.

Envoyez comme accompagnement une saucière de sauce mayonnaise écarlate légèrement un peu relevée au catsup.

LES FILETS DE BARBUE AU BON FUMET. — Beurrez grassement un plat à sauter. Après l'avoir saupoudré de sel et de poivre, vous y disposerez cinq cents grammes de truffes fraîches, pelées et émincées. Étendez sur ce lit dix petits filets de barbues, couvrez-les de fin Porto blanc et cuisez-les recouverts d'un papier beurré.

Enlevez alors les filets pour les dresser sur un plat que vous tiendrez au chaud. Allongez la cuisson de deux décilitres de fonds de poisson, réduisez-la des deux tiers, incorporez-y un demi-litre de crème double avec trois cuillerées de fine Béchamel, puis laissez-la réduire de nouveau. Lorsque cette sauce enrobera la spatule, vous la passerez à travers un linge fin et vous en saucerez les filets, que vous enserrerez dans une couronne de lames de truffe.

Garnissez enfin chaque extrémité du plat d'un buisson de noix d'huîtres en Horly, frites avec fort peu de pâte et très croustillantes.

LES LAITANCES DE CARPE DEMINA. — Cuisez douze belles laitances dans un liquide composé, à volumes égaux de fumet de champignons et de fumet de poisson. Dans la cuisson réduite à glace, introduisez une cuillerée à dessert de bonne moutarde sans parfum, ainsi qu'un demi-litre de sauce Hollandaise; homogénéisez ce mélange. Couchez ensuite les laitances sur des pains perdus frits au beurre, que vous poserez sur un plat. Glacez au four ou plutôt à la salamandre, après avoir saucé le tout de votre sauce moutarde. Et n'omettez pas, au moment de servir, d'orner chaque laitance d'une belle lame de truffe lustrée de glace de volaille.

LA TOURTE D'ANGUILLE CHAUDE AUX LAITANCES. — Au fond d'un plat beurré disposez une abaisse en pâte à foncer, que vous entourerez d'une bordure. Coupez alors par tronçons une anguille; ôtez l'arête, aplatissez les morceaux et les assaisonnez.

Préparez ensuite une farce avec de la chair de tanche, de perche ou d'anguille, du beurre, des fines herbes, des champignons, des truffes et des clous de girofle. Hachez le tout très menu et liez avec quelques cuillerées de bonne farce à quenelles de brochet. Garnissez les tronçons de cette farce, roulez-les en forme de paupiettes et placez-les sur l'abaisse que vous aurez tapissée légèrement de farce. Recouvrez les paupiettes de laitances de carpe, que vous aurez d'avance fait sauter au beurre. Disposez au-dessus une nouvelle couche de farce puis des bardes de lard et fermez d'une autre abaisse dont vous souderez les bords.

L'ayant décorée, faites cuire cette tourte et servez-la après avoir introduit par la cheminée une sauce Maître-d'Hôtel faite de beurre, de jus de citron et de glace de poisson.

Si l'on supprime le Maître-d'Hôtel, on peut utiliser cette formule pour la confection d'un pâté froid.

LE HOMARD SAINT-CLOUD. — Cuisez trois beaux homards au court-bouillon. Escalopez-en les chairs que vous placerez dans une sauteuse avec trois belles tomates concassées, étuvées au beurre. Mouillez le tout de sauce poisson et assaisonnez d'une pointe de Cayenne.

Sur un plat rond formez alors une couronne avec douze beaux œufs pochés au gratin que vous entourerez d'un cercle de quinze superbes lames de truffes lustrées de glace de volaille. Vous dresserez au centre les homards.

LA BOUILLABAISSE DES GOURMETS. — Ayez (pour douze couverts) trois kilogrammes de poissons de différentes espèces. Tels sont les noms de ceux qu'illustra pour cet usage la cuisine provençale : rascasse, Saint-Pierre, murène, homard, rouget ou grondin épais, chapon, sole très épaisse et blanche, boudreuil et gros merlan. Coupez ces poissons en tronçons d'égale grandeur et parez-les.

Dans une sauteuse contenant un décilitre et demi de fine huile d'olives vierge, faites revenir légèrement et sans les laisser colorer, cent cinquante grammes d'oignons avec trois blancs de poireaux hachés. Ajoutez-y trois belles tomates émondées, épépinées et concassées, trois gousses d'ail broyées, une pincée de sarriette, une feuille de laurier et une brindille de thym. Couchez là-dessus les poissons à chair coriace, réservant pour les y joindre plus tard les poissons à chair tendre. Mouillez le tout de léger fumet de poisson, salez et poivrez avec du poivre en grain et en poudre, puis assaisonnez d'une forte pincée de safran. Faites bouillir le tout à feu très vif pendant quinze à vingt minutes.

Dressez ensuite en pyramide, dans un plat rond, ces poissons divers, ainsi que la langouste ou le homard décortiqués. Le bouillon, servi à part, sera versé sur douze tartines de pain séchées au four.

LES SOLES BARVILLE. — Dans un long plat en bi-métal grassement beurré, disposez six cents grammes de truffes fraîches pelées et émincées, avec du sel, du poivre et une cuillerée à dessert de poudre de champignons. Couchez sur les truffes cinq soles dépouillées de leurs deux peaux et fendues tout le long de l'arête; nappez-les légèrement de glace de volaille blonde, puis couvrez-les entièrement de crème double. Fermez hermétiquement le plat; laissez les soles cuire vingt minutes et servez-les telles quelles, en les liant légèrement de sauce hollandaise.

LES FILETS DE SOLE BEAUMONT. — Parsemez un plat long, grassement beurré, de poivre, d'une pointe de Cayenne et de fines herbes, hachées pas trop menu. Placez-y une julienne de champignons frais de Paris étuvés au beurre, que vous arroserez du jus d'un demi-citron. (Le poids de tous ces ingrédients ne devra pas dépasser deux cent cinquante grammes.)

Étendez sur ce lit vingt filets de soles, aussi frais que possible, très blancs et très épais. Surmontez les filets de dix tomates de taille moyenne épluchées, épépinées et concassées, que vous mouillerez d'un quart de litre de bon vin blanc de Chablis et d'autant de fumet de poisson. Puis couvrez hermétiquement le plat et faites cuire vingt minutes. Retirez ensuite les filets de soles et les dressez sur un autre plat que vous tiendrez au chaud.

Allongez la cuisson d'un demi-litre de crème double et d'un décilitre de glace de volaille blonde. Faites-la réduire sur un grand feu, et beurrez-la de cent cinquante grammes de beurre fin. Vous en saucerez les filets, dès qu'elle aura pris la consistance d'une sauce légère, capable cependant de napper et d'enrober les filets de soles.

Ce plat que vous servirez très chaud, sera décoré à ses extrémités, d'un buisson de petites pommes de terre Lorette bien rondes et blondes.

LES TRUITES DE RIVIÈRE AUX CROQUETTES FINES. — Choisissez de très petites truites dont la taille ne dépassera pas celle de petites sardines. Ciselez-les, frottez-les de sel et de poivre, puis passez-les au lait et à la farine. Secouez-les bien et cuisez-les au beurre à la meunière.

Dressez-les alors en buisson, la tête en bas et les queues coiffées d'un bouquet de persil frit. Entourez-les d'une guirlande de vingt-quatre petites croquettes faites d'appareil à coquilles Saint-Jacques et servez-les bien chaudes.

LES NOISETTES DE TRUITE SAUMONÉE A LA GELÉE DE MUSIGNY. — Mettez dans un plat à sauter une carotte émincée finement, un grand oignon, trois gousses d'ail écrasées, puis un bouquet garni. Sur ce lit reposeront douze belles noisettes, taillées dans les filets d'une belle truite saumonée très fraîche.

Placez au centre de la sauteuse les arêtes et la tête coupée en morceaux. Mouillez le tout d'un litre de Musigny et d'un demi-litre de fumet de poisson. Ajoutez encore un peu de sel et quelques grains de poivre ; couvrez hermétiquement et faites cuire à feu doux.

Quand elles auront refroidi douze heures dans leur cuisson, vous parerez les noisettes, s'il est besoin, et les disposerez en couronne dans un plat creux en faïence à bords droits, dont l'apparence sera celle d'une croustade. Préparez alors la gelée en lui donnant en même temps qu'une fine saveur une éclatante couleur rubis. Nappez les noisettes de cette gelée merveilleuse et garnissez le centre du plat d'une salade que formeront de petites têtes de champignons cuites très blanches, mélangées à un nombre égal de queues d'écrevisses. (Cette salade sera liée d'une mayonnaise relevée d'une cuillerée à dessert de Cabul-sauce.)

Accompagnez ce mets d'une sauce française très froide, que l'on prépare de la façon qui suit : Passez au tamis un kilogramme de tomates bien mûres ; vous les égoutterez soigneusement et les assaisonnerez comme s'il s'agissait d'une salade ordinaire.

LE HOMARD THERMIDOR. — Taillez dans le sens de la longueur six petits homards cuits au court-bouillon. Enlevez les chairs des carapaces, découpez-les en escalopes, puis passez-les au beurre chaud.

Préparez alors la sauce que voici : A cinq décilitres de bon fumet de poisson, que vous ferez réduire des trois quarts, ajoutez une échalote hachée et blanchie, quelques branches d'estragon et deux décilitres de bon vin blanc de Chablis ; mêlez au tout six cuillerées de fine Béchamel, quatre cents grammes de beurre fin et deux cuillerées à café de moutarde ordinaire. Dès que cette sauce nappera, vous la passerez à la mousseline et en saucerez les carcasses.

Dans ces carcasses saucées disposez les escalopes, que vous saucerez de même et saupoudrerez de parmesan râpé. Glacez alors à la salamandre. Ornez chaque demi-homard de cinq lames de truffes, lustrées de glace de veau, puis servez très chaud ce mets délectable.

LES ENTRÉES CHAUDES

LA CÔTE DE BŒUF BRAISÉE DARMONT. — Parez, ficelez, salez et poivrez la côte de bœuf ; braisez-la ensuite comme la culotte de bœuf bretonne (Cf. V^e journée). Au moment où l'aiguille pénétrera sans difficulté, vous glacerez au four la côte de son fonds succulent, en l'arrosant souvent ; et vous la dresserez sur un plat.

Il vous faudra en même temps préparer l'accompagnement. Ayez donc douze tomates moyennes émondées et épépinées. Partagez-les horizontalement en deux ; passez-les au beurre pour enlever l'humidité et placez-en la moitié dans une sauteuse en bi-métal grassement beurrée. Saupoudrez-les d'une couche, de l'épaisseur d'un doigt, de jambon d'York cuit et râpé, puis recouvrez-les des autres tomates. Arrosez-les de glace de volaille et d'un peu de beurre fondu et mettez-les au four pour les cuire lentement. Quand elles seront à point et bien fondantes, elles exhaleront un arome des plus savoureux.

Entourez alors les pièces de viande de deux bouquets de cœurs de céleri en branche, braisés bien fondants, ainsi que deux bouquets de petites laitues braisées, farcies en forme de boule. Joignez-y en outre deux bouquets de pommes de terre taillées en amande et, cuites au beurre à l'étouffée et fondantes à ravir.

Vous servirez à part les tomates dans la casserole et le jus dans une saucière, après en avoir prélevé ce qu'il faudra pour arroser le tout.

LES CÔTES DE VEAU EN ROSACE. — Parez six belles côtes premières assez épaisses. Battez légèrement les noix, clouez-les en rosace de truffes fraîches, assaisonnez-les à souhait, puis les rangez dans une sauteuse grassement beurrée. Cuisez-les lentement, qu'elles revêtent une belle couleur, en les mouillant de temps à autre de quelques cuillerées de bon Porto et de fonds de veau. La cuisson une fois terminée, votre fonds sera blond et légèrement gras. Vous dresserez les côtes en couronne au pied d'un monticule de morilles à la crème; vous les papilloterez et les arroserez de leur fonds.

Tandis que se confectionnait ce mets, vous aurez cuit six tomates moyennes creusées, évidées et assaisonnées; égouttez-les ensuite et les farcissez de nouilles à la crème, cuites lentement au beurre dans des moules à tartelettes bien beurrés, puis saupoudrées de parmesan râpé. Ces tomates formeront autour des côtes une savoureuse guirlande.

LA SELLE DE PRÉ-SALÉ MARQUISE. — Cuisez la selle au beurre et à la casserole en l'arrosant copieusement. Vingt minutes avant de la tirer du feu, entourez-la de douze truffes moyennes pelées, pesant chacune quarante grammes; fermez bien la casserole, puis terminez la cuisson.

Servez la selle sur un tampon de riz taillé que vous entourerez de douze truffes, celles-ci alternant d'ailleurs avec des pommes de terre Duchesse, en forme de petites brioches. A chaque extrémité du plat, que ceindra une bordure en pâte à nouilles, vous disposerez en plus six petites bouchées garnies de purée de champignons très crémeuse.

Dégraissez enfin le jus de la selle, allongez-le de quelques cuillerées de jus de mouton légèrement lié par sa réduction, puis offrez-le à part.

LA POULARDE GOURMANDE. — Troussez en dedans les pattes d'une belle poularde; fendez la bête le long du dos, assaisonnez-la de sel et de poivre moulu, puis la passez à l'œuf battu et à la mie de pain mêlée de parmesan. Mettez-la dans un plat à sauter contenant du beurre chaud; arrosez-la copieusement et la poussez au four où vous continuerez à l'arroser aussi souvent que possible. Quand elle aura cuit vingt minutes, vous la mouillerez d'un demi-litre d'excellent Chablis, et la remettrez encore sur le feu pour trente-cinq minutes.

Pendant ce temps, faites revenir au beurre deux cent cinquante grammes de champignons frais émincés; dès qu'ils seront de couleur blonde, vous ajouterez deux échalotes finement hachées. Déglacez au vin blanc cet appareil auquel, pour le lier, vous incorporerez quelques cuillerées de glace de volaille. Ajoutez encore deux cent cinquante grammes de spaghetti pochés à l'eau et bien épongés; puis amalgamez le tout avec une poignée de parmesan râpé, ainsi que trois belles tomates émondées, épépinées, concassées et étuvées au beurre bien fondantes.

Sur un plat rond d'argent, versez alors cet appareil moelleux et légèrement lié. Saupoudrez-le de parmesan, et faites-le gratiner d'une belle couleur. Vous dresserez là-dessus votre poularde, toute dorée et croustillante, et arrosée de sa cuisson.

Une sauce Périgueux en julienne l'accompagnera.

LA POULARDE DES TONNELIERS. — Enlevez les cuisses, les ailes et l'estomac de la poularde. Coupez la carcasse en deux dans le sens de la petite dimension ; enlevez ensuite les ailerons, les pattes en dessous de la jointure, et l'os du gras de la cuisse. Placez la poularde bien assaisonnée dans un sautoir grassement beurré, où vous la couvrirez de vingt-quatre têtes de champignons étuvés au beurre. Faites dorer la chair, puis introduisez dans le sautoir une cuillerée et demie de farine. Mélangez bien tout cela, mouillez d'une bouteille de Corton vieux, ainsi que d'un quart de litre de fonds de bœuf corsé ; assaisonnez ensuite de sel et de poivre. Travaillez soigneusement le tout avant d'y ajouter deux cents grammes de lardons rissolés, trois oignons moyens, un bouquet garni et une gousse d'ail écrasée.

Cuisez alors ce plat hermétiquement clos. Dès que sera prête la poularde, vous retirerez les oignons et le bouquet, vous mettrez la volaille, les champignons et les lardons dans une casserole, puis vous passerez dessus la sauce à la mousseline et vous lierez le tout avec le sang de la bête que vous aurez mis de côté. Laissez mijoter encore quelques minutes, puis dressez la poularde au milieu de sa garniture et de six croûtons de pain farcis de farce à gratin.

Sa sauce, dont vous la saucerez, ne vous semblera pas moins fameuse que celle d'un civet de lièvre.

LE CANETON FOLLETTE. — Bridez en entrée deux jeunes canetons nantais. Faites-les dorer au beurre, égouttez-les et flambez-les à la Fine Champagne. Mouillez ensuite les volailles d'un quart de litre de Porto et d'un fonds de veau réduit, de sorte qu'elles baignent dans le liquide jusqu'aux cuisses. Entourez-les alors de douze petits cœurs de céleri, bien tournés et fortement blanchis, dont la taille sera celle d'un artichaut à la grecque.

Quand les canetons seront cuits aux trois quarts, outre douze truffes pelées vous leur ajouterez trente-six beaux marrons, cuits aux trois quarts dans un bouillon blanc de volaille. Pendant sa cuisson lente, arrosez le mets copieusement. Puis une fois à point, débridez les canetons sur un plat long où vous les entourerez de la garniture.

Dégraissez le fonds succulent et passez-le à la mousseline. De cette sauce, qui suffisamment liée, vous paraîtra colorée du plus bel or, vous napperez délicatement les canetons. Et vous servirez très chaud ce plat, cerné d'une bordure en pâte à nouilles, en offrant dans une saucière ce qui restera de la délectable sauce.

Point n'est besoin que je plaide auprès des gourmets la cause des canetons nantais auxquels le blé noir dont on les nourrit communique une saveur particulièrement exquise.

LE CANETON AU JUS D'OR. — Braisez des canetons bridés en entrée, en les faisant revenir au beurre d'une belle couleur blonde. Égouttez-les ensuite et les mouillez de trois décilitres de Porto, d'autant de fonds de veau réduit et d'un volume égal de demi-glace transparente. Poussez au four les canetons pour les cuire, puis tenez-les au chaud après avoir enlevé le fonds avec une cuiller.

Ce fonds, passez-le à la mousseline. Ajoutez-y le zeste de deux oranges taillé en julienne et blanchi, un décilitre de Curaçao et le jus d'une seule orange (il vaudrait mieux que ce fût le jus d'une orange sanguine). Faites arriver cette sauce à l'ébullition ; mettez-y chauffer la pulpe de quatre oranges en quartiers, pelées et épépinées, puis tenez-la au chaud.

Sur un plat long, dressez alors les canetons, glacés de leur cuisson ; disposez tout autour les quartiers d'orange que vous saucerez légèrement, puis garnissez le tour du plat d'une couronne d'oranges émincées et cannelées.

Le reste de la sauce sera servi à part.

LE CIVET DE LIÈVRE A LA ROYALE. — C'est de M. Briand lui-même, notre éminent Président du Conseil, que je tiens cette précieuse recette. Lorsque semblable à Cincinnatus, il quitte ses lourdes charges pour goûter les plaisirs de la vie champêtre, il se rend dans une petite maison de campagne, qu'il possède sur les bords de l'Eure. Il y consacre son temps à la pêche, comme jadis cet autre grand Breton, Waldeck-Rousseau, à moins qu'il ne s'adonne à l'art de la cuisine dans lequel il est passé maître. Il s'est fait pour cet usage, construire un four de campagne, devant lequel, ceint du plus démocratique des tabliers blancs, il surveille avec amour la cuisson d'un civet dont il est l'inventeur.

L'un de ses amis me rapportait à ce sujet en janvier 1912 (et j'ai souvenir de ses paroles comme s'il venait de les prononcer): « Si vous saviez, Monsieur Nignon, le fumet capiteux qui se dégage du pot où cuit ce civet de lièvre ! » J'aurais voulu, chers lecteurs, que vous fussiez témoins du sourire que faisait naître sur son visage ce très doux souvenir. Mais voici la fameuse recette:

Coupez votre lièvre en morceaux réguliers, que vous ferez revenir au beurre ; ajoutez-y, quand ils seront bien dorés, une douzaine de petits morceaux de lard de poitrine et trois oignons moyens. Mélangez bien le tout ; introduisez deux cuillerées de farine et remuez longtemps. Ajoutez encore cinq gousses d'ail écrasées. Mouillez d'assez de Mâcon rouge et de bouillon de bœuf pour en couvrir entièrement les chairs. Assaisonnez de thym, de laurier, de douze échalotes et d'un bouquet garni de persil. Puis, à feu doux, faites cuire pendant trois heures.

Enlevez alors les morceaux de lièvre ; placez-les dans un pot à tripes bas, avec le lard, vingt-quatre beaux champignons, six autres gousses d'ail et vingt-quatre échalotes émincées. Passez la sauce par-dessus, et, pendant six heures, faites cuire encore votre civet dans un four de campagne où vous l'enfermerez hermétiquement.

Il faudra que la viande soit très fondante. Quant à la sauce, vous la lierez avec le sang du lièvre et le foie finement haché.

⌒

LES FILETS DE LEVRAUT MARIE-JEANNE. — Levez des filets de levraut au nombre d'une douzaine environ ; piquez-les de lard fin, sautez-les au beurre en les tenant roses, puis assaisonnez-les de sel et de poivre.

Dans douze moules à côtelettes faites cuire alors de la mousse de levraut faite avec les cuisses. Puis formez une couronne sur un plat rond en faisant alterner les filets et les mousses. Dressez au centre un ragoût d'escalopes de champignons et de belles lames de truffes cuites, étuvées au Porto et liées de sauce poivrade et de crème double réduite d'un tiers.

Saucez les filets de fine sauce poivrade. Entourez le plat d'une bordure d'argent et envoyez à part une purée de marrons très crémeuse.

Cette recette a été imaginée par l'un des meilleurs chefs de cuisine de Napoléon III.

⌒

LES CAILLES AUX LAITUES AU PORTO. — Farcissez les cailles comme il est dit à la recette des « Merveilleuses ».

Troussez les pattes en dedans ; puis bardez les oiseaux et les ficelez de deux bracelets de ficelle. Cuisez-les au beurre de couleur blonde, en les arrosant toutes les cinq minutes d'une cuillerée à soupe de fin Porto rouge ; vous achèverez la cuisson à l'étouffée.

En même temps faites braiser, toutes bardées de lard, des laitues blanchies en nombre égal à celui de vos cailles. Débardez-les ensuite et leur donnez la forme d'un cœur allongé. Disposez-les alors en couronne dans une cocotte en porcelaine et mouillez-les de très fin fonds de veau au Porto. Couchez les oiseaux sur les laitues, arrosez le tout du fonds de la cuisson des cailles, puis étuvez au four douze minutes environ. Taillez enfin

123

de la dimension d'une pièce de deux francs, douze disques de ris de veau, blanchi et cuit au beurre à l'étouffée; vous en décorerez le centre du plat et leur adjoindrez douze lames de truffes fraîches.

LES BRESSOLES DE VEAU COIGNY. — Salez et poivrez douze belles noisettes de veau, puis faites-les sauter au beurre. Quand elles seront bien dorées, vous les couvrirez de cinq cents grammes de truffes fraîches, épluchées et émincées et de trente-six petits champignons déglacés au Porto. Versez sur le tout de la crème épaisse, ainsi que quatre cuillerées de glace de veau; et faites cuire une heure, à feu doux. Dressez ensuite les bressoles en une couronne, dont le centre sera occupé par la succulente garniture liée de deux jaunes d'œufs et de deux cent cinquante grammes de beurre. Le plat s'encadrera d'un cordon de tomates étuvées, concassées et liées à la glace de veau.

LE BARON D'AGNEAU AUX BEIGNETS FINS. — Y laissant adhérer les deux gigots soigneusement parés, ficelez la selle, puis couvrez-la de bardes de lard afin d'obtenir une cuisson uniforme. Couchez-la sur une broche en bois, unique procédé pour que les rôtis ne soient point vulgaires; et comptez par kilogramme de chair de quinze à dix-huit minutes de cuisson. Dressez ensuite ce rôti sur un long plat d'argent et munissez de manchettes les manches de gigots.

Garnissez de beignets de cervelle d'agneau, de beignets de maïs, de beignets à la moelle et de beignets formés de petits cœurs de céleri braisés bien fondants. Puis entourez le plat d'une bordure en pâte à nouilles.

A part sera servie une sauce Soubise en même temps que le jus.

LA SELLE DE CHEVREUIL MARLY. — Avant tout, j'inviterai mes lecteurs à ne jamais mariner une viande; cette méthode n'a d'autre résultat que de déprécier une chair fine et savoureuse.

Parez la selle, mettez les chairs à nu et piquez-les de trois rangs de lard fin. Puis, l'ayant enserrée dans trois bracelets de ficelle, couchez cette selle sur une broche; et comptez quinze minutes de cuisson par kilogramme, si la chair est épaisse, et moins de temps si elle est mince. Arrosez-la souvent de beurre noisette; débrochez-la ensuite, défaites-la des bracelets et dressez-la sur un long plat en argent. Disposez tout autour vingt-quatre beaux champignons, étuvés au beurre et lustrés de glace de veau blonde, que vous garnirez de petits dés de pommes reinette sautés au beurre. A chaque extrémité, placez un buisson de croquettes de marrons crémeuses, puis ceignez le plat d'une couronne de demi-lunes de citrons et d'oranges.

L'artiste responsable de la poivrade, qu'il faudra servir en même temps, devra se montrer digne en tous points du titre de saucier, en préparant une sauce aussi douce qu'un velours.

LES CÔTELETTES DE LEVRAUT CRÉBILLON. — Levez les filets de trois beaux levrauts. Faites-les sauter au beurre noisette en les tenant roses, assaisonnez-les de sel et de poivre. Dressez-les ensuite en couronne en les intercalant de croûtons de pain de mie que vous frirez au beurre au moment précis, où vous voudrez servir.

Saucez le tout d'une sauce civet confectionnée avec les restes des levrauts, coffres et cuisses; cette sauce bien dépouillée sera liée du sang des levrauts. Les chairs pilées donneront une purée dont vous garnirez douze beaux champignons étuvés au beurre.

Entourez le plat d'une couronne d'argent ; ornez-en le centre d'un émincé de truffes à la crème ; puis servez, en offrant à part le reste de la sauce.

LA POULARDE DU PASSEUR. — Cuisez un beau homard vivant à l'américaine. Pendant ce temps, faites sauter une poularde découpée. Après l'avoir bien couverte, étuvez-la lentement dans son beurre pour qu'elle revête une agréable couleur blonde, puis arrosez-la de quelques gouttes de vieux Chablis et de quelques cuillerées de glace blonde de volaille.

Décortiquez le homard, après quarante-cinq minutes de cuisson, pour ajouter sa chair à celle de la volaille. Réduisez ensuite la sauce du homard ; vous la lierez avec son corail et un quart de litre de crème double, puis la passerez à l'étamine sur la poularde. Mélangez bien le tout et laissez étuver encore pendant quelques minutes.

Dressez alors la volaille et la saucez de cette sauce onctueuse et suave, après quoi vous la papilloterez. Vous lui ferez, enfin, une couronne, de la chair du homard ainsi que de douze petites bouchées en forme de nacelles, garnies de tomates étuvées au beurre.

L'OIE DE LA SAINT-MARTIN. — Préparez une farce à gratin composée, en quantités égales, de foie gras et de porc frais. Ajoutez-y des marrons cuits bien fondants et des truffes en quantité égale. De cette farce, farcissez une oie que vous cuirez à la broche de couleur blonde ; mais veillez à la rendre très croustillante.

Accompagnez l'oie de tartines de pain, trempées dans du vin blanc nouveau, puis roulées dans de l'œuf battu et frites au beurre jusqu'à ce qu'elles se dorent.

En la dégustant il faudra boire du vin nouveau.

C'est en mangeant ce mets très frugal qu'au temps jadis on fêtait la fin des vendanges.

LES PERDREAUX ROUGES BELLE TOULOUSAINE. — Préparez trois jeunes perdreaux rouges que vous viderez par la poche. Pilez ensuite les foies avec trois cents grammes de foie gras frais, du sel, du poivre et la même quantité de lard frais.

D'autre part, cuisez au beurre neuf truffes pelées et coupées en quatre, pour les mélanger à la farce passée au tamis. Lorsque cette farce sera refroidie, vous en fourrerez les perdreaux, que vous briderez, barderez, puis ferez cuire à la broche quinze minutes, en les arrosant copieusement de beurre. Dressez-les sur un croûton de pain de mie passé au lait et frit au beurre. Environnez-les de pommes de terre paille très blondes, et garnissez chaque extrémité du plat d'un beau bouquet de cresson.

Le jus sera servi dans une saucière.

LE FAISAN BRILLAT-SAVARIN. — Au chapitre de la préparation du faisan, Brillat-Savarin affirme entre autres choses que les faisans les meilleurs sont ceux qui sont faisandés. Bien que son avis prévaille généralement, je ne puis y souscrire. D'ailleurs je n'ai jamais pu me résoudre à admettre le faisandage du gibier. Mais voici ce qu'en dit l'éminent gastronome :

« ...Ce point si désirable est celui où le faisan commence à se décomposer ; alors son arome se développe et se joint à une huile qui, pour s'exhaler, avait besoin d'un peu de fermentation... Ce moment se manifeste aux sens des profanes par une légère odeur et par le changement de couleur du ventre de l'oiseau... Quand le faisan est arrivé là, on le plume et non plus tôt et on le pique avec soin... L'oiseau ainsi préparé, il s'agit de l'étoffer, ce qui se fait de la manière suivante :

« Ayez deux bécasses, désossez-les et videz-les de manière à en faire deux lots : le premier de la chair, le second des entrailles et des foies. Vous prenez de la chair et vous en faites une farce en la hachant avec de la moelle de bœuf cuite à la vapeur, un peu de lard râpé, poivre, sel, fines herbes et la quantité de bonnes truffes suffisante pour remplir la capacité intérieure du faisan.

« Vous aurez soin de fixer cette farce de manière qu'elle ne se répande pas en dehors, ce qui est quelque fois assez difficile, quand l'oiseau est un peu avancé. Cependant on y parvient par divers moyens, et entre autres en taillant une croûte de pain qu'on attache avec un ruban de fil et qui fait l'office d'obturateur.

« Préparez une tranche de pain, qui dépasse de deux pouces de chaque côté le faisan couché dans le sens de sa longueur ; prenez alors les foies, les entrailles des bécasses et pilez-les avec deux grosses truffes, un anchois, un peu de lard râpé et un morceau convenable de bon beurre frais.

« Vous étendez avec égalité cette pâte sur la rôtie, et vous la placerez sous le faisan préparé comme dessus, de manière à être arrosée en entier de tout le jus qui en découle pendant qu'il rôtit.

« Quand le faisan est cuit, servez-le couché avec grâce sur sa rôtie, environnez-le d'oranges amères et soyez tranquille sur l'événement.

« Ce mets de haute saveur doit être arrosé, par préférence, de vin du crû de la Haute-Bourgogne ; j'ai dégagé cette vérité d'une suite d'observations qui m'ont coûté plus de travail qu'une table de logarithmes. »

LES CÔTES DE VEAU AUX PISTACHES. — Faites dorer au beurre des côtes de veau bien assaisonnées. Pilez d'autre part, cinq cents grammes de pistaches émondées, auxquelles vous incorporerez deux blancs de volaille cuits et passés au tamis ; travaillez ensuite cette purée dans une terrine, en y ajoutant une cuillerée à soupe de bonne et fine Béchamel. Sur chaque noix de côte disposez alors en petits tas un peu de cette garniture. Nappez la purée de Soubise légère, saupoudrez-la de parmesan râpé, puis faites glacer au four, ou mieux, à la salamandre.

Dressez en couronne vos noix toutes chaudes, dès qu'elles auront pris une belle couleur. Garnissez le centre du plat d'une purée crémeuse de choux-fleurs, et tout autour, versez en cordon le jus de veau provenant du déglaçage au Porto rouge, que vous aurez additionné de quelques cuillerées de glace de veau avant de le passer à la mousseline.

LES CAILLES CAVALIÈRE. — Après les avoir fait mariner pendant vingt-quatre heures, appliquez aux cailles la formule de la poularde Simonette.

Dressez-les sur des escalopes de ris de veau, sautées au beurre et bien colorées, qui dessineront une couronne autour d'un émincé de cèpes frais ou de champignons frais sautés à la Bordelaise.

LES GRIVES AU CHASSEUR. — Faites cuire au beurre des grives bien bardées, et dressez chacune d'elles sur un gros champignon grillé.

D'autre part, cuisez au beurre les foies de grives avec quelques lardons, des saucisses chipolata (à raison de trois saucisses par grive) et une pincée d'échalote. Flambez cette garniture avec de la bonne Fine Champagne ; quand elle sera éteinte, vous y mêlerez quelques cuillerées de fin jus de veau, puis vous la disposerez au milieu des grives, environnées elles-mêmes de pommes paille blondes.

LES ENTRÉES FROIDES

LE PÂTÉ DE BÉCASSINES. — Vous le traiterez comme s'il s'agissait d'un pâté de bécasses. (Voir II° journée.) Mais le fait d'avoir employé des bécassines conférera au pâté, une saveur infiniment plus précieuse.

LE PÂTÉ DE FOIE GRAS DE STRASBOURG OU PÂTÉ DE CLOSE. — Faites la fontaine avec un kilogramme de farine tamisée. Disposez au centre, du sel, cinq cents grammes de bon saindoux et un verre à bordeaux d'eau froide. Travaillez patiemment le tout pour en faire une pâte un peu ferme que vous fraiserez et tiendrez au timbre pendant vingt-quatre heures.

D'autre part, laissez mariner cinq heures dans du Madère et du Cognac, assaisonnés de sel et de poivre, deux beaux foies gras très fermes et roses, piqués de quartiers de truffes pelées et épicées. Foncez ensuite un moule de votre pâte, formez un rebord assez prononcé et bardez avec soin l'intérieur.

Pilez alors et passez au tamis huit cents grammes de filets mignons de porc frais très blanc, un kilogramme de lard gras frais, quatre cents grammes de parure de foie gras, du sel, des épices et la marinade des foies gras.

De cette farce bien amalgamée, tapissez le fond et les parois du pâté. Placez au centre les foies; couvrez-les de farce, puis d'une barde de lard. Fermez le tout avec un couvercle en pâte, dont vous pincerez les bords; et garnissez le couvercle de feuilletage rapporté, doré au jaune d'œuf. Enfin, après avoir formé la cheminée, vous cuirez le pâté au four un peu chaud, en comptant de vingt-cinq à trente minutes de cuisson par kilogramme. Une fois à point, le pâté refroidira pendant trente-six heures. Servez-le tel quel, le garnissant s'il le fallait de saindoux.

LA FRICASSÉE DE VOLAILLE DE BELLEY. — Découpez une belle poularde et parez-la. Après l'avoir salée et poivrée, vous la mettrez dans une sauteuse avec du beurre chaud. Ajoutez deux oignons, une brindille de thym, puis couvrez et laissez cuire à feu doux en veillant à ce que les chairs ne prennent pas couleur. Lorsqu'elles commenceront à se ramollir, vous y ajouterez vingt-cinq grammes de farine; retirez alors les oignons et le thym, remuez bien pour délayer la farine, couvrez et cuisez encore pendant environ dix minutes. Versez-y alors un verre à madère de vin blanc, autant de bouillon blanc de volaille et trois grandes cuillerées à bouche de crème double. Laissez cuire encore tout doucement en ajoutant de temps à autre un peu de crème pour maintenir la même quantité de sauce. Introduisez ensuite trois cents grammes de lames de truffes fraîches; laissez mijoter à nouveau pendant trente minutes, puis liez le tout avec trois cuillerées de crème double et quatre jaunes d'œufs.

La sauce, très onctueuse, devra être d'une belle couleur dorée. Incorporez-y trois cuillerées à bouche de fine gelée de volaille et versez-la sur les morceaux de volaille, que vous aurez placés dans une vasque de cristal ovale. Laissez refroidir complètement; lustrez le tout de gelée de volaille de la meilleure qualité, puis servez la volaille environnée de glace pilée.

Ce plat peut aussi se servir chaud, accompagné de queues d'écrevisses, de morilles fraîches ou de fonds d'artichauts taillés en escalopes.

LA SELLE DE PRÉ-SALÉ SAINT-AMANT. — Colorez au beurre une belle selle de pré-salé dans une braisière basse; égouttez-la, puis l'entourez d'une mirepoix de carottes et d'oignons émincés, ainsi que d'un bouquet garni, tout ceci étant déjà étouffé au beurre. Mouillez d'un quart de litre de fin Madère et de fonds de bœuf ; faites cuire au four en arrosant fréquemment le tout, et laissez refroidir avec les légumes. Retirez ensuite la selle ; parez-la et découpez les filets en fines aiguillettes que vous replacerez pour reconstituer la selle.

D'autre part, avec la cuisson et un demi-litre de gelée de bœuf corsée, préparez une bonne gelée que vous laisserez refroidir après l'avoir passée au linge fin. Dressez alors la selle sur un plat d'argent long et assez large ; lustrez-la de votre onctueuse gelée, dont vous garnirez aussi le plat pour en rendre le fond invisible. Disposez à chaque bout, deux buissons de petits navets et de carottes nouvelles cuits dans la cuisson de la selle ; puis de chaque côté, arrangez symétriquement douze fonds d'artichauts farcis et que vous intercalerez de fines lames de jambon taillées dans une noix de jambon d'York pochée au court-bouillon au vin blanc.

La farce des fonds d'artichauts sera faite de douze petites tomates ou de six grandes, que vous émonderez et épépinerez et concasserez régulièrement. Placez la pulpe dans une serviette et laissez-la égoutter de la sorte pendant six heures. Après l'avoir assaisonnée de sel, de poivre, d'huile et de vinaigre, vous en garnirez en forme de dôme, les douze petits fonds d'artichauts qui, préalablement, auront mariné une heure dans une vinaigrette au citron.

LE PATÉ DE LIÈVRE DE NANTES. — Levez les filets de deux lièvres très tendres. Dénervez-les et mettez-les mariner dans du Madère et du Cognac. Salez-les, épicez-les et poivrez-les. Piquez-les de lard gras, puis recouvrez-les de huit beaux lardons de lard gras et d'autant de lardons maigres de jambon. Cela fait préparez la farce suivante :

Pilez avec du sel, du poivre et des épices, mille trois cents grammes de chair prise dans les cuisses des lièvres, deux cent cinquante grammes de filet mignon de porc frais, un kilogramme de lard gras frais et deux cent cinquante grammes de noix de veau. Ajoutez à ce hachis trois œufs entiers, et passez le tout au tamis, avant d'y incorporer trois cents grammes de farce à gratin de foie gras. Homogénéisez bien ce mélange, puis laissez-le reposer trois heures. Arrosez-le ensuite d'un verre de Madère et du sang du lièvre passé à la mousseline.

Placez alors sur une plaque ou une tourtière un moule ovale à charnières que vous poserez sur trois feuilles de papier beurré. Foncez ce moule de pâte brisée confectionnée vingt-quatre heures d'avance, bardez-le convenablement et garnissez-en le fond et les parois d'une couche de farce d'un demi-centimètre environ.

Au centre du moule ainsi préparé, rangez deux beaux filets de lièvre, bordés de chaque côté de jambon et aux extrémités d'un lardon gras et d'une rangée de petites truffes. Recouvrez ces filets de farce et d'une barde de lard et mouillez-les d'une partie de leur marinade. Poursuivez ainsi avec le reste des filets et des lardons ; terminez avec le reste de la farce, puis bardez à souhait la surface avant d'y déposer une petite feuille de laurier trempée dans la marinade des filets. Arrosez le pâté du reste de la marinade ; fermez-le avec une abaisse en pâte décorée de feuillage et dorez-le au jaune d'œuf. Ménagez-y une cheminée et laissez-le reposer deux heures. Poussez-le ensuite au four où vous le laisserez cuire près de deux heures et demie.

Sondez-le et retirez-le du feu, puis laissez-le refroidir trente-six heures. Garnissez-le alors d'une succulente gelée, faite des débris et des os des lièvres.

Pour obtenir des pâtés moins gros, il n'y aura qu'à réduire les quantités données.

LA SALADE PRINCESSE. — Au centre d'un saladier en cristal entouré de glace pilée, élevez une pyramide de pointes d'asperges vertes, choisies parmi les plus belles. Entourez-en la base de trois cents grammes de truffes pelées, cuites au Madère et taillées en lames. Cachez les truffes sous une julienne de blanc de volaille finement ciselé. Assaisonnez la salade d'une vinaigrette aux jaunes d'œufs durs hachés ; corsez-la d'une pointe de moutarde, et servez-la très fraîche.

LA SALADE A LA D'ORLÉANS. — Mélangez dans un saladier trois cents grammes de minces lames de truffes pelées, avec une julienne de cœur de céleri taillé très finement. Liez cette salade de mayonnaise légère, relevée d'un peu de moutarde. Puis dressez-la en dôme dans un saladier environné de glace pilée. Couronnez-en la base d'un collier d'œufs de vanneau. Ces œufs supporteront un faisceau de pointes d'asperges vertes, cuites assez ferme, dont les têtes viendront s'unir au sommet de la salade.

LES RÔTS

LES CAILLES ACCOMPAGNÉES D'ORTOLANS SUR LA CENDRE. — Cuisez les cailles au beurre dans une cocotte, en les arrosant souvent. Flanquez-les d'ortolans, auxquels vous ne donnerez pas plus de huit minutes de cuisson. Servez-les sur cendre chaude pour que ce mets arrive fumant sur la table.

Un parfum ineffable s'exhalera de la terrine ouverte.

LES POUSSINS AUX PERLES NOIRES CATHELINE. — Faites revenir au beurre, six cents grammes de lard de poitrine coupé en lardons ; retirez les lardons, puis ajoutez, après les avoir fait revenir, deux cent cinquante grammes de chair de lapin de garenne, et deux cents grammes de foie de volaille. Tenez les foies roses ; assaisonnez-les de sel, de poivre et d'une pincée d'épices, joignez-y les lardons et flambez le tout avec un verre à madère de Fine Champagne. Ajoutez encore une cuillerée de glace de viande, trois truffes émincées, ainsi que deux cuillerées de Duxelles, et laissez refroidir.

Mêlez à cet appareil trois jaunes d'œufs passés au tamis fin.

Ayez alors douze petits poussins, que vous préparerez en les vidant par la poche ; flambez-les bien, puis les farcissez de votre délicate farce. Bridez-les en entrée, panez-les à l'anglaise, et cuisez-les lentement au beurre dans une sauteuse.

D'autre part, cuisez douze belles truffes pelées dans un verre à bordeaux de fin Porto doré et sec, avec une bonne cuillerée de glace de volaille. Quand les truffes seront cuites aux trois quarts, vous les couvrirez de fine crème épaisse et très fraîche ; continuez ainsi la cuisson jusqu'à ce qu'elles s'enrobent d'une fine couche de crème kaki. A ce moment, dressez les poussins en couronne sur un plat rond, dont le centre sera garni par les perles noires que vous arroserez du reste de la sauce.

LES LÉGUMES

LA BORDURE PRINTANIÈRE. — Cuisez de beaux choux-fleurs divisés en petits bottillons que vous égoutterez, puis roulerez dans du beurre chaud. Placez-les ensuite dans un moule à savarin, en faisant reposer les têtes sur le fond ; pressez-les légèrement pour les faire adhérer convenablement et démoulez sur un plat rond. Saucez alors votre bordure d'une sauce Mornay au parmesan. (C'est une fine Béchamel liée aux jaunes d'œufs et au parmesan). Saupoudrez-la de parmesan râpé, arrosez-la de beurre fondu et laissez-la dorer. Au moment de servir, garnissez le centre de cette couronne d'une pyramide de petits pois cuits à l'anglaise et liés au beurre.

LA CHICORÉE AUX AMANDES FRAÎCHES. — Faites braiser la chicorée au beurre, allongé de crème fraîche. Lorsqu'elle sera à point, vous la lierez d'amandes pilées. (Par litre de chicorée braisée il vous faudra deux cents grammes de purée d'amandes). Dressez autour de ce légume de petits œufs pochés, que vous ferez alterner avec des croûtons de pain de mie, taillés en forme de cœur, trempés dans du lait non écrémé, puis agréablement dorés au beurre.

LES ASPERGES AU GRATIN. — Faites cuire de belles asperges blanches; égouttez-les et les épongez.

D'autre part, beurrez un long plat d'argent que vous remplirez à mi-hauteur de fine sauce Mornay. Placez-y les asperges, les enterrant à moitié; disposez au-dessus une nouvelle couche d'asperges que vous saucerez, puis continuez de la sorte en formant un monticule. Couvrez alors toutes les têtes de sauce, saupoudrez-les de parmesan et faites-les gratiner de belle couleur au beurre fondu.

LES AUBERGINES A L'ÉTOUFFÉE. — Pelez six aubergines moyennes, que vous évidez à l'aide d'une cuiller à racine. Faites blanchir, rafraîchir et éponger vos légumes. Assaisonnez-en l'intérieur; farcissez-les ensuite d'un hachis de volaille et refermez l'ouverture avec une petite barde de lard. Après les avoir ficelées, colorez les aubergines au beurre chaud, jusqu'à ce qu'elles se dorent entièrement. Introduisez alors dans la sauteuse six belles tomates émondées, épépinées, concassées et assaisonnées; et laissez cuire à feu très doux. Quand seront fondues les tomates, vous verserez sur le tout une cuillerée de succulent fonds de veau. Et servez sur un plat long vos aubergines, cuites à point, que vous arroserez de leur cuisson exquise.

LES PETITS POIS NORMANDE. — Mettez dans une casserole, avec une pincée de gros sel, un litre de pois frais très petits, auxquels vous mélangerez intimement deux cents grammes de beurre frais. Ajoutez un morceau de sucre ainsi qu'une laitue propre et ficelée; versez là-dessus un verre à madère d'eau froide, et faites cuire à feu doux. Lorsque les pois seront à point, vous les lierez avec de la crème épaisse et fraîche et trois jaunes d'œufs.

Il faudra se garder de cuire les petits pois dans du consommé ou du bouillon.

LES ENTREMETS

LA CROÛTE AUX CERISES A LA DUCHESSE. — Cuisez une couronne de savarin. Taillez-la en tranches que vous glacerez au sucre sur les deux faces, à la salamandre. Dressez ensuite ces tranches côte à côte sur un plat rond de façon à reconstituer la couronne; vous les napperez de marmelade de pêches et les intercalerez de tranches d'ananas. Garnissez alors le puits d'une compote de belles cerises, que vous monterez en pyramide; entourez la croûte de sucre blond filé, puis remplissez une saucière de sauce de cerises, relevée de Cherry-Brandy.

LE SOUFFLÉ FIN. — A cinquante grammes de farine tamisée, mêlez intimement soixante grammes de sucre vanillé. Délayez ce mélange dans du lait froid, non écrémé; cuisez-le lentement comme une frangipane; puis, au sortir du feu, incorporez à cette bouillie quatre jaunes d'œufs pour la lier convenablement.

Passez cet appareil à la mousseline; vous y introduirez quatre blancs d'œufs bien fouettés, ainsi que cinq cuillerées de crème Chantilly également fouettée. Distribuez-le en autant de caissettes en papier que vous aurez de convives. Saupoudrez vos soufflés de sucre en poudre et de semoule de macaron, et cuisez-les au four vif pendant trois ou quatre minutes.

BORDURE D'ANANAS SYLVIANE. — Dans du lait non écrémé faites cuire deux cent cinquante grammes de riz Caroline blanchi, en le sucrant et l'aromatisant d'une demi-gousse de vanille. Lorsqu'il sera prêt, vous le lierez avec cinq jaunes d'œufs et cent grammes de beurre fin; incorporez-y ensuite trois cuillerées à soupe de poudre de macaron, trois blancs d'œufs battus en neige et quatre cuillerées de crème Chantilly. Versez ce riz dans un moule à savarin beurré et saupoudré de fécule; cuisez-le trois quarts d'heure au bain-marie, puis démoulez sur un plat rond cette bordure.

Tapissez-en la surface de tranches d'ananas formant une couronne; et dressez au centre une fine marmelade de pommes très blanche. Servez alors votre entremets en l'accompagnant d'une sauce d'abricots au kirsch et au marasquin.

L'ÉPIS D'OR. — Ayez des abricots en compote, dont vous ôterez très délicatement les noyaux en y pratiquant une ouverture aussi petite que possible. Remplissez ensuite les fruits de pâte de macaron ramollie; placez-les dans une vasque de cristal et couvrez-les de sabayon un peu jaune et très froid. Saupoudrez-les alors d'une julienne d'amandes grillées de la couleur des épis de blé très mûrs. Vous entourerez les abricots dans la vasque d'un cordon de confiture de fraises.

LE SOUFFLÉ CHOCOLATINE. — Cassez dans une casserole six tablettes de chocolat Marquis; couvrez-les d'eau et cuisez-les lentement avec deux bâtons de vanille. Lorsque le chocolat formera une pâte homogène, vous le laisserez refroidir à demi et vous y ajouterez dix jaunes d'œufs. Travaillez bien cet appareil et passez-le à la mousseline. Incorporez-y ensuite huit blancs d'œufs battus bien ferme et légèrement sucrés, puis quatre cuillerées de crème Chantilly.

Cuisez alors le soufflé, pendant environ vingt minutes, dans une timbale à soufflé beurrée et sucrée, de la contenance d'un demi-litre. Vous le saupoudrerez de sucre pour en caraméliser la surface et le servirez avec des gauffrettes.

LA CROÛTE MARÉCHALE. — Taillez au coupe-pâte douze disques de brioche mousseline, que vous colorerez au sucre, à la salamandre. Quand ces brioches seront tièdes, vous les garnirez d'une légère couche de marmelade d'ananas réduite. Dressez-les alors en couronne sur un plat rond, dont le centre s'ornera d'une pyramide de jolies mirabelles dénoyautées, émondées et cuites en compote. Couvrez encore chaque disque de brioche d'une belle moitié d'abricot pochée au sirop, que vous dépouillerez de sa chemise.

Saucez le tout d'une sauce d'abricots au kirsch. Décorez chaque abricot d'une demi-amande de noyau d'abricot, puis ceignez le plat d'une couronne d'argent.

LE POUDING SOUFFLÉ CERISETTE. — Dans un demi-litre de lait en ébullition et sucré à point, jetez un bâton de vanille. Versez-y en pluie cent cinquante grammes de belle semoule de blé, ajoutez cent grammes de beurre fin, puis transvasez cet appareil dans une terrine, où vous lui incorporerez cinq jaunes d'œufs. Quand la bouillie sera tiède, vous y mêlerez doucement et adroitement les cinq blancs d'œufs battus en neige. Beurrez alors un haut moule cylindrique à pouding ; saupoudrez-le de sucre en poudre, et le remplissez de votre appareil, que vous pocherez vingt-cinq minutes au bain-marie, à l'eau bouillante et au four. Couvrez le pouding pour qu'il ne se colore point. Démoulez-le ensuite sur un plat rond, au milieu d'une belle compote de cerises, dont vous garnirez également la cheminée.

Puis offrez à part, en servant, une sauce sabayon succulente.

LE BENOÎTON. — Mettez dans une terrine trois cents grammes de farine tamisée, cent vingt-cinq grammes de beurre, cent grammes de sucre en poudre, quatre jaunes d'œufs et cinq œufs entiers ; mélangez le tout en y ajoutant les œufs l'un après l'autre. Allongez cet appareil de cinq décilitres de crème double très pure et très fraîche ; passez-le à la mousseline et cuisez les benoîtons comme s'il s'agissait de crêpes très fines.

Taillez les benoîtons en forme de cartes oblongues de visite, dressez-les en couronne autour d'une compote de cerises et garnissez-les d'une marmelade de pêches.

Saucez légèrement le tout de sauce sabayon au marasquin, et envoyez à part une saucière emplie de la même sauce.

LA NEIGE AUX FRAISES. — Colorez un litre de crème fouettée avec de la purée de fraises des bois. Dans une vasque de cristal taillé, toute environnée de glace pilée, dressez en pyramide cette crème, la ceignant d'une guirlande de belles fraises Morère.

Vous servirez en même temps des crêpettes bretonnes de Quimper.

LA COUPE GLACÉE NAPOLITAINE. — Dans des coupes à glace dressez en pyramide de la glace aux cerises, dont la base sera garnie d'un cordon de glace au citron. Puis arrosez le tout de bon Cherry Marnier.

LA PÂTISSERIE

LES TARTELETTES CRÉOLES. — Foncez des moules à tartelettes de rognures de feuilletage que vous cuirez avec des noyaux. Lorque les tartelettes seront froides, vous les garnirez d'un riz à la Condé très moelleux. Couvrez-les d'un disque d'ananas cuit au sirop, puis nappez-les d'une gelée d'ananas.

LES ABRICOTINES GALERAN. — Foncez de rognures de feuilletage des moules à gâteaux cannelés ; piquez les fonds, puis garnissez-les à demi d'une crème d'amandes que vous préparerez en travaillant ensemble d'égales quantités de frangipane fine et de pâte d'amandes. Placez au centre de chaque moule une cuillerée de marmelade d'abricots, versez par-dessus de la crème d'amande et recouvrez de pâte.

Cuisez les gâteaux de couleur blonde. Vous les ferez refroidir sur la grille, les glacerez au marasquin et les décorerez à l'abricot.

LE FONDANT AMÉRICAIN. — Travaillez deux cent cinquante grammes de beurre fin avec trois cents grammes de sucre en poudre vanillé, et mêlez-y l'un après l'autre cinq œufs entiers. Lorsque cet appareil sera suffisamment crémeux, vous y ajouterez trois cent cinquante grammes de farine et vous amalgamerez le tout. Couchez ensuite ce fondant sur une plaque, comme si vous faisiez des langues de chat ; couvrez vos gâteaux d'amandes finement hachées, et cuisez-les au four gai.

Au sortir du four, vous les détacherez avec précaution pour éviter de faire tomber les amandes.

LES PETITS PAINS MÉLUSINE. — Versez dans un bassin à blancs d'œufs, deux cent cinquante grammes de sucre et douze œufs entiers. Battez vigoureusement pour que cet appareil devienne très ferme et très mousseux ; après quoi vous y mélangerez deux cent cinquante grammes de farine tamisée, et peu à peu, à l'aide d'une spatule, deux cent cinquante grammes de beurre fondu.

Beurrez alors des moules à petits pains, saupoudrez-les de julienne d'amandes et moulez-y vos pains que vous ferez cuire. Lorsque ceux-ci seront froids, vous en garnirez la surface avec des petites fraises des bois ; vous les recouvrirez de crème Chantilly très ferme, puis les napperez à la gelée de groseilles.

LA TARTE JEAN-MARCHAND. — Foncez un cercle à flan de pâte composée en égales parties de feuilletage et de pâte brisée ; garnissez cette pâte aux trois quarts de crème à flan à la vanille et poussez-la au four. Lorsque la tarte sera cuite, vous la recouvrirez de tranches de poire pochées à la vanille, émincées et sans pépins. Saupoudrez les tranches de fruit de sucre vanillé, et cuisez le tout pendant quelques minutes, de telle sorte que les rebords soient cristallisés.

Laissez la tarte refroidir, lustrez-la de gelée de fraises et servez-la telle quelle.

LES SEPT JOURNÉES DE COCAGNE

CINQUIÈME JOURNÉE

PRÉSENTÉE PAR

HENRI DE RÉGNIER

de l'Académie Française.

CINQUIÈME JOURNÉE

ORSQUE les envoyés du Roi Akakia, après une nuit de sommeil réparateur, eurent procédé à leur toilette, ils s'interrogèrent sans anxiété, mais avec un intérêt bien naturel sur les divertissements que leur promettait cette cinquième journée. Ils ne doutaient pas qu'elle ne dût être digne des quatre précédentes et que la merveilleuse ingéniosité du Roi Philène ne se fût fait fort de trouver quelque moyen de la rendre aussi agréable que l'avait été chacune de celles qui venaient de s'écouler. Aussi fut-ce avec une parfaite confiance qu'ils accueillirent l'annonce que le déjeuner serait servi, cette fois, dans le Pavillon de plaisance situé dans l'île qui occupait le centre du grand lac qu'entouraient les jardins du Roi de Cocagne.

Pour les y conduire l'Archi-Chambellan, chargé spécialement de leur service, prit la tête du cortège que formaient, en un amical désordre, le divin Porphyre et le bel Éphestion auxquels se joignaient Adraste, Eurydamas et Typhis et que complétaient Léander et Elpénor. Malgré le repos de la nuit, les ambassadeurs du Roi Akakia éprouvaient quelque paresse de jambes; aussi leur aise fut-elle grande, quand ils aperçurent, rangés dans la cour, les sept palanquins qui les devaient mener au lieu désigné et qui étaient chacun portés par quatre nègres, de couleur chocolat, dont les corps étaient rehaussés de dessins blancs par quoi ils ressemblaient assez à de vivantes pâtisseries. Ce spectacle causa de grands rires dans la troupe qui, après avoir pris place sur les coussins ambulants, se mit en route précédée de l'Archi-Chambellan monté sur le cheval mécanique qu'il maniait avec une sage élégance.

* *

Il fallait pour arriver au bord du lac traverser une partie des jardins de Cocagne dont la beauté fameuse mérite la réputation qu'elle s'est acquise dans tout l'univers, par la fraîcheur et la variété de ses ombrages, la diversité de ses fontaines et l'agencement de ses parterres. Il faisait d'ailleurs, ce jour là, un temps à souhait. Pas un nuage n'assombrissait le ciel. L'air était pur et léger, la chaleur modérée et la lumière harmonieusement éclatante. Le pas des porteurs résonnait avec régularité et les petits grelots suspendus aux anneaux de leur nez et de leurs oreilles produisaient un bruit argentin, le plus plaisant du monde et qui imitait assez bien le clair tintement des argenteries et des cristaux. Le bel Éphestion en fit la remarque à Elpénor et tous en tiraient l'augure du repas proche où la finesse des vins le disputerait à la succulence des mets. Cependant les palanquins étaient parvenus au bord du lac et s'étaient arrêtés à l'embarcadère où un bateau pavoisé attendait les hôtes du roi Philène pour les conduire dans l'île du Pavillon.

Cette île était assez étendue et bien ombragée et le Pavillon y dressait son architecture élégante et rustique. Il se composait d'une vaste salle à manger, entourée de pièces plus petites disposées pour le repas et la causerie. L'Archi-Chambellan y introduisit les convives. Le grand pannetier Triptolème et le grand échanson Bourrabaquin les accueillirent et leur firent prendre place à la table servie. De mains en mains les menus circulèrent, en un murmure approbateur. Ils annonçaient entre autres délicatesses « les tartelettes de l'oiseleur », « la sole au cidre du bon Normand », « l'oison alsacien », « les cèpes à la feuille de vigne » et les « beignets de cerises des Béguines ».

* *

Allongés en des sièges moelleux, autour du vaste guéridon supportant des flacons de marque, Elpénor, Léander, Typhis, Eurydamas, Adraste, le bel Éphestion et le divin Porphyre considéraient par la baie vitrée le paysage qui s'offrait à leurs yeux. Un silence plein de béatitude régnait dans la pièce ; car la conversation, qui avait été fort vive et fort animée pendant le repas, s'était peu à peu ralentie. Une certaine mélancolie errait sur le visage des convives et se mêlait au contentement digestif qu'ils ressentaient. Involontairement ils songeaient que cette cinquième journée ne serait plus suivie que de deux autres et que, leur mission temporaire terminée, il leur faudrait quitter le doux pays de Cocagne et prendre congé du roi Philène. Il est vrai qu'ils rapporteraient avec eux la Dive Bouteille et qu'il en rejaillirait à jamais sur leurs noms une singulière considération, mais ils ne verraient plus l'Archi-Chambellan et son cheval mécanique, ni le Sénéchal, ni le grand pannetier Triptolème, ni le grand échanson Bourrabaquin. Aussi les contemplaient-ils avec ce sentiment d'amitié que suscitent aisément les bons repas et les départs proches. Ce fut le divin Porphyre qui se fit l'interprète de ce qu'éprouvaient ses compagnons en s'adressant à l'Archi-Chambellan :

— Je suis un peu, Monsieur, comme cette dame de mes amis qui, n'étant pas un oiseau, ne pouvait être à deux endroits à la fois, et le regrettait ! Certes notre Ligurie est bonne terre, mais votre Cocagne ne l'est pas moins et je jure pas de n'y point revenir finir mes jours. Je n'y solliciterais ni charges, ni honneurs. Le lit et le couvert m'y suffiraient et je m'accommoderais fort bien de cette île de verdure pour y vivre solitairement dans la sagesse et la solitude qui conviennent à ceux dont l'existence s'achemine vers son déclin.

L'Archi-Chambellan avait écouté de bonne grâce le discours du divin Porphyre dont les paroles semblaient obtenir l'assentiment de toute l'assemblée. Quand le murmure d'approbation qu'elles suscitèrent se fut arrêté, l'Archi-Chambellan parla à son tour :

—O divin Porphyre. Vos paroles sont toutes à l'honneur de notre royaume de Cocagne et je les rapporterai fidèlement à notre roi Philène qui ne manquera pas d'en être charmé. Aussi suis-je sûr qu'il vous concéderait bien volontiers cette île où nous sommes pour vous y établir avec vos compagnons, mais je dois vous dire que vous n'y trouveriez pas cette parfaite solitude chère au sage, car elle contient déjà un habitant qui en fait son séjour accoutumé et j'ajouterais même, puisque la conversation nous y amène, que cet insulaire est une des singularités de notre beau royaume de Cocagne et même de la nature humaine tout entière. Vous en jugerez mieux d'ailleurs, quand je vous aurai conté son histoire. Je le ferai brièvement, car le moment viendra bientôt d'aller reprendre, vous, vos palanquins; moi, mon cheval mécanique, afin de retourner au Palais. Mais je commence et je ne sollicite pas votre attention. Vous me l'accorderez de vous-mêmes tant le fait est surprenant dont j'ai à vous entretenir.

— L'homme dont il s'agit, messieurs, et que la haute sagesse de notre bon roi Philène a confiné dans cette île, d'ailleurs riante, était digne d'un sort bien différent, car la nature, en plus d'une naissance honorable, lui avait prodigué ses dons les plus rares et en avait fait un des plus vastes esprits que l'on pût imaginer. Rien n'échappait à la merveilleuse étendue de son intelligence : L'histoire et la politique, la philosophie et les belles-lettres, les mathématiques aussi bien que l'astronomie. C'était à proprement parler une espèce d'homme de génie et il n'est pas un État qui ne se fût honoré de ses services. Il était propre à rendre les plus grands et les plus signalés. Tout le destinait aux plus hauts emplois. Il était capable aussi bien d'enrichir le royaume par ses inventions que de l'illustrer par ses œuvres et de l'honorer par ses vertus. Et pourtant, messieurs, c'est bien cet homme que vous pourriez voir dans cette île. Il y erre, vêtu d'un mince habit noir, il y habite une humble cabane. Il n'a ni rang, ni charge. Il ne compte pas. Et n'allez pas, messieurs, vous imaginer quelque complot contre sa supériorité, quelque injustice de notre Monarque bien-aimé. Hélas, son sort est mérité et c'est la nature elle-même qui le lui a imposé; car de tous les dons dont elle l'a comblé, elle lui en a refusé un seul, le seul, que dis-je, qui eût fait sa fortune, celui dont le manque a réduit à néant tous les autres. Oui, messieurs, le malheureux est atteint d'une incurable infirmité intellectuelle, physique et morale qui le rend inutile et même dangereux à la société telle qu'elle est établie dans le royaume de Cocagne. Il n'a pas, il n'a pas...

Et l'Archi-Chambellan, avec un geste de compassion infinie acheva sa phrase, en fermant les yeux :

— Il n'a pas le sens culinaire...

Henri de RÉGNIER.

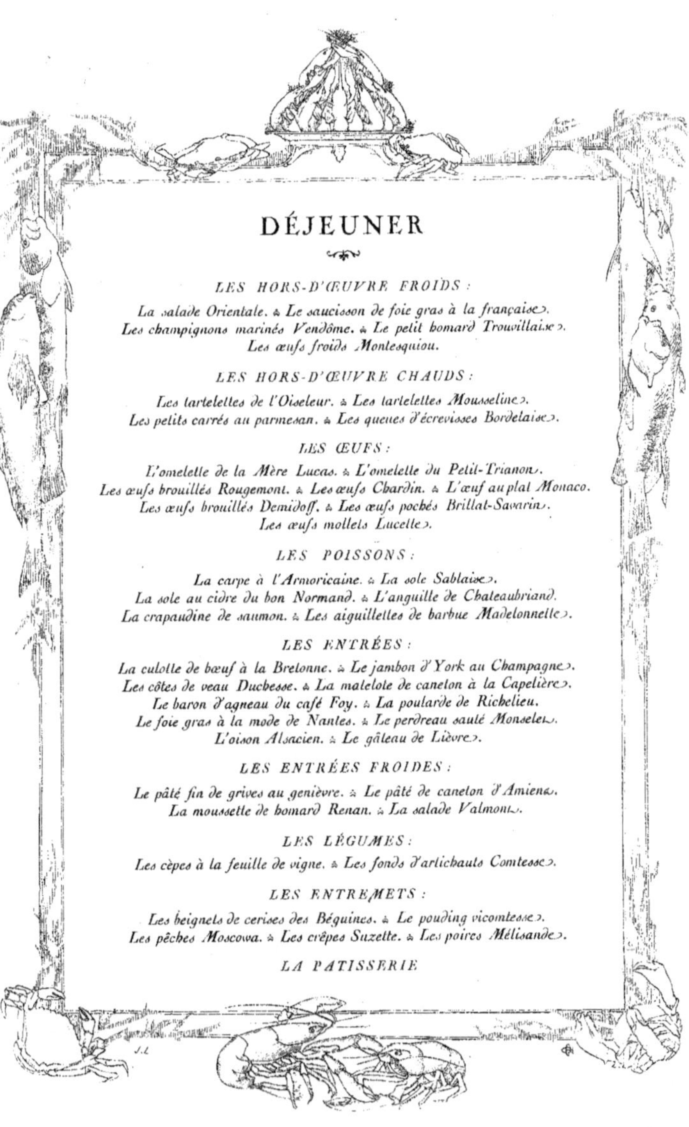

DÉJEUNER

LES HORS-D'ŒUVRE FROIDS :

La salade Orientale. ≈ *Le saucisson de foie gras à la française.*
Les champignons marinés Vendôme. ≈ *Le petit homard Trouvillaise.*
Les œufs froids Montesquiou.

LES HORS-D'ŒUVRE CHAUDS :

Les tartelettes de l'Oiseleur. ≈ *Les tartelettes Mousseline.*
Les petits carrés au parmesan. ≈ *Les queues d'écrevisses Bordelaise.*

LES ŒUFS :

L'omelette de la Mère Lucas. ≈ *L'omelette du Petit-Trianon.*
Les œufs brouillés Rougemont. ≈ *Les œufs Chardin.* ≈ *L'œuf au plat Monaco.*
Les œufs brouillés Demidoff. ≈ *Les œufs pochés Brillat-Savarin.*
Les œufs mollets Lucette.

LES POISSONS :

La carpe à l'Armoricaine. ≈ *La sole Sablaise.*
La sole au cidre du bon Normand. ≈ *L'anguille de Chateaubriand.*
La crapaudine de saumon. ≈ *Les aiguillettes de barbue Madelonnette.*

LES ENTRÉES :

La culotte de bœuf à la Bretonne. ≈ *Le jambon d'York au Champagne.*
Les côtes de veau Duchesse. ≈ *La matelote de caneton à la Capelière.*
Le baron d'agneau du café Foy. ≈ *La poularde de Richelieu.*
Le foie gras à la mode de Nantes. ≈ *Le perdreau sauté Monselet.*
L'oison Alsacien. ≈ *Le gâteau de Lièvre.*

LES ENTRÉES FROIDES :

Le pâté fin de grives au genièvre. ≈ *Le pâté de caneton d'Amiens.*
La moussette de homard Renan. ≈ *La salade Valmont.*

LES LÉGUMES :

Les cèpes à la feuille de vigne. ≈ *Les fonds d'artichauts Comtesse.*

LES ENTREMETS :

Les beignets de cerises des Béguines. ≈ *Le pouding vicomtesse.*
Les pêches Moscowa. ≈ *Les crêpes Suzette.* ≈ *Les poires Mélisande.*

LA PATISSERIE

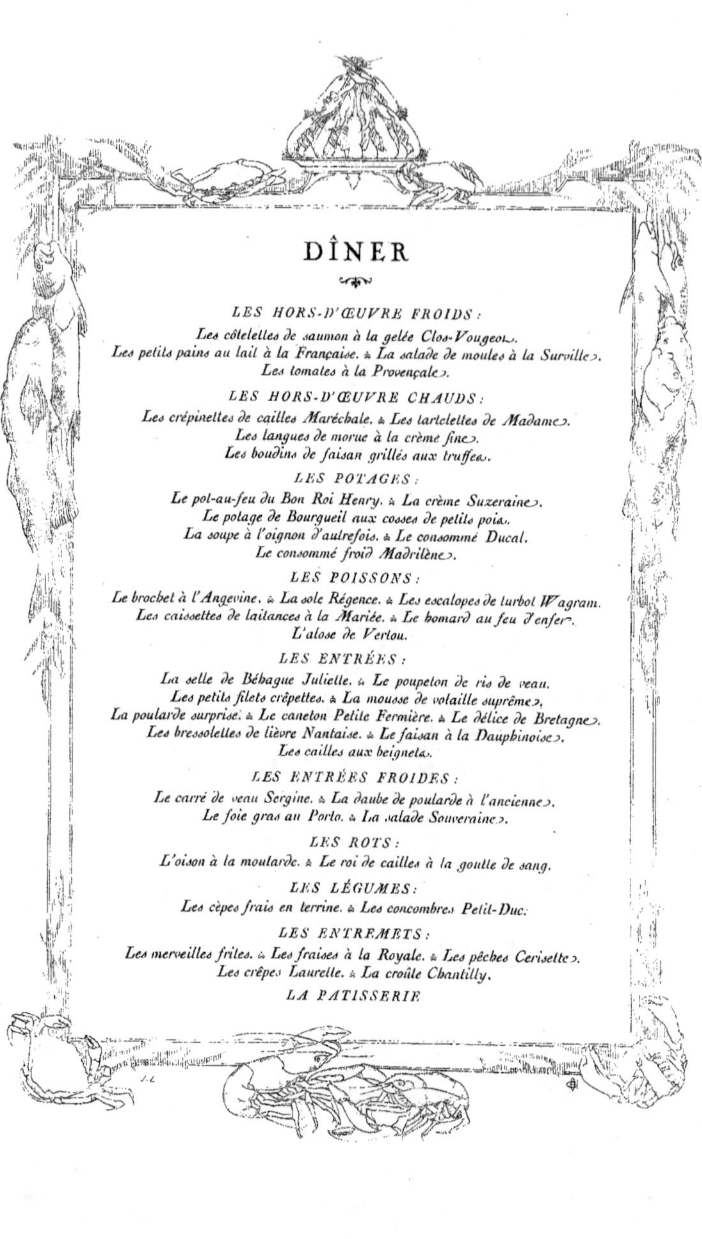

DÎNER

LES HORS-D'ŒUVRE FROIDS :

Les côtelettes de saumon à la gelée Clos-Vougeot.
Les petits pains au lait à la Française. ❧ *La salade de moules à la Surville.*
Les tomates à la Provençale.

LES HORS-D'ŒUVRE CHAUDS :

Les crépinettes de cailles Maréchale. ❧ *Les tartelettes de Madame.*
Les langues de morue à la crème fine.
Les boudins de faisan grillés aux truffes.

LES POTAGES :

Le pot-au-feu du Bon Roi Henry. ❧ *La crème Suzeraine.*
Le potage de Bourgueil aux cosses de petits pois.
La soupe à l'oignon d'autrefois. ❧ *Le consommé Ducal.*
Le consommé froid Madrilène.

LES POISSONS :

Le brochet à l'Angevine. ❧ *La sole Régence.* ❧ *Les escalopes de turbot Wagram.*
Les caissettes de laitances à la Mariée. ❧ *Le homard au feu d'enfer.*
L'alose de Vertou.

LES ENTRÉES :

La selle de Béhague Juliette. ❧ *Le poupeton de ris de veau.*
Les petits filets crêpettes. ❧ *La mousse de volaille suprême.*
La poularde surprise. ❧ *Le caneton Petite Fermière.* ❧ *Le délice de Bretagne.*
Les bressolettes de lièvre Nantaise. ❧ *Le faisan à la Dauphinoise.*
Les cailles aux beignets.

LES ENTRÉES FROIDES :

Le carré de veau Sergine. ❧ *La daube de poularde à l'ancienne.*
Le foie gras au Porto. ❧ *La salade Souveraine.*

LES ROTS :

L'oison à la moutarde. ❧ *Le roi de cailles à la goutte de sang.*

LES LÉGUMES :

Les cèpes frais en terrine. ❧ *Les concombres Petit-Duc.*

LES ENTREMETS :

Les merveilles frites. ❧ *Les fraises à la Royale.* ❧ *Les pêches Cerisette.*
Les crêpes Laurette. ❧ *La croûte Chantilly.*

LA PATISSERIE

LES HORS-D'ŒUVRE FROIDS

LA SALADE ORIENTALE. — Émondez douze belles tomates ; taillez-les en deux normalement aux côtes, épépinez-les et cuisez-les à l'huile avec du sel et du poivre. Pelez d'autre part six aubergines ; taillez-les en trois dans le sens de la longueur, et faites-les cuire de même à l'huile, avec du sel et du poivre. Une fois ces légumes refroidis, dressez-les, en les faisant alterner dans un plat rond, posé sur de la glace pilée. Assaisonnez-les d'une sauce vinaigrette, composée d'huile et du jus d'un citron ; parsemez votre salade de riz Pilaff cuit à l'eau puis ceignez-la d'une couronne de grosses olives dénoyautées et farcies, selon la formule des « olivettes à la romaine ».

LE SAUCISSON DE FOIE GRAS A LA FRANÇAISE. — Prenez un kilo de blanc de poule, deux cent cinquante grammes de noix de jambon d'York, cinq cents grammes de gorge de porc frais, cinq cents grammes de foie gras, du sel et du poivre. Hachez ces ingrédients aussi menu que possible, avant d'y incorporer cinq œufs entiers. Quand ce hachis formera une masse compacte et homogène, vous y mêlerez cinq cents grammes de foie gras très ferme, taillé en gros dés, deux cents grammes de truffes finement émincées et vingt-cinq grammes de pistaches émondées. De cette farce, amalgamée avec adresse, emplissez alors des boyaux gras de porc, et cuisez aussitôt vos saucissons pendant cinq minutes dans un bouillon blanc léger, qui ne devra pas arriver à l'ébullition. Fermez hermétiquement la casserole et laissez les saucissons refroidir dans leur cuisson.

Vous pourrez, à la mode alsacienne, frotter les saucissons de safran.

LES CHAMPIGNONS MARINÉS VENDÔME. — Cuisez très blancs, à l'ordinaire, vingt-quatre champignons tournés. Placez-les dans une terrine où vous les mouillerez d'un litre de bon vinaigre bouillant ; ajoutez-y trois cuillerées de poivre en grain et deux feuilles de laurier, puis laissez reposer le tout jusqu'à ce que le vinaigre soit complètement refroidi. Recouvrez ensuite la terrine et portez-la au timbre pour qu'elle y séjourne trente-six heures. Égouttez alors les champignons et garnissez-les d'une purée de thon à l'huile que vous piquerez de trois queues d'écrevisses. Dressez-les sur un plat rond, nappés de catsup dite tomatos, et entourés d'une garniture de petits œufs pochés à l'estragon et bien lustrés.

LE PETIT HOMARD TROUVILLAISE. — Dans un bon court-bouillon jetez vivants pour les cuire, des petits homards que l'on nomme petites demoiselles de Caen. Laissez-les refroidir, séparez-les en deux dans le sens de la longueur, puis enlevez la chair et nettoyez bien les carapaces. Taillez les chairs en escalopes que vous replacerez côte à côte dans la carapace, en les faisant alterner avec des lames de truffe. Garnissez chaque tête d'une pince décortiquée posée dans le sens de la longueur. Nappez le tout d'une fine gelée de poisson très blanche et dressez les demi-homards sur un plat recouvert d'une serviette, où vous les entourerez de beau persil frisé.

Vous servirez en même temps une sauce mayonnaise mêlée de sauce française. (J'entends par là une sauce de tomates fraîches assaisonnée comme une salade ordinaire.) Il faut que cette mayonnaise, d'un rose appétissant, soit légèrement relevée.

LES ŒUFS FROIDS MONTESQUIOU. — Sur une grille à pâtisserie où vous les aurez posés, nappez vingt-quatre œufs pochés de sauce mayonnaise, puis ornez-les d'un disque de jambon maigre surmonté d'une petite lame de truffe ; après quoi vous lustrerez le tout d'une fine gelée blanche de volaille.

D'autre part, faites mariner dans une vinaigrette un nombre égal de fonds d'artichauts fraîchement cuits. Garnissez ces fonds d'une fine julienne de cœurs de céleris en branche, préalablement blanchis, rafraîchis, pressés et liés de sauce mayonnaise ; dressez-les ensuite en couronne sur un plat rond ; disposez les œufs sur un cordon de gelée hachée, et placez au centre une petite salade de blanc de volaille en julienne et de haricots verts très fins. Vous poserez alors ce plat sur la glace et l'entourerez d'un cordon de gelée blonde en croûtons.

LES CÔTELETTES DE SAUMON A LA GELÉE CLOS-VOUGEOT. — Séparez en deux des darnes de saumon, enlevez-en les arêtes et les peaux ; après quoi vous les placerez dans une casserole, sur une carotte, un oignon émincé et doré au beurre, un bouquet garni et trois gousses d'ail écrasées. Couvrez le tout d'un jeune Clos-Vougeot et de cuisson de champignons représentant en volume le tiers du vin. Salez et poivrez ; puis fermez avec une feuille de papier beurré et faites cuire à feu doux. Laissez ensuite le saumon refroidir dans sa cuisson ; parez à nouveau les darnes et les dressez dans une terrine ronde et plate. Vous napperez ces côtelettes de la succulente gelée faite avec la cuisson ; vous les enfouirez même, et servirez en même temps une bonne sauce gribiche.

LES PETITS PAINS AU LAIT A LA FRANÇAISE. — Préparez une pâte à brioche, dont vous ferez des navettes ou des petits pains que vous placerez sur une plaque, à une certaine distance les uns des autres. Laissez lever ces pains, dorez-les au jaune d'œuf, quadrillez-les, fendez-les légèrement dans le sens de la longueur, puis faites-les cuire. Quand ils seront refroidis, vous les ouvrirez par le côté, et les garnirez par l'ouverture d'une purée de foie gras, mélangée avec un quart de son volume de purée de volaille. Dressez ces petits pains en buisson et décorez-les de persil frisé.

LA SALADE DE MOULES A LA SURVILLE. — Faites cuire un litre de grosses moules ; parez-les en enlevant le tour et la petite languette noire du centre ; mélangez-les ensuite avec un tiers de leur poids d'œufs durs hachés et autant de queues de crevettes. Liez le tout d'une sauce mayonnaise déliée et relevée de vinaigre. Puis dressez cette salade en dôme dans un petit saladier carré en verre ou en porcelaine et bordez-la d'une couronne de petites lames de tomates très rouges.

Servez le saladier sur un plat, entouré de glace pilée.

LES TOMATES A LA PROVENÇALE. — Émondez douze petites tomates bien rondes, évidez-les en forme de godets, épépinez-les, puis mettez-les mariner pendant douze heures dans une vinaigrette à l'huile et au vinaigre, assaisonnée de sel et de poivre.

Préparez d'autre part une petite salade composée de queues d'écrevisses, de têtes de cèpes marinés et d'œufs durs concassés, que vous lierez de mayonnaise légèrement relevée. Farcissez-en les tomates, puis surmontez chacune d'elles d'une croix dont les branches seront faites de deux beaux filets d'anchois, ornés en leur milieu d'une câpre. Ces légumes seront disposés en couronne autour d'un beau bouquet de cresson.

LES HORS-D'ŒUVRE CHAUDS

LES TARTELETTES DE L'OISELEUR. — Garnissez de feuilletage des petits moules à tartelettes ; piquez-en le fond, puis remplissez-les d'une purée de volaille, liée légèrement avec une sauce suprême et épicée d'une pointe de Cayenne. Saupoudrez-les de parmesan râpé, arrosez-les de beurre fondu et glissez-les au four, sur une plaque. Quand leur pâte sera d'une belle couleur et bien croustillante, vous dresserez les tartelettes en buisson sur une serviette, les entourant d'une bordure d'argent.

LES TARTELETTES MOUSSELINE. — Foncez douze moules à tartelettes de rognures de feuilletage ; piquez bien le fond pour que la pâte ne se lève pas, saupoudrez-en l'intérieur de parmesan râpé, puis, légèrement, arrosez-les de beurre fondu à peine chaud.

D'autre part, cassez dans une terrine six œufs bien frais comme pour une omelette ; assaisonnez-les de sel et de poivre et de vingt grammes de parmesan râpé. Battez longuement, ajoutez un demi-litre de crème double ; passez ensuite votre appareil à la mousseline et garnissez-en les moules que vous cuirez à feu doux, sur une plaque, pendant trente minutes. Terminez la cuisson à l'étuve, démoulez sur une serviette et servez vos tartelettes toutes chaudes.

LES PETITS CARRÉS AU PARMESAN. — Braisez à souhait un kilogramme de culotte de bœuf, dont le fonds sera légèrement corsé. De cette chair faites un bon hachis que vous laisserez refroidir après y avoir incorporé une poignée de parmesan râpé.

Préparez alors une pâte à nouilles. Pour cela, faites la fontaine avec cinq cents grammes de farine passée au tamis ; placez au centre trois jaunes d'œufs, cinquante grammes de beurre et du sel, puis mouillez d'un verre d'eau. Cette pâte sera divisée en deux parties que vous abaisserez en couches très minces. Sur l'une des abaisses, disposez de distance en distance des petites noisettes de hachis ; humectez au pinceau la pâte, puis recouvrez avec l'autre abaisse, en pressant tout autour des noisettes pour bien souder les bords. Découpez ensuite la pâte en carrés au moyen d'une roulette à pâtisserie.

Quelques minutes avant de les servir, cuisez les petits carrés à l'eau salée. Égouttez-les après quelques secondes de cuisson, faites-les pocher pendant près de dix minutes sans les laisser bouillir, puis les placez dans une casserole plate où vous les arroserez de quatre cents grammes de beurre de noisette et du fonds de bœuf réduit de deux tiers. Après avoir bien mélangé le tout, vous saupoudrerez les pâtes d'une bonne poignée de parmesan.

LES QUEUES D'ÉCREVISSES BORDELAISE. — Cuisez lentement une fine Mirepoix composée de rouge de carotte, d'autant d'oignons, d'une branche de céleri très tendre et de deux échalotes.

D'autre part, châtrez cinquante écrevisses, faites-les sauter au beurre, flambez-les au Cognac, puis mouillez-les d'une demi-bouteille de vin blanc sec. Ajoutez-y la Mirepoix, une pincée de poudre de thym, autant de laurier, une gousse d'ail finement hachée et suffisamment de poivre de Cayenne, pour obtenir un assaisonnement très relevé. Cela fait, couvrez la marmite hermétiquement.

Quinze minutes avant que ne soit terminée la cuisson, mêlez au tout un demi-litre de purée de tomates fraîches, un décilitre de fumet de poisson, une petite louche de glace de veau, ainsi qu'une autre de belle demi-glace. Après avoir retiré les écrevisses, travaillez longuement la sauce et faites-la réduire. Une fois qu'elle nappera, vous la beurrerez de deux cents grammes de beurre d'écrevisses, puis vous y roulerez les queues d'écrevisses décortiquées au préalable. Servez alors dans une timbale d'argent les queues d'écrevisses, saupoudrées d'un peu de persil haché.

LES CRÉPINETTES DE CAILLES MARÉCHALE. — A la chair de six cailles, ajoutez un poids moitié moindre de lard frais maigre, autant de lard gras, puis un quart du poids du gibier en foie gras frais. Épicez de sel et de poivre, hachez finement le tout ; incorporez-y ensuite trois truffes hachées, ainsi que trois cuillerées de fines herbes. Partagez cette farce en douze parties que vous enfermerez dans de la crépine de porc, pour en confectionner de petites crépinettes. Garnissez respectivement les crépinettes, en leur milieu, d'un suprême de caille roidi au beurre; donnez-leur une forme convenable ; passez-les au beurre fondu, ensuite à la mie de pain fraîche, enfin, grillez-les lentement en les arrosant de beurre bouillant.

Avec les débris des cailles, vous préparerez une demi-glace au fumet de caille et vous servirez autour des crépinettes des champignons grillés, garnis de sauce Béarnaise.

LES TARTELETTES DE MADAME. — Cuisez douze belles tartelettes en rognures de feuilletage ou simplement en feuilletage, à défaut de rognures. Quand elles seront bien croustillantes, vous les garnirez d'une purée de perdreau au fumet de perdreau. Coiffez enfin la garniture d'une belle lame de moelle de bœuf pochée et bien arrondie. Saucez d'une cuillère à café de sauce de salmis de perdreau très fine.

LES LANGUES DE MORUE A LA CRÈME FINE. — Faites dessaler les langues, vingt-quatre heures avant de les utiliser. Cuisez-les alors dans un liquide composé de trois parties d'eau et d'une seule de lait. Parez-les ensuite, placez-les dans une sauteuse où vous les lierez d'une fine Béchamel terminée à la crème double et de quatre jaunes d'œufs (ceci pour douze langues). Beurrez à point, puis disposez les langues dans un vol-au-vent très croustillant, dont vous ornerez le couvercle d'une bordure de lames de truffes noires, lustrées de glace de volaille.

LES BOUDINS DE FAISAN GRILLÉS AUX TRUFFES. — Pilez dans un mortier cinq cents grammes de chair de faisan, non faisandée, avec du sel, du poivre et une pincée de muscade. Ajoutez trois cents grammes de panade à la farine de riz, trois cents grammes de beurre fin, deux œufs entiers et deux jaunes d'œufs. Passez cet appareil au tamis dans une terrine, posée sur la glace; allongez-le, en le travaillant, de six cuillerées de crème fraîche, après quoi vous le laisserez reposer au timbre pendant une heure. Étalez alors cette pâte sur un marbre enfariné, et partagez-la en douze quenelles que vous aplatirez en leur donnant la forme d'une carte de visite de huit centimètres sur onze.

Au centre de chaque carte, disposez en forme de bâtonnet un salpicon de faisan de foie gras truffé, lié à la sauce salmis de faisan. Confectionnez-en des boudins que vous ferez pocher à l'eau salée, puis égoutter sur un linge. Lorsqu'ils seront refroidis, vous les plongerez dans du beurre fondu, les panerez à la mie de pain fraîche et blanche, et les grillerez lentement. Dressez-les en couronne autour d'une purée de champignons, et servez-les avec une saucière de sauce salmis.

LES ŒUFS

L'OMELETTE DE LA MÈRE LUCAS. — Faites griller trois beaux boudins blancs de volaille; préparez ensuite une omelette plate de douze œufs. Dès que vous aurez versé l'omelette dans la poêle, vous émincerez les boudins et répandrez cet émincé sur les œufs. Cuisez l'omelette des deux côtés, puis dressez-la sur un plat rond, dont le fond sera tapissé de six tomates émondées, épépinées, cuites à l'étuvée au beurre et liées de crème double et de glace de veau.

L'OMELETTE DU PETIT-TRIANON. — Cassez six œufs que vous battrez avec trois cuillerées de bonne crème double très épaisse, du sel et du poivre. L'omelette une fois versée dans la poêle, ajoutez-y deux truffes pelées, émincées très finement, après quoi vous la cuirez des deux côtés. Quand elle sera dorée, vous la verserez toute plate, entourée de croûtons de pain trempés dans la crème et frits au beurre. Placez au centre six rognons d'agneau grillés, garnis de beurre Colbert. Cette omelette était celle que préférait l'infortunée reine Marie-Antoinette.

LES ŒUFS BROUILLÉS ROUGEMONT. — Préparez vingt-quatre œufs brouillés très crémeux. Mélangez-y quelques tomates émondées, épépinées, concassées, étuvées au beurre et bien fondantes, puis dressez le tout dans une timbale d'argent.

Disposez autour de la timbale une couronne composée de douze petites escalopes de rognons de veau sautées au beurre et liées de sauce Château, et d'autant de belles lames épaisses de truffes cuites au Madère, alternant avec les escalopes.

Vous napperez le centre d'un peu de sauce Colbert.

LES ŒUFS CHARDIN. — Avec des rognures de feuilletage, foncez des moules en forme d'œuf, que vous cuirez remplis de riz. Quand ces croustades seront prêtes, vous les ferez sécher un peu, après en avoir enlevé le riz.

Garnissez-les ensuite d'une légère couche de purée de caille très parfumée, sur laquelle vous poserez un œuf poché bien chaud. Couvrez ces œufs d'un appareil à œufs mousseline (Voir IIe journée), poussez-les ensuite au four, ou plutôt à la salamandre.

Glacez-les alors légèrement, et, les dressant sur une serviette, ornez-les l'un après l'autre, d'une belle lame de truffe lustrée de glace de volaille.

L'ŒUF AU PLAT MONACO. — Faites cuire dans un plat des œufs au miroir à la crème, en comptant pour chaque œuf une cuillerée à entremets de fine crème. Garnissez le plat d'un sauté de rognon d'agneau de Pauillac aux truffes fraîches, lié de blond de veau. Et dressez au centre un élégant bouquet de pointes d'asperges vertes.

LES ŒUFS BROUILLÉS DEMIDOFF. — Faites cuire les œufs, les brouillant à la cuiller en bois et les laissant très crémeux. Au moment de servir, versez-y en garniture une belle julienne de truffes fraîches, cuites au beurre avec un peu de Porto; puis entourez la timbale d'une couronne de toutes petites crêtes de coq cuites au blanc. Vous placerez au centre un émincé de rognons de coq cuits au blanc et liés de glace de viande.

LES ŒUFS POCHÉS BRILLAT-SAVARIN. — Faites cuire au court-bouillon cent belles écrevisses. Passez au beurre chaud les queues et les pattes décortiquées, ajoutez un décilitre de fin Madère et laissez réduire après avoir couvert hermétiquement.

Introduisez alors dans la sauteuse un demi-litre de crème double épaisse, du sel et du poivre de Cayenne, puis, quand la crème sera réduite d'un tiers, liez le tout de quatre jaunes d'œufs et de cent grammes de beurre. Garnissez de ce ragoût délicat une croustade en pâte feuilletée, où vous disposerez en couronne douze œufs pochés. Décorez-en le centre de deux cent cinquante grammes de truffes tournées en olive à l'aide d'une cuiller à racine ovale. Et servez bien chaud, après avoir lustré le tout de glace de volaille.

LES ŒUFS MOLLETS LUCETTE. — Faites cuire pendant cinq minutes des œufs très frais munis de leur coquille; laissez-les séjourner vingt minutes dans l'eau froide, parez-les et tenez-les à l'eau chaude salée. Pendant ce temps, taillez des croûtons dans du pain noir; creusez-les légèrement et cuisez-les au beurre. Quand ils seront croustillants à souhait, vous les garnirez d'un hachis bien moelleux de côte de bœuf. Posez alors sur chaque croûton garni, un œuf, que vous surmonterez d'une belle lame de moelle pochée, couverte elle-même d'une lame de truffe. Saucez le tout d'une sauce Bordelaise au vin rouge, très finement dépouillée. Disposez les œufs en couronne autour d'un bouquet de pommes paille brûlantes. Puis entourez le plat d'une bordure d'argent.

LES POTAGES

LE POT-AU-FEU DU BON ROI HENRY. — Blanchissez et rafraîchissez deux livres et demie de culotte de bœuf, cent vingt grammes de queue de bœuf et un kilogramme de plat-de-côte. Prenez alors une petite marmite en terre, garnissez-la de ces viandes, ainsi que deux cents grammes de carottes tournées en gousses d'ail, de cent grammes de navets, de cent grammes de blanc de poireaux découpés en bouchons et de soixante grammes de céleri (il faudra que ces légumes aient été blanchis au préalable). Mouillez le tout de quatre litres de bouillon blanc de bœuf, et cuisez lentement pendant une heure et demie. Ajoutez dans la marmite un poulet Reine blanchi, puis laissez le tout sur le feu pendant trente-cinq minutes encore. Ce temps écoulé, servez aussitôt le bouillon avec des tartines de pain séchées au four et garnies de moelle de bœuf en lamelles.

Vous offrirez à part deux cœurs de choux de Milan braisés et dégraissés.

LA CRÈME SUZERAINE. — Dans un litre de potage Reine versez un demi-litre de tapioca léger. Liez avec six jaunes d'œufs, un quart de litre de crème double et deux cent cinquante grammes de beurre fin; puis garnissez votre potage d'une fine julienne de truffes.

LE POTAGE DE BOURGUEIL AUX COSSES DE PETITS POIS. — Avec quelques oignons nouveaux faites cuire à l'eau, jusqu'à parfaite cuisson, deux gros chapelets de cosses de petits pois. Une fois le tout à point, passez au tamis pour extraire le jus, que vous verserez sur de l'oseille revenue dans du beurre et cuite à souhait. Ajoutez-y un litre de consommé blanc de volaille, puis liez de six jaunes d'œufs et de vingt-cinq centilitres de crème double.

A ce succulent potage les tourangeaux mêlent un brin de sarriette et une poignée de petits pois cuits à l'eau.

LA SOUPE A L'OIGNON D'AUTREFOIS. — Épluchez et parez délicatement cinq beaux oignons, émincez-les ensuite et faites-les étuver au beurre très lentement, pendant trois heures. Mouillez alors de deux litres de bouillon de volaille ces oignons dorés comme des épis mûrs, puis par la cuisson réduisez le tout d'un tiers.

Dans une soupière d'argent disposez trois couches de tranches de pain dorées et croustillantes, couvertes de parmesan râpé. Puis versez la soupe sur le pain à travers un chinois ; jetez sur le tout une poignée de parmesan râpé ainsi que quelques petits morceaux de beurre ; enfin, portez au four la soupière pour faire gratiner.

Les proportions indiquées ont été prévues pour six couverts.

LE CONSOMMÉ DUCAL. — Rafraîchissez de belles feuilles de laitues fortement blanchies, étalez-les sur un linge blanc, puis épongez-les. Placez au centre de chaque feuille un cordon de fine farce de volaille à quenelles truffée, que vous envelopperez dans la feuille en lui donnant la forme d'un boudin blanc. Pochez ces boudins pendant vingt minutes dans un bouillon de blanc de volaille, sans laisser arriver à l'ébullition ; taillez-les ensuite en tranches d'un demi-centimètre d'épaisseur. Mêlez cette garniture d'une fine julienne de cœur de céleri fondant et versez là-dessus deux litres de fin consommé de volaille.

En même temps que ce consommé, servez sur un plat rond douze petites tartelettes de volaille.

LE CONSOMMÉ FROID MADRILÈNE. — Dans une casserole bien étamée mettez successivement un kilogramme de bœuf maigre haché menu, une poule légèrement colorée et hachée de même, un kilogramme de tomates très mûres et bien écrasées, puis un blanc d'œuf. Une fois ceci amalgamé, ajoutez-y quatre litres de bouillon de blanc de volaille, très fin et cuit à feu doux. Mélangez le tout avec soin et laissez arriver à l'ébullition ; après quoi vous donnerez encore, pendant une heure trois quarts, une cuisson lente ; vous passerez à la mousseline et dégraisserez attentivement, afin que plus rien de gras ne subsiste. Pris en huile, ce délicat consommé d'un rose rubis, sera environné de glace et servi très froid.

LES POISSONS

LA CARPE A L'ARMORICAINE. — Préparez une farce avec de la mie de pain trempée dans du lait, des œufs durs écrasés et la laitance du poisson. (Ceci n'est possible qu'autant qu'il ne s'agit pas de barbillon et de brochet, dont la laitance et les œufs sont nocifs). Ajoutez-y du persil haché, deux feuilles de sauge, des champignons hachés très menu et deux cents grammes de bon beurre par kilogramme de poisson. Salez la farce, poivrez-la de poivre grossièrement moulu et parfumez-la de menthe sauvage.

Fourrez votre poisson de cette farce ; lardez-lui le dos comme vous feriez pour un bœuf mode, puis mettez-le cuire au four ou à la broche. Sous l'action du feu, des crevasses se formeront pendant la cuisson ; vous les arroserez sans cesse d'un jus consistant de bon vinaigre et de beurre fondu où vous aurez écrasé deux échalotes, deux ou trois feuilles de sauge et de l'estragon.

De ce jus vous ferez un léger coulis.

LA SOLE SABLAISE. — Parez deux belles soles pesant chacune cinq cents grammes. Placez-les dans une sauteuse grassement beurrée, les couvrant de six tomates émondées, épépinées et concassées. Cuisez lentement le tout avec du sel et du poivre de Cayenne. Enlevez ensuite les soles et tenez-les au chaud.

Allongez alors la cuisson de deux grands verres de bonne crème épaisse et de deux cuillerées de glace de volaille; mettez-y douze escalopes de homard cuites au court-bouillon et laissez réduire jusqu'à ce que les escalopes soient enrobées de cette merveilleuse sauce. Dressez ensuite les soles sur un plat long, au milieu des escalopes de homard. Ajoutez à la sauce deux jaunes d'œufs et deux cents grammes de beurre fin. Le plat dressé, saucez le tout, enjolivez les poissons de quelques lames de truffes, et servez.

LA SOLE AU CIDRE DU BON NORMAND. — Dans un plat à sauter, copieusement beurré, couvrez les filets de soles de bon cidre de Normandie, et faites-les cuire à feu doux. Égouttez-les, puis ajoutez à la cuisson un quart de son volume de fumet de poisson. Réduisez à glace, introduisez encore un demi-litre de crème épaisse et réduisez à nouveau après addition d'une petite louche de glace de viande. Lorsque cette sauce nappera, vous la passerez à la mousseline. Vous disposerez alors vos filets de soles sur un plat, les entourant de vingt-quatre petites pommes de terre nouvelles, taillées en forme de pommes et cuites à la vapeur, ainsi que d'autant de belles moules. Saucez le tout largement et faites servir aussitôt, en disposant trois belles queues de crevettes roses sur chaque filet de sole.

L'ANGUILLE DE CHATEAUBRIAND. — Dans une sauteuse contenant douze beaux tronçons d'anguille de roche, versez une bouteille de Corton jeune. Ajoutez-y un bouquet garni, quatre gousses d'ail écrasées, puis une Mirepoix de rouge de carotte et d'oignons émincés et cuits au beurre à feu lent. Chauffez bien le tout et allumez. Dès que le vin aura flambé, vous introduirez un quart de litre de fumet de poisson et vous cuirez à feu doux. Retirez ensuite la cuisson, passez-la et la réduisez à glace; mêlez-y une petite louche de demi-glace fine, après quoi vous monterez cette sauce avec deux cent cinquante grammes de beurre fin et une cuillerée à dessert d'essence d'anchois pilés.

Disposez alors dans une croustade en feuilletage, les tronçons d'anguille surmontés, chacun, d'un beau champignon tourné et cuit très blanc. Parsemez le tout de soixante queues d'écrevisses; puis saucez entièrement l'anguille de votre sauce passée au linge fin. Vous la servirez en l'accompagnant de douze tartines de pain grillées au parmesan.

LA CRAPAUDINE DE SAUMON. — Taillez dans un filet de saumon douze belles escalopes, que vous placerez dans un sautoir avec un gros oignon émincé, un bouquet garni, quatre gousses d'ail, du sel et du poivre en grain. Mouillez de Bourgogne rouge, Moulin-à-Vent ou Mâcon; fermez hermétiquement l'ustensile et cuisez. Cela fait, posez les escalopes dans un plat à pie; puis versez la cuisson dans une sauteuse pour l'y réduire, en l'additionnant de trois petites louches de fine demi-glace et d'une louche de glace de viande. Lorsque ce liquide sera suffisamment réduit, j'entends quand il nappera la spatule, vous y incorporerez deux cent cinquante grammes de beurre fin, ainsi qu'une pointe de Cayenne.

Recouvrez les escalopes de trente-six beaux champignons tournés et cuits très blancs et d'autant de lames de truffes fraîches. Saucez abondamment le tout de votre sauce (communément nommée sauce Matelote) de façon que les escalopes y baignent littéralement. Enfermez votre mets dans une abaisse de feuilletage, que vous dorerez au jaune d'œuf; poussez au four la crapaudine, et servez-la quand la croûte en sera devenue feuilletée et joliment colorée.

LES AIGUILLETTES DE BARBUE MADELONNETTE. — Sur un lit de chicorée crémeuse, dressez des filets de barbue cuits au vin blanc, saucez-les de sauce au vin blanc, glacez-les, puis entourez-les d'œufs Chimay et de douze petites tartelettes en feuilletage très croustillantes, garnies d'une fine purée de saumon liée de sauce crevette.

LE BROCHET A L'ANGEVINE. — Videz un brochet de trois livres, lavez-le bien et levez-en la peau. Piquez-le de lard fin, assaisonnez-le de sel et de poivre et passez-lui de distance en distance quatre bracelets de ficelle. Arrosez-le de beurre fondu, puis enveloppez-le de papier beurré.

Cuisez-le à la broche pendant une heure et quart; débrochez-le ensuite, enlevez les bracelets, et placez-le sur un plat d'argent. Versez sur le poisson un demi-litre environ de sauce Bercy; après quoi, vous le mettrez au four pour vingt minutes en le mouillant le plus souvent possible de sa sauce.

A sa sortie du four, il sera de couleur blonde. Vous le garnirez alors, sur son plat, aux deux extrémités, d'un buisson de pommes Lorette, et, de chaque côté, de six beaux œufs pochés au gratin. Ces œufs pochés, saucés de sauce Mornay et saupoudrés de parmesan, auront été arrosés de beurre fondu, puis gratinés d'une belle couleur dans des fonds d'artichauts garnis d'une purée de champignons fine et crémeuse.

LA SOLE RÉGENCE. — Prenez deux belles soles aussi blanches qu'épaisses, pesant cinq cents grammes chacune. Parez-les, dépouillez-les de leurs deux peaux, et les placez dans un plat long grassement beurré. Couvrez-les d'une cuisson de champignons et d'un verre de bon Champagne brut, et mettez-les cuire à feu doux.

Réduisez ensuite la cuisson, mêlez-y six jaunes d'œufs et travaillez le tout ensemble. Incorporez encore à cette sauce une cuillerée de crème épaisse; faites-la cuire, puis montez-la avec un kilogramme de beurre fin. Passez-la finalement à la mousseline après l'avoir assaisonnée de sel et de poivre de Cayenne.

Posez les soles sur un plat long, en ayant soin d'enlever les arêtes latérales. Entourez-les de vingt-quatre petites quenelles d'éperlan mousseline et de trente queues d'écrevisses que vous saucerez abondamment. Ornez les soles, de la tête à la queue, de truffes taillées en amandes et lustrées de glace de volaille. Enfin, sur les bords du plat, disposez une couronne de croûtons en feuilletage taillés en dent de loup. Les croûtons doivent être très croustillants et levés seulement à la hauteur d'un tiers de centimètre.

LES ESCALOPES DE TURBOT WAGRAM. — Dans une sauteuse beurrée, disposez une couche de tomates émondées, épépinées et concassées, sur laquelle vous étalerez douze belles escalopes taillées dans d'épais filets de turbot. Salez et poivrez; cuisez à feu doux; puis ajoutez une cuillerée de glace de volaille, ainsi que douze truffes pelées pesant quarante grammes. Lorsque les escalopes seront à point, vous les dresserez en cercle autour des truffes sur un plat bordé d'une couronne d'argent.

Réduisez alors le fonds, allongez-le d'un demi-litre de sauce Hollandaise et travaillez à souhait ce mélange, dont vous saucerez largement les escalopes. Quant aux truffes, vous les arroserez de glace de volaille dédoublée de fonds.

Le prince de Wagram, fin gastronome à l'intention de qui je composai cette recette, apprécia comme il le convenait ces escalopes de turbot.

LES CAISSETTES DE LAITANCE A LA MARIÉE. — Pochez des laitances de carpes au court-bouillon au vin blanc; épongez-les avec soin, puis disposez-les dans des caissettes en feuilletage très croustillant. (L'addition à ce feuilletage d'un quart de livre de pâte fine à pâté est chose fort recommandable).

Sur chacune des laitances, dressez quatre queues d'écrevisses cuites au fin court-bouillon. Saucez le tout d'une sauce moutarde à la crème et surmontez chaque laitance d'une belle lame de truffe épaisse, lustrée de glace de veau. Placez enfin vos laitances sur une serviette, les arrangeant en couronne autour d'un bouquet de persil.

Pour faire cette sauce moutarde, incorporez à un demi-litre de sauce poisson au vin blanc une cuillerée à dessert de moutarde Grey-Poupon de Dijon sans aromates.

LE HOMARD AU FEU D'ENFER. — Tronçonnez deux beaux homards vivants. Taillez en deux les coffres dans le sens de la longueur; enlevez la poche de gravier et mettez à part le corail ainsi que les intestins. Plongez les morceaux dans une sauteuse où vous aurez mis bouillir de l'huile avec soixante grammes de beurre. Quand les morceaux seront bien rouges, vous les égoutterez et les mouillerez d'un verre à madère de bonne Fine Champagne. Faites flamber sur un feu très fort, un véritable feu d'enfer. Après quoi vous ajouterez deux verres à madère de Chablis, autant de fumet de poisson, six belles tomates concassées, une forte pincée de Cayenne, quatre échalotes hachées, une gousse d'ail écrasée et le contenu d'une petite louche de glace de viande.

Après quarante minutes de cuisson, retirez la chair des anneaux et des pinces. Faites réduire la sauce avec un quart de litre de crème double. Lorsque celle-ci nappera, vous y mêlerez les intestins et le corail écrasés, ainsi que deux cent cinquante grammes de beurre de homard, préparé avec des œufs de homard. Après y avoir incorporé en outre une cuillerée d'estragon haché, vous passerez cette sauce à travers une étamine propre, quand vous la jugerez à point, et vous en saucerez les chairs. Vous servirez très chaud ce mets, l'assaisonnant au point que le gourmet qui le mange ne puisse avoir le palais brûlé davantage en enfer.

En guise d'accompagnement, vous offrirez une timbale d'argent emplie de riz Pilaff, que vous aurez confectionné comme il suit :

Faites dorer au beurre un oignon haché finement, sur lequel vous répandrez un grand verre de riz Patna. Une fois le beurre bien mousseux, mouillez le riz de trois fois son volume de bouillon blanc de volaille. Couvrez-le ensuite et poussez-le au four, pour l'y faire cuire lentement, pendant vingt et une minutes. Renversez-le alors dans une autre casserole où vous le mélangerez avec deux cents grammes de beurre noisette; fermez hermétiquement, puis remuez comme il convient le Pilaff et servez-le sans le laisser refroidir.

L'ALOSE DE VERTOU. — Videz l'alose par les ouïes, écaillez-la et lavez-la soigneusement. Épongez-la ensuite avec un linge fin, ciselez-la fortement et farcissez-la d'oseille, étuvée au beurre et liée de jaunes d'œufs. Cela fait, placez votre poisson sur un plat à gratin grassement beurré avec une cuillerée à bouche d'échalote finement hachée, deux cuillerées de persil haché de même, du sel, du poivre, un verre de vin blanc et quatre cuillerées de glace de viande. Cuisez au four l'alose en l'arrosant souvent : à point, elle sera glacée d'une belle couleur et le fonds réduit sera d'une succulence extrême. Vous offrirez en même temps une saucière de sauce Colbert, dont telle est la recette :

Versez dans une sauteuse un verre à bordeaux de glace de volaille, puis montez la sauce avec trois cents grammes de beurre frais, deux cuillerées à bouche de persil haché et les larmes d'un demi-citron.

LES ENTRÉES

LA CULOTTE DE BŒUF A LA BRETONNE.

— Prenez une belle pointe de culotte, parez-la et piquez-la de part en part de gros lardons de lard frais, mariné au Cognac, pendant six heures. Ficelez-la ensuite et faites-la revenir lentement au beurre pour lui faire acquérir une coloration remarquable. Entourez-la de deux carottes coupées en deux et de trois gros oignons, puis mouillez-la de trois décilitres de bonne eau-de-vie que vous ferez flamber. Quand la flamme sera éteinte, vous mouillerez la chair d'une bouteille de vin blanc Nantais et la couvrirez d'un fonds brun substantiel. Faites cuire alors le tout pendant six heures avec un bouquet garni, trois pieds de veau blanchis et six tomates crues écrasées.

Après cinq heures de cuisson, retirez la pièce de bœuf, arrosez-la longuement de son jus, puis couvrez hermétiquement et laissez le tout sur le feu jusqu'à cuisson complète. Vous saurez que la chair est à point, quand une aiguille que vous y enfoncerez pénétrera comme dans du beurre.

Le fonds succulent se liera de lui-même. Quant à la pièce, glacée par l'arrosage qu'on lui aura prodigué, il faudra la dresser sur un plat avec, à chaque extrémité deux superbes choux farcis, bien braisés, des petites saucisses et des marrons très fondants. Bordez la culotte d'une couronne de trente pommes de terre fondantes et de tranches de langue de bœuf écarlate. Mouillez-la de jus abondamment, et servez à part le reste de la sauce avec une bonne purée Soubise.

LE JAMBON D'YORK AU CHAMPAGNE.

— Faites dessaler un jambon d'York pendant quatre jours en le changeant d'eau deux fois par jour. Plongez-le ensuite dans une braisière contenant beaucoup d'eau froide. Dès que l'eau entrera en ébullition, vous l'en retirerez pour le faire pocher lentement : quarante-cinq minutes seront le temps nécessaire pour la cuisson d'un kilogramme de chair.

Retirez le jambon, une heure avant qu'il soit à point ; débarrassez-le de sa couenne et d'une partie de sa graisse, puis faites le manche. Replacez-le alors dans une autre braisière, où vous l'arrosez d'une bouteille de Champagne demi-sec de première marque ; portez à l'ébullition la casserole hermétiquement close, et poussez-la au four pour une heure et demie. Arrosez fréquemment le jambon, glacez-le à la glace blonde de veau, afin qu'elle revête une belle couleur, puis ornez-en le manche d'une manchette.

Cela fait, dressez-le sur un long plat d'argent. Environnez-le d'une couronne formée de vingt-quatre laitues farcies, braisées et étuvées au fonds de veau, alternant avec douze grosses quenelles de volaille mousseline. Garnissez, en outre, chaque extrémité du plat, d'un buisson de douze rissoles de purée de champignons.

Et servez à part une saucière emplie d'un fonds de veau, allongé du fonds de braisage dégraissé. Ce fonds doit être d'une grande succulence.

LES CÔTES DE VEAU DUCHESSE.

— Parez soigneusement six belles côtes premières, assaisonnez-les de sel et de poivre, puis faites-les cuire lentement au beurre en les arrosant souvent. Leur cuisson terminée, dressez-les en couronne sur un grand plat d'argent, après avoir papilloté les manches ; et tenez-les au chaud.

Retirez alors le beurre de la cuisson. Déglacez le fonds de la sauteuse avec trois décilitres de bon Porto. Après réduction d'un tiers, ajoutez-y trois cuillerées de glace de veau, un demi-litre de crème double épaisse et trois petites cuillerées de bon velouté de volaille. Laissez ce fonds réduire jusqu'à ce qu'il commence à napper ; incorporez-y ensuite trois jaunes d'œufs et cent cinquante grammes de beurre frais, puis passez le tout à la mousseline sur les côtes.

Pendant la cuisson, vous aurez préparé six fonds d'artichauts tapissés de chicorée à la crème; garnissez-les d'un petit œuf poché, nappez-les de Mornay, saupoudrez-les de parmesan et glacez-les à la salamandre. Sur le plat, cerclé d'une bordure d'argent ou de pâte à nouilles, ils environneront les côtes de veau, qui se presseront elles-mêmes autour d'un élégant bouquet de pointes d'asperges vertes, liées au beurre au sortir de la cuisson.

LA MATELOTE DE CANETON A LA CAPELIÈRE. — Traitez-la comme un civet de lièvre. Liez la sauce avec le sang du caneton, ou plutôt avec le sang d'un lièvre, ce qui confère à la matelote un goût merveilleux. Garnissez le caneton de petits oignons, de champignons et de bons croûtons. Et servez à part une timbale de nouilles au beurre, que vous viendrez d'étuver avec des lames de truffes fraîches pelées et quelques cuillerées de sauce matelote.

LE BARON D'AGNEAU DU CAFÉ FOY. — A une selle d'agneau Pauillac, laissez adhérer les deux gigots auxquels vous ferez les manches. Cuisez alors ce baron à la broche en l'arrosant de beurre fondu et le parsemant de mie de pain blanc, jusqu'à ce qu'il soit croustillant à souhait.

Pendant ce temps, foncez des moules à tartelettes de rognures de feuilletage; saupoudrez-les de parmesan râpé et les arrosez de beurre fondu. Puis battez en omelette six œufs avec un demi-litre de crème double épaisse, du sel, une pincée de sucre, une cuillerée à café de farine, ainsi qu'une poignée de parmesan râpé. Remplissez les tartelettes de cet appareil passé au chinois, poussez-les au four et laissez-les cuire trente minutes sur une plaque. Vous les dresserez autour du baron, les intercalant de douze pommes nouvelles fondantes et de douze cœurs de laitues farcis de farce à quenelles de volaille, braisés puis étuvés pendant vingt minutes dans un succulent fonds de veau.

Entre le rôt et sa garniture, versez le jus bien chaud de la lèchefrite. Et servez à part une sauce Béarnaise.

LA POULARDE DE RICHELIEU. — Troussez la poularde en entrée, bardez-la et pochez-la dans une casserole en bi-métal. (Richelieu la faisait cuire dans une casserole d'argent, mais tout le monde n'est pas cardinal.) Couvrez-la d'un fonds blanc de volaille, auquel vous ajouterez cinq cents grammes de beurre frais, puis douze petits cœurs de céleri en branches, bien blanchis.

Cinquante minutes avant de la servir, vous poserez six belles truffes autour de la poularde. Vous la dresserez ensuite sur un plat rond, l'entourant de la garniture en bouquets. Faites alors réduire le fonds; liez-le de crème double, dégraissez-le à peine, puis saucez-en votre mets pour l'enrober légèrement.

LE FOIE GRAS A LA MODE DE NANTES. — Dans un beau foie gras très ferme, taillez douze escalopes de la dimension d'un petit macaron. Assaisonnez-les de sel et de poivre, passez-les à la farine, puis faites-les sauter au beurre, en les tenant roses. Vous les disposerez ensuite sur un plat à gratin tapissé d'une couche de Duxelles blanche, liée légèrement de glace de viande.

Dégraissez alors le fonds des escalopes; déglacez-les au Madère et laissez-les réduire en y ajoutant quelques cuillerées de fonds de veau très réduit. Liez-le au beurre et saucez-en les escalopes, que vous saupoudrerez finement de parmesan et ferez glacer à la salamandre.

LE PERDREAU SAUTÉ MONSELET. — Découpez à cru deux perdreaux gris de Bretagne, assaisonnez-les de poivre et de sel et faites-les cuire au beurre. Détachez ensuite les membres, que vous tiendrez au chaud. Puis hachez très finement les carcasses pour en confectionner une sauce salmis.

Mettez alors des truffes et vingt-quatre petites têtes de champignons dans le beurre, où vous avez fait revenir les perdreaux. Lorsque le tout sera bien chaud, vous déglacerez avec un verre de fin Madère, et laisserez réduire de moitié. Passez sur cet appareil la sauce salmis réduite à point, ajoutez-y les membres de vos bêtes et donnez au tout vingt minutes de cuisson. Dressez alors les membres des perdreaux au centre d'un plat rond ; versez sur eux les truffes et la sauce, puis environnez le tout de vos champignons en couronne et de douze petits croûtons dorés au beurre et farcis d'une farce à gratin au foie gras et aux foies de perdreaux.

L'OISON ALSACIEN. — Pour préparer cette jeune oie, videz-la par le haut et enlevez-en le bréchet.

Confectionnez alors une purée de pommes Duchesse fine et crémeuse à laquelle vous mêlerez quarante petites chipolatas cuites au beurre. Farcissez la bête de cet appareil, bridez-la en rôti et la cuisez au four. Dressez sur un plat le rôti arrosé de son jus, puis entourez-le de douze petits boudins blancs de volaille aux pistaches intercalés de douze petits boudins noirs. Versez le jus de la volaille autour.

LE GÂTEAU DE LIÈVRE. — Cuisez un lièvre en civet selon la formule déjà donnée.

Enlevez-en tous les os ; après quoi vous préparerez une pâte feuilletée à six tours, dont vous ferez deux abaisses comme pour un gros vol-au-vent. Au centre de l'une d'elles, et la recouvrant aux trois quarts, disposez une couche de fine Duxelles froide, faite avec des champignons très frais, dont l'épaisseur ne dépassera pas un demi-centimètre. Placez là-dessus, avec sa garniture, votre civet froid et peu saucé. Égalisez les viandes avec soin pour que l'abaisse supérieure soit, sinon plate, du moins à peine voûtée. Soudez alors par la pression des pouces les bords des deux abaisses, après avoir humecté d'eau froide les bords de celle du dessous. Ciselez les bords au tranchant du couteau et quadrillez la croûte avant de la dorer au jaune d'œuf. Ainsi préparé, le gâteau de lièvre sera poussé au four, où vous le laisserez environ une heure jusqu'à ce qu'il soit joliment coloré.

Vous le servirez croustillant et chaud, en présentant à part le reste de la sauce.

LA SELLE DE BÉHAGUE JULIETTE. — Parez la selle et la ficelez de trois bracelets de ficelle. Assaisonnez-la de sel, couchez-la sur une broche anglaise et cuisez-la en comptant quinze minutes par kilogramme de chair. Après l'avoir débrochée, laissez-la reposer vingt minutes, puis dressez-la bien chaude au centre d'un long plat d'argent. Garnissez-la de douze petites timbales de nouilles, garnies elles-mêmes de purée de volaille très moelleuse et intercalées de douze beaux champignons, que vous aurez étuvés au beurre en les arrosant de temps à autre de glace de volaille et de quelques gouttes de bon Porto. Ces champignons, une fois cuits, seront enveloppés, d'une fine glace couleur de rubis ; vous les garnirez alors d'une purée de haricots blancs bretonne.

Vous servirez à part une Soubise, ainsi que le jus assez gras de la selle. Les deux extrémités du plat, que doit cercler une bordure en pâte à nouilles, seront ornés d'un beau bouquet de pommes paille blondes comme des épis.

LE POUPETON DE RIS DE VEAU. — Préparez une farce fortement assaisonnée, avec du veau, de la graisse, du lard, des champignons, de la mie de pain trempée dans de bon jus, des fines herbes de toutes sortes et des œufs.

Revêtez alors le fond d'un moule de bardes de lard, que vous tapisserez de tranches de jambon enduites de farce. Remplissez le moule d'escalopes de ris de veau roidies au beurre, intercalées de farce et d'une garniture de truffes, de morilles et de fonds d'artichauts. Terminez par une couche de farce, couvrez le tour d'une feuille de papier beurré, et cuisez au four sur de la braise.

Laissez reposer le poupeton quelques minutes. Renversez-le sur un plat, puis servez-le, dépouillé des bardes de lard et des tranches de jambon et copieusement arrosé d'un coulis de jambon, de volaille ou de champignons.

Cette recette m'a été donnée par M. Marie, propriétaire de l'Hôtel du Croissant, à Tours, et cuisinier de grand talent.

LES PETITS FILETS CRÊPETTES. — Dans la queue d'un filet de bœuf dénervé taillez six petits filets que vous aplatirez légèrement. Passez-leur un bracelet en ficelle, assaisonnez-les de sel et de poivre et faites-les sauter au beurre noisette en les tenant roses. Dressez ensuite chaque filet sur une croquette plate de pommes de terre Duchesse, de même dimension que le filet et d'épaisseur égale au quart de celle du filet. Déglacez le fonds de fin Madère, allongez-le de quelques cuillerées de glace de veau, puis montez-le au beurre.

D'autre part, faites cuire au beurre six demi-tomates émondées, épépinées et concassées; étuvez-les soigneusement et ajoutez-leur un tiers de leur volume de hachis de jambon d'York. Préparez alors douze petites crêpes sans sucre : vous les enlèverez de la grandeur des filets à l'aide d'un coupe-pâte, et disposerez sur six d'entre elles une couche de votre appareil de tomates. Placez ces crêpes sur les filets; recouvrez-les des autres crêpes, puis arrosez le tout du fonds succulent.

Garnissez le plat, en son milieu, de belles pointes d'asperges liées au beurre et bordez-le d'une couronne d'argent.

LA MOUSSE DE VOLAILLE SUPRÊME. — Pilez avec du sel six cents grammes de blanc de volaille. Introduisez successivement trois blancs d'œufs dans cet appareil, avant de le passer au tamis fin; laissez-le une heure et demie sur la glace, incorporez-y cinq décilitres de crème fraîche très épaisse, puis essayez ce mélange. Beurrez alors un moule à cylindre, dont vous décorerez le fond de truffes, pour y cuire au bain-marie votre mousse blanche.

Après la cuisson, démoulez sur un plat rond d'argent, égouttez bien, et, avant d'enlever le moule, épongez le jus qui en découle. Saucez la mousse d'une sauce suprême au fumet de truffes, environnez-la de douze truffes moyennes pelées, cuites au Champagne et à la glace de volaille, et bien lustrées. Entourez le plat d'une bordure d'argent; puis servez-le en offrant à part une timbale de pointes d'asperges vertes liées au beurre.

LA POULARDE SURPRISE. — Prenez de petites truffes cuites dans du Madère et un peu de jus de veau lié, autant de petites escalopes de ris de veau étuvées au beurre et enveloppées du jus des truffes, puis autant de gros dés de foie gras.

De tous ces ingrédients, composez une farce pour en farcir une poularde, dont vous aurez enlevé l'os de l'estomac. Cette poularde, bien bridée et enfermée dans une vessie de porc, hermétiquement close, devra cuire à feu lent, pendant deux heures, dans un bouillon léger. Vous la servirez, telle quelle, en l'accompagnant d'une sauce suprême au fumet de champignons. Et les convives la verront dépouiller de sa vessie, avant qu'on ne la découpe.

Servez à part un risotto garni de petites escalopes de ris de veau sautées au beurre et déglacées au Porto et à la crème.

LE CANETON PETITE FERMIÈRE. — Faites revenir au beurre un oignon en le dorant à peine ; ajoutez dans la sauteuse deux cents grammes de beau foie de caneton haché, ainsi que cent cinquante grammes de foie gras frais, que vous passerez légèrement sur les oignons. A cette farce que vous tiendrez saignante, incorporez deux cuillerées de glace de volaille ; pilez-la ensuite soigneusement, et passez-là au tamis, avant d'y introduire une douzaine de petites saucisses chipolata roidies au beurre.

Désossez alors l'estomac d'un beau caneton Nantais, que vous ouvrirez par le dos. Farcissez la volaille de la farce que vous venez de composer, puis recousez l'ouverture. Cela fait, bridez le caneton, bardez-le, et le poêlez au beurre. (Il sera bon de l'arroser de temps à autre d'une cuillerée de bon vin blanc et d'autant de fonds de volaille réduit.) Débardez-le ensuite, débridez-le et glacez-le délicatement de sa cuisson, à l'entrée du four. Dressez-le enfin sur un long plat d'argent, au milieu de douze cœurs de céleri braisés bien fondants et étuvés dans leur cuisson réduite, de deux beaux bouquets de marrons très fondants et de six laitues braisées au Porto. Versez sur la bête une partie du fonds dégraissé, et servez le reste dans une saucière.

LE DÉLICE DE BRETAGNE. — Cuisez sans les sucrer vingt-quatre petites crêpes très fines, que vous poserez l'une sur l'autre en les parsemant de jambon haché menu. Arrosez ce pain de crème double épaisse et de quatre cuillerées de glace de veau, et poussez-le au four. Pendant toute l'heure que durera sa cuisson, vous verserez fréquemment sur ce mets de bonne crème jusqu'à ce qu'il vous apparaisse de belle couleur dorée et que la sauce soit onctueuse et nappe bien.

LES BRESSOLETTES DE LIÈVRE NANTAISE. — Hachez finement la chair de trois râbles dont vous aurez enlevé les nerfs ; ajoutez-y du lard frais haché menu, représentant en volume la moitié de la chair. Assaisonnez le hachis de sel et de poivre, puis formez-en des palets d'égale dimension, que vous ferez sauter au beurre.

Posez ces bressolettes sur des croûtons et dressez-les en couronne sur un plat, en faisant supporter à chacune d'elles une petite escalope bien ronde de ris de veau. Saucez-les d'une fine sauce poivrade ; et garnissez le centre du plat d'une purée de champignons très blanche.

LE FAISAN A LA DAUPHINOISE. — Faites cuire en civet deux cuisses de jeune levraut. Laissez-les refroidir dans leur sauce courte ; hachez-les ensuite avec un volume égal de foie gras, cuit au Porto, et quatre truffes fraîches pelées. (Il vous faudra préparer isolément chacun de ces hachis avant de les mélanger.)

Fourrez un faisan de cette farce, glissez-lui des lames de truffes entre la chair et la peau ; bridez-le, puis faites-le cuire au beurre dans une casserole en l'arrosant de temps à autre de Fine Champagne. Quand sera terminée la cuisson, qui doit être lente, vous verserez sur la bête quelques cuillerées de fonds de volaille réduit, et vous répéterez cette opération aussi souvent que possible.

D'autre part, dorez au beurre un croûton de pain des deux côtés ; farcissez-le de farce à gratin de foie gras, et dressez-le sous le faisan débridé, que vous arroserez d'une partie de son fonds succulent. Environnez la bête de douze beaux champignons étuvés au beurre et au Porto, lustrés de glace de volaille et garnis de purée de marrons très crémeuse ; ces champignons seront intercalés de cœurs de céleri braisés très fondants, sur lesquels vous aurez disposé quatre lames de moelle de bœuf pochée.

Entourez le plat d'une bordure d'argent, et servez à part ce qui restera de la sauce.

LES CAILLES AUX BEIGNETS. — Troussez en entrée douze cailles bien dodues ; faites-les réduire au beurre et laissez-les refroidir. Panez-les ensuite à l'anglaise avec de la mie de pain fraîche ; puis terminez au beurre leur cuisson, dans un plat à sauter où vous les arroserez sans cesse. Lorsqu'elles seront à point, très dorées et croustillantes, vous les assaisonnerez à votre guise et les dresserez en buisson. Environnez-les de douze petites tomates cuites dans des moules à pomponnettes grassement beurrés et farcis d'un hachis d'agneau braisé, mélangé d'un quart de riz.

Entourez le plat d'une bordure d'argent.

Et servez en même temps une sauce demi-glace au Madère, où vous aurez fait cuire cent grammes de truffes émincées.

LES ENTRÉES FROIDES

LE PÂTÉ DE GRIVES AU GENIÈVRE. — Vingt-quatre heures avant de composer le pâté, préparez-en la pâte. Pour cela, faites la fontaine avec un kilogramme de farine tamisée ; disposez au centre six cents grammes de beurre, quatre jaunes d'œufs, du sel, une cuillerée et demie de sucre en poudre et deux décilitres d'eau tiède. Amalgamez convenablement ce mélange pour en confectionner une pâte que vous laisserez reposer.

Désossez, d'autre part, vingt-quatre grives ; et enlevez-en les filets, que vous mettrez macérer dans du Madère et du Cognac avec du sel, du poivre, des épices et du genièvre pilé. Pilez ensuite les cuisses, les foies et les cœurs avec quatre cents grammes de foie gras frais et autant de filet mignon de porc frais. Salez et poivrez le tout, puis ajoutez-y la marinade des grives. Passez au tamis cette farce dans une terrine, après quoi vous y incorporerez un kilogramme de farce à gratin de foie de poularde et cinq cuillerées à bouche de fumet de grives réduit en glace.

Foncez alors un moule ovale avec la pâte fine à pâté que vous aviez préparée d'avance. Placez ce moule sur une plaque, en interposant entre le moule et la plaque deux feuilles de papier d'office beurré. Garnissez les parois de belles bardes de lard frais, puis tapissez-les régulièrement de farce, ainsi que le fond. Couchez au centre les filets de grives, en disposant au-dessus et sur les côtés trois rangées de foie gras ; et saupoudrez le tout de baies de genièvre écrasées. Ayant renouvelé trois fois l'opération précédente, terminez votre pâté en dôme avec de la farce. Couvrez-le à nouveau de bardes de lard ; fermez-le d'une abaisse en même pâte que le reste et décorée de feuilletage ; puis dorez la croûte et laissez reposer le pâté pendant deux heures.

Après qu'il aura cuit deux heures et demie au four moyen, et qu'il aura refroidi pendant quarante-huit heures, vous remplirez le pâté de gelée de grives par l'ouverture de la cheminée. Vous ne le servirez que douze heures après.

LE PÂTÉ DE CANETON D'AMIENS. — La pâte que voici sera préparée vingt-quatre heures avant qu'on l'utilise :

Avec deux litres de farine tamisée faites une fontaine, au centre de laquelle vous mettrez cinq cents grammes de beurre, avec du sel et un verre d'eau. En mélangeant peu à peu la farine au beurre, travaillez le tout ensemble de manière à former une pâte assez ferme, que vous fraiserez sitôt finie et porterez pour vingt-quatre heures au timbre, après l'avoir enveloppée dans un linge humide.

Il vous faudra, pendant ce temps, préparer un petit canard de Rouen. Épicez-en bien la carcasse et farcissez-le de six foies de canard que vous aurez hachés finement et soigneusement amalgamés avec autant de lard gras frais haché, du sel, du poivre, des épices, une cuillerée de Madère et une autre de Cognac. Troussez la bête en entrée ; cuisez-la au four une demi-heure, puis laissez-la refroidir entièrement. Abaissez ensuite la pâte en forme ovale, lui donnant quelques centimètres de bordure. Disposez au centre une barde de lard ; vous y coucherez le canard, tout habillé de bardes de lard. Couvrez d'une abaisse en pâte, dont vous pincerez régulièrement les bords, puis dorez au jaune d'œuf. Faites cuire une heure au four ce pâté, sur une plaque ; après quoi vous le laisserez refroidir tout un jour.

Avant de servir le pâté, il faudra enlever le couvercle à la hauteur des cuisses. Vous découperez alors le canard et le replacerez dans sa croûte.

LA MOUSSETTE DE HOMARD RENAN. — Cuisez un beau homard à l'américaine ; réduisez la sauce et finissez-la. Décortiquez la bête, roulez-la dans la sauce, puis laissez le tout refroidir. Pilez ensuite les chairs dans un mortier et passez-les au tamis au-dessus d'une terrine, que vous laisserez reposer une heure sur la glace. Mêlez alors à la purée deux décilitres de bonne gelée de poisson ainsi que la sauce du homard, passée et serrée au préalable. Ajoutez-y un litre environ de crème fouettée, très ferme (dose qui représente à peu près six décilitres de crème brute). Malgré sa consistance, cet appareil devra être aussi léger que le serait, par exemple, un soufflé vanillé prêt à être cuit.

Placez la mousse dans une vasque de cristal taillé que vous mettrez pendant une heure et demie dans une cave à glace ; lustrez-la de gelée de poisson fine et onctueuse ; puis servez-la très froide.

LE CARRÉ DE VEAU SERGINE. — Faites braiser un beau carré de veau très blanc et bien paré. Cuisez-le lentement dans sa braise, en l'arrosant fréquemment pour qu'il prenne une appétissante couleur blonde. Laissez-le refroidir dans sa cuisson ; posez-le ensuite sur un plat long et enlevez les ficelles.

Passez la cuisson, dégraissez-la et l'allongez d'un litre de fine gelée de veau ; clarifiez le tout, puis laissez refroidir. Lorsque la gelée sera prise à demi, vous en lustrerez le carré aussi bien que le plat. Ornez celui-ci de douze fonds d'artichauds garnis d'une salade de légumes liée à la mayonnaise et coiffée d'une lame de jambon. Lustrez le tout de gelée de volaille blanche, puis intercalez les fonds d'artichauts de douze truffes cuites au Champagne et à la glace de volaille ou de veau. Ces truffes, remuées pendant le refroidissement pour qu'elles s'enrobent de leur cuisson, auront été finalement lustrées.

Piquez le carré de veau de trois beaux hâtelets, et servez à part une sauce mayonnaise au Cabul.

LA DAUBE DE POULARDE A L'ANCIENNE. — Avec du jarret de veau et des carcasses de volaille, préparez un litre de gelée que vous tiendrez aussi claire que possible, car il ne la faudra point clarifier.

Découpez ensuite une poularde et faites-la blondir au beurre ; salez et poivrez, puis la placez dans une terrine longue en porcelaine. Déglacez alors la sauteuse, où vous aurez laissé le beurre de cuisson, en y versant un verre de vin blanc de Bourgogne. Passez au chinois sur la poularde ce fonds additionné de la gelée ; et mettez cuire au four, pour une heure et demie, la terrine hermétiquement close. Laissez refroidir ainsi la daube, et servez-la le jour suivant.

LE FOIE GRAS AU PORTO. — Les proportions que je vais indiquer ne sont valables que pour un kilogramme de foie gras :

Mettez dans une casserole un kilogramme de jarret de veau légèrement revenu et une poule taillée en morceaux. Mouillez d'une demi-bouteille de Porto rouge, puis versez sur cette chair assez de fonds de gelée de volaille pour la submerger complètement. Faites cuire à feu doux pendant trois heures, après quoi vous passerez la cuisson qui devra être blonde.

Cela fait, emmaillotez dans des bardes de lard un foie gras cloué de truffes, que vous aurez fait mariner au Porto. Ficelez-le, pochez-le une heure environ et laissez-le refroidir dans la cuisson.

Débardez-le ensuite, épongez-le soigneusement et placez-le dans une belle vasque ovale en cristal taillé.

Clarifiez alors votre fine gelée. Lorsqu'elle sera à demi prise et de couleur rubis, vous en arroserez le foie gras pour l'y enterrer tout à fait. Laissez refroidir le tout au timbre pendant six heures, puis servez ce régal entouré de glace pilée.

LA SALADE VALMONT. — Ayez des pommes de terre cuites à la vapeur, taillez-les en forme de gros bouchons, puis émincez-les. Placez-les alors dans une terrine avec une égale quantité de truffes cuites au Madère.

Assaisonnez cette salade d'une vinaigrette, liée à la mayonnaise et dressez-la en dôme dans un saladier. Entourez-en la base d'une ceinture de tomates bien charnues, émondées, épépinées et émincées. Ceignez le dôme de deux colliers faits d'un émincé de fonds d'artichauts. Enfin, couronnez le sommet d'un petit cœur de laitue bien pommée.

Et servez la salade, entourée de glace pilée.

LA SALADE SOUVERAINE. — Taillez les têtes d'une belle botte d'asperges d'Argenteuil, cuites très blanches. Lorsqu'elles seront refroidies, vous les épongerez et les disposerez en dôme au centre d'un saladier en cristal entouré de glace pilée. Une belle couronne de haricots verts, les plus petits possibles, entourera ces pointes d'asperges, que devra relever une fine julienne de noix de jambon très rose. Semez en pluie sur la salade un assaisonnement fait d'une vinaigrette au cerfeuil, d'un soupçon de moutarde et des jaunes écrasés de quatre œufs durs.

LES RÔTS

L'OISON A LA MOUTARDE. — A deux cent-cinquante grammes de farce à gratin au foie gras mélangez intimement des marrons cuits au bouillon blanc de volaille et étuvés au beurre, ainsi qu'une égale quantité de petits boudins de porc grillés et enrobés de moutarde ordinaire.

Fourrez de cette farce un jeune oison, que vous briderez à la broche et ferez cuire en l'arrosant souvent. Dressez-le, une fois débridé, sur un plat long, au milieu d'une couronne d'escalopes de rognons de veau sautées au beurre, tenues roses et lustrées de sauce Robert bien dépouillée. Arrangez à chaque extrémité du plat un buisson de petits choux de Bruxelles légèrement colorés au beurre et bien fondants.

Et puis liez le jus, qui devra être un peu gras, d'un soupçon de moutarde, avant de le verser dans une saucière.

LE ROI DE CAILLES A LA GOUTTE DE SANG. — Bridez des cailles en entrée, bardez-les et les cuisez au beurre dans un petit poêlon en terre avec une brindille de thym sauvage et de sauge. Quand elles seront cuites aux trois quarts, vous les déglacerez avec un très vieux Château-Yquem, et les mouillerez de glace blonde de volaille à raison d'une cuillerée par oiseau.

Enlevez la moitié du beurre de la cuisson, puis ajoutez des croûtons en dés bien croustillants et dorés, et des petits lardons.

Vous servirez incontinent dans le poêlon.

LES LÉGUMES

LES CÈPES A LA FEUILLE DE VIGNE. — Taillez en dés moyens les têtes de six beaux cèpes; faites-les sauter à l'huile fine, puis assaisonnez-les de sel et de poivre. Placez-les ensuite dans une casserole basse, avec un volume égal de tomates concassées et étuvées au beurre, auxquelles vous ajouterez deux cent cinquante grammes de petits lardons rissolés. Arrosez le tout d'un verre de Porto rouge sec et de deux verres de glace de volaille. Et poussez les cèpes au four pour les braiser pendant une heure et demie.

Faites blanchir alors douze belles feuilles de vigne. Après les avoir rafraîchies et épongées, étalez-les sur un linge blanc, puis farcissez-en le centre d'une bonne cuillerée de cèpes. Roulez les feuilles en forme de pommes que vous couvrirez et ferez suer dans une sauteuse beurrée. Mouillez ces boulettes de fonds de veau jusqu'au quart de leur hauteur; donnez-leur une heure de plus de cuisson, et dressez-les sur un plat rond où vous les arroserez de leur fonds succulent et doré.

LES FONDS D'ARTICHAUTS COMTESSE. — Cuisez au blanc douze beaux fonds d'artichauts très tendres, puis étuvez-les au beurre pendant trente minutes sans les laisser prendre couleur. Farcissez-les en dôme d'une purée de champignons mélangée d'un tiers de son volume de purée de blanc de volaille. Nappez-les de sauce Mornay fine; saupoudrez-les de parmesan râpé et glacez-les d'une belle couleur dorée.

Disposez-les alors dans un plat rond, au centre duquel vous dresserez en pyramide de belles pointes d'asperges vertes cuites au beurre.

LES CÈPES FRAIS EN TERRINE. — Parez et lavez douze têtes de cèpes de moyenne dimension, puis dorez-les dans de l'huile fine. Placez-les ensuite dans une terrine allant au feu, assaisonnez-les de sel et de poivre, et couvrez-les d'huile fine chaude. Fermez hermétiquement la terrine, mettez-la cuire pendant six heures sur la cendre, puis égouttez les cèpes.

Faites chauffer alors dans une poêle un verre à bordeaux d'huile fine avec deux morceaux de beurre gros comme un œuf. Une fois le tout bien chaud, ajoutez quatre échalotes hachées, quatre cuillerées de mie de pain fraîche et quatre cuillerées de persil concassé. Faites cuire vos cèpes vingt minutes dans cette persillade et servez-les bouillants.

LES CONCOMBRES PETIT-DUC. — Dans trois concombres épluchés et parés taillez dix-huit godets que vous creuserez à demi. Faites-les longuement blanchir, puis placez-les, épongés et salés, dans une sauteuse beurrée grassement. A l'aide d'une poche et d'une douille, emplissez alors les cavités de vos godets de purée fine de blanc de volaille ; couvrez les concombres d'un papier beurré, ainsi que du couvercle, et laissez étouffer à feu doux jusqu'à ce que soit terminée la cuisson.

D'autre part, faites sauter des morilles dans la cuisson des concombres ; vous achèverez de les cuire à la crème, en ajoutant deux cuillerées de glace de veau. Disposez-les en pyramide au centre d'un plat rond ; les bords en seront occupés par vos godets, que coifferont des lames de truffes lustrées de glace de volaille.

LES ENTREMETS

LES BEIGNETS DE CERISES DES BÉGUINES. — Préparez une pâte à brioche. Laissez-la passer la nuit au timbre, après l'avoir fait pousser et rompre ; vous la partagerez en deux et en ferez deux abaisses, comme pour des ravioles. Sur l'une de ces abaisses disposez, trois par trois et à intervalles égaux, de belles cerises de compote. Nappez les fruits de leur cuisson réduite formant gelée, surmontez-les d'une autre cerise et couvrez-les de la seconde abaisse. A l'aide d'un coupe-pâte emportez-y des beignets que vous laisserez lever un peu dans un endroit tiède : vous les ferez frire de belle couleur et les servirez en buisson.

Accompagnez-les d'une purée de cerises parfumée au Cherry-Brandy, dont la consistance sera celle d'une sauce d'abricots.

LE POUDING VICOMTESSE. — Dans un litre de lait vanillé cuisez deux cent cinquante grammes de tapioca avec cent cinquante grammes de sucre, un bâton de vanille et gros comme un œuf de beurre. Quand cette bouillie sera cuite, vous y mêlerez six jaunes d'œufs et vous lierez bien. Incorporez-y encore cinq blancs d'œufs battus en neige très ferme ; puis moulez cet appareil dans un moule à pouding beurré et le cuisez au four doux, au bain-marie. Démoulez le pouding et le saucez d'une sauce sabayon au kirsch ou d'une sauce aux pêches et marasquin.

LES PÊCHES MOSCOWA. — Dépouillez douze belles pêches de leur chemise ; cuisez-les dans un sirop vanillé, puis laissez-les refroidir dans leur cuisson. Dressez-les ensuite dans une vasque de cristal taillé, où vous les immergerez aux trois-quarts dans une gelée de fraises. Décorez chaque fruit d'une fleur, formée par cinq demi-amandes fraîches issues comme des pétales d'une petite fraise des bois.

Vous servirez vos pêches dans la vasque, environnée de glace pilée, et offrirez à part vingt-quatre meringues Chantilly.

LES CRÊPES SUZETTE. — Dans quatre décilitres de lait parfumé au zeste d'orange, mélangez dix œufs entiers avec quatre décilitres de crème Fleurette. Délayez-y cinq cents grammes de farine, cent cinquante grammes de sucre en poudre et une pincée de sel ; versez-y un demi-décilitre de Fine Champagne, et passez votre appareil à la mousseline. Incorporez-y ensuite trois décilitres de crème fouettée très ferme, et la pâte sera prête.

Ces crêpes après leur cuisson devront être flambées de la même manière que les crêpes Marnier. Il faudra ici, toutefois, accentuer davantage le parfum du zeste d'orange.

LES POIRES MÉLISANDE. — Dans un moule à croustade basse ou dans un cercle à flan, cuisez une madeleine d'un centimètre d'épaisseur. Posez-la sur un plat rond, imbibez-la à saturation d'excellent Kirsch et de Marasquin, puis nappez-la d'une couche de gelée de groseille d'un demi-centimètre d'épaisseur. Dressez sur la madeleine douze demi-poires, pochées à la vanille dans un sirop et débarrassées de leur cœur. Nappées de gelée de groseille, ces poires supporteront elles-mêmes un soufflé vanillé contenant six cuillerées de riz en grain. Saupoudrez de sucre ce soufflé et cuisez-le de belle couleur. Vous l'entourerez avant de le servir d'un cordon translucide de gelée de groseille.

LES MERVEILLES FRITES. — Passez au tamis sur le marbre deux cent cinquante grammes de farine, et faites la fontaine. Placez au centre trois œufs entiers, quatre-vingts grammes de beurre, quarante grammes de sucre, du sel, le zeste râpé d'un citron et trois cuillerées à bouche du meilleur Cognac. Mêlez ensemble ces ingrédients divers et n'incorporez que peu à peu la farine. Vous devrez obtenir une pâte très lisse, que vous couvrirez et laisserez reposer une heure et demie. Abaissez-la ensuite en couche très mince et découpez-la en bandes, comme des lasagnes, que vous ferez frire dans une friture composée d'un tiers de saindoux et de deux tiers de beurre clarifié.

LES FRAISES A LA ROYALE. — Épluchez un kilogramme de très belles fraises Chanzy ; déposez-les dans un saladier et saupoudrez-les de sucre en poudre. Arrosez-les alors de six cuillerées de fin Kirsch où vous les laisserez mariner trois heures, les remuant de temps à autre avec d'infinies précautions. Vous les dresserez en buisson dans une vasque de cristal ; vous les mouillerez de leur liqueur et les enroberez de gelée de groseille. Couvrez-les entièrement de crème Chantilly distribuée au cornet, puis entourez-les d'une couronne de petits baisers fourrés de confiture de Bar-le-Duc.

Cet entremets doit se servir très frais.

LES PÊCHES CERISETTE. — Pochez douze belles pêches en compote, que vous laisserez refroidir dans leur cuisson. Dressez-les ensuite sur un plat rond en argent, autour d'une compote de cerises Montmorency, couvertes en dôme de crème fouettée très ferme.

Nappez les pêches avec le sirop de cerises réduit. Puis ceignez le plat d'une couronne de petits choux pralinés garnis de confiture blanche de Bar-le-Duc.

LES CRÊPES LAURETTE. — Ce sont des crêpes Suzette dont on garnit le centre, avant de les replier, d'une cuillerée à dessert de confiture rouge de Bar.

Vous les plierez en quatre et les servirez toutes chaudes.

LA CROÛTE CHANTILLY. — Taillez des tranches de plum-cake d'un centimètre d'épaisseur, en leur donnant la forme de rectangles longs de huit centimètres et larges de six. Saupoudrez-les sur chaque face de sucre en poudre ; glacez-les au four, et les garnissez d'une légère couche de marmelade d'oranges.

Les intercalant de demi-pêches pochées au sirop vanillé, vous les dresserez en couronne autour d'un tampon de pain frit, dont la forme sera celle d'une pyramide de biscuit haute de quinze centimètres.

Montez en pyramide sur le tampon une compote de cerises dénoyautées que surmontera un bel hâtelet. Saucez le tout d'une sauce aux pêches au Marasquin, et envoyez à part une saucière de même sauce.

LA PÂTISSERIE

LE GÂTEAU DE FRANCE. — Pilez dans un mortier deux cent cinquante grammes de noix avec quelques gouttes d'eau, afin que les noix tournent en huile. Placez cette pâte de noix dans une terrine, travaillez-la avec deux cent cinquante grammes de sucre en poudre, après quoi vous y mêlerez l'un après l'autre dix jaunes d'œufs. Quand cet appareil sera bien mousseux, vous y introduirez cent cinquante grammes de poudre de biscuits à la cuiller. Passez le tout au tamis ; ajoutez encore deux cuillerées à soupe du meilleur rhum possible et six blancs d'œufs montés en neige ferme, puis mettez cuire cette pâte dans un moule à pain de Gênes. Démoulez votre gâteau quand il sera froid ; glacez-le au fondant rose, décorez-le élégamment au cornet, et dressez au milieu une belle rose France en sucre.

LA TARTE AUX PÊCHES. — Foncez un cercle à tarte d'une pâte composée à demi de feuilletage et à demi de fine pâte à foncer. Piquez bien cette pâte, sucrez-la légèrement et cuisez-la au four doux après l'avoir tapissée d'une couche de marmelade d'abricots. Laissez-la refroidir, puis garnissez-la de demi-pêches pochées au sirop. Tournez vers le haut la partie des fruits attenant au noyau; vous en remplirez la cavité de confiture de groseilles de Bar, dont vous n'utiliserez que les baies.

Faites, enfin, une succulente gelée avec les sirops des groseilles et des pêches pour en napper entièrement vos fruits.

LES PETITS PAINS DE MERLIN. — Mettez dans une casserole deux décilitres et demi de lait ; ajoutez-y du sel, deux cents grammes de beurre, et placez le tout en plein feu. Dès que l'ébullition se produira, vous introduirez dans le liquide, en remuant fortement, deux cent cinquante grammes de farine tamisée. Quand ce mélange sera suffisamment homogène, vous y incorporerez huit œufs l'un après l'autre ainsi que trente grammes de beurre. Laissez reposer la pâte pendant quinze minutes, renversez-la dans une poche avec douille, puis couchez-la sur plaque en forme de pains de la Mecque.

Dorez les petits pains, granulez-les avec du sucre et des amandes effilées, cuisez-les au four tiède pour qu'ils se développent bien, et laissez-les complètement refroidir. Avant de les servir, vous les remplirez de crème Chantilly.

LES PETITES GALETTES BRETONNES. — Faites la fontaine avec un litre de farine ; placez au centre quatre cents grammes de beurre fin, quinze grammes de sel, trente grammes de sucre glace, un œuf entier et un jaune d'œuf. Mélangez le tout adroitement, sans échauffer la pâte, puis ajoutez un peu de lait pour obtenir une pâte assez molle. Cette pâte sera tenue au frais pendant une heure et demie ; après quoi vous la séparerez en parties égales de quarante grammes, qu'il vous faudra rouler en forme de boules. Placez ces boules sur des plaques, et les applatissez avec précaution, en ayant soin d'en laisser le centre légèrement bombé.

Incisez-les sur les bords, dorez-les au jaune d'œuf, rayez-en la surface et cuisez-les au four ordinaire. Vous leur donnerez une belle couleur, et les servirez chaudes. Si bon vous semble, vous pourrez aussi les consommer froides.

LES SEPT JOURNÉES DE COCAGNE

SIXIÈME JOURNÉE

PRÉSENTÉE PAR

LUCIEN DESCAVES

SIXIÈME JOURNÉE

E soir du sixième jour, le roi Philène avait convié quelques membres de l'Institut de Cocagne, au banquet organisé en l'honneur des envoyés d'Akakia, parmi lesquels se trouvaient trois académiciens illustres : le poète Eurydamas, le romancier idéaliste Éphestion et l'auteur dramatique Typhis, surnommé Typhilis, à cause d'une pièce clinique, prophylactique et morale : « Tu l'as!... » qui avait fondé sa réputation dans toutes les parties du monde civilisé.

On savait, au pays de Cocagne, que les trois mages avaient mis leur génie au service de la patrie en danger. Ils aimaient, d'ailleurs, à le rappeler en livrant aux étalages leurs portraits en gardiens de squares, galonnés et constellés à plate couture.

Rien n'avait paru trop succulent pour eux. Le menu s'inspirait des conseils du roi. En y faisant inscrire le consommé Grande Dame et les poussins à la Colbert, il avait songé à Éphestion, dont toutes les duchesses ont les livres sur et à leurs genoux. En arrêtant son choix sur les ortolans à la goutte de sang, Sa Majesté avait dit : « Grand bien fasse à Eurydamas dans sa poupre! » Enfin, il avait dédié à Typhis, qui chaussait, à l'Académie, les pantoufles d'Emile Augier, le boudin de volaille à la Villemer.

Le Roi disait encore :

« Il nous faut les bien traiter ce soir, car leur déjeuner à Saint-Galimafre, malgré le jambon du Cardinal, le pâté d'alouettes et la poularde à l'estragon que je leur ai fait porter, mérite un dédommagement. J'espère que la ravigote populaire les aura mis en appétit... La réception enthousiaste qui les attendait par mes soins, en tout cas, ne peut pas laisser un mauvais souvenir.

Les sept Ligures furent ponctuels; mais ils avaient eu juste le temps de quitter leurs vêtements de voyage pour endosser le frac, et leur physionomie ne respirait pas l'allégresse.

Ils paraissaient d'autant plus las que cette journée était l'avant-dernière de leur séjour en Cocagne. L'avant-dernière, et la plus dure. Ils se souviendraient longtemps de Saint-Galimafre en liesse à leur intention! Quelle aventure, en plein midi, dans la poussière, les odeurs fâcheuses, les bousculades, les cris et les hymnes! Le bon peuple de Cocagne acclamait bien, mais il acclamait trop. Il donnait l'impression d'avoir un intérêt dans l'affaire..., et, à la vérité il en avait un, car il braillait, chantait, gesticulait et soulevait la poussière, surtout pour s'exciter à boire. Il recherchait moins le plaisir que la soif. Il avait une soif inextinguible, et il l'étanchait avec un empressement d'esclave heureux de son sort.

Tout concourait, aussi bien, à son asservissement. Une grande rue traversait le bourg de Saint-Galimafre et, dans cette grande rue, les cabarets étaient presque ausssi nombreux que les maisons. On n'avait que la peine de passer de l'un à l'autre. Comme ils rivalisaient de gramophones et d'orchestrions, les femmes et les enfants accompagnaient le chef de famille pour se distraire avec lui, ce qu'ils ne faisaient pas auparavant. Quand il n'y avait plus de place autour des tables, on demeurait debout devant le comptoir à contempler le pavillon béant du gramophone, d'où sortaient, comme d'une bouche sèche et fiévreuse, les valses chantées, les refrains populaires et les pas redoublés. Ce gosier métallique en pente était manifestement celui qui avait le plus besoin d'être rafraîchi, et c'était pourtant le seul auquel on ne versât pas à boire. Il y avait aussi des appareils à sous ou à jetons, qui happaient au passage, les soirs de paie, le salaire de l'ouvrier. Enfin, tout ce qu'il faut pour s'amuser. Ainsi s'amusait-on maintenant en famille et sans faire, comme autrefois, sexe à part.

Éphestion s'en avisa et prit une note sur son carnet.

« Voilà un progrès sensible à introduire chez nous, dit-il à ses collègues. Naguère, vous vous en souvenez, le père buvait à l'écart, sombre et à distance des siens. Femme et enfants partagent aujourd'hui son plaisir. Ils ne restent plus seuls à la maison. On ne les voit plus attendre sur le trottoir la sortie de l'homme aviné, pour le reconduire. Ses anges gardiens entrent et consomment avec lui. Ils ont l'air de dire : « Et allez donc, c'est pas mon père! » Et le respect filial est ainsi sauvegardé dans son principe. Point de société sans famille, messieurs! Mieux vaut la famille détruite renaissant n'importe où, que pas de renaissance du tout...

— N'a-t-on pas observé déjà le même phénomène chez nous? fit Eurydamas.

— Je ne sais pas...; il n'est pas à ma connaissance... dit Éphestion, qui en était resté à un roman fameux dans sa jeunesse : « L'Assommoir ».

Le dramaturge Typhis, lui, ne s'intéressait — pour cause — qu'aux cinématographes. Ils étaient au nombre de six et affichaient, en général, des spectacles de cauchemar. Le roman-feuilleton le plus rouge de sang répandu, le plus compliqué d'intrigues scélérates, avait transporté son industrie sur l'écran. Une femme était précipitée du haut d'un pont dans la rivière; un homme ligotté attendait en travers des rails, l'express qui allait l'écrabouiller; une jeune fille, un bâillon sur la bouche, était poussée par un ravisseur masqué, dans une automobile exclusivement affectée au service des rapts; un policier subtil aveuglait de sa lampe électrique des bandits du grand monde en train de cambrioler; un roman de Flaubert et un autre de Victor Hugo, « tournés » par un éditeur de films d'art, avaient tourné, en effet, comme une sauce par un temps orageux, et soulevaient le cœur...

Mais ce n'était pas tout cela qui sollicitait Typhis. Il n'avait d'yeux que pour une de ses pièces consacrée à l'éducation du peuple, à telle enseigne qu'elle dénonçait les dangers de l'école buissonnière. Traduite en bandes d'un kilomètre environ, cette pièce avait été vendue au pays de Cocagne... et l'opération laissait Typhis songeur...

Éphestion abonda en vain dans son apostolat :

— Vous avez raison, mon cher Typhis, l'absentéisme est pour le peuple la source de tous les maux. Et que l'on n'invoque pas l'exemple de l'aïeul venu à Paris en sabots et sans instruction, ce qui ne l'empêchait pas de faire fortune...

Typhis baissait la tête, insensible à l'approbation de l'homme du monde qui passe pour avoir le mieux approfondi les questions sociales ; à la fin pourtant, l'auteur de « Tu l'as !... » se déboutonna.

— Avez-vous signé un traité pour la diffusion de vos œuvres par le cinéma? demanda-t-il tout de go à Éphestion.

— Pas encore, répondit celui-ci. J'examine les propositions qui me sont faites.

— Méfiez-vous. Nous sommes roulés. On gagne des sommes considérables sur notre dos. Nous ne savons pas faire valoir nos droits. Je vais profiter de notre voyage pour les revendiquer. Apôtre tant qu'on voudra : le prêtre vit de l'autel, n'est-ce pas ? Quand je songe à ce que mon drame « Les Illettrés », rapporte à l'éditeur et au débitant, je suis honteux du marché que j'ai conclu. Mais cela va changer...

Le bon peuple, cependant, ne tarissait pas d'ovations. Ses gazettes lui avaient dit ce que la mission ligurienne représentait : le verbe le plus étincelant, l'idéal le plus pur..., et il portait toutes ces lumières aux nues, le bon peuple, comme pour offrir à celles-ci de nouvelles étoiles. Bien des gens, il est vrai, ne levaient pas les bras plus haut que le coude, histoire de se laver la langue. Car le pays de Cocagne est de tout les pays, le seul où ce genre d'ablution concilie le goût de la propreté et l'horreur de l'eau.

La journée fut excellente pour les cabarets.

« Il en faudrait beaucoup comme cela », dirent ces Messieurs du Commerce en gros.

— Oui, mais retrouverons-nous jamais à la fois chaleur et délire pareil ? soupira le Commerce en détail, plus difficile à contenter.

Déjà instruit de l'accueil fait à ses hôtes, le roi Philène avait hâte de connaître leur impression.

« N'est-ce pas que c'est un bon peuple ? » leur dit-il avant de se mettre à table. Simple, spontané, vibrant... et le cœur sur la main.

— Il vous adore, déclara Éphestion ; votre portrait est partout.

— Il vous doit sa prospérité, redoubla Eurydamas.

— Et sa gloire, ajouta Typhis. Vous êtes le Prince de la Paix, après avoir été le foudre de guerre.

— Ma tâche est si facile, dit le Roi. Le peuple n'a pas changé depuis trois siècles. Ce qu'il veut aujourd'hui, comme sous l'un de vos grands princes, c'est mettre tous les dimanches la poule au pot.

— Et au pieu, murmura le poète Eurydamas, pour qui l'argot n'avait pas de secrets.

— Et au pieu, répéta le roi d'un air entendu, bien qu'il eut été incapable de dire quelle poule et quel pieu faisaient les frais de la boutade.

On se mit à table et l'on servit, après le « consommé Grande Dame », « la truite saumonée à la Renommée ». Les plats se succédèrent ensuite sans hâte, et sans lenteur non plus, bref dans un style impeccable. La conversation, que dirigeait le roi, ne détournait pas les convives de leur fonction, comme il arrive trop souvent. Elle ne les accaparait pas au détriment du goût. Elle était modérée, tolérait les silences et autorisait quelques échanges de vues de voisin à voisin.

Placé à côté du Surintendant des Beaux-Arts, Typhis en profita pour l'entretenir de la question des droits de traduction et de la vérification du chiffre des tirages. Cependant, Eurydamas interrogé sur ses travaux par le Secrétaire perpétuel de l'Institut de Cocagne, répondait :

— Mes conférences avec récitations sont toujours très suivies. D'autres ont fait la guerre : je la déclame. J'ai réuni mes poèmes sous ce titre : « Le front inspiré ». Le 178ᵉ mille est sous presse. La conférence pousse à la vente. J'étale mes échantillons; c'est le meilleur moyen de ne pas tromper le public sur la qualité de la marchandise.

Éphestion, lui, causait avec le Ministre du Commerce et de l'Agriculture, bibliophile éclairé.

— Si je me remets au roman ? disait l'auteur de « Plus que veuve », hélas ! il faut bien. Les beaux jours sont passés. Quel métier que le mien ! Imaginez-vous que je possède un vignoble dans le Gard. Pendant la guerre, j'ai vendu jusqu'à cent francs l'hectolitre le vin que je récolte..., un petit vin très agréable... Je vous y ferai goûter. Eh ! bien, le voilà retombé à douze francs. C'est la ruine ! Heureusement que la motoculture va nous ouvrir une ère nouvelle. Je prépare un volume qui vous intéressera: « Les laboureurs de crânes ». J'ai la prétention de m'y connaître... Mais je reviens à mon vin... Laissez-le vieillir... et vous m'en direz des nouvelles. Un banquet irréprochable est celui-ci. On n'a pas négligé les vins, sous prétexte de bonne chère. Nos grands crus ne sont plus appréciés qu'à l'étranger. Les bonnes caves, en Ligurie, ont disparu. La guerre leur a été funeste. L'ennemi les a vidées. Il faudra des années pour les refaire. Le vin s'élève comme un enfant dont on aura lieu d'être fier. Il brille à table dans les verres, collier des repas. Il a sa date, comme un fait historique. J'aime le vin.

— Est-ce donc pour votre pénitence que vous buvez de l'eau? dit finement le ministre.

— Non... L'estomac... fit, en manière d'excuse, le romancier qui expiait l'imprudence d'avoir trop dîné dans le monde.

Au moment de passer au fumoir, le roi s'éclipsa; mais le Chancelier, un homme corpulent, cramoisi et jovial, était resté. Les Sept Ligures de marque firent cercle autour de lui.

« Ah! Ah!... s'écria le Chancelier, je vais, jeunes élèves, vous pousser une colle! Lequel d'entre vous se rappelle assez d'histoire ancienne pour me dire où la ville de Péluse, avant sa destruction, était située? »

Les Sept se turent, un peu confus.

Le Chancelier reprit : — Sur la bouche orientale du Nil..., à la frontière de l'Arabie et de la Syrie. Les conquérants d'alors la regardaient comme la clef de l'Égypte. On se battait fréquemment sous ses murs. Elle fut prise tour à tour par les Perses et par les Romains; et après chaque défaite elle réparait ses brèches et se consolait de ses malheurs... comment? Je vous le demande encore...

Les Sept se demandaient, eux, où le Chancelier vultueux et goguenard voulait en venir. Il ne les fit pas languir davantage.

— Elle oubliait ses adversités... dans l'adoration du dieu Crépitus, patron des bons vivants et des digestions généreuses. Crépitus leur évoquait la simplicité patriarcale des camps, sans les risques du combat. Il faut bien aussi le dire entre nous : Lucullus ne supporte aucune contrainte. Aucune. La condition d'une digestion parfaite est dans la liberté la plus absolue, la plus positive. Nul n'est tenu de m'imiter... mais si vous voulez sacrifier à Crépitus, messieurs, ne vous gênez pas...

Et les ayant mis à leur aise, le Chancelier donna bruyamment, joyeusement, l'exemple du sacrifice.

D'abord, les Sept Ligures s'entre-regardèrent, indécis... Puis, Eurydamas s'exécuta en disant :

— Allons-y!

— Par obéissance! barytonna Eurydamas entraîné.

Et quatre autres adhésions se déclarèrent ouvertement. Seul, Éphestion restait muet.

— Un petit effort, voyons, dirent les autres, encourageants. Une fois n'est pas coutume...

Mais le romancier s'évertuait en vain, parce qu'il était long, maigre et sec... et que l'on ne commande pas à la nature.

Lucien DESCAVES.

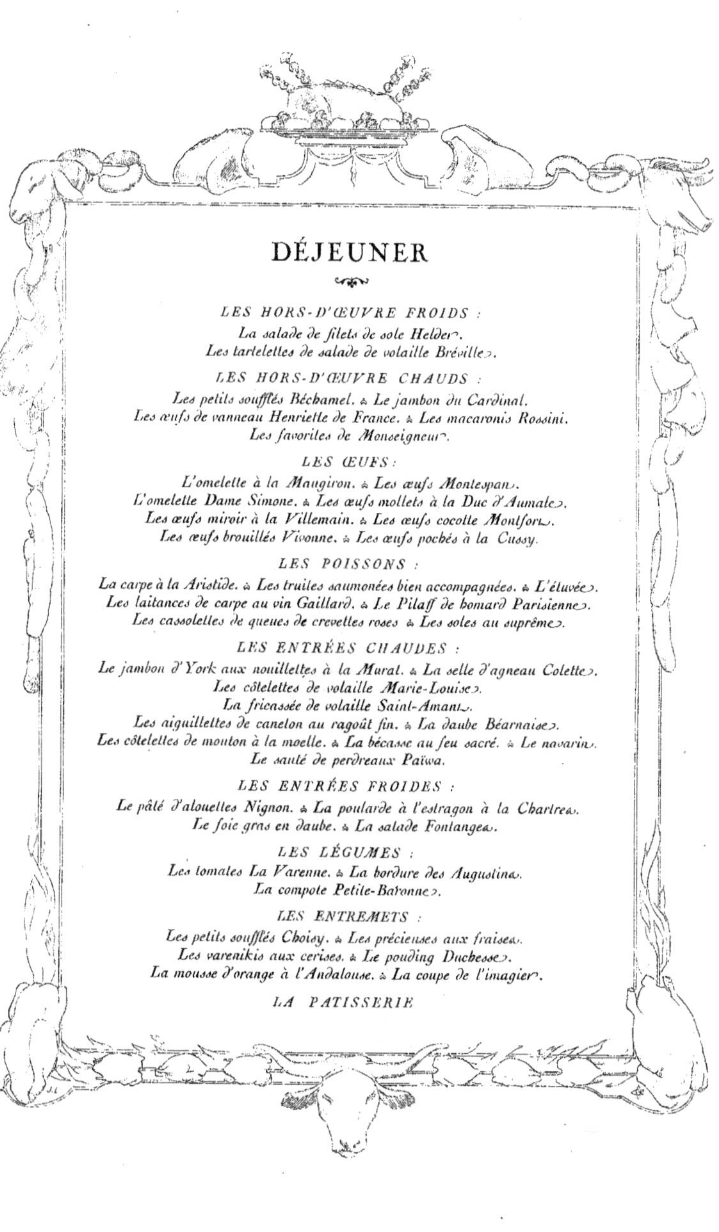
DÉJEUNER

LES HORS-D'ŒUVRE FROIDS :
La salade de filets de sole Helder.
Les tartelettes de salade de volaille Bréville.

LES HORS-D'ŒUVRE CHAUDS :
Les petits soufflés Béchamel. ☙ Le jambon du Cardinal.
Les œufs de vanneau Henriette de France. ☙ Les macaronis Rossini.
Les favorites de Monseigneur.

LES ŒUFS :
L'omelette à la Maugiron. ☙ Les œufs Montespan.
L'omelette Dame Simone. ☙ Les œufs mollets à la Duc d'Aumale.
Les œufs miroir à la Villemain. ☙ Les œufs cocotte Montfort.
Les œufs brouillés Vivonne. ☙ Les œufs pochés à la Cussy.

LES POISSONS :
La carpe à la Aristide. ☙ Les truites saumonées bien accompagnées. ☙ L'étuvée.
Les laitances de carpe au vin Gaillard. ☙ Le Pilaff de homard Parisienne.
Les cassolettes de queues de crevettes roses ☙ Les soles au suprême.

LES ENTRÉES CHAUDES :
Le jambon d'York aux nouillettes à la Murat. ☙ La selle d'agneau Colette.
Les côtelettes de volaille Marie-Louise.
La fricassée de volaille Saint-Amant.
Les aiguillettes de caneton au ragoût fin. ☙ La daube Béarnaise.
Les côtelettes de mouton à la moelle. ☙ La bécasse au feu sacré. ☙ Le navarin.
Le sauté de perdreaux Païwa.

LES ENTRÉES FROIDES :
Le pâté d'alouettes Nignon. ☙ La poularde à l'estragon à la Chartres.
Le foie gras en daube. ☙ La salade Fontanges.

LES LÉGUMES :
Les tomates La Varenne. ☙ La bordure des Augustins.
La compote Petite-Baronne.

LES ENTREMETS :
Les petits soufflés Choisy. ☙ Les précieuses aux fraises.
Les varenikis aux cerises. ☙ Le pouding Duchesse.
La mousse d'orange à l'Andalouse. ☙ La coupe de l'imagier.

LA PATISSERIE

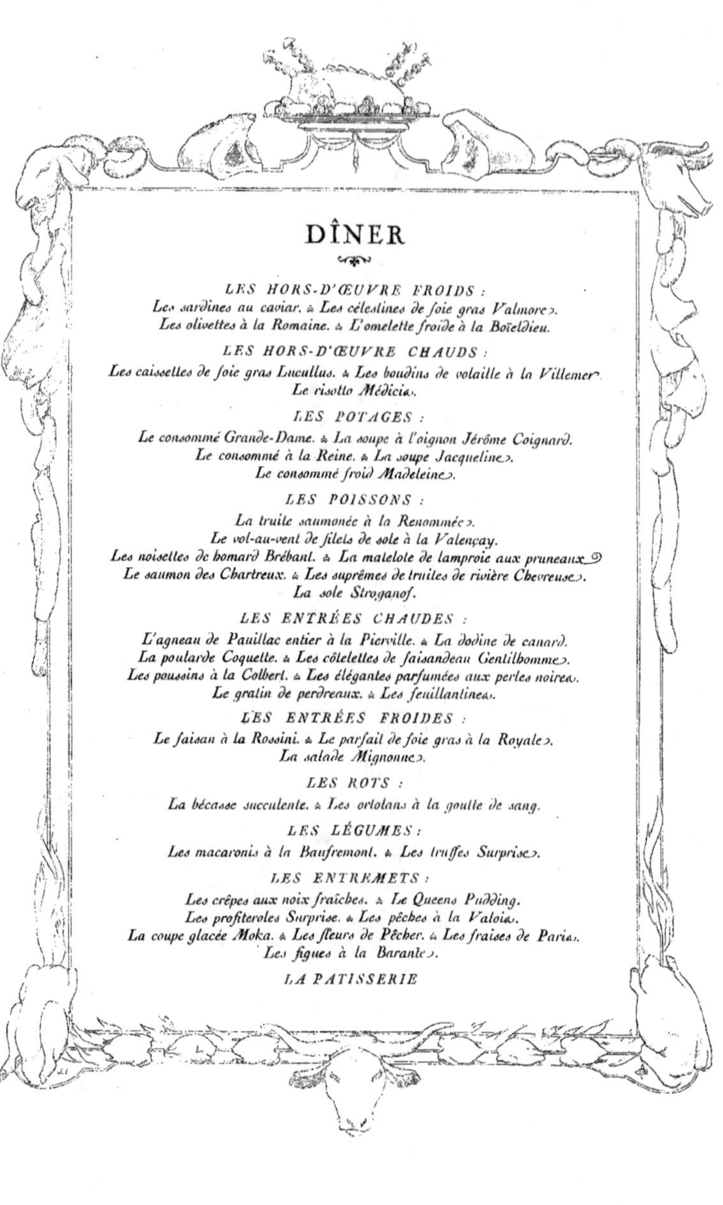

DÎNER

LES HORS-D'ŒUVRE FROIDS :
Les sardines au caviar. ↦ Les célestines de foie gras Valmore.
Les olivettes à la Romaine. ↦ L'omelette froide à la Boïeldieu.

LES HORS-D'ŒUVRE CHAUDS :
Les caissettes de foie gras Lucullus. ↦ Les boudins de volaille à la Villemer.
Le risotto Médicis.

LES POTAGES :
Le consommé Grande-Dame. ↦ La soupe à l'oignon Jérôme Coignard.
Le consommé à la Reine. ↦ La soupe Jacqueline.
Le consommé froid Madeleine.

LES POISSONS :
La truite saumonée à la Renommée.
Le vol-au-vent de filets de sole à la Valençay.
Les noisettes de homard Brébant. ↦ La matelote de lamproie aux pruneaux
Le saumon des Chartreux. ↦ Les suprêmes de truites de rivière Chevreuse.
La sole Stroganof.

LES ENTRÉES CHAUDES :
L'agneau de Pauillac entier à la Pierville. ↦ La dodine de canard.
La poularde Coquette. ↦ Les côtelettes de faisandeau Gentilhomme.
Les poussins à la Colbert. ↦ Les élégantes parfumées aux perles noires.
Le gratin de perdreaux. ↦ Les feuillantines.

LES ENTRÉES FROIDES :
Le faisan à la Rossini. ↦ Le parfait de foie gras à la Royale.
La salade Mignonne.

LES ROTS :
La bécasse succulente. ↦ Les ortolans à la goutte de sang.

LES LÉGUMES :
Les macaronis à la Baufremont. ↦ Les truffes Surprise.

LES ENTREMETS :
Les crêpes aux noix fraîches. ↦ Le Queens Pudding.
Les profiteroles Surprise. ↦ Les pêches à la Valois.
La coupe glacée Moka. ↦ Les fleurs de Pêcher. ↦ Les fraises de Paris.
Les figues à la Barante.

LA PATISSERIE

LES HORS-D'ŒUVRE FROIDS

LA SALADE DE FILETS DE SOLE HELDER. — Mettez sous une presse légère douze beaux filets de sole très blancs, que vous avez fait cuire au fumet de champignons.

Prenez alors un kilogramme de haricots verts très fins cuits à point, une queue de langouste émincée, puis trois cents grammes de truffes pelées, émincées et cuites au Chablis. Mélangez ces ingrédients, assaisonnez-les de sel, de poivre, d'huile et de vinaigre, et liez-les avec trois jaunes d'œufs durs pilés. Disposez cette salade en dôme dans un saladier à hors-d'œuvre, l'entourant des filets de sole, couchés là-dessus en pyramide. Nappez les filets de belle mayonnaise blanche ; ornez-en la base d'une couronne de tranches de tomate uniformes, et saupoudrez le tout de pistaches en julienne. Enfin, placez au sommet un petit cœur de laitue très blanc.

LES TARTELETTES DE SALADE DE VOLAILLE BRÉVILLE. — Mélangez une julienne de volaille avec une fine julienne de céleri et une julienne de champignons blancs marinés. Vous lierez ce mélange, d'une mayonnaise additionnée d'une cuillerée à café de sauce anglaise.

Cuisez alors, de façon à les rendre très croustillantes, douze belles croûtes à tartelettes à feuilletage ; laissez refroidir les tartelettes, puis garnissez-les de votre salade en petits dômes, que décorera une belle lame de truffe lustrée à la gelée de volaille.

LES SARDINES AU CAVIAR. — Remplissez à demi de caviar gris très frais, un ravier en verre à hors-d'œuvre. Vous y coucherez en éventail douze belles sardines à l'huile, épluchées et débarrassées de leurs arêtes, que vous entourerez d'œufs durs hachés.

LES CÉLESTINES DE FOIE GRAS VALMORE. — Au moyen d'une cuiller chaude, levez douze belles coquilles dans un pain de foie gras. Placez-les sur une grille à pâtisserie, et garnissez l'intérieur de chacune d'elles d'une purée fine de caille ou d'autre volaille. Posez sur chaque petit dôme une belle lame de truffe. Puis lustrez les coquilles d'une gelée de volaille très savoureuse, et dressez-les en buisson sur une serviette ou sur un tampon de riz habilement taillé. Décorez le plat de croûtons de gelée, et piquez au centre du buisson un hâtelet bien composé.

LES OLIVETTES A LA ROMAINE. — Ayez un kilogramme d'olives de Séville, dénoyautez-les au tube à colonne et farcissez-les d'une farce confectionnée comme il suit :

Pour cent olives prenez vingt beaux anchois à l'huile, cent grammes de thon à l'huile, cent grammes de champignons à l'huile hachés, une truffe de vingt-cinq grammes pelée et râpée, un piment rouge haché, une pincée de noix de muscade et une gousse d'ail, si vous en aimez la saveur. Hachez le tout ensemble, puis farcissez les olives. Vous les disposerez en couches dans un bocal de verre, en saupoudrant de sel chaque couche. Une fois le bocal rempli, arrosez le tout d'huile d'olives et fermez hermétiquement. Laissez macérer pendant huit jours, après quoi vous pourrez utiliser les olivettes.

L'OMELETTE FROIDE A LA BOIELDIEU. — Faites cuire une omelette, renversez-la et laissez-la refroidir. Fourrez-la ensuite d'un salpicon en julienne de blanc de volaille et de jambon maigre, lié de sauce vinaigrette montée aux jaunes d'œufs cuits. Retournez-la comme à l'ordinaire; arrondissez-la et la nappez de mayonnaise. Tout autour viennent s'ériger six petits bouquets de pointes d'asperges vertes en salade, ainsi que six bouquets de lames de truffes en salade; quant aux deux extrémités du plat, elles s'orneront d'une salade de tomates concassées, émondées et épépinées.

LES HORS-D'ŒUVRE CHAUDS

LES PETITS SOUFFLÉS BÉCHAMEL. — Faites chauffer, puis laissez à moitié réduire huit cuillerées à bouche de fine Béchamel. Incorporez-y ensuite six jaunes d'œufs, cent vingt-cinq grammes de parmesan râpé, une pointe de poivre de Cayenne, cinquante grammes de beurre fondu et finalement six blancs d'œufs battus fermes. Remplissez de cet appareil de petites timbales beurrées en argent, que vous pousserez au four; saupoudrez-les de parmesan et laissez-les dorer.

LE JAMBON DU CARDINAL. — Dans une noix de jambon d'York cru, taillez douze belles tranches que vous arrondirez et ferez sauter au beurre. Dressez-les alors sur douze demi-tomates émondées, épépinées et, de même, sautées au beurre. Disposez ces tomates en couronne autour d'un buisson de pommes paille. Après quoi, vous arroserez le jambon du beurre de sa cuisson, puis d'un filet de glace blonde de volaille.

LES ŒUFS DE VANNEAU HENRIETTE DE FRANCE. — Ayez des œufs de vanneau : pour en éprouver la fraîcheur, vous les plongerez dans un vase empli d'eau froide ; s'ils restent au fond, vous pourrez les employer. Cuisez ces œufs à l'eau pendant huit minutes; décortiquez-les ensuite et dressez-les sur une purée de champignons mélangée à un tiers de son volume de purée de blanc de volaille. Nappez chaque œuf d'une sauce Béarnaise blanche, mouchetez-le d'une lame de truffe, et servez bien chaud.

LES MACARONIS ROSSINI. — Faites cuire à l'eau de gros macaronis. Égouttez-les soigneusement; puis fourrez-les, à l'aide d'un cornet, de fine farce de volaille truffée. Placez ces pâtes dans une terrine grassement beurrée, où vous les arroserez d'une délicieuse sauce Madère aux truffes émincées. Saupoudrez-les de parmesan râpé, laissez-les au four vingt-cinq minutes et servez-les aussitôt.

LES FAVORITES DE MONSEIGNEUR. — Prélevez de beaux filets de lièvre que vous taillerez en petites escalopes pas plus grandes qu'une pièce de cinq francs. Aplatissez-les bien, ornez-les d'une lame de foie gras et d'une lame de truffe, puis recouvrez-les d'une autre escalope. Panez-les à la mie de pain à l'anglaise et les rissolez au beurre. Vous offrirez en même temps une purée de champignons ainsi qu'une sauce poivrade.

LES CAISSETTES DE FOIE GRAS LUCULLUS. — Prenez six jolies petites caissettes en porcelaine. Garnissez-en le fond et les parois d'une fine farce de foie de poularde à gratin ; puis mettez-les au chaud. Pendant ce temps faites sauter au beurre, de couleur blonde, dix-huit petites escalopes de foie gras ; disposez-les dans les caissettes, saucez-les de fine demi-glace au Madère, et coiffez-les d'une belle lame de truffe lustrée de glace de volaille.

LES BOUDINS DE VOLAILLE A LA VILLEMER. — Procédez comme pour des boudins de faisan (Cf. V^e journée) ; vous remplacerez simplement le faisan par une poularde. Il faudra servir en même temps une garniture de pointes d'asperges à la crème.

LE RISOTTO MÉDICIS. — Cuisez au beurre un oignon finement haché. Dès qu'il approchera du blond, vous jetterez dans la sauteuse trois cents grammes de riz Piémontais non lavé, que vous remuerez bien dans le beurre. Puis, une fois que le beurre moussera suffisamment, vous mouillerez le riz de trois fois son volume de cuisson de poisson (ce sera, si possible, une cuisson de soles) ; et vous y ajouterez, par verre de riz, trois tomates émondées, épépinées et concassées.

Cuisez vingt et une minutes ce mélange. Incorporez-y ensuite, et successivement, trois poignées de parmesan râpé, vingt noix d'huîtres pochées, quinze belles queues d'écrevisses et quinze tout petits champignons entiers, étuvés au beurre. Faites étouffer le tout cinq minutes ; après quoi, vous servirez dans une casserole d'argent, en offrant à part une sauce tomate fraîche et beurrée à point.

LES ŒUFS

L'OMELETTE A LA MAUGIRON. — Pochez quatre laitances de carpe, taillez-les en escalopes, puis les roulez dans une sauce moutarde légère.

Préparez, d'autre part, une omelette de douze œufs. Cuisez-la, roulez-la bien sur toute sa longueur ; garnissez-en l'intérieur avec les laitances. Renversez sur un plat l'omelette, y dressant d'un bout à l'autre vingt lames de truffes fraîches étuvées à la crème. Disposez à chaque extrémité du plat un bouquet de queues d'écrevisses passées au beurre chaud. Entourez, enfin, cette omelette de la crème où auront cuit les truffes.

LES ŒUFS MONTESPAN. — Tapissez des cocottes de purée de caille truffée, puis cassez dans chacune d'elles un œuf bien frais. Salez le jaune et l'entourez d'une cuillerée à café de crème double. Cuisez ensuite au bain-marie, et posez sur la crème, au moment de servir, une cuillerée à café de fumet de caille réduit à demi-glace.

L'OMELETTE DAME SIMONE. — Préparez une omelette de douze œufs que vous renverserez sur un plat long. Lorsqu'elle sera froide, vous la retournerez et fourrerez d'un salpicon de homard et de saumon lié de mayonnaise. (L'assaisonnement de cette salade devra, d'ailleurs, être assez relevé.) Renversez l'omelette en observant qu'elle soit bien ronde. Nappez-la ensuite de sauce mayonnaise, puis enserrez-la dans un fort cordon de sauce tomate à la française, confectionnée de la façon suivante :

Passez au tamis fin un kilo de tomates bien mûres ; laissez cette purée égoutter six heures dans une mousseline, puis recueillez-la dans un saladier et l'épicez de sel, de poivre, de trois cuillerées de vinaigre et de six cuillerées d'huile. Vous travaillerez cette sauce au fouet, sur la glace, en l'additionnant d'huile.

Cette omelette, toute désignée pour l'été, pourra se préparer de même avec n'importe quel poisson.

LES ŒUFS MOLLETS A LA DUC D'AUMALE. — Faites cuire douze œufs mollets à la façon des « Œufs mollets Lucette » (Cf. V^e journée). Dressez-les sur une purée de blanc de volaille très fine, puis nappez-les d'une sauce Suprême. Une lame ovale de jambon, mouchetée au-dessus d'une lame de truffe, couvrira chaque œuf aux deux tiers. Au centre de la couronne que dessineront vos œufs, disposez encore une fine purée de chicorée braisée au beurre; et lustrez tout le plat de glace de volaille.

LES ŒUFS AU MIROIR A LA VILLEMAIN. — Dans un plat graissé de beurre d'anchois, cuisez vos œufs, les garnissant en couronne de beaux filets d'anchois bien dessalés. Vous disposerez ensuite, auprès des jaunes, deux petits bouquets de hachis d'agneau braisé.

LES ŒUFS COCOTTE MONTFORT. — Pilez trois truffes fraîches pelées avec autant de foie gras frais et deux filets de volaille. Assaisonnez de haut goût et passez au tamis; après quoi, vous ajouterez à cette farce deux cuillerées à soupe de bonne glace de volaille. Tapissez-en de petites cocottes, dans chacune desquelles vous casserez un œuf; mettez-les cuire alors au bain-marie, puis dressez-les sur une serviette. Nappez-les, enfin, d'une cuillerée à café de sauce Colbert, obtenue par le mélange de deux cuillerées à soupe de bonne glace de viande à quatre cuillerées de beurre Maître-d'Hôtel.

LES ŒUFS BROUILLÉS VIVONNE. — Préparez douze petites croustades-tartelettes en rognures de feuilletage, très dorées et croustillantes. A leur sortie du four, garnissez-les à demi de purée de bécasse, puis terminez la garniture avec des œufs brouillés nature. Disposez au centre de chacune d'elles une belle lame de truffe, après quoi vous entourerez les tartelettes d'un cordon de fumet de bécasse.

LES ŒUFS POCHÉS A LA CUSSY. — Préparez deux belles langoustes à l'américaine. Une fois qu'elles seront cuites, vous décortiquerez les queues, pour les tailler en belles escalopes épaisses qu'il faut disposer en cercle sur un plat rond. Dressez vos œufs pochés sur ces escalopes. Saucez le tout avec la sauce américaine passée et bien crémeuse. Puis au centre du plat, que borde une couronne d'argent, montez un riz Pilaff qui s'égrène bien; et servez sans retard.

LES POTAGES

LE CONSOMMÉ GRANDE-DAME. — Préparez un fin consommé de volaille au fumet de céleri, en comptant une cuillerée à dessert de fumet par tasse de liquide. Garnissez-le copieusement de toutes petites perles de farce de mousseline pochée, qui donneront à la surface du consommé une fine nuance blanc-de-perle. Ajoutez-y ensuite de minuscules perles de rouge de carotte, cuites au consommé blanc de volaille. Vous offrirez en même temps de petites bouchées de purée de volaille liée à la sauce Suprême, que vous garnirez à leur sortie du four, et servirez sans retard.

C'est par leur chaleur et leur petitesse que ces bouchées justifient la haute estime où on les tient.

LA SOUPE A L'OIGNON JÉRÔME COIGNARD. — Faites revenir deux gros oignons émincés dans une sauteuse. Lorsqu'ils seront à point et bien dorés, vous les retirerez et en exprimerez le jus au travers d'un tamis. Préparez ensuite un roux avec de la farine de riz; épaississez-le pour lui donner la consistance d'une crème légère, puis ajoutez deux cuillerées de fromage râpé fin, que vous projetterez petit à petit et en tournant sans cesse, afin qu'il se dissolve entièrement et ne se retrouve pas en filandres. Incorporez à ce potage, au moment de le servir, autant de jaunes d'œufs battus et délayés à la crème que vous aurez de convives; et garnissez-le de petits croûtons rissolés au beurre.

LE CONSOMMÉ A LA REINE. — Garnissez un consommé de gibier très chaud de mousseline de gelinotte cuite dans un moule à Charlotte, puis découpée à l'emporte-pièce en petits disques du diamètre d'une pièce de deux francs; ajoutez-y autant de lames de truffes cuites au Porto. Et servez en même temps des rissoles de gibier et des tartelettes de volaille, que vous dresserez toutes en buisson.

LA SOUPE JACQUELINE. — Taillez une julienne de rouge de carotte et de blanc de poireau. Faites-la étuver au beurre, puis mouillez-la de consommé de volaille. Ajoutez-y une laitue ciselée, blanchie et bien égouttée, et laissez cuire une heure à feu doux. Avant de servir cette soupe, vous y introduirez une julienne de six blancs de volaille blanchis.

LE CONSOMMÉ FROID MADELEINE. — Hachez très menu un kilogramme de bœuf maigre, ainsi qu'un caneton de Rouen. Placez ce hachis dans une casserole bien étamée; vous y joindrez deux pieds de céleri en branche râpé et un blanc d'œuf. Amalgamez soigneusement le tout, puis mouillez de quatre litres de bouillon de volaille coloré à point. Portez à l'ébullition ce potage en le remuant sans cesse; après quoi, vous le cuirez à feu doux pendant une heure et demie. Passez-le, ensuite, à la mousseline pour le rendre aussi clair qu'il est possible. Et servez-le très froid.

Le canard et le céleri lui conféreront un délicieux arome.

LES POISSONS

LA CARPE A LA ARISTIDE. — Pour un déjeuner que l'on offrait au grand homme d'État qu'est M. Briand, l'un des convives apporta une superbe carpe pêchée le matin même. Et comme tout le monde s'étonnait de sa grandeur inusitée, l'ancien Président du Conseil me dit avec un bienveillant sourire : « Je vous laisse le soin, Nignon, de l'apprêter comme il vous plaira ». Ainsi fut fait et M. Briand me témoigna sa satisfaction en décidant qu'elle serait appelée « la carpe Aristide ».

En voici la recette pour une carpe de dix livres : Beurrez grassement un plat que vous parsèmerez de sel et de poivre, puis de deux grandes cuillerées d'échalote hachée menu et de quatre de persil fraîchement concassé. Couchez sur ce plat votre carpe ciselée jusqu'à l'arête et frottée de poivre et de sel. Répandez sur elle un demi-litre d'excellent vin blanc de Montrachet, un quart de litre de cuisson de champignons, autant de fumet de poisson, ainsi que cinq cuillerées de glace de viande. Sa préparation terminée, cuisez-la au four, en l'arrosant souvent, afin que la sauce pénètre profondément les chairs. Et quand elle sera très blonde et à point, soit après une heure et demie de cuisson, vous la couvrirez de vingt-quatre lames très larges de moelle pochée. Entourez-la, enfin, de douze demi-œufs durs à la Chimay, gratinés au parmesan, que vous ferez alterner avec de fines tartines de pain frites au beurre et croustillantes à souhait.

Œufs Chimay. — Cuisez durs six œufs très frais ; décortiquez-les et séparez-les en deux dans le sens de la longueur. Passez les jaunes au tamis, et travaillez-les dans une terrine avec un égal volume de Duxelles blanche, du sel, du poivre, du persil haché et du beurre frais en pommade, dont le poids représentera le quart de celui de la farce. Farcissez-en les demi-œufs en dôme, nappez-les ensuite de sauce Mornay, saupoudrez-les de parmesan et les faites gratiner de belle couleur.

⌒

LES TRUITES SAUMONÉES BIEN ACCOMPAGNÉES. — Pochez lentement les truites dans un fin court-bouillon ; quinze minutes de cuisson seront la règle pour chaque kilogramme de chair. Dressez-les ensuite sur une serviette ; et garnissez-les abondamment de beau persil frisé, soutenant vingt-quatre écrevisses troussées cuites au court-bouillon. Disposez à chaque extrémité du plat un buisson de bonnes croquettes de pommes de terre Dauphine, et de, chaque côté, un élégant buisson de filets de sole taillés en forme de goujons et frits.

Vous servirez à part une sauce mousseline très onctueuse.

⌒

L'ÉTUVÉE. — Dans une casserole bien étamée réunissez six morceaux de carpeau, avec un nombre égal de morceaux de tanche aux reflets verts, puis avec six tronçons d'une belle anguille d'eau vive, de celles qui ont la robe cendrée comme les perles orientales. Ajoutez-y les têtes de ces poissons assaisonnées d'un peu de gros sel et de poivre, et parsemez le tout d'un gros oignon émincé, de quatre gousses d'ail écrasées, d'un fin bouquet garni, ainsi que de trois douzaines de petits champignons épluchés et parés. Faites disparaître ce mélange sous un bain, consistant en deux bouteilles de Corton vigoureux et non pas affaibli par le poids des années. Fermez hermétiquement le couvercle et cuisez vivement ; après quoi, vous placerez pour vingt minutes les chairs de vos poissons dans une terrine allant au feu.

Réduisez de moitié la cuisson, quand elle baignera les chairs. Liez-la de quatre cents grammes de beurre fin manié et d'une cuillerée de farine (cinquante grammes environ). Cuisez-la quinze minutes et la passez à la mousseline sur les tronçons, que vous aurez couverts de vos champignons et de trente-six belles queues d'écrevisses.

La terrine, qui contiendra ce bon plat de France, sera servie sur de la cendre rouge.

⌒

LES LAITANCES DE CARPES AU VIN GAILLARD. — Après avoir bien lavé vos laitances pour qu'elles soient très propres, faites-les dégorger dans une terrine emplie d'eau tiède. Placez-les ensuite dans une sauteuse, sur un lit d'oignons émincés ; vous les y couvrirez de vin de Corton jeune et d'une quantité de cuisson de champignons, représentant le tiers du volume du vin. Pochez-les et dressez-les sur des croûtons de pain frits garnis d'une purée de queues d'écrevisses.

Faites réduire alors la cuisson pour en confectionner une bonne sauce matelote, dont vous saucerez les laitances très chaudes. Entourez, enfin, les laitances de beaux champignons étuvés au beurre, garnis d'un appareil à coquilles Saint-Jacques, puis gratinés à souhait.

LE PILAFF DE HOMARD PARISIENNE. — Préparez un riz Pilaff comme on l'indique à la recette du « homard au feu d'enfer » (Cf. V^e journée). Laissez-le reposer vingt minutes après avoir incorporé le beurre, puis garnissez-en un moule à savarin, à bordure et à fond rond. Pressez-le vigoureusement ; démoulez-le ensuite sur un plat rond, où il servira de couronne à un homard au feu d'enfer.

LES CASSOLETTES DE QUEUES DE CREVETTES ROSES. — Décortiquez les queues de cent vingt crevettes roses, dites bouquet, élues parmi les plus belles et les plus fraîches. Mettez ensuite dans une casserole deux cuillerées de crème double que vous laisserez cuire avec six jaunes d'œufs ; incorporez-y six cents grammes de beurre de crevettes confectionné avec les têtes de vos crevettes, et montez-en une sauce que vous passerez à la mousseline. Introduisez les queues dans cet appareil, faites chauffer le tout ; vous en remplirez des cassolettes d'argent à raison de douze queues par cassolette. Surmontées d'une belle lame de truffe, ces cassolettes seront dressées en couronne dans un plat rond, autour d'un vert massif de persil frisé.

LES SOLES AU SUPRÊME. — Enlevez la peau noire et l'arête de cinq belles soles, que vous salerez et poivrerez. D'autre part, pochez légèrement dans une casserole trente noix d'huîtres très fraîches avec autant de queues d'écrevisses ; liez le tout de sauce Suprême très réduite, puis farcissez les soles de cet appareil. Couchez ensuite vos soles dans un long plat en bi-métal, grassement beurré et saupoudré de sel et de poivre ; couvrez-les de crème double, après quoi vous les ferez cuire vingt minutes dans le plat hermétiquement couvert.

Égouttez alors la cuisson. Allongez-la de quatre cuillerées de velouté de poisson et de deux cuillerées de glace de volaille, beurrez-la de deux cents grammes de beurre frais et saucez-en vos soles, après l'avoir passée à la mousseline.

Vous servirez aussitôt les soles, entourées de quatre petits buissons de fine julienne de feuilletage au parmesan, dorée par sa cuisson au four.

LA TRUITE SAUMONÉE A LA RENOMMÉE. — Couchez une truite saumonée sur une grille de poissonnière, que vous poserez sur une couche de carottes et d'oignons, émincés et assaisonnés de trois gousses d'ail écrasées et d'un bouquet garni. Immergez le tout dans un bain composé de deux tiers de vin rouge de Beaujolais et d'un tiers de cuisson de poisson. Couvrez alors la saumonière, puis mettez-la cuire avec du sel et du poivre en grain. Dressez la truite sur un plat. Lorsqu'elle sera prête, dépouillez-la de sa belle robe et l'entourez de laitances de carpes cuites avec elle, de quatre bouquets de pommes de terre à l'anglaise, de douze écrevisses cuites au court-bouillon et de douze petites coquilles Saint-Jacques bien gratinées.

Ce poisson devra être accompagné d'une sauce matelote tirée de la cuisson.

LE VOL-AU-VENT DE FILETS DE SOLE VALENÇAY. — Farcissez de farce de merlan douze beaux filets de sole, pliez-les en deux et cuisez-les dans une cuisson de champignons. Réduisez ensuite la cuisson en une glace où vous ferez chauffer six jaunes d'œufs avec trois cuillerées de crème fraîche ; quand les jaunes seront cuits, vous introduirez dans la casserole un kilogramme de beurre de homard, ainsi qu'une pointe de Cayenne ; puis vous passerez à la mousseline cette sauce délectable.

Dressez alors les filets de sole dans une belle couronne de brioche fort croustillante, au centre de laquelle vous placerez douze lames de homard cuit au court-bouillon. Saucez largement le tout de votre sauce ; et posez sur les chairs une guirlande faite de vingt-quatre belles lames de truffes lustrées de glace de volaille.

LES NOISETTES DE HOMARD BRÉBANT. — Cuisez au court-bouillon six homards de grosseur moyenne ; laissez-les refroidir à demi dans leur cuisson ; décortiquez ensuite les queues et les pinces. Taillez alors les chairs en escalopes, que vous passerez au beurre chaud avec huit belles tomates émondées, épépinées, concassées et étuvées au beurre. Couvrez le tout de crème fraîche épaisse ; introduisez encore dans la sauteuse, quatre douzaines de petits champignons cuits très blancs et trois cent cinquante grammes de truffes fraîches, pelées et émincées ; puis laissez cuire le tout pendant vingt-cinq minutes avec quatre cuillerées de glace de veau. Lorque les chairs seront bien enrobées de cette sauce, vous dresserez le tout dans une croûte à vol-au-vent très croustillante et servirez sur une serviette d'une resplendissante blancheur.

LA MATELOTE DE LAMPROIE AUX PRUNEAUX. — Ayez deux belles lamproies, que vous passerez à l'eau chaude pour les écailler plus facilement. Mettez le sang à part, puis coupez les lamproies en tronçons que vous placerez dans une sauteuse avec une mirepoix composée de céleri, de rouge de carotte et d'un oignon (ces légumes auront été préalablement cuits au beurre). Flambez le tout d'une bonne eau-de-vie ; arrosez d'une bouteille de vin rouge de Moulin-à-Vent jeune et d'un demi-litre de cuisson de poisson ou de cuisson de champignons ; assaisonnez en outre d'un bouquet garni, de sel, de poivre et de six gousses d'ail écrasées, et faites cuire à feu doux.

Passez ensuite la cuisson, et la réduisez à glace. Cela fait, incorporez-y une louche de demi-glace et deux cents grammes de beurre fin. Passez alors cette sauce au linge fin dedans une sauteuse ; vous y mêlerez trente beaux pruneaux bien trempés et cuits sans sucre, ainsi que vingt-quatre petits oignons glacés et dorés.

Enfin, les tronçons de lamproie seront dressés sur des croûtons de pain perdu, dessinant une couronne sur un plat rond d'argent. Vous les saucerez copieusement et les enfermerez dans une bordure d'argent.

LE SAUMON DES CHARTREUX. — Cuisez à feu doux un petit saumon dans un court-bouillon aux champignons. Quand il sera poché, vous le dépouillerez de sa robe ; vous le coucherez sur le ventre et l'entourerez de vingt-quatre petites chartreuses composées comme je vais le dire :

Beurrez vingt-quatre moules à darioles et tapissez-en les parois de queues d'écrevisses, que vous ferez adhérer au moyen d'une farce, dite mousseline de brochet. Couvrez le fond des moules d'une lame de truffe, après quoi vous garnirez le puits d'un salpicon de filets de sole à l'américaine et ferez pocher les chartreuses au bain-marie.

Disposez à chaque extrémité du plat un buisson de laitances de carpe en beignets fins. Saucez le poisson d'une sauce Normande et servez en même temps une saucière de sauce Béarnaise à l'estragon.

LES SUPRÊMES DE TRUITES DE RIVIÈRE CHEVREUSE. — Levez les filets de douze truites de rivière vivantes. Assaisonnez-les à point, passez-les au lait, farinez-les légèrement et cuisez-les au beurre de couleur blonde.

D'autre part, versez dans une casserole deux petites louches de glace de volaille, que vous ferez arriver à l'ébullition. Ajoutez alors dans la casserole trois cents grammes de beurre Maître-d'Hôtel, deux échalotes finement hachées et blanchies, cent cinquante grammes de moelle de bœuf coupée en dés, une cuillerée à dessert d'estragon haché ainsi que trois tomates émondées, épépinées, concassées et étuvées au beurre. Quand cette sauce sera prête, vous en verserez la moitié dans un plat long. Étendez-y les filets de truites, que vous saucerez du reste de la sauce, puis pousserez au four pour quelques instants, afin que la sauce puisse convenablement pénétrer les poissons. Bordez finalement le plat de douze œufs pochés au gratin, bellement colorés au parmesan râpé.

LA SOLE STROGANOF. — Dépouillez de leurs peaux deux belles soles. Après les avoir ciselées, passez-les au lait non écrémé, puis à la farine et tapez-les pour qu'il n'y reste adhérer que peu de farine. Frottez-les ensuite de sel et de poivre au moulin, et cuisez-les au beurre, de couleur blonde, en les arrosant fréquemment. Il vous faudra utiliser alors une sauce préparée de la manière que voici :

Réduisez deux cuillerées de sauce tomate fraîche avec deux cuillerées à café de Cabul-sauce et une pointe de Cayenne. Allongez cette réduction d'un demi-litre de « sauce-poisson ». Travaillez longuement ce mélange et passez-le à la mousseline. La sauce succulente que vous obtiendrez ainsi, servira en partie à napper un plat long où vous coucherez les soles. Couvrez aussitôt les soles, et copieusement, du reste de la sauce ; saupoudrez-les de trois cuillerées à soupe de parmesan râpé, glacez-les à la salamandre et les servez sans retard, dès qu'elles se seront parées d'une belle couleur.

Sauce-poisson. — Réduisez à glace un demi-litre de fumet de poisson additionné d'un quart de son volume de cuisson de champignons. Mêlez-y cinq jaunes d'œufs, mettez cuire le tout, puis incorporez à cet appareil cinq cents grammes de beurre fondu. Travaillez cette sauce au fouet, épicez-la d'une pointe de Cayenne et passez-la à la mousseline.

LES ENTRÉES CHAUDES

LE JAMBON D'YORK AUX NOUILLETTES A LA MURAT. — Cuisez ce jambon de la même façon que le jambon au Champagne, l'accompagnant d'une garniture dont voici le mode de préparation :

Mélangez intimement cinq cents grammes de fromage blanc bien égoutté avec une cuillerée de sucre, du sel, huit jaunes d'œufs très frais et cent vingt grammes de beurre fondu. Confectionnez ensuite une pâte avec cinq cents grammes de farine tamisée ; faites la fontaine et disposez au centre, du sel, quatre jaunes d'œufs, cent grammes de beurre et quatre cuillerées à bouche de crème double épaisse. Travaillez soigneusement le tout, fraisez une fois ; puis laissez la pâte reposer deux heures et abaissez-la en bandes minces, larges de six centimètres.

Garnissez le centre de ces bandes de l'appareil à fromage blanc, poussé au cornet en perles grosses comme de belles noisettes. Après avoir humecté la pâte, recouvrez-la d'une autre abaisse. Emportez-y alors au coupe-pâte des ravioles, du diamètre d'une pièce de deux francs, que vous pocherez à l'eau bouillante, égoutterez complètement et roulerez dans du beurre fondu ou de la crème réduite.

Autour du jambon, dont le manche sera papilloté, dressez vingt-quatre demi-œufs durs à la Chimay bien gratinés, que vous monterez sur des croûtons de pommes de terre Duchesse ; ces œufs seront intercalés d'épinards farcis. Servez à part les nouillettes dans une timbale, ainsi qu'un fonds de veau au Porto, allongé de la braise dégraissée du jambon.

Pour faire des épinards farcis, cuisez à l'eau de belles feuilles d'épinards ; étalez-les, tapissez-les d'une mince couche de fine farce de volaille, et recouvrez la farce d'une nouvelle feuille. Ces légères plaquettes, ainsi formées, devront être cuites dans un fonds de veau au Porto.

LA SELLE D'AGNEAU COLETTE. — Parez la selle, ficelez-la de trois bracelets de ficelle ; puis couchez-la, pour la cuire, sur une broche anglaise. Arrosez-la souvent pendant la cuisson, qui devra durer quinze minutes par kilogramme de chair. Avant de servir, vous laisserez le rôti reposer pendant à peu près vingt minutes ; vous le dresserez ensuite sur un plat d'argent, dont chaque extrémité sera garnie de douze petits cœurs de céleri braisés et très fondants, garnis de moelle bien pochée.

Disposez en outre, de chaque côté, six petits moules à darioles beurrés, garnis de riz Pilaff aux tomates concassées, étuvées au beurre et liées de glace de veau. Vous les ferez alterner avec six beaux godets de concombre blanchis, étuvés au beurre et cuits entièrement à la crème ; ces godets seront garnis d'une fine purée de morilles, allongée de la crème réduite où auront cuit les concombres.

Rehaussez la selle, si bon vous semble, au moyen d'un tampon de riz taillé ; entourez le plat d'une bordure en pâte à nouilles, et servez à part, sans l'allonger, le jus un peu gras du rôti.

LES CÔTELETTES DE VOLAILLE MARIE-LOUISE. — Préparez-les comme les côtelettes de volaille Maréchal (Cf. 1er journée.) Fourrez-les ensuite de fine Béchamel réduite, très serrée, mélangée de quelques truffes fraîches hachées menu. Cuisez au beurre ces côtelettes après les avoir panées ; dressez-les en couronne et papillotez-en les manches. Arrosez-les alors de glace de volaille et du beurre de la cuisson, puis garnissez-les de morilles à la crème, mélangées de lames de truffes épaisses cuites avec les morilles.

Vous entourerez votre plat d'une bordure d'argent, et servirez à part une sauce Porto très dépouillée.

LA FRICASSÉE DE VOLAILLE SAINT-AMANT. — Découpez une poularde ; et parez-en délicatement les morceaux, que vous ferez revenir au beurre sans qu'ils se colorent. Ajoutez-y une cuillerée de farine ; mouillez, un instant après, d'une demi-bouteille de Chablis-Grenouille, et couvrez le tout de bouillon blanc de volaille. Joignez à cela un bouquet garni, six petits oignons blanchis, du sel, du poivre, et douze petites têtes de champignons étuvées au beurre. Laissez cuire alors, pendant quarante-cinq minutes, dans votre casserole hermétiquement close.

Dressez les morceaux de volaille dans un plat à pie. Cela fait, réduisez la cuisson ; liez-la de trois bonnes cuillerées de crème double mélangée avec trois jaunes d'œufs, puis versez cette sauce sur la volaille, avec les champignons.

Posez sur la volaille huit jaunes d'œufs cuits durs. Enfermez le tout dans une enveloppe en feuilletage ou en rognures de feuilletage, que vous dorerez au jaune d'œuf. Dessinez sur la pâte un quadrillé au moyen d'une fourchette ; après quoi, vous pousserez au four la fricassée, l'y laissant jusqu'à ce que le feuilletage soit bien cuit et très croustillant. Et c'est de la sorte qu'il faudra servir ce régal.

LES AIGUILLETTES DE CANETON AU RAGOUT FIN. — Pochez une mousseline de caneton dans un moule à bordure, que vous démoulerez sur un plat rond.

Poêlez d'autre part, deux beaux canards de Rouen en les tenant roses. Découpez-en les suprêmes, que vous parerez bien et dresserez en couronne sur la bordure ; vous les saucerez ensuite d'une fine sauce demi-glace, confectionnée avec les carcasses des canetons et passée à la mousseline. Garnissez le centre du plat d'un ragoût de petites escalopes de ris de veau et d'une égale quantité de truffes émincées en lames épaisses ; le tout sera lié de la sauce salmis, préparée avec les carcasses des canards.

Entourez les aiguillettes de seize gros champignons farcis de purée de volaille ; ceignez le plat d'une bordure d'argent, puis servez votre mets très chaud.

Recette pour faire la mousseline de caneton. — Pilez cinq cents grammes de chair de filet de caneton avec du sel et du poivre ; ajoutez deux blancs d'œufs, l'un après l'autre, et passez votre appareil au tamis fin. Vous recueillerez cette farce dans une terrine blanche émaillée que vous tiendrez en pleine glace pendant une heure et demie. Relâchez la farce avec trois quarts de litre de crème double d'une fraîcheur absolue, sans l'ôter de la glace. Essayez la mousse pour vous rendre compte de sa consistance ; puis versez-la dans un moule à bordure et à fond rond, préalablement beurré, pour l'y faire cuire au bain-marie.

LA DAUBE BÉARNAISE. — La daube de bœuf est l'un des plus vieux plats français et l'un des plus justement estimés ; mais peu de gens savent la préparer avec tout le soin désirable.

Pour douze personnes, prenez une culotte de bœuf ou un gîte à la noix tendre, de trois kilogrammes, et taillez-y de gros carrés que vous piquerez de lardons. Joignez à ces morceaux un jarret de veau et faites mariner le tout pendant vingt-quatre heures avec poivre, gingembre, thym, sarriette, un soupçon de laurier, une carotte, trois oignons émincés, cinq gousses d'ail, dix échalotes, dans un bain d'excellent vin rouge de Mercurey.

Le lendemain, retirez la viande, faites-la revenir, placez-la avec la marinade que vous salez dans une cocotte hermétiquement close et lutée au besoin. Laissez cuire trois heures au four. Au bout de ce temps, vous retirez les morceaux que vous disposerez dans une terrine propre, arrosés de la cuisson dégraissée et passée au tamis ; vous y mêlez alors un kilogramme de petits champignons sautés entiers, trente petits oignons colorés au beurre et quarante beaux lardons peu salés et légèrement rissolés. Que le tout baigne complètement dans le fonds !

Donnez un bouillon, puis replacez la terrine bien close dans le four, à feu très doux ; trois heures de cuisson lente sont de nouveau nécessaires pour obtenir une sauce d'un onctueux, d'un velouté, d'un parfum, d'une succulence pour tout dire qui ravira le palais et l'odorat des gourmets les plus exigeants.

On accompagnera, si l'on veut, ce mets d'excellentes nouilles au beurre.

LES CÔTELETTES DE MOUTON A LA MOELLE. — Parez soigneusement douze belles côtes de mouton ; faites-en les manches, assaisonnez-les, puis faites-les dorer au beurre des deux côtés.

Au fond d'une sauteuse grassement beurrée, rangez alors une belle carotte, avec deux oignons émincés, un bouquet garni et la chair d'un beau jarret de veau grossièrement haché et doré au beurre. Couchez là-dessus vos côtelettes, les couvrant d'une feuille de papier d'office beurrée et d'un couvercle. Laissez pincer la garniture ; déglacez ensuite avec un quart de litre de vieux Madère et un litre d'excellent fonds de veau. Faites braiser ainsi les côtes en les arrosant souvent, jusqu'à ce qu'elles soient très fondantes ; après quoi vous les grouperez en couronne.

Liez le jus en veillant sans cesse à sa clarté et à sa belle couleur.

Arrosez-en légèrement vos côtelettes, dont les noix s'orneront toutes d'une belle lame de moelle de bœuf dégorgée et pochée.

Enveloppez encore les manches de papillotes ; puis garnissez le centre du plat d'une fine et crémeuse purée de choux-fleurs ou de navets.

Autour des côtelettes vous formerez une couronne avec douze petites croquettes de volaille, pas plus grosses qu'un bouchon, enveloppées de pommes de terre Duchesse et dorées au beurre.

LA BÉCASSE AU FEU SACRÉ. — Bardez six bécasses bien dodues. Cuisez-les à la broche, de seize à dix-huit minutes, sur un feu alimenté, si possible, de bois de sarments ; ne cessez point, pendant ce temps, de les arroser de beurre fondu.

D'autre part, préparez six belles tartines de pain cuites au beurre et bien dorées. Garnissez-les avec les entrailles des bécasses, mélangées d'un tiers de leur poids de farce à gratin et de lard râpé ; passez-les ensuite à la salamandre, les mouillant avec le beurre de la lèchefrite qui aura découlé des bécasses. Dressez alors les bécasses sur ces tartines, au milieu de buissons de pommes de terre paille très blonde et de deux bouquets de cresson.

Quant au jus, vous le donnerez à part, additionné des larmes d'une demi-orange.

LE NAVARIN. — Taillez et parez cinq cents grammes d'épaule de pré-salé désossée, puis cinq cents grammes de basse-côte et un kilogramme de haut-de-côte, c'est-à-dire de poitrine. Découpez ces viandes en morceaux pesant quatre-vingts grammes, et faites-les revenir au beurre et non pas à la graisse de saindoux, qui conférerait au mets une saveur déplaisante. Ajoutez dans la sauteuse deux gros oignons coupés en quatre, ainsi que deux carottes grossièrement émincées, deux navets et cinq cents grammes de champignons frais escalopés. Épicez de gros sel et de poivre au moulin, et laissez dorer à point. Saupoudrez ensuite de soixante grammes de farine merveilleusement blutée, remuez bien, répandez sur le tout trois belles gousses d'ail écrasées. Poussez au four quelques minutes pour faire blondir la farine, mouillez alors de deux litres de fonds de mouton ou, à défaut, de léger bouillon ordinaire. Travaillez longuement le tout ; incorporez-y six tomates très mûres écrasées et un quart de litre de purée de tomates fraîches. Enfin, assaisonnez d'un bon bouquet de persil, de thym, d'une feuille de laurier, et de quelques gouttes de caramel qui ne soit pas amer. Quand la sauce sera dorée, vous pousserez au four la sauteuse bien close.

Donnez d'abord une heure de cuisson. Au bout de ce temps, renversez le navarin sur un tamis couvrant une terrine. Nettoyez rigoureusement la sauteuse pour y remettre les viandes, morceau par morceau ; il les faudra très propres et que rien n'y adhère. D'autre part, dégraissez convenablement la sauce, rectifiez-en la couleur qui devra être d'un rubis sombre, puis versez-la sur les chairs pour les en recouvrir. Immergez dans cette sauce deux cent cinquante grammes de petits oignons dorés au beurre, de même que trente-six petites pommes de terre taillées en petits bouchons. Fermez le plat d'un papier d'office beurré, puis de son couvercle. Faites arriver le navarin à l'ébullition ; après quoi vous lui donnerez au four une heure de cuisson ; vous le dégraisserez à souhait et le servirez bouillant. Mieux vaudrait cuire le navarin dans une sauteuse en bi-métal, pour l'y servir tout fumant à sa sortie du four ; son arome se conserverait intact.

Au printemps, lorsqu'apparaissent des petits légumes, on peut joindre au navarin des pommes de terre nouvelles, des oignons nouveaux, un litre de petits pois fins, une botte de petites carottes et une autre de petits navets, que vous aurez préalablement dorés au beurre avec les oignons.

Si c'est la saison d'hiver, cuisez deux litres de haricots blancs que vous verserez dans le plat à sauter avec deux cent cinquante grammes de petits oignons, glacés à l'instant où vous y aurez introduit les pommes de terre.

Tel est le plat que le Régent aimait à confectionner pour l'offrir à la Parabère, cette spirituelle brune que le royal cuisinier appelait son petit corbeau noir. Depuis, il n'est table, dans les palais ou les chaumières, qui n'ait apprécié à son juste mérite cette prodigieuse invention de l'art culinaire français.

LE SAUTÉ DE PERDREAUX PAIWA. — Découpez les perdreaux, comme des poulets, en cinq parties. Assaisonnez-les et dorez-les au beurre. Ajoutez-y alors des champignons émincés, un nombre égal de truffes fraîches, pelées et émincées, ainsi que deux échalotes hachées menu. Déglacez au Madère, puis mouillez de glace de volaille pas épaisse, même s'il se peut légèrement liquide.

Étuvez le tout, après une cuisson brève. Dressez ensuite les perdreaux, saucez-les, et couvrez-les de la garniture.

Vous les entourerez de douze croquettes de nouillettes au parmesan, intercalées de petites escalopes de foie gras sautées au beurre.

L'AGNEAU DE PAUILLAC ENTIER A LA PIERVILLE. — Parez les pattes; puis farcissez l'agneau d'une farce composée de riz Pilaff, de douze demi-rognons d'agneau sautés au beurre, de deux cervelles de veau cuites au court-bouillon et écrasées à la fourchette, ainsi que d'une fine julienne de champignons frais, étuvés au beurre et liés de glace de volaille et de crème double réduite.

Après avoir recousu le ventre, mettez l'agneau à la broche, en ayant soin de ficeler la tête pour qu'elle reste bien droite. Vous donnerez à l'agneau la position d'une bête couchée sur le ventre, et le cuirez en le faisant colorer du plus bel or.

Dressez-le ensuite sur un plat, l'environnant de vingt-quatre petites tomates farcies de morilles à la crème, saupoudrées de mie de pain et bien gratinées. Ornez chaque extrémité du plat de deux buissons de truffes cuites au Champagne, et servez à part, outre le jus un peu gras de la bête, une saucière emplie de sauce Béarnaise.

LA DODINE DE CANARD. — La recette de cette dodine nous a été transmise par Taillevent, queux du roi Charles V, telle que je la transcris ci-dessous :

« Autre dodine de verius sur oyseaux de riuiere ou autre volaille de rost, prenez de verius : et puis le mettez dessoubz vostre rost en vne poesle de fer, et puis prenés moyeulx d'œufs durs et puis demy douzeine de foyes de poulailles et que les foyes soyent vn peu rostis sur le gril : et les passez par l'estamine auec verius et y mettés vn peu de gingembre et de percil dedans et tout bouillir ensemble et mettés sur le rost, et du pain haslé dessus le rost, et pareillement dedans autre dodine. »

Voici, d'autre part, comment est décrite la dodine dans *Le Grand Cuysinier de toute Cuysine très-vtile et profitable* :

« Presse du pain blanc et le fais rostir bien roux sur le gril, et mets tremper en fort vin vermeil, puis fais frire des oignons par rouelles en sain de lard, et passe ton pain par l'estamine, puis pour espice, canelle, muscade, clou de girofle, et sucre, et gouste de sel, et fais le tout bouillir ensemble auec la gresse de canart, et quant sera cuyt, iette sur ton canart ou oyseau de riuiere. »

Mais comme les gastronomes d'aujourd'hui ont pour leurs chefs de cuisine moins d'indulgence que feu Charles V, j'ai dû modifier cette formule, et voici comment je leur apprêterais la dodine :

Faites cuire à la broche un canard de Rouen, bridé en entrée, que vous tiendrez rose. Découpez-le en lui enlevant successivement les cuisses, les ailes et le croupion.

Dans une casserole basse placez alors le foie et la carcasse pilée ; mouillez le tout de Chambertin, que vous ferez réduire de moitié, puis d'un demi-litre de fine demi-glace. Cuisez avec le liquide et en dépouillant lentement.

Mettez ensuite dans une autre sauteuse trois cents grammes de truffes pelées et émincées, ainsi que douze belles têtes de champignons cuits. Sur cette garniture, passez la sauce, d'abord au chinois avec pression, puis à la mousseline; vous fermerez hermétiquement la sauteuse et y cuirez le tout à point.

Cela fait, posez les cuisses du canard sur un plat long et creux en porcelaine. Dressez par-dessus les ailes taillées en aiguillettes, que vous couvrirez avec les truffes ; environnez le tout de vos champignons et saucez copieusement.

Vous servirez la dodine très chaude et sans autre garniture, afin de laisser savourer, comme il convient, ce mets d'une absolue finesse.

LA POULARDE COQUETTE. — Bridez et bardez la poularde, puis faites-la cuire lentement au beurre dans une casserole couverte, au milieu de six belles truffes pelées. Pendant toute la cuisson, qui durera près d'une heure, il vous faudra, de temps à autre, la déglacer de Porto rouge et de fonds de volaille réduit.

Dressez la poularde, une fois cuite, sur un plat cerclé d'une couronne d'argent. Ce plat, vous l'ornerez à chacune de ses extrémités d'une belle noix de ris de veau, piquée de lard fin et braisée de couleur blonde; tandis que de chaque côté, vous disposerez les truffes avec six croquettes de nouilles liées au foie gras.

D'autre part, dégraissez le fonds, montez-le à la crème double, puis le réduisez jusqu'à ce qu'il vienne à napper. Vous en saucerez légèrement le tout, et servirez à part le reste de la sauce.

Pour faire des croquettes de nouilles, cuisez à l'eau deux cent cinquante grammes de belles nouilles ; égouttez-les, épongez-les, puis liez-les avec du parmesan et une purée de foie gras cuit au Porto. Placez-les dans un plat creux dont le bord soit uni, et laissez-les refroidir entièrement. Découpez-y ensuite douze pièces, à l'aide d'un emporte-pièce du diamètre d'un gros bouchon. Panez ces disques à l'anglaise et faites-les frire au beurre.

LES CÔTELETTES DE FAISANDEAU GENTILHOMME. — Levez les filets de trois jeunes faisans ; parez-les et dénervez-les bien. D'autre part, confectionnez avec les cuisses et les carcasses, une bonne sauce salmis, transparente et très fine. Réduisez ensuite deux perdreaux en purée, relâchez cette purée par l'addition de quelques cuillerées de sauce salmis ; puis vous y mêlerez un volume moitié moindre de purée de marrons très crémeuse. Faites sauter au beurre les filets de faisan ; dressez-les en couronne en les intercalant de lames de noix de jambon fraîchement cuit ; et saucez-les légèrement avec la sauce salmis.

Garnissez-en le centre avec la purée de perdreaux. Entourez le plat d'une bordure d'argent et offrez à part le reste de la sauce.

LES POUSSINS A LA COLBERT. — Prenez autant de poussins que vous aurez de convives, bridez-les en entrée et faites-les blanchir au lait ; une fois refroidis, vous les panerez à l'anglaise, avec de la panure fraîche et blanche et les cuirez au beurre dans une casserole. Quand vous les verrez d'une belle couleur blonde, vous les dresserez dans une cocotte en porcelaine et les arroserez de la cuisson.

Versez alors dans une sauteuse un verre à madère de glace blonde de volaille, à laquelle, lentement, vous ajouterez deux cent cinquante grammes de beurre fin et frais. Cette sauce bien liée, puis assaisonnée d'une cuillerée de fines herbes fraîches, sera servie à part. Vous offrirez également des petites tomates, farcies d'un hachis d'agneau lié de Duxelles et bien gratinées.

LES ÉLÉGANTES PARFUMÉES AUX PERLES NOIRES. — Cuisez au beurre les bécassines bien bardées, accompagnées de truffes moyennes (deux par bécassine). Cuisez-les dans une casserole hermétiquement close, en les arrosant de bon Porto et de glace de gibier qui ne soit point amère. Vous les servirez telles quelles, après neuf à dix minutes de cuisson, en coiffant chaque oiseau d'un croûton farci de farce à gratin de foie gras. Quant aux truffes vous les disposerez en pyramide au centre de la sauteuse.

Ce mets sera digne d'affronter la table du gastronome le plus exigeant, s'il est préparé par un cuisinier de mérite.

LE GRATIN DE PERDREAUX. — Cuisez trois beaux perdreaux gris à la broche levez-en les ailes que vous tiendrez roses. Pilez ensuite les chairs des cuisses et les estomacs, passez-les au tamis fin, et préparez-en une fine purée que vous dresserez au fond d'un plat rond.

Vous y étendrez les ailes en couronne, les intercalant de grosses lames de foie gras sautées au beurre ; puis vous disposerez au centre du plat un ragoût de lames de truffes.

Confectionnez alors avec les carcasses une sauce salmis très fine. Liez de Duxelles et réduisez à demi la moitié de cette sauce ; vous napperez le tout de cette réduction, puis glacerez à la salamandre, à la mie de pain. La partie inemployée de votre sauce salmis sera servie à part dedans une saucière.

LES FEUILLANTINES. — Dans un ou deux filets mignons, taillez douze fines escalopes de veau. Aplatissez-les pour les rendre très minces et donnez-leur la dimension d'une soucoupe à café. Étalez-les ensuite, assaisonnez-les de sel et de poivre ; et sur six d'entre elles, couchez une lame de noix de jambon de l'épaisseur d'une escalope. Ces tranches de jambon auront été passées au préalable, dans six œufs battus en omelette avec du sel, du poivre, des fines herbes, deux truffes hachées et une forte cuillerée de fine Duxelles blanche. Recouvrez les lames de jambon avec les autres escalopes, soudez bien les feuillantines, et cuisez-les lentement au beurre jusqu'à ce qu'elles soient blondes. Déglacez-les d'un bon verre de vin blanc de Bourgogne, issu du plus vénérable des flacons ; après quoi, vous ajouterez à la cuisson quelques cuillerées à bouche de fonds de veau ou de glace de viande.

Dressez alors les feuillantines en couronne sur un plat, dont le centre sera garni de nouilles liées d'une purée de foie gras cuit au Porto. Environnez-les d'une guirlande de petits croûtons en dent-de-loup faits avec du feuilletage. Vous servirez le fonds lié, après l'avoir passé à la mousseline, et je ne crains point le démenti en affirmant sa haute succulence.

LES ENTRÉES FROIDES

LE PÂTÉ D'ALOUETTES NIGNON. — Désossez quarante-huit alouettes bien grasses, choisies entre les plus belles, que vous mettrez mariner dans du Cognac et du Madère avec du sel, du poivre et des épices. Vous préparerez alors la farce que voici :

Faites revenir au beurre six cents grammes de lardons, puis retirez-les, lorsqu'ils seront dorés. Placez alors dans la sauteuse six cents grammes de chair de lapin de garenne, prise dans les filets et les cuisses et préalablement dénervée ; dès qu'elle sera saisie, vous la mettrez de côté, et vous plongerez dans le même beurre six cents grammes de foie de poularde des plus beaux ainsi que des foies de gibier, que vous tiendrez roses, puis enlèverez. Déglacez le plat à sauter avec la marinade des alouettes, épaissie de six cuillerées de glace de gibier ; roulez dans ce fonds, toutes les viandes et laissez-les refroidir. Vous les pilerez ensuite en y incorporant cinq cents grammes de foie gras frais, trois jaunes d'œufs et trois œufs entiers. Passez le tout au tamis et travaillez la farce dans une terrine ; sur quoi, vous la laisserez reposer deux heures.

Ce temps écoulé, farcissez vos mauviettes en forme de petites galantines, en disposant au centre un dé de foie gras ainsi qu'un quart de truffe fraîche, pelée.

Confectionnez alors une abaisse en pâte fine à foncer. Placez au centre une barde de lard, que vous tapisserez d'une mince couche de farce ; et rangez les alouettes par six sur un rang, en les séparant sur toute la longueur et toute la largeur par des bardes de lard. Faites-en deux couches superposées dont la dernière disparaîtra sous la farce. Enveloppez complètement le pâté de bardes de lard auxquelles vous donnerez la forme d'un édredon. Couvrez le tout d'une seconde abaisse en pâte, et soudez soigneusement les rebords des deux abaisses. Humectez la partie de cette abaisse qui doit être en contact avec la première, pincez tout autour en modelant la pâte de haut en bas, en point de Hongrie ; formez ensuite la cheminée, et cuisez le pâté au four moyen. Sondez après une heure et demie de cuisson ; laissez refroidir vingt-quatre heures le pâté, et remplissez-le de gelée d'alouettes très parfumée.

LA POULARDE A L'ESTRAGON A LA CHARTRES. — Farcissez et bridez en entrée une belle poularde bien en chair. Bardez-la et dorez-la au beurre. Égouttez-la ensuite et l'entourez d'une mirepoix composée de rouge de carotte et d'un gros oignon, émincés au préalable ; joignez-y un bouquet garni, ainsi qu'un petit bouquet d'estragon ; et mouillez le tout d'une louche de bouillon blanc de volaille, et d'un verre de bon vin blanc sec. Couvrez et cuisez jusqu'à réduction absolue du bouillon ; après quoi vous humecterez encore la volaille de deux louches de bouillon blanc, et vous achèverez de la cuire en l'arrosant souvent. Laissez alors refroidir le tout ; puis retirez la poularde, parez-la et dressez-la dans une vasque ovale de cristal, entourée de glace pilée. Vous la décorerez de feuilles d'estragon blanchies et l'environnerez de douze lames de noix de jambon.

La cuisson, passée et additionnée d'un demi-litre de fine gelée de volaille, vous procurera une gelée parfaite au fumet d'estragon. En la versant à travers un linge fin, vous en lustrerez le jambon et la poularde, dont l'estomac devra émerger à demi de la gelée.

Mais n'omettons point de relater comment se confectionne la farce dont a été farcie la poularde :

Faites revenir au beurre, sans qu'ils se colorent, cent vingt-cinq grammes de lard gras, autant de lard maigre et cinq cents grammes de beau foie de poularde. Salez et poivrez ; assaisonnez en outre d'une brindille de thym et d'une demi-feuille de laurier ; puis donnez au tout quinze minutes à peu près de cuisson. Renversez alors cet appareil sur un plat, où vous le laisserez refroidir ; pilez-le au mortier. Mélangée avec un œuf entier, cette farce sera passée au tamis fin. Après quoi on y incorporera quatre suprêmes de volaille en dés, roidis au beurre, douze dés de langue écarlate et quinze pistaches émondées.

LE FOIE GRAS EN DAUBE. — Vous le préparerez tout comme le foie gras au Porto (Cf. V^e journée) ; il vous suffira d'ajouter à la cuisson du foie huit belles truffes pelées, que vous dresserez tout autour, au moment du nappage.

LE FAISAN ROSSINI. — Bridez en entrée un beau faisan ; bardez-le et cuisez-le au beurre en l'arrosant souvent. Lorsqu'il sera à moitié cuit et de couleur blonde, vous l'entourerez de six truffes fraîches pelées, pesant soixante grammes environ chacune. Achevez ainsi de le cuire, en l'arrosant de fumet de gibier et d'un peu de Madère. Laissez-le refroidir ensuite, sans soulever le couvercle ; découpez les ailes en fines aiguillettes sans toucher au reste ; puis dressez la bête sur un plat long, au centre d'une couronne de douze escalopes de foie gras, taillées dans un beau foie gras cuit au Porto (Voir V^e journée). Disposez en outre les truffes en pyramide à chaque bout du plat.

Allongez, d'autre part, le fonds du faisan avec un demi-litre de gelée, préparée avec la cuisson du foie gras. Vous clarifierez la gelée pour qu'elle soit bien limpide. Lorsqu'elle sera froide, vous en napperez le faisan, les truffes et les escalopes. Posez ce plat sur un autre plat garni de glace pilée. Et servez en même temps une salade, faite de pointes d'asperges et d'une julienne de céleris cuits à l'eau, que vous assaisonnerez avec une vinaigrette additionnée de quelques cuillerées à bouche de purée de tomates fraîches.

LE PARFAIT DE FOIE GRAS A LA ROYALE. — Parez deux foies gras et passez-les à cru, au tamis de laiton, au-dessus d'une terrine en grès. Assaisonnez légèrement cette purée de sel, de poivre et d'épices ; mouillez-la d'un petit verre de bon Madère et laissez-la reposer douze heures.

Moulez ensuite cette farce dans une mousseline, en lui donnant la forme d'un foie gras. Ficelez les deux extrémités de la mousseline ; puis faites pocher à feu doux dans un fonds recommandable de braise de bœuf bouillante, au fumet de truffes et au Porto rouge. Laissez dans le fonds votre parfait, débarrassez-le de ses ficelles et posez-le dans une vasque de cristal.

Vous arrangerez au-dessus quinze belles lames de truffes, et vous napperez le tout de gelée succulente faite avec le fonds.

Entourez finalement le parfait de vingt petites truffes entières, pelées et cuites au Champagne ; et servez-le douze heures après, sur de la glace pilée.

LA SALADE FONTANGES. — Cuisez deux céleris-raves, puis laissez-les refroidir. Au moyen d'un moule à colonne, enlevez-y de gros bouchons, que vous émincerez et dresserez en dôme au centre d'un saladier en cristal, environné de glace pilée. Entourez les céleris d'une couronne d'œufs durs émincés, enserrant une autre couronne de petites tomates bien charnues, émondées, épépinées et émincées. Vous assaisonnerez cette salade d'une mayonnaise légère relevée d'une cuillerée à café de Worcesters-sauce et d'autant de Catsup.

LA SALADE MIGNONNE. — Au centre d'un saladier, dressez en dôme des petites feuilles de cœurs d'endives (il ne faudra utiliser que les cœurs). Ornez-en la base d'une couronne de feuilles de mâche très tendres, puis d'une couronne composée d'autant de julienne de blanc de faisan que de truffes en fine julienne. Vous assaisonnerez, au moment de servir, d'une vinaigrette liée de jaunes d'œufs écrasés à la fourchette et d'un soupçon de moutarde. Et vous parsèmerez le tout de cerfeuil en peluche.

LES RÔTS

LA BÉCASSE SUCCULENTE. — Cuisez à la broche, en les tenant un peu saignantes, des bécasses bien bardées, dont vous n'aurez retiré que le noyau. Pendant ce temps, posez sur un réchaud un plat rond en argent ; versez-y un verre de bon Corton, que vous réduirez pour que le plat se glace ; vous éteindrez ensuite le réchaud. Découpez alors les bécasses en tranchant d'abord les cuisses, puis les ailes. Enlevez les entrailles que vous mettrez sur la planche à découper ; et placez les membres et l'estomac dans une petite casserole en bi-métal ou dans une timbale d'argent.

D'autre part, hachez les carcasses ; immergez-les dans le vin réduit et arrosez-les de trois verres à liqueur environ de remarquable Fine Champagne. Cela fait, allumez le réchaud et flambez la Fine jusqu'à ce qu'elle s'éteigne d'elle-même. Versez dans le plat un verre à bordeaux de glace blonde de volaille, ainsi que le jus de la cuisson des bécasses ; après quoi, vous réduirez de moitié ce liquide.

Vous écraserez maintenant les intestins au moyen d'une fourchette, pour les pétrir avec un morceau de beurre très frais, de la grosseur d'un œuf par bécasse, et avec deux petites cuillerées de moutarde ordinaire. Incorporez à la réduction la merveilleuse pommade que vous obtiendrez de la sorte. Remuez le tout avec la fourchette, en assaisonnant d'une pointe de poivre de Cayenne et d'un filet de jus de citron. Vous passerez alors ce rare fumet sur les bécasses à travers une petite passoire fine, et vous mettrez le tout sur le réchaud pour que les oiseaux s'imprègnent de ce fumet comme il convient.

En même temps que les bécasses, préparez quatre petites tartines cuites au beurre de belle couleur blonde. Farcissez-les toutes chaudes de farce à gratin au foie de gibier ; garnissez chacune d'elles d'une aile, et saucez-les largement de cet étonnant fumet.

N'oubliez point que ce mets veut être servi très chaud.

LES ORTOLANS A LA GOUTTE DE SANG. — Ayez douze beaux ortolans que vous ne viderez point. Préparez alors douze petits croûtons de pain de mie formant crête de coq ; cuisez-les au beurre, dorez-les bien et laissez-les moelleux au centre.

Embrochez les ortolans et les croûtons, quatre par quatre, sur des brochettes d'argent, en ayant soin de ne pas les appliquer l'un contre l'autre. Saupoudrez-les de sel, mettez-les sur le plat où vous les servirez, et poussez-les au four chaud quatre minutes. En les sortant, vous en piquerez un sous l'aile, une goutte de sang apparaîtra : c'est le signe que les ortolans sont à point. Apportez-les aussitôt en les recouvrant de beurre noisette.

Cette opération devra s'exécuter très promptement, car il faut que le beurre soit bouillant au moment où l'on sert le plat. D'un ortolan ne faites qu'une bouchée, et, jouant allègrement des mâchoires, vous savourerez un des jus les plus merveilleux qui soient.

LES LÉGUMES

LES TOMATES LA VARENNE. — Épépinez et salez douze belles tomates creusées. Renversez-les pour que tout le liquide s'en écoule ; posez-les ensuite sur un plat grassement beurré, après les avoir farcies d'un hachis d'agneau moelleux. Saupoudrez-les de mie de pain fraîche, couvrez-les d'une rondelle de beurre et les faites cuire au four ainsi préparées. Quand elles seront gratinées à point, vous dresserez sur chacune d'elles un œuf au miroir, cuit dans une poêle et enlevé au coupe-pâte du diamètre de la tomate.

Au centre du plat, qu'entoure un jus de veau lié, vous élèverez pour terminer une pyramide de pommes paille très blonde.

LA BORDURE DES AUGUSTINS. — Garnissez d'épinards en branche, cuits au beurre, un moule à savarin beurré. Pressez légèrement les épinards, démoulez-les sur un plat rond, nappez-les de sauce Mornay très crémeuse. Saupoudrez cette bordure de parmesan râpé, puis glacez-la de belle couleur. Au moment de servir, vous emplirez le plat d'une purée de pommes de terre mousseline en pyramide.

LA COMPOTE PETITE-BARONNE. — Faites cuire au beurre un kilogramme de tout petits champignons bien tournés, que vous déglacerez au Porto blanc et couvrirez de crème fraîche. Arrosez d'un verre à madère de glace blonde de volaille ; joignez-y un volume égal de jeunes fèves décortiquées, et cuisez à feu doux ce mélange pendant vingt minutes. Liez de quatre jaunes d'œufs et de cent cinquante grammes de beurre fin. Puis versez tous ces légumes, vêtus d'une chemise de crème onctueuse, dans un joli légumier où vous les entourerez de croûtons de feuilletage.

LES MACARONIS A LA BAUFREMONT. — Cuisez à l'eau de gros macaronis frais, tels qu'on s'en procure à Paris sans peine ; vous les égoutterez, lorsqu'ils seront cuits. Beurrez alors une terrine en porcelaine, dont l'intérieur sera blanc et vert l'extérieur. Disposez-y une couche de macaronis liés au beurre que vous couvrirez d'une couche de lames de truffes épaisses et fraîches ; arrosez ensuite d'un fonds de veau tomaté, quelque peu relevé et corsé.

Préparez de la même façon deux nouvelles couches, que vous saupoudrerez respectivement de parmesan râpé. Mouillez le tout de beurre fondu. Puis, dans un four modéré, faites gratiner ce plat d'une agréable couleur. Laissez-l'y trente cinq minutes pour que les truffes cuisent à point, et servez-le sans délai, entouré d'un cordon de sauce tomate fraîche.

LES TRUFFES SURPRISE. — Faites cuire de belles truffes, pesant environ cent grammes, dans un fonds de veau et de Madère ; évidez-les ensuite et fourrez-les d'une purée très blanche de volaille. Entourez les truffes d'une bordure de pointes d'asperges vertes, puis servez-les avec le fonds lié au beurre.

LES ENTREMETS

LES PETITS SOUFFLÉS CHOISY. — Dans six oranges moyennes très sucrées découpez une petite calotte ; après quoi vous éviderez les fruits proprement.

D'autre part, faites arriver à l'ébullition trois décilitres de lait avec le zeste de deux oranges. Laissez infuser le temps nécessaire ; puis mettez dans une casserole cent cinquante grammes de beurre, auquel vous ajouterez deux cuillerées de farine, lorsqu'il sera fondu. Travaillez soigneusement l'appareil ; cuisez-le quelques minutes, et versez-y le lait infusé et sucré que vous cuirez à point. Une fois la bouillie prête, introduisez six jaunes d'œufs et passez le tout au linge fin. Arrosez encore d'un petit verre de Curaçao ; montez les six blancs d'œufs très fermes et les incorporez au reste.

Garnissez de cet appareil les oranges, en dôme allongé ; saupoudrez-les copieusement de sucre en poudre, cannelez-les et cuisez-les au four sur une plaque pendant huit ou dix minutes.

Cela fait, vous les servirez bien dorées sur une serviette.

LES PRÉCIEUSES AUX FRAISES. — Cuisez de la gênoise aux amandes, dans des petits moules à friands. Évidez le plus possible ces petits pains : vous les garnirez ensuite d'un appareil à soufflé aux fraises que vous fouetterez sur glace à cru, en y incorporant peu à peu des blancs d'œufs dans la proportion de quatre blancs pour un litre de pulpe de fruit.

Vous cuirez au four doux, et sucrerez avec un sabayon aux fraises.

LES VARENIKIS AUX CERISES. — Préparez deux cent cinquante grammes de pâte de varenikis ; abaissez-la finement. Cuisez alors en compote un kilogramme de cerises dénoyautées ; égouttez vos fruits, puis, les disposant trois par trois, confectionnez des ravioles de cerises. Soudez bien ces ravioles, et pochez-les à l'eau bouillante comme vous feriez des ravioli. Égouttez-les ensuite et les roulez dans le sirop de cerises, réduit avec quelques cuillerées de gelée de groseille.

Vous servirez en même temps de la crème double.

LE POUDING DUCHESSE. — Cuisez une brioche dans un moule à charlotte plutôt haut que large. Quand la brioche sera froide, vous la découperez en tranches fixes, que vous laisserez juxtaposées ; il faudra, cependant, en enlever le centre à l'aide d'un gros tube à colonne. Nappez alors chaque tranche de marmelade d'abricots un peu serrée.

Saupoudrez ensuite les tranches de poudre de macaron et pincez-les dans un autre moule, plus grand d'un millimètre à peine et préalablement beurré. Remplissez le centre d'un salpicon d'ananas confits et d'autant d'abricots, puis garnissez le tout d'un appareil composé de la façon qui suit :

Mélangez dix jaunes d'œufs avec quatre cents grammes de sucre en poudre vanillé ; incorporez-y six décilitres de crème Fleurette, et passez à la mousseline.

Vous verserez, donc cet appareil sur le pouding que vous mettrez cuire au bain-marie pendant cinquante minutes, sans laisser parvenir à l'ébullition. Renversez doucement le pouding sur un plat et saucez-le, au moment de l'offrir, d'une sauce ananas au marasquin.

LA MOUSSE D'ORANGE A L'ANDALOUSE. — Préparez un appareil de mousse d'orange, uniquement parfumé de zeste frotté sur du sucre en morceaux. Frappez cet appareil dans un moule à mousse, dit à bombe ; évidez la mousse à demi au moment de la servir, puis remplissez la cavité ainsi formée d'une compote de mandarines au vin d'Alicante. Au moment de la servir, vous jetterez sur la glace un voile en sucre filé.

LA COUPE DE L'IMAGIER. — Emplissez à demi des coupes de fraises des bois très parfumées, que vous aurez fait mariner dans du Marnier Cordon rouge. Arrosez vos fruits de leur marinade et d'autant de gelée de groseille, garnissez-les de fine glace vanille, puis décorez-les aux petites fraises.

LES CRÊPES AUX NOIX FRAÎCHES. — Pilez deux cent cinquante grammes de noix fraîches épluchées ; incorporez-y deux cents grammes de beurre, ainsi qu'une cuillerée à café de poudre de vanille. Travaillez le tout en mousse, après quoi vous y mêlerez six cuillerées à bouche de crème Chantilly très ferme.

Cuisez alors des crêpes Suzette. Vous placerez en leur centre une cuillerée à dessert de l'appareil que vous aviez préparé ; puis simplement, vous replierez les crêpes en deux et les servirez aussitôt.

LE QUEENS PUDDING. — Travaillez en pommade dans une casserole trois cents grammes de sucre avec un poids égal de beurre. Cuisez cet appareil sur feu doux, en y incorporant, deux par deux, vingt-cinq jaunes d'œufs, puis l'une après l'autre quatre cuillerées de fécule. Quand cette masse aura acquis l'homogénéité de la crème anglaise, vous la retirerez du feu pour y joindre cent cinquante grammes de purée d'amandes. Vannez ce mélange jusqu'à ce qu'il soit froid ; ajoutez-y ensuite vingt blancs d'œufs battus très fermes.

Cela fait, beurrez deux moules à pouding à cylindre ; farinez-les, remplissez aux trois quarts de l'appareil et mettez-les cuire à four doux, au bain-marie, pendant trente ou trente-cinq minutes. Vous les démoulerez alors et les saucerez entièrement d'un sabayon au vieil Yquem.

LES PROFITEROLES SURPRISE. — Laissez venir à l'ébullition un quart de litre d'eau avec un grain de sel et cent trente grammes de beurre fin. Otez la casserole du feu et versez-y cent vingt-cinq grammes de farine tamisée en remuant vivement. Desséchez cette bouillie, puis enlevez-la du feu pour y introduire quatre œufs, l'un après l'autre.

Laissez alors reposer la pâte pendant dix minutes ; vous en formerez à la poche vingt-quatre profiteroles de la grosseur d'une petite prune, que vous cuirez au four à peine chaud sans qu'elles se dorent.

Garnissez-les de glace vanille ferme et bien crémeuse, puis saucez-les d'un chocolat fondu qui les nappe.

LES PÊCHES A LA VALOIS. — Pochez douze belles demi-pêches que vous laisserez refroidir dans leur sirop. Dressez-les ensuite dans un moule à bordure lustré de gelée de pêches légèrement rosée. Faites prendre, puis démoulez les fruits sur un pain de Gênes abricoté.

Vous disposerez en dôme, au centre du pain, de la crème Chantilly mélangée avec deux pots de confiture rouge de Bar-le-Duc. Décorez le dôme à la poche, plantez à son sommet un bel hâtelet garni de fruits ; entourez-le, après cela, de vingt-quatre petites meringues en forme d'œufs garnies de marmelade de pêches très serrée. Finalement le plat sera croûtonné de gelée de pêches.

LA COUPE GLACÉE MOKA. — Vous garnirez en forme de pyramide une coupe à glace, avec de la fine glace au café ; puis vous garnirez la glace d'une couronne de crème Chantilly.

LES FLEURS DE PÊCHER. — Préparez une compote de pêches entières, choisies entre les plus belles et les plus blanches. Couvrez-les entièrement de confiture de Bar, puis saupoudrez-les d'une fine julienne d'amandes fraîches.

Vous les servirez très rafraîchies, les accompagnant de crêpettes.

LES FRAISES DE PARIS. — Ayez de belles fraises Morère ; enlevez-en les queues, évidez-les légèrement au moyen d'une cuiller à racine, puis laissez-les macérer une heure au Cherry-Brandy, après les avoir saupoudrées de sucre fin. Garnissez alors au cornet les cavités de vos fruits avec de la crème Chantilly, puis dressez les fraises en buisson dans une vasque de cristal.

Vous les saucerez de confiture de Bar, allongée de la marinade. Et vous servirez en même temps mon petit sablé.

LES FIGUES A LA BARANTE. — Ayez douze figues bien mûres dont la pulpe, enserrant un cœur rouge, sera vêtue d'une robe verte. Délicatement pelées, elles seront placées au fond d'une vasque de cristal, dans un bain de Cherry-Brandy Marnier qui ne dépassera point le quart de la hauteur des fruits. Pilez alors cinq cents grammes de chair de noix fraîches ; passez au tamis fin cette purée, ajoutez-y de la crème épaisse. Vous vêtirez abondamment les figues de cette voluptueuse pâte, les saupoudrerez de sucre et les servirez très froides dans la vasque entourée de glace pilée en neige.

Ces figues sont dédiées au baron de Barante qui, le premier, m'en félicita.

LA PÂTISSERIE

LES NICOLETTES. — Dans une terrine blanche émaillée mettez une livre de sucre en poudre, ainsi que la valeur d'un moule à dariole de sucre vanillé. Ajoutez quinze jaunes d'œufs que vous travaillerez lentement avec le sucre, au moyen d'une cuiller en buis. Quand l'appareil sera ferme et mousseux, vous y mêlerez adroitement trois quarts de livre d'un mélange de fécule et de gruau. Placez cet appareil dans une poche munie d'une douille unie ; puis couchez-le sur des feuilles de papier d'office, en petits tas du diamètre d'une pièce de cinq francs, que vous saupoudrerez de sucre en poudre. Cuisez ces petits gâteaux au four très doux. Vous les détacherez quand ils seront froids et en garnirez l'intérieur de crème Chantilly au chocolat, dressée en dôme. Glacez-les, enfin, au chocolat, dès que la crème sera prise.

LE DÉLICE D'YVELINE. — Pilez deux cents grammes d'amandes auxquelles vous mêlerez six œufs, l'un après l'autre, puis trois cent soixante-quinze grammes de sucre. Quand ce mélange moussera bien, vous ajouterez un demi-quart de beau gruau tamisé, cent trente grammes de beurre fondu épuré ainsi qu'un verre à liqueur d'excellent Kirsch.

Foncez alors un cercle à flan de fine pâte sucrée à foncer ; tapissez-le soigneusement de marmelade d'ananas passée et réduite, et garnissez-le jusqu'aux bords de l'appareil que vous avez confectionné. Cuisez ce gâteau au four moyen. Quand il sera froid, vous le napperez de marmelade d'abricots réduite et le saupoudrerez de pistaches effilées.

LA TARTE CERISETTE. — Abaissez un demi-feuilletage où vous taillerez un carré de la grandeur nécessaire. Piquez-le bien et relevez les bords en forme de cordon. Parsemez la surface de votre tarte de cerises sans noyaux, que vous saupoudrez de sucre, et mettez-la cuire au four doux. Quand elle sera bien croustillante, vous l'ôterez du four, la laisserez refroidir, puis la napperez de gelée de cerises.

LA TARTE AUX FRAMBOISES MONTBAZON. — Faites la fontaine sur un marbre avec deux cent cinquante grammes de farine tamisée. Placez au centre deux cent cinquante grammes de beurre fin, une pincée de sel, dix grammes de sucre, deux jaunes d'œufs, ainsi qu'un demi-moule à baba de bon lait. Mélangez le tout avec beaucoup de précaution, et ne fraisez point. Quand la pâte sera bien homogène, vous la laisserez reposer une demi-heure. Tourez-la ensuite ; après quoi, vous garnirez votre cercle et pincerez les bords (n'omettez point de couvrir le fond d'un papier beurré). Après avoir cuit votre tarte, laissez-la refroidir. Garnissez-la de crème pâtissière jusqu'au tiers de sa hauteur, puis rangez avec art sur cette crème de belles framboises très mûres, que vous napperez elles-mêmes de gelée de framboises.

LES DELZA. — Pilez avec cinq œufs deux cent cinquante grammes d'amandes Quand ce sera complètement broyé, vous ajouterez deux cent cinquante grammes de sucre en poudre, puis deux cent cinquante grammes de beurre fondu et un peu de rhum.

Foncez alors de feuilletage des moules à mirlitons, et formez la crête. Tapissez le fond de chaque moule d'une cuillerée à café de marmelade d'ananas au rhum ; vous achèverez de les garnir avec l'appareil déjà préparé, et qui sera bien mousseux. Saupoudrez de sucre et cuisez à four moyen.

SEPTIÈME JOURNÉE

PRÉSENTÉE PAR

FERNAND FLEURET

SEPTIÈME JOURNÉE

A QUOI rêvez-vous donc, Eurydamas? fit le Grand-Moutardier; depuis le début du déjeuner, vous êtes distrait et taciturne... Regretteriez-vous le dernier banquet, celui de Saint-Galimafre?

— Je suis dans une extase quasi religieuse, et, bien que tout palais et tout oreilles, je dis encore mes grâces à ces « Œufs pochés de l'Archevêque », que devaient déguster en silence des prélats friands comme des chattes.

— Et n'oubliez pas, comme dit le poète :

Des Messieurs bien mis,
Sans nul doute amis,
Des Royer-Collard...

Tout de même, leurs trois mentons par tête devaient revenir cher!

— Soit! dit le Grand-Panetier; mais il convient, ô Léander, que les hommes d'État portent l'enseigne d'une nourriture abondante, l'enseigne d'un esprit serein, pacifique, équitable et généreux : l'enseigne, enfin, d'une nation prospère. Qu'attendre d'un ministre que l'on traite parcimonieusement comme un lévrier?

— Ou de tel autre, dyspeptique qui ne mange que des nouilles?

— Certes, mon cher Adraste! répliqua le Grand-Veneur. Un homme d'État qui ne mangerait que des nouilles conduirait son pays aux pires catastrophes. Car son esprit, dépourvu de la joyeuse vigueur que véhiculent les aliments solides et les vins généreux, n'enfanterait qu'insolence, soupçons, colère, jalousie, vindicte, inconstance, chicane et tyrannie, ces surgeons flétris de la décrépitude. Jugez de la différence entre ce mesquin simulacre et la majestueuse autorité de Louis XIV, le plus gros mangeur couronné!

Les symposiastes discoururent à l'envi jusqu'à l'heure du dîner. — Oh, oh! s'écria Porphyre, qui se sentait grand homme d'État par la voracité, des « Crépinettes de perdreaux à la Du Bellay », voilà qui est tout à fait joli!...

— Oui, dit le Premier-Échanson, nous avons voulu rendre hommage au traducteur du « Moretum »... A propos, Divin Porphyre, les vapeurs de nos vins vous ont-elles à ce point offusqué la mémoire? Quoi! depuis sept heures d'horloge que nous sommes à table, vous n'avez soufflé mot de la Dive Bouteille que vous avez rapportée, et que l'on charge en grande pompe sur le vaisseau qui vous doit, hélas! embarquer demain?

— Excusez-nous, ô Cocanéens!... Nous avons craint d'évoquer l'heure du départ, puisque la remise de la Bouteille marque le terme de notre mission. Je serai bref, Échanson, afin de vous rendre la parole, d'ouïr à nouveau la Sagesse et la Gaieté.

Nous quittâmes donc, avant-hier, la ville de Saint-Galimafre, sur les trois heures après banquet. La chaleur, la bonne chère, la monotonie des sables, le roulis de nos éléphants et les mélopées des cornacs, firent que nous cédâmes promptement au sommeil. Dans mon rêve, je me voyais transformé en verre à boire, et j'étais amoureux d'une dame-jeanne fort tétonnière, qui comblait mes désirs. Autrement dit, elle me versait son contenu, hoquetant des glouglous qui passaient en ravissement les soupirs de la plus éloquente passion. Mes six compagnons étaient traités de même par les sœurs de ma bienfaitrice, et je pensais goûter aux joies indicibles du Paradis cocanéen...

— L'on vous remercie, Porphyre, dit Éphestion, de nous avoir mêlés à vos plaisirs!...

— ... Quand un choc soudain me fit déborder et me réveilla presque du même coup. Je me trouvai à terre, soutenu par deux de vos officiers qui avaient pris le soin de me descendre de palanquin : « C'est ici, Seigneur Porphyre!... » Alors, je me vis dans une forêt de chêne-liège, au milieu d'une petite clairière. On nous poussa, mal éveillés encore, devant une grotte de rocaille, et, comme quelqu'un soulevait le rideau de verdure qui voilait l'entrée, l'on entendit rouler de toutes parts un bruit semblable au tonnerre, puis s'élever de longs sanglots, à la fois sauvages et langoureux.

« N'ayez crainte, nous dit-on, ce sont les lions et les panthères... Ils rugissent et miaulent dans les antres pour célébrer ce jour solennel; ils ne dévorent que les buveurs d'eau qui voudraient se rafraîchir à cette rivière... »

Rassurés, nous allions pénétrer dans la grotte, prêts à contempler un spectacle digne du « Songe de Poliphile », quand nous vîmes sortir des figures diaphanes qui voltigèrent en souriant et se diluèrent peu à peu. Celle-ci représentait la Fortune, celle-là Vénus sans voiles, une autre la Jeunesse, une autre encore l'Immortalité. Nous comprîmes que c'étaient les quatre plus beaux rêves que le Vin dispense aux hommes, selon leurs âges ou leurs désirs.

Les parois de la caverne n'étaient pas recouvertes de tapisseries représentant le Triomphe de Bacchus depuis sa naissance à Nysée, ou les derniers épisodes du Ve Livre de Pantagruel. La voûte n'était pas soutenue par des colonnes précieuses; l'on ne voyait ni glaces ni artifices, et l'on marchait tout uniment sur du sable fin. Seules, des guirlandes de lierre formaient contre les murs des arabesques naturelles. Le dernier entrant ayant complètement relevé l'épais rideau de viorne pour nous donner plus de jour, la Dive-Bouteille, frappée par la lumière, nous apparut au sommet d'un socle de feuillage. Au pied, se voyaient quatre Bacchantes endormies, à la renverse sur quatre Satyres. Mais, à peine commencions-nous de contempler ce tableau rustique et voluptueux que des grives et des cailles, s'évadant du sein des plantureuses Mimallones, les réveillèrent toutes en un temps.

— Est-ce que les Satyres-bouquins vous donnèrent du front dans la panse? fit le Grand-Écuyer Tranchant.

— Non point. Ils furent au contraire fort civils, nous appelant : Messieurs les nobles Bergers; même ils nous tendirent des corbeilles de pêches et de chasselas, que nous partageâmes avec eux et leurs compagnes. Ces fruits, joints à nos provisions, nous fournirent un excellent goûter, au cours duquel un Satyre nous prouva ses talents sur la flûte. Les autres, émoustillés par le vin et la musique, se mirent à danser, et quand il fut question de charger le trésor, ils se refusèrent à l'abandonner, disant que leur sort était lié à la Bouteille dont ils avaient eu la garde. Ils se placèrent à ses côtés, et nous partîmes, salués une seconde fois par le concert des bêtes fauves, et suivis jusqu'aux portes de la ville par un couple de renards.

Ce récit plein de naturel enchanta la société, qui ne connaissait que le merveilleux quotidien. On embrassa Porphyre, on lui posa cent questions, l'on but à la santé des *Sept Sages*, et chacun s'en fut coucher une heure après.

Le lendemain, les voyageurs s'embarquèrent à regret, aux cris d'une multitude en délire qui les comblait de victuailles; des fanfares jouaient l' « Hymne de la Mortadelle », et les *Vétérans* de la *Table* faisaient crépiter des salves de Montebello...

FERNAND **FLEURET**.

DÉJEUNER

LES HORS-D'ŒUVRE FROIDS :

La daube d'anguille Gilberte. ❧ La salade Orloff.
Le thon Quimperlaise.

LES HORS-D'ŒUVRE CHAUDS :

Les rognons de coq au Marsala.
Les filets mignons de poularde à la Marigny. ❧ Les tartelettes Valenciennes.
Les escalopes de rognon de veau Câline.

LES ŒUFS :

L'omelette d'Alexandre Dumas. ❧ Les œufs pochés froids Charles X.
Les œufs brouillés du Dauphin de France. ❧ Les œufs Hervieu.
Les œufs pochés de l'archevêque. ❧ Les œufs pochés Bernardine.

LES POISSONS :

La truite saumonée marinière. Le Koulibiak de saumon. ❧ La sole Thérèse.
Les suprêmes de turbot à la Gourmande. ❧ Les queues d'écrevisses au Champagne.
Les filets de rougets Seiglière.

LES ENTRÉES CHAUDES :

Le Curry de poularde. ❧ Le jambon de Virginie à l'Américaine.
Le pâté chaud de caneton à la Marignan. ❧ Le soufflé de volaille Perrine.
Les palets des Dames. ❧ Le gâteau de bœuf Gutzeit.
Les cailles aux noix fraîches. ❧ La dodinette de bécasses.
La mousseline de poularde parisienne. ❧ Les filets de grives à la minute.

LES ENTRÉES FROIDES :

La charpie de veau. ❧ Le caneton Saint-Évremont. ❧ La salade Renée.

LES LÉGUMES :

Les truffes à la Mirepoix. ❧ Les asperges à la Béarnaise.
Les paupiettes de laitues.

LES ENTREMETS :

Le soufflé Surprise. ❧ Le pouding mousseline. ❧ Les pêches Créole.
Les fraises au Champagne. ❧ Les quartiers de poire Impératrice.

LA PATISSERIE

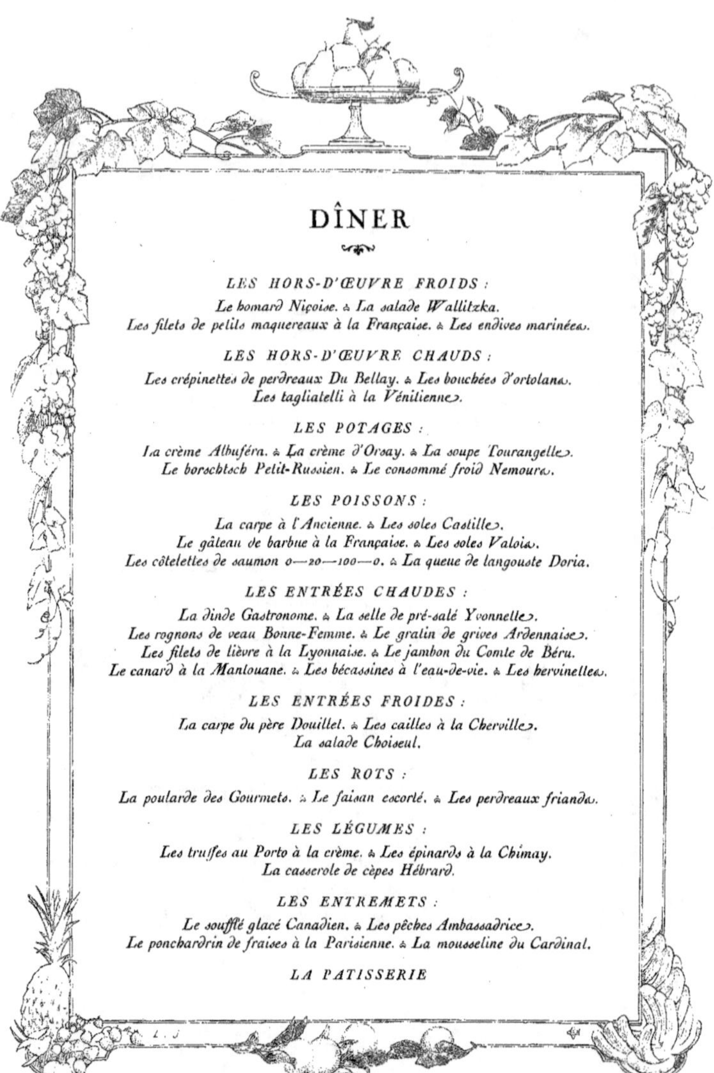

DÎNER

LES HORS-D'ŒUVRE FROIDS :

Le homard Niçoise. & La salade Wallitzka.
Les filets de petits maquereaux à la Française. & Les endives marinées.

LES HORS-D'ŒUVRE CHAUDS :

Les crépinettes de perdreaux Du Bellay. & Les bouchées d'ortolans.
Les tagliatelli à la Vénitienne.

LES POTAGES :

La crème Albuféra. & La crème d'Orsay. & La soupe Tourangelle.
Le borschtsch Petit-Russien. & Le consommé froid Nemours.

LES POISSONS :

La carpe à l'Ancienne. & Les soles Castille.
Le gâteau de barbue à la Française. & Les soles Valois.
Les côtelettes de saumon o—20—100—o. & La queue de langouste Doria.

LES ENTRÉES CHAUDES :

La dinde Gastronome. & La selle de pré-salé Yvonnelle.
Les rognons de veau Bonne-Femme. & Le gratin de grives Ardennaise.
Les filets de lièvre à la Lyonnaise. & Le jambon du Comte de Béru.
Le canard à la Mantouane. & Les bécassines à l'eau-de-vie. & Les hervinelles.

LES ENTRÉES FROIDES :

La carpe du père Douillet. & Les cailles à la Cherville.
La salade Choiseul.

LES ROTS :

La poularde des Gourmets. & Le faisan escorté. & Les perdreaux friands.

LES LÉGUMES :

Les truffes au Porto à la crème. & Les épinards à la Chimay.
La casserole de cèpes Hébrard.

LES ENTREMETS :

Le soufflé glacé Canadien. & Les pêches Ambassadrice.
Le ponchardin de fraises à la Parisienne. & La mousseline du Cardinal.

LA PATISSERIE

LES HORS-D'ŒUVRE FROIDS

LA DAUBE D'ANGUILLE GILBERTE. — Dans un court-bouillon au Moulin-à-Vent ou au Pommard, faites cuire dix-huit tronçons d'une belle anguille qui ne sente point la vase. Laissez refroidir les tronçons dans leur cuisson ; vous les disposerez ensuite en couronne dans une terrine basse en porcelaine ou dans une vasque de cristal. Garnissez le centre du plat d'un buisson de champignons qui auront cuit avec l'anguille ; puis recouvrez le tout de la cuisson transformée en gelée. Vous servirez avec la daube une fine sauce Gribiche entourée de glace pilée.

LA SALADE ORLOFF. — Détachez, puis émincez les blancs de deux faisans froids, cuits à la broche. Joignez-y une même quantité de petits haricots verts très frais et autant de truffes émincées. Assaisonnez ensuite cette salade à la vinaigrette et la dressez en dôme dans une vasque. Vous en ceindrez la base d'une couronne de disques de jambon bien ronds, intercalés de lames de truffe.

LE THON QUIMPERLAISE. — Formez une couronne de lamettes de thon intercalées de lamettes de tomate très rouge. Dressez au centre une salade de crevettes roses et d'œufs durs concassés et liés de mayonnaise au Catsup. Puis environnez le plat d'olivettes. (Voir VIᵉ journée).

LE HOMARD NIÇOISE. — Préparez votre homard de la même façon que le homard Trouvillaise (Voir Vᵉ journée), mais en remplaçant les lames de truffe par des tranches de tomate. Vous le servirez en l'accompagnant d'une sauce Gribiche confectionnée de la manière que voici :

A quatre jaunes d'œufs durs hachés menu, mêlez du sel, du poivre et une cuillerée à café de moutarde pour en faire une mayonnaise. Lorsque celle-ci sera montée, vous l'assaisonnerez de persil, d'estragon, de cerfeuil, de câpres et de cornichons (tout ceci aura été haché menu au préalable). Finalement, vous y introduirez une julienne courte de blancs d'œufs cuits et de champignons marinés. Il faudra que cette sauce soit légèrement relevée et vinaigrée.

LA SALADE WALLITZKA. — Au centre d'un saladier à hors-d'œuvre, dressez en pyramide une salade russe liée à la mayonnaise légèrement relevée. Un collier de belles lames de queue de langouste, alternant avec des lames de truffes, enserrera la base de cette salade qui, saupoudrée de peluche de cerfeuil, sera surmontée d'un beau cœur de laitue un peu effeuillé.

LES FILETS DE PETITS MAQUEREAUX A LA FRANÇAISE. — Levez les filets de six petits maquereaux frais. Épongez-les bien et cuisez-les dans une marinade quelque peu relevée. Laissez-les refroidir dans leur cuisson, épongez-les ensuite à nouveau et les couchez dans un plat creux, où vous les saucerez d'une sauce française, c'est-à-dire d'une purée de tomates très mûres, bien égouttée et assaisonnée de sel, poivre, vinaigre et huile. Vous les dresserez sur glace pilée et les enfermerez dans une bordure de queues de crevettes roses, très fraîches.

LES ENDIVES MARINÉES. — Dans une cuisson de champignons cuisez deux douzaines de belles endives, en les gardant très blanches. Laissez-les refroidir dans leur cuisson, mettez-les dans un plat ovale en terre, où vous les ferez baigner au sein d'une sauce vinaigrette. Après vingt-quatre heures de marinade, vous les disposerez dans une vasque en cristal ou dans un autre plat. Arrosez alors les endives de leur marinade ; environnez-les de glace pilée, puis ceignez-les d'une couronne de lames de tomates émondées, épépinées et décorées chacune, en leur centre, d'une jolie feuille de cerfeuil. Saupoudrez, pour terminer, de trois œufs durs passés au tamis.

LES HORS-D'ŒUVRE CHAUDS

LES ROGNONS DE COQ AU MARSALA. — Cuisez lentement au beurre trente-six beaux rognons de coq. Versez ensuite dans la sauteuse un demi-verre à madère de bon Marsala, une louche de fine demi-glace, autant de glace de veau, puis un verre à bordeaux de crème double. Joignez-y trente-six belles lames de truffes crues, et laissez sur le feu tant que la sauce n'aura pas enrobé d'une chemise de crème les rognons et les truffes. Garnissez alors de tout cela une timbale d'argent, que vous servirez sur cendre chaude.

LES FILETS MIGNONS DE POULARDE A LA MARIGNY. — Dénervez trente-six filets mignons de poularde, j'entends les filets qui adhèrent aux suprêmes, d'où on les détache. Entourez-les d'une fine tranche de jambon d'York cru, dessalé, et faites-les cuire au beurre en veillant à ce que le jambon ne se sépare point des filets. Dressez ensuite ces filets sur une étuvée de tomates émondées, épépinées, concassées, puis sautées au beurre et liées de glace de veau ou mieux encore de glace de volaille. Arrosez-les d'une glace de veau qui les lustre à souhait. Élevez, enfin, au centre, une pyramide d'élégantes pointes d'asperges liées au beurre.

LES TARTELETTES VALENCIENNES. — Foncez douze moules à tartelettes de feuilletage à sept tours. Après en avoir piqué le fond, vous les garnirez d'un mélange de morilles à la crème, bien enrobées de crème et de jambon en julienne. Saupoudrez-les de parmesan, et cuisez-les au four jusqu'à ce que la pâte vous apparaisse très croustillante et le dessus doré.

LES ESCALOPES DE ROGNON DE VEAU CÂLINE. — Dans deux beaux rognons de veau très blancs où adhère encore un peu de graisse, taillez douze escalopes que vous assaisonnerez de sel et de poivre, passerez au beurre fondu et panerez légèrement à la mie de pain fraîche et blanche. Cuisez-les au gril, qu'elles soient dorées, croustillantes et un peu roses. Dressez-les après cela en couronne sur un plat rond, les couvrant d'un cordon de sauce Béarnaise. Vous disposerez au centre une étuvée de tomates émondées, épépinées et cuites lentement au beurre qui contiendra trois cents grammes de petits lardons dorés et sera liée de glace de veau. Entourez finalement les escalopes d'une couronne de toutes petites pommes de terre nouvelles cuites au beurre, très dorées, ou bien de pommes taillées en amandes et cuites de la même manière.

LES CRÉPINETTES DE PERDREAUX DU-BELLAY. — On leur applique la formule des crépinettes de cailles (Cf. Vᵉ journée), et on offre en les servant une purée Soubise.

LES BOUCHÉES D'ORTOLANS. — Cuisez douze belles bouchées en feuilletage de sept tours, que vous garnirez à demi d'une purée de caille, couverte d'un ortolan désossé et fourré de fine farce. Au milieu de la farce, dont est rempli l'ortolan, placez un dé de foie gras, puis un autre de truffe cuite dans du papier beurré. Et vous saucerez le tout d'une sauce salmis au fumet d'ortolans, confectionnée avec les os et les débris des oiseaux.

LES TAGLIATELLI A LA VÉNITIENNE. — Faites une pâte assez consistante avec quatre cents grammes de farine, trois œufs entiers, du sel et un verre d'eau. Dans cette pâte roulée en couche très mince, vous découperez des bandes un peu plus larges que des nouilles, que vous ferez cuire à l'eau salée.

Égouttez ensuite les tagliatelli, et placez-les dans une timbale d'argent avec deux cents grammes de beurre, autant de parmesan râpé, du sel, du poivre et un décilitre de glace de viande.

Saupoudrez de parmesan râpé, puis faites gratiner au four.

LES ŒUFS

L'OMELETTE D'ALEXANDRE DUMAS. — J'en ai eu la formule grâce à M. Varenne, le statuaire bien connu, qui lui-même la tenait de l'éminent graveur Roty, ami personnel du grand romancier.

Isolez six jaunes d'œufs des blancs. Battez-les longuement avec du sel et du poivre, puis fouettez les blancs bien ferme et les mêlez aux jaunes.

Chauffez alors du beurre dans une poêle; lorsqu'il sera bouillant, vous y verserez l'appareil, pour le faire cuire à l'entrée du four : l'omelette pourra de la sorte se colorer également des deux côtés.

Glissez-la sur un plat rond et servez-la sans retard.

LES ŒUFS POCHÉS FROIDS CHARLES X. — Taillez de la grandeur d'un œuf douze escalopes ovales de saumon, que vous ferez cuire au court-bouillon. Lorsqu'elles seront refroidies, vous les égoutterez, les épongerez et les dresserez en couronne, les faisant alterner avec douze œufs pochés, décorés de feuilles d'estragon. Lustrez le tout de belle gelée de poisson, puis garnissez en dôme le centre du plat d'une salade de queues d'écrevisses, mêlées de tout petits champignons cuits et marinés. Posez le plat sur un second plat, empli de glace pilée, et servez à part une saucière de sauce tomate à la française.

LES ŒUFS BROUILLÉS DU DAUPHIN DE FRANCE. — Cassez douze œufs de faisan dans une sauteuse grassement beurrée. Salez-les, puis travaillez-les à l'aide d'une cuillère en buis, après les avoir épaissis de trois cuillerées à entremets de fine crème double. Lorsqu'ils seront crémeux à souhait, vous y incorporerez cent cinquante grammes de beurre fin, ainsi qu'une julienne de blanc de volaille. Vous les verserez ensuite dans une croûte de vol-au-vent, les couvrant de belles lames de truffes lustrées de glace de volaille et disposées en couronne. Garnissez le centre de belles pointes d'asperges vertes, passées au beurre. Puis servez le vol-au-vent sur une serviette, au milieu d'une bordure d'argent.

LES ŒUFS HERVIEU. — Blanchissez deux noix de ris de veau ; rafraîchissez-les, parez-les, puis taillez-les en six belles escalopes. Salez et poivrez ces escalopes, farinez-les légèrement et les cuisez au beurre de couleur blonde. Dressez alors sur chacune d'elles un œuf poché. Saucez le tout de sauce Mornay, saupoudrez de parmesan râpé, arrosez de beurre fondu et gratinez de belle couleur.

Disposez en couronne ces œufs, surmontés chacun d'une lame de truffe lustrée de glace de veau. Ils entoureront un monticule d'épinards en branches, cuits à l'eau et beurrés à point.

LES ŒUFS POCHÉS DE L'ARCHEVÊQUE. — Dans du beurre, avec du sel et du poivre, faites cuire douze belles demi-tomates émondées et épépinées. Dressez-les sur une escalope de rognon de veau sautée au beurre, puis arrosez-les de glace blonde de volaille. A chaque demi-tomate faites soutenir un œuf poché, et saucez le tout de sauce Béarnaise.

Disposez, au centre, de belles pointes d'asperges vertes liées à la crème. Puis mouchetez chaque œuf d'une lame de truffe, lustrée de glace de volaille, et ceignez le plat d'une couronne d'argent.

LES ŒUFS POCHÉS BERNARDINE. — Pochez douze œufs très frais ; parez-les et tenez-les au chaud.

D'autre part, préparez une purée de perdreaux, dont vous garnirez douze tartelettes en feuilletage de forme ovale. Posez un œuf bien chaud sur chacune de ces tartelettes ; saucez d'une fine sauce Mornay, saupoudrez de parmesan râpé, puis gratinez de belle couleur. Chaque œuf, tacheté d'une belle lame de truffe, sera lustré de glace blonde de volaille et orné de deux bottillons de pointes d'asperges vertes passées au beurre, se faisant vis-à-vis. Vous dresserez les œufs sur de petites serviettes à franges.

LES POTAGES

LA CRÈME ALBUFÉRA. — Dans un litre et demi de potage Reine, mélangez un quart de litre de crème fraîche ainsi qu'une liaison de six jaunes d'œufs avec un quart de litre de fine confiture de tomate fraîche ; vous beurrerez le potage de deux cent cinquante grammes de beurre d'amandes et le garnirez de perles du Nizam, à raison d'une cuillerée à soupe par personne.

LA CRÈME D'ORSAY. — Ayez un litre de potage Reine et un demi-litre de purée d'asperges blanches. Mélangez le tout avec une liaison de cinq jaunes d'œufs, un quart de litre de crème fraîche épaisse et deux cents grammes de beurre d'amandes. Puis garnissez d'œufs pochés cette crème exquise.

LA SOUPE TOURANGELLE. — Étuvez au beurre, sans les laisser colorer, six beaux blancs de poireaux taillés en julienne. Mouillez-les de bouillon blanc de volaille : épicez-les de sel et de poivre, et joignez-y huit belles pommes de terre, dites Hollande à soufflé. Cela fait, cuisez le tout lentement. Écrasez au fouet les pommes de terre ; introduisez ensuite dans le bouillon une julienne de cœur de chou de Milan, dont vous n'utiliserez que les feuilles blanches braisées mais ayant conservé leur couleur. Liez, enfin, le potage de deux décilitres de crème double et beurrez-le de cent cinquante grammes de beurre fin.

Dans une flûte de pain long, taillez alors des tranches fines, qui, séchées à l'étuve, seront offertes avec la soupe Tourangelle.

LE BORSCHTSCH PETIT-RUSSIEN. — Épluchez trois belles betteraves crues. Taillez-les en grosse julienne, ainsi que cinq blancs de poireaux, deux oignons et le cœur d'un petit chou blanc, paré de ses côtes.

Cuisez au beurre ces légumes jusqu'à ce qu'ils soient bien fondus, mélangez-y une cuillerée de farine et mouillez-les de bouillon blanc. Introduisez ensuite dans la casserole, deux kilogrammes de poitrine de bœuf blanchie, un morceau de poitrine de porc salée et blanchie, quelques grains de poivre et une feuille de laurier. Faites cuire tout cela à feu doux pendant une heure ; après quoi, vous y ajouterez six tomates émondées, épépinées et taillées en gros dés, puis un caneton Nantais rôti. Terminez votre cuisson lente, et dégraissez le potage avant d'y verser un verre à bordeaux de jus de betterave cru, de la couleur d'un rubis sombre.

Découpées en morceaux réguliers, les viandes constitueront la garniture du borschtsch, que vous accompagnerez d'un pot de crème épaisse et de petits pâtés chauds.

LE CONSOMMÉ FROID NEMOURS. — Hachez finement un kilogramme de bœuf maigre pris dans le gîte à la noix, ainsi qu'une poule quelque peu colorée au four, et placez le tout dans une casserole très blanche. Vous y ajouterez un blanc d'œuf, puis une infusion d'estragon. Quand ce mélange sera bien homogène, vous y verserez quatre litres de bouillon de volaille légèrement coloré. En remuant sans cesse, vous laisserez alors arriver à l'ébullition, et, pendant une heure et demie, vous achèverez de cuire à feu doux. Passez ensuite ce consommé à la mousseline pour le rendre très clair ; entourez-le de glace pilée, et le servez très froid et pris à peine en gelée légère.

LES POISSONS

LA TRUITE SAUMONÉE MARINIÈRE. — Fourrez la truite d'une farce de merlan aux fines herbes, ne contenant point d'estragon. Couchez-la bien ficelée, sur une grille de saumonière, que vous poserez sur un lit d'oignons, de carottes, d'ail, d'échalotes, de thym, de laurier, de poivre en grain et de sel. Mouillez-la d'une bouteille de Chablis et d'une demi-bouteille de Chambertin, puis cuisez-la lentement avec un litre de fonds de poisson en gelée.

Laissez la truite refroidir dans sa cuisson ; dépouillez-la de sa robe, parez-la et la placez sur un long plat d'argent. Couvrez-la ensuite de vingt-quatre belles noix d'huîtres blanches, pochées, alternant avec des lames de truffe. Entourez-la de soixante queues d'écrevisses parées, et nappez-la de la gelée rose de la cuisson clarifiée et passée et que vous aurez laissé prendre consistance en la remuant habilement pour qu'elle ne grumelle pas. Vous tiendrez alors votre poisson au timbre pendant une heure. Au bout de ce temps, il sera servi avec une sauce écarlate froide, dont voici la recette :

Passez au tamis deux livres de tomates bien mûres. Laissez cette purée égoutter trois heures au travers d'une mousseline ; après quoi, vous verserez le contenu du linge dans une vasque de cristal environnée de glace pilée.

Vous y joindrez du sel et du poivre, quelques cuillerées de vinaigre, quatre décilitres et demi d'huile fine et quatre cuillerées de Catsup.

LE KOULIBIAK DE SAUMON. — Pour douze personnes préparez la farce que voici :

Cuisez au beurre et mouillez légèrement un kilogramme de filet de barbue ; salez et poivrez ce poisson. Prenez ensuite cinq cents grammes de vesiga (moelle épinière d'esturgeon séchée) que vous aurez fait tremper une nuit ; cuisez la moelle à l'eau avec un peu de sel ; égouttez-la, puis hachez-la menu. Mélangez ce hachis au filet de barbue grossièrement haché, après quoi vous y incorporerez du persil haché, deux cents grammes de beurre fondu, ainsi que quatre cuillerées de velouté de poisson.

Cuisez par ailleurs quatre filets de saumon, longs de cinquante centimètres et larges de cinq, que vous laisserez refroidir. Confectionnez aussi six belles crêpes sans sucre. Ceci terminé, vous préparerez la pâte suivante, que l'on désigne sous le nom de pâte à koulibiak :

Dans une casserole contenant deux verres de lait tiède, introduisez gros comme une noix de levure et remuez convenablement. Travaillez le tout à la spatule de buis avec un litre de farine ; salez à peine et laissez lever dans un endroit chaud. Lorsque ce levain sera prêt, vous y ajouterez un litre de farine, un litre de beurre fondu et douze œufs. Travaillez alors cet appareil à la spatule jusqu'à ce que la pâte soit lisse. Laissez la pâte lever encore trois quarts d'heure ; enfermez-la trois heures au timbre, et l'abaissez en deux abaisses sur une plaque à pâtisserie.

Étalez sur l'une d'elles deux crêpes juxtaposées, que vous garnirez avec un tiers de la farce dans le sens de la longueur ; et placez au centre de la farce un filet cuit de saumon. Recommencez deux autres fois la même opération ; puis enveloppez tout cela de crêpes, comme pour former une galantine, et relevez l'abaisse tout autour des crêpes pour y enfermer le tout. Façonnez ensuite des crêtes sur la pâte en la pinçant avec les doigts.

Humectez le pâté d'eau froide, et recouvrez-le de l'autre abaisse qui sera moins épaisse que la première. Ceignez-le de douze bracelets de pâte répartis de distance en distance. Laissez-le reposer trente minutes afin que la pâte se développe, dorez-le au jaune d'œuf et mettez-le cuire une heure dans un four modéré, après l'avoir vêtu d'un papier beurré pour qu'il ne se colore pas exagérément.

Vous servirez en même temps une saucière de beurre fondu.

⌒

LA SOLE THÉRÈSE. — Prenez une belle sole, débarrassée des deux peaux et de ses arêtes, et farcissez-la d'un salpicon de laitances de carpe pochées, puis de queues d'écrevisses taillées en dés ; cette farce, truffée, devra être liée d'une fine sauce Béchamel et assaisonnée de sel et d'une pointe de Cayenne. Panez la sole à l'anglaise et cuisez-la au beurre lentement. Vous la dresserez sur un plat long, la saucerez de sauce Bercy et la colorerez à la salamandre en l'arrosant souvent.

⌒

LES SUPRÊMES DE TURBOT A LA GOURMANDE. — Beurrez grassement une sauteuse, et la parsemez de sel et de poivre. Disposez-y un kilogramme de champignons tournés sur lesquels vous coucherez les filets d'un beau turbot. Couvrez le tout de Moulin-à-Vent jeune, joignez-y en outre douze tronçons d'anguille, et laissez cuire à feu doux. Une fois les filets à point, vous les dresserez sur un long plat d'argent au milieu des champignons et des tronçons d'anguille.

Faites aussitôt réduire en glace la cuisson, incorporez-y ensuite quatre cuillerées de demi-glace fine, ainsi qu'une pleine louche de glace de viande. Après une nouvelle réduction, vous y introduirez deux cent cinquante grammes de beurre et cent grammes de beurre

215

d'anchois. Vous en saucerez largement votre plat, dont vous aurez garni les bords de petites escalopes de foies de lottes cuites dans la cuisson des filets.

LES QUEUES D'ÉCREVISSES AU CHAMPAGNE. — Cuisez au court-bouillon soixante belles écrevisses. Décortiquez-en les queues, que vous passerez au beurre chaud ; mouillez-les ensuite d'une demi-bouteille de Champagne et réduisez de moitié. Couvrez alors le tout de crème épaisse et très fraîche, joignez-y une cuillerée de glace de volaille, du sel et une pointe de Cayenne ; puis réduisez à nouveau de moitié. Incorporez-y encore quatre jaunes d'œufs et, par fractions, deux cent cinquante grammes de beurre d'écrevisses, confectionné avec les têtes. Après quoi, vous entourerez votre mets d'une bordure de riz Pilaff.

LES FILETS DE ROUGETS SEIGLIÈRE. — Levez les filets de six beaux rougets frais ; détachez-en les peaux et parez-les avec soin. Beurrez alors grassement un plat à gratin, saupoudrez-le de sel et de poivre ; disposez-y ensuite un lit de tomates émondées, épépinées, concassées, cuites au beurre et liées légèrement de glace blonde de volaille ou de viande. Couchez-y les filets de rougets, que largement vous arroserez de sauce Bercy.

Pour préparer cette sauce, passez au beurre chaud dans une casserole deux cuillerées à café d'échalote hachée menu. Mouillez l'échalote de deux décilitres de vin blanc, de deux décilitres de fumet de poisson et d'autant de fumet fin de champignons frais réduit d'un quart ; puis, liez le tout de quatre cuillerées à bouche de fin velouté de poisson et de deux cuillerées à bouche de glace de poisson. Incorporez enfin à cette sauce cent cinquante grammes de beurre fin. Vous en saucerez les filets, que vous mettrez cuire au four tempéré, en les arrosant fréquemment. Il faudra les saupoudrer de persil fraîchement haché avant de les servir, et les garnir de douze beaux champignons cuits au beurre et farcis de purée de queues de homard à l'américaine.

LA CARPE A L'ANCIENNE. — Après l'avoir soigneusement vidée, écaillée, lavée puis épongée, farcissez la carpe d'un hachis d'agneau très moelleux lié de cinq jaunes d'œufs par kilogramme de hachis. Ciselez-la, saupoudrez-la de sel et de poivre moulu au moulin, ficelez-la et la mettez à la broche. Répandez-y fréquemment du beurre fin ; car elle sera d'autant plus moelleuse qu'elle aura absorbé de beurre.

Placez-la, une fois cuite, sur un plat long ; arrosez-la d'une sauce Bercy onctueuse, et poussez-la au four quelques instants. Vous la servirez telle quelle, au milieu d'appétissants croûtons de pain perdu, intercalés de beaux œufs frits. Et vous offrirez à part une purée de champignons très crémeuse.

LES SOLES CASTILLE. — Faites griller deux soles bien ciselées après les avoir assaisonnées de sel et de poivre en poudre. D'autre part, cuisez au beurre douze tomates émondées et épépinées ; entourez-en les soles, en les intercalant de six beaux œufs frits, arrondis et dorés. Décorez chaque extrémité du plat d'un joli buisson de pommes paille.

Et servez en même temps une sauce Béarnaise additionnée d'une bonne cuillerée de glace de viande.

LE GÂTEAU DE BARBUE A LA FRANÇAISE. — Préparez un kilogramme de feuilletage à six tours et faites-en deux abaisses, comme pour un vol-au-vent. Sur l'une de ces abaisses, que vous aurez placée sur une tourtière, disposez une fine purée de champignons, assez consistante ; étendez-y six beaux filets de barbue, que vous recouvrirez de lames de truffes aussi fraîches que possible. Tapissez les truffes d'une couche de purée de champignons, mélangée d'un tiers de purée de volaille très blanche. Fermez avec l'autre abaisse, et soudez-les toutes deux en pinçant les bords. Badigeonnez la pâte au jaune d'œuf; percez un trou au centre du couvercle, que vous cisèlerez en forme de soleil ; cuisez ensuite le gâteau au four jusqu'à ce qu'il soit croustillant et splendidement doré. Vous servirez en même temps une sauce Normande contenant vingt-quatre noix d'huîtres pochées dans leur eau.

LES SOLES VALOIS. — Débarrassez de leur arête et de leur peau deux belles soles pesant cinq cents grammes. Farcissez-les d'un salpicon froid de homard à l'américaine, panez-les à l'anglaise et cuisez-les au beurre de couleur blonde. D'autre part, disposez dans un plat long une couche de champignons émincés et étuvés ainsi que de tomates émondées, épépinées, concassées et de même étuvées au beurre. Étendez les soles sur cette couche, les entourant d'une couronne de pommes de terre taillées en olives et cuites à la vapeur. Servez à part la sauce Valois, qui est une sauce Béarnaise additionnée de glace de viande.

LES CÔTELETTES DE SAUMON o—20—100—o. — Tranchez six belles darnes de saumon bien frais ; séparez-les en deux dans le sens de la longueur et faites-en des côtelettes, que vous placerez dans une sauteuse avec douze gros tronçons d'anguille, le rouge d'une carotte émincée, un gros oignon émincé de même, un bouquet garni, une gousse d'ail, du sel et du poivre en grains. Couvrez le tout de Moulin-à-Vent et cuisez à feu lent. Enlevez ensuite les côtelettes, parez-les et les débarrassez de la peau et des os. Vous les dresserez en couronne comme des côtes de mouton, les intercalant de tronçons d'anguille, et vous les tiendrez au chaud.

Passez alors la cuisson et la réduisez à glace. Joignez-y une cuillerée de glace de viande et une autre de fine demi-glace ; puis montez cette sauce avec cinq cents grammes de beurre fin ainsi qu'une cuillerée d'essence d'anchois, et passez-la à la mousseline. Garnissez, après cela, le centre du plat de trente petits champignons cuits très blancs et de soixante belles queues d'écrevisses cuites au court bouillon. Saucez le tout de la sauce que vous venez de préparer ; ornez enfin les bords du plat de jolis petits croûtons frits au beurre.

LA QUEUE DE LANGOUSTE DORIA. — Faites cuire deux langoustes dans un fin court-bouillon. Décortiquez-en les queues, que vous taillerez en escalopes d'égale épaisseur et passerez au beurre chaud. Déglacez les escalopes au Porto sec, puis couvrez-les de crème fraîche bien épaisse. Joignez-y encore quatre cents grammes de truffes fraîches émincées et pelées ; assaisonnez de sel et de paprika et cuisez sur un feu doux pendant vingt-cinq minutes. A peine ce mélange sera-t-il lié, que vous y ajouterez trois jaunes d'œufs et deux cent cinquante grammes de beurre de homard. Vous servirez alors les escalopes dans une bordure de riz Pilaff.

LES ENTRÉES CHAUDES

LE CURRY DE POULARDE. — Découpez pour la sauter une belle poularde. Assaisonnez de sel et de poivre, et faites rissoler avec un verre à bordeaux d'huile fine.

Joignez aux morceaux un gros oignon haché menu, et saupoudrez le tout d'une petite cuillerée à café de poudre de Curry de Madras. Arrosez d'un décilitre de lait de coco ou, à défaut, de lait d'amande ; versez là-dessus deux décilitres et demi de fin velouté de volaille, puis laissez cuire à feu doux après avoir ajouté deux ou trois cuillerées à bouche de glace de volaille ou, si vous n'en avez point, de glace de viande.

Quand la poularde sera à point, il faudra que ses morceaux soient enrobés d'une fine sauce. Vous la dresserez alors ; et offrirez à part du riz cuit à l'indienne. Pour ce, cuisez du riz indien à grande eau ; égouttez-le et épongez à la serviette ; séchez-le à l'étuve, et le servez très chaud et bien égrené.

LE JAMBON DE VIRGINIE A L'AMÉRICAINE. — Il exige la même préparation que le jambon d'York. Une heure avant la fin de la cuisson, retirez-le et parez-le ; faites-le braiser au Porto rouge et glacez-le au sucre en poudre, qu'il soit bien caramélisé.

Dressez-le sur un long plat d'argent, tout entouré d'ignames pelées, émincées, cuites au beurre et légèrement rissolées au sucre, ainsi que de douze belles demi-tomates grillées, bien arrosées de beurre.

Vous servirez à part dans une saucière le fonds du braisage allongé d'un fonds de veau lié.

On pourra, si l'on veut, remplacer ce jambon par un jambon d'York.

LE PÂTÉ CHAUD DE CANETON A LA MARIGNAN. — Garnissez de pâte à foncer fine un moule à pâté. Préparez ensuite une farce à gratin au foie gras, que vous renforcerez d'une réduction de sauce salmis de canetons, confectionnée avec les débris de deux canetons Nantais rôtis saignants, dont vous aurez taillé toute la chair en aiguillettes. Tapissez le fond du pâté d'une couche de cette farce, disposez par-dessus une couche d'aiguillettes ; puis, semant çà et là des truffes, continuez d'opérer de même jusqu'à ce que la croûte soit entièrement remplie. Fermez alors le pâté d'une abaisse en même pâte, dont vous pincerez les bords. Après avoir ménagé une cheminée au centre de son couvercle, vous le pousserez au four moyen, où il séjournera une heure et quart.

Quand le pâté sera prêt, vous le renverserez doucement sur un plat. Défaites-le délicatement de son couvercle en le découpant tout autour ; recouvrez ensuite la surface du pâté d'une couronne de petites escalopes de foie gras intercalées de belles lames de truffes. Enfin, saucez le centre d'une nappe de sauce provenant des carcasses broyées des canetons.

A part, vous servirez une saucière de même sauce.

LE SOUFFLÉ DE VOLAILLE PERRINE. — Pilez six cents grammes de blanc de volaille cru. Salez et poivrez de poivre blanc votre chair, et mélangez-y successivement trois blancs d'œufs.

Passez cette purée au tamis fin dans une terrine blanche, que vous laisserez reposer sur la glace pendant une heure. Incorporez-y ensuite cinq décilitres de crème double, puis essayez le soufflé, avant d'y ajouter encore trois jaunes d'œufs crus et quatre blancs d'œufs montés très ferme.

Une fois cet appareil amalgamé, beurrez une timbale d'argent. Glacez, d'autre part, une julienne de truffes fraîches, en les roulant dans une glace de volaille blonde. Disposez à ce moment dans la timbale une couche de soufflé, puis une couche de truffes ; et continuez, en faisant alterner les couches, de remplir la timbale jusqu'à ce que vous ayez atteint les bords.

Terminez-la en dôme ; ceignez le soufflé d'une bande de papier beurré, arrosez-le de quelques cuillerées de beurre fondu, et le saupoudrez d'un peu de fine chapelure blonde de mie de pain. Vous lui ferez alors subir à feu doux une cuisson, dont la durée sera de trente à trente-cinq minutes s'il s'agit d'un soufflé pour six personnes. Vous offrirez, en l'apportant, une timbale de pointes d'asperges au beurre.

LES PALETS DES DAMES. — Hachez finement cinq cents grammes de blanc de volaille cru avec deux cents grammes de jambon d'York peu salé et deux cents grammes de moelle de bœuf pochée; mélangez-y deux cents grammes de brioche trempée au lait bien égouttée, du sel, une pointe de poivre, et cent grammes de beurre.

Amalgamez soigneusement le tout, puis formez-en des palets de deux centimètres d'épaisseur et de six centimètres de diamètre, que vous passerez légèrement à l'anglaise à la mie de pain et cuirez au beurre de couleur blonde.

Arrosez-les de glace de volaille et dressez-les en couronne sur un plat rond autour d'une étuvée de tomates émondées, épépinées, bien fondues au beurre et liées de glace de volaille.

Vous mouillerez les palets de leur cuisson et les accompagnerez d'une sauce Béarnaise à l'estragon, et de nouilles au parmesan bien gratinées.

LE GÂTEAU DE BŒUF GUTZEIT. — Faites braiser au Madère deux kilogrammes d'aiguillette de bœuf. Une fois la chair bien fondante, retirez-la, puis préparez le jus en le passant, le dégraissant et le dépouillant complètement.

Émincez d'autre part des pommes de terre dites Hollande. Mêlez-y du sel, du poivre, du persil concassé ainsi que quatre échalotes finement hachées. Sur un plat en terre allant au feu et beurré grassement, disposez une couche de pommes de terre qui en tapisse le fond et les parois. Étendez-y des tranches minces de l'épaisseur d'un demi-centimètre, que vous aurez taillées dans l'aiguillette. Couvrez ces tranches de champignons escalopés et dorés au beurre. Mouillez le tout du fonds de bœuf légèrement lié; arrangez par-dessus une autre couche de pommes de terre, puis enfermez ce gâteau dans une abaisse en feuilletage. Dorez la pâte au jaune d'œuf et décorez-la à la pointe du couteau en figurant un feuillage.

Poussez au four votre mets, et laissez cuire une heure jusqu'à ce que le feuilletage soit devenu croustillant à souhait.

LES CAILLES AUX NOIX FRAICHES. — A deux cents grammes de noix fraîches bien épluchées, mêlez une égale quantité de foie gras frais, soigneusement dénervé, salé et poivré ainsi que deux cuillerées de glace de volaille. Passez le tout au tamis pour en farcir six belles cailles tuées au fusil et vidées par la poche. Bardez ces oiseaux et cuisez-les au beurre, dans une casserole en porcelaine, avec douze petits champignons et trente-six petits lardons rissolés, les arrosant de temps à autre de fin Porto et de glace de volaille légère.

Vous servirez les cailles telles quelles, en donnant à part des gniocchi bien fondants de semoule à la romaine.

LA DODINETTE DE BÉCASSES. — Cuisez deux bécasses à la broche en les laissant un peu saignantes. Découpez ensuite les cuisses, les ailes et les estomacs, que vous placerez dans une sauteuse et tiendrez au chaud.

Cela fait, hachez grossièrement les carcasses; posez-les dans une autre sauteuse, puis baignez-les de fameux Chambertin et d'une bonne cuillerée de Mirepoix fondue au beurre.

A ce vin, que vous réduirez des deux tiers, incorporez un quart de fine demi-glace convenablement dépouillée.

Cuisez alors le tout ; après quoi, vous couvrirez les bécasses de deux cent cinquante grammes de lames de truffes fraîches et pelées, et de douze champignons moyens cuits. Passez la sauce sur les bécasses, d'abord au chinois avec pression, puis à la mousseline ; et laissez étouffer quelques instants dans la sauteuse hermétiquement close.

Lorsque les truffes seront cuites, vous dresserez les bécasses au feu sacré. Entourez-les, comme d'une couronne, des champignons et des truffes ; liez la sauce avec l'intérieur des bécasses, que vous viendrez de passer au tamis, et saucez-en les oiseaux. Vous servirez aussitôt votre plat, après l'avoir cerclé d'une bordure d'argent.

LA MOUSSELINE DE POULARDE PARISIENNE. — Pilez avec du sel six cents grammes de blanc de volaille. Mélangez cette purée avec trois blancs d'œufs, passez-la au tamis fin, puis posez-la sur de la glace pilée où vous la laisserez reposer pendant une heure et demie. Cela fait, incorporez-y cinq décilitres de crème double très fraîche. Essayez cette mousse en formant une petite quenelle, et, s'il en est besoin, augmentez la quantité de sel et de crème.

A l'aide d'une cuiller à soupe, distribuez la purée en douze quenelles, dites mousseline, que vous poserez dans une sauteuse beurrée ; mouillez ces quenelles de fonds blanc de volaille, et pochez-les lentement, après les avoir couvertes d'un papier beurré. Égouttez-les ensuite et dressez-les en couronne, en les faisant alterner avec de belles lames de ris de veau étuvé au beurre. Lorsque vous aurez saucé le tout d'une sauce Suprême à l'essence de champignons, vous garnirez le centre du plat de truffes parées en olives et d'une égale quantité de rognons de coq roulés dans de la glace légère de volaille.

Vous entourerez, enfin, votre plat d'une bordure d'argent.

LES FILETS DE GRIVES A LA MINUTE. — Levez les filets de vingt-quatre grives. Assaisonnez-les à point, faites-les sauter vivement au beurre, et cuisez-les en les tenant roses. Déglacez le fonds de la sauteuse avec un verre de Château-Yquem ; puis mélangez-y quelques cuillerées de glace blonde de volaille.

Dans cette sauce, montée au beurre en sauce Château, vous roulerez les filets avec deux cents grammes de lames de truffes cuites dans le glaçage.

LA DINDE GASTRONOME. — Fourrez une belle dinde d'un kilogramme de truffes, pesant en moyenne soixante grammes, pelées et à demi-cuites au Madère ; ces truffes seront entourées d'une farce à gratin au foie de poularde, au foie gras et à la chair de lapin de garenne.

Bridez la dinde en entrée, bardez-la et laissez-la reposer ainsi pendant vingt-quatre heures. Au bout de ce temps, faites-la cuire lentement au beurre dans une daubière, où vous l'arroserez fréquemment ; et afin que le beurre ne la colore pas trop, mouillez-la de temps à autre d'une cuillerée à bouche de Champagne sec.

Lorsque la bête sera prête, vous la débriderez et la placerez sur un plat long. De chaque côté, vous alignerez douze cœurs de céleris fondants, dépouillés de leurs feuilles dures et braisés à point, ainsi que quatre petits bouquets de marrons de Lyon cuits dans un bouillon blanc de volaille additionné de cinq cents grammes de beurre fin (cette quantité est indiquée pour quarante marrons.) Bordez le tout d'une couronne d'escalopes de ris de veau, sautées au beurre et déglacées au Champagne, arrosées de glace de veau, puis étouffées à point pendant une heure.

Décantez alors le fonds de la cuisson de la daube dégraissée et liez-le à la crème. Saucez le tout de cette sauce très onctueuse et dont la couleur s'approche de celle du café au lait. Et vous servirez à part ce qui vous en sera resté.

⌒

LA SELLE DE PRÉ-SALÉ YVONNETTE. — Parez la selle, liez-la de trois bracelets de ficelle, puis couchez-la, pour la faire cuire, sur une broche anglaise. Si les filets sont épais, comptez quinze minutes de cuisson par kilogramme de chair ; n'en comptez que douze dans le cas contraire.

Tant que la selle sera sur le feu, vous l'arroserez le plus possible de beurre noisette. Au moment de la retirer, piquez une aiguille à brider dans la moelle épinière, et passez-la sur vos lèvres. Si la moelle est chaude, votre selle sera à point; sinon, vous aurez la certitude que la moelle n'a pas été atteinte par la cuisson.

Dressez votre selle sur un tampon de riz taillé, posé sur un plat long. Environnez-la de huit beaux rognons de pré-salé grillés et tenus roses, que vous aurez garnis de purée de choux-fleurs très crémeuse. Ces rognons devront alterner avec huit petites tomates creusées, assaisonnées, farcies de Duxelles au jambon et de fines herbes, et cuites au four, sur une plaque à pâtisserie, dans des moules à pomponnettes grassement beurrés. Outre les rognons et les tomates gratinées, vous disposerez à chaque extrémité du plat un bouquet de petites pommes de terre taillées en olives, cuites au beurre à l'étouffée et arrosées de quelques cuillerées de glace de volaille blonde.

Cerclez le plat d'une bordure en pâte à nouilles, plantez la selle de trois hâtelets garnis de légumes et servez, en offrant à part le jus un peu gras ainsi qu'une sauce Béarnaise.

⌒

LES ROGNONS DE VEAU BONNE-FEMME. — Parez de leur graisse et de leurs peaux trois beaux rognons de veau très blancs. Taillez-les en deux sur toute la longueur; dénervez-les, puis émincez les demi-rognons et sautez-les vivement au beurre dans une poêle, avec du sel et du poivre.

Quand ils seront dorés à point, vous y mêlerez deux cent cinquante grammes de champignons bien lavés, émincés et sautés au beurre. Saupoudrez-les ensuite d'une cuillerée de farine semée en pluie. Versez-y quatre cuillerées à bouche de fin consommé de volaille et autant de vin blanc sec. Liez convenablement le tout; parsemez le plat de persil fraîchement haché et servez-le tout fumant.

⌒

LE GRATIN DE GRIVES ARDENNAISE. — Farcissez les grives de farce à gratin de foie gras ; passez-les au beurre pour les saisir, puis épicez-les de sel et de poivre.

Préparez alors sur un plat une bordure de farce à gratin assez large. Rangez tout autour les oiseaux, les faisant alterner avec des escalopes de champignons cuites. Saucez-les d'une sauce demi-glace, additionnée de deux cuillerées à soupe de Duxelles et de deux cuillerées d'un hachis de truffes fraîches (cette proportion n'est valable que pour un demi-litre de sauce.) Saupoudrez le plat de mie de pain séchée, arrosez-le de beurre fondu, et poussez-le au four chaud pour le faire gratiner, tandis que les grives achèveront de cuire.

Avant de le servir, ornez ce plat d'une bordure d'argent.

⌒

LES FILETS DE LIÈVRE A LA LYONNAISE. — Levez les filets, de la hanche jusqu'au cou, en glissant par-dessous la lame du couteau; ceci vous permettra d'obtenir des filets propres et débarrassés de leurs nerfs. Piquez-les au lard fin dans toute leur longueur, puis faites-les sauter au beurre en les tenant roses. Dressez-les ensuite en couronne, en les faisant alterner avec de beaux croûtons de pain de mie taillés en cœur et frits au beurre.

Saucez-les d'une sauce poivrade dextrement préparée; et garnissez le centre du plat d'une purée de marrons très crémeuse ou bien d'une purée de champignons.

Avant de présenter le plat, entourez-le d'une bordure d'argent.

LE JAMBON DU COMTE DE BÉRU — Faites baigner le jambon pendant trois semaines dans de la lie de vin rouge de Bourgogne (du Corton ou du Musigny) Fumez-le ensuite pendant un mois dans une cheminée.

L'en ayant décroché, suspendez-le ailleurs pour un autre mois.

Ce temps écoulé, cuisez-le aux trois quarts dans de l'eau; puis, après l'avoir dépouillé de sa couenne, couchez-le dans une braisière où vous le laisserez reposer dans un bain de Corton. Achevez de cuire le jambon; arrosez-le copieusement de son jus et glacez-le de quelques cuillerées de fine demi-glace.

Réduisez alors la cuisson au point voulu, passez-la à la mousseline, et mêlez-y un kilogramme de petites têtes de champignons cuites au beurre. A part, vous offrirez une fine purée de choux-fleurs.

LE CANARD A LA MANTOUANE. — Le " Vergilius Coquinarius " donne quelques détails sur le " Regimen Sanitatis " du grand poète latin. Entre autres choses, on y voit la façon dont le cuisinier de Virgile préparait le canard. Je transcris ici cette recette en l'accommodant au goût moderne :

Dans un vase en porcelaine empli de très bon Porto rouge et clos hermétiquement, faites mariner pendant trente-six heures vingt-quatre figues confites, choisies parmi les plus belles. Ce temps écoulé, cuisez au beurre un canard Nantais bridé en entrée ; puis, après quinze minutes de cuisson, arrosez-le avec le Porto des figues. Vous continuerez de l'arroser, à intervalles rapprochés, jusqu'à ce qu'ait été utilisé tout le vin. Entourez alors la bête de vos figues, et versez sur le tout un succulent fonds de veau légèrement lié. Faites cuire à l'étouffée pendant quarante-cinq minutes, sans interrompre l'arrosage.

Vous dresserez ensuite le canard sur un plat rond au milieu des figues, répandant sur lui le fonds dégraissé qui sera onctueux et fin.

LES BÉCASSINES A L'EAU-DE-VIE. — Bardez bien vos bécassines et cuisez-les au beurre dans une casserole plate en bi-métal. Tenez-les roses et très relevées par l'assaisonnement. Puis flambez-les à l'eau-de-vie, et les arrosez de glace blonde de gibier, qui ne soit pas amère. Dressez-les sur des croûtons de pain de mie, fourrés de farce au foie gras. Arrosez-les de leur jus assez gras, et garnissez-les de cresson.

Pour les servir d'après les règles, envoyez-les dans la casserole où vous les aurez cuites et flambées : une cuisson de neuf à dix minutes suffira.

LES HERVINETTES. — Faites revenir au beurre, de couleur blonde, six cents grammes de lard de poitrine; mettez ce lard sur une assiette après l'avoir égoutté, et remplacez-le dans la sauteuse par cent cinquante grammes de chair dénervée de lapin de garenne. Une fois cette chair suffisamment dorée, vous l'ajouterez aux lardons sur l'assiette. Faites alors revenir dans la même sauteuse cent vingt-cinq grammes de foie de volaille; joignez-y les lardons ainsi que le lapin, y mêlant une truffe émincée du poids de trente grammes, une cuillerée à soupe de fine Duxelles, une pincée de fines herbes, une prise d'épices, du sel et du poivre. Amalgamez le tout avec soin ; déglacez en y versant trois cuillerées à soupe de bon Madère, épaississez d'autant de glace de viande, puis laissez complètement refroidir. A cette farce pilée au mortier, incorporez six jaunes d'œufs; passez-la ensuite au tamis et travaillez-la longuement.

D'autre part, taillez dans un succulent filet de bœuf douze menues languettes très rondes, d'un demi-centimètre d'épaisseur, que vous aplatirez quelque peu. Nappez-en la moitié de votre farce distribuée en six parties égales. Assaisonnez à point, masquez les petits tas de farce sous les six autres lamelles de bœuf, et faites adhérer ensemble les trois couches en pressant légèrement sur la chair. Rectifiez les bords de ces galettes, à l'aide d'un coupe-pâte uni, pour leur donner la forme de petits disques de six centimètres et demi de diamètre et de trois centimètres de hauteur.

Ainsi préparées, vous cuirez au beurre les hervinettes, et sur feu doux, jusqu'à ce que des deux côtés elles se dorent. Mouillez-les à ce moment d'un verre à porto d'excellent Madère; fermez la sauteuse, puis, après réduction du vin, mélangez à la cuisson un quart de fonds de bœuf très fin, mais corsé et lié légèrement.

Couvrez alors les hervinettes d'un papier beurré et braisez-les complètement. Cela fait, poussez-les au four où vous les arroserez à maintes reprises. Lorsqu'elles seront fondantes à souhait, vous les dresserez en couronne sur un plat rond, les arrosant du jus dégraissé et les environnant de croûtons en dents de loup confectionnés avec d'excellent feuilletage.

Le centre du plat s'ornera d'une onctueuse chicorée braisée que vous lierez, par chaque litre, de six jaunes d'œufs et de six cuillerées à bouche de crème double ainsi que de deux cents grammes de beurre fin.

LES ENTRÉES FROIDES

LA CHARPIE DE VEAU. — Cuisez une belle noix de veau très blanche, braisez-la en l'arrosant souvent: Parez-la ensuite, puis effilochez-la bien et mettez dans une casserole basse, ces effilochures. Dégraissez alors le fonds de la noix, ajoutez-y le même volume de gelée de volaille, et cuisez une heure encore; après quoi, vous placerez le tout soit dans une terrine, soit dans une vasque de cristal, où vous laisserez refroidir vingt-quatre heures. Ce plat sera servi tel quel.

Pour faire de cette charpie de veau une chose délectable, il faudra prendre soin, avant tout, de la gelée qui l'enrobe.

LE CANETON SAINT-ÉVREMONT. — Bridez en entrée un caneton de Rouen bien dodu; cuisez-le au beurre pendant le temps strictement nécessaire pour que les chairs puissent se raidir, puis mettez-le refroidir.

D'autre part, préparez une farce à gratin de couleur rose avec vingt foies de volaille choisis entre les plus beaux. Après y avoir ajouté deux cents grammes de foie gras frais cuit, confectionnez une abaisse de pâte à pâté en forme d'édredon carré.

Garnissez entièrement cette abaisse d'une barde de lard frais finement taillée, pouvant envelopper complètement le canard; nappez cette barde de la farce à gratin et couvrez-en la bête que vous passerez sur l'abaisse, du côté de l'estomac.

Enveloppez le caneton dans l'abaisse, en en faisant nettement ressortir les formes; posez-le sur les reins et recouvrez-le d'une autre abaisse humide.

Formez bien l'édredon; pincez entièrement la pâte à la pince dentelée, dorez-la au jaune d'œuf, et mettez cuire au four sur une plaque, pour une heure environ.

La durée de la cuisson dépendra, évidemment, de la grosseur de la volaille; mais, dans tous les cas, il faudra tenir les suprêmes roses.

Laissez refroidir vingt-quatre heures ; enlevez alors le couvercle à la hauteur des cuisses et retirez le canard. Introduisez la barde ainsi que la farce et les cuisses dans un mortier ; enlevez les suprêmes en aiguillettes et mettez-les au timbre.

Cela fait, prenez les cuisses et le reste des chairs, ajoutez-les à la farce et au lard dans le mortier ; pilez le tout ensemble, puis salez, poivrez et épicez, afin que le goût de la purée soit suffisamment relevé. Passez alors cet appareil au tamis, travaillez-le avec une cuiller en buis et garnissez-en la croûte.

Vous dresserez par-dessus les aiguillettes, les nappant d'une bonne gelée rubis de canard, une gelée bien savoureuse au fumet de Porto rouge. Laissez le caneton reposer six heures au timbre, et servez sur une serviette après avoir replacé le couvercle.

Il vous sera donné à ce moment d'apprécier l'une des plus pures merveilles de la cuisine de France.

LA CARPE DU PÈRE DOUILLET. — C'est une ancienne méthode de préparation qui s'est perdue comme bien d'autres. Je la tiens d'un vieux cuisinier, dont le père était ami du Grand Carême :

Écaillez une carpe moyenne et faites attention par-dessus tout qu'elle ne sente pas la vase. Videz-la par les ouïes, lavez-la, puis épongez-la bien. Cela fait, préparez la farce que voici décrite :

Mettez dans une terrine la chair de trois beaux merlans pilée, passée au tamis, salée et poivrée. Laissez-la reposer sur la glace pendant vingt-cinq minutes ; après quoi vous y joindrez un verre de crème et deux poignées de brioche trempée dans la crème. A cette purée soigneusement travaillée, incorporez deux cents grammes de truffes en grosse julienne, cent grammes de Duxelles blanche et trois jaunes d'œufs. Rendez-vous compte de l'assaisonnement, avant de fourrer la carpe de cette farce. Couchez ensuite votre poisson sur une grille, que vous poserez sur un émincé d'oignons, de carottes, de quatre gousses d'ail, de six échalotes, de persil, de thym, et de laurier, assaisonné de sel et de poivre en grain. Mouillez la carpe d'un litre et demi de vin de Pommard et d'un litre de vin blanc de Chablis. Faites-la cuire lentement, puis laissez-la refroidir dans sa cuisson. Placez-la ensuite dans un plat long, et parez-la.

Vous ferez de la cuisson une savoureuse gelée ; dès que celle-ci aura pris consistance, il vous faudra en napper la carpe, en la recouvrant entièrement.

Envoyez à part une sauce mayonnaise aux herbes hachées, ainsi qu'une salade de légumes à la française, liée de mayonnaise et composée de fins haricots verts, de pommes de terre, de petits pois et de rouge de carotte.

LES CAILLES A LA CHERVILLE. — Videz par le haut six cailles en laissant adhérer au cou toute la peau ; cela fait, confectionnez la farce suivante :

Faites revenir au beurre des foies de cailles, un volume double de foies gras, deux foies de poularde et deux filets de volaille bien dénervés et coupés en dés. Pilez le tout ensemble avec du sel, du poivre, gros comme un œuf de brioche trempée dans du lait, une prise d'épices et une truffe fraîche de soixante grammes pelée et émincée. Passez le tout au tamis ; puis travaillez avec un œuf cette farce, et garnissez-en les cailles.

Bardez alors vos oiseaux et cuisez-les au beurre en les arrosant souvent. Ajoutez au milieu de la cuisson quelques cuillerées de fin Porto avec autant de fonds de gibier ou, à défaut de celui-ci, de fonds de veau fin. Cuisez cela vingt-cinq minutes avec douze petites truffes fraîches pelées, et laissez le tout refroidir.

Lorsque les cailles seront complètement froides, vous les placerez dans une vasque en cristal ronde et basse, les intercalant d'escalopes de foie gras cuit au Porto.

Composez au centre un petit buisson avec les truffes cuites en même temps que les cailles. Enterrez, enfin, les oiseaux dans une gelée qu'aura produite la cuisson additionnée d'un peu de gelée de gibier.

Vous accompagnerez ce plat d'une salade de fonds d'artichauts émincés, mêlés de fins haricots verts et de noix fraîches.

LA SALADE RENÉE. — Dressez dans une vasque de cristal cinq cents grammes de fins haricots verts cuits à grande eau et très rafraîchis, trois cents grammes de truffes émincées cuites au Champagne, puis deux cent cinquante grammes de belles pointes d'asperges vertes, cuites à grande eau. Joignez-y trente noix fraîches taillées en fine julienne, et préparez un assaisonnement avec du sel, du poivre, du vinaigre, de l'huile et deux jaunes d'œufs durs pilés.

Vous servirez cette salade environnée de glace pilée.

LA SALADE CHOISEUL. — Réunissez par bouquets dans un saladier des pointes d'asperges vertes, des truffes émincées, une julienne de céleri fortement blanchi, puis une julienne de beaux champignons cuits très blancs. Assaisonnez ensuite de mayonnaise et de vinaigrette.

LES RÔTS

LA POULARDE DES GOURMETS. — Préparez cinq cents grammes de farce à gratin au foie gras; mélangez-y douze gros marrons cuits bien fondants et douze petites truffes pelées, légèrement passées au beurre et liées de glace de veau fondue. Assaisonnez à point cette farce et fourrez-en une belle poularde bien en chair, que vous briderez pour rôtir et mettrez à la broche.

Rôtissez la poularde dans une enveloppe de papier beurré; et déballez-la au bout d'une heure et quart de cuisson, alors que sa couleur sera d'un blond impeccable. Taillez-la en morceaux que vous disposerez en couronne dans un plat, autour de la farce.

Faites fondre aussitôt deux cent cinquante grammes de beurre noisette; versez-y un quart de litre de jus de bœuf corsé. Laissez chauffer cette sauce sans qu'elle arrive à l'ébullition, et servez-la à part.

Vous enverrez en même temps une salade de laitue aux fleurs de capucine, mélangée avec trois cuillerées de jus gras.

LE FAISAN ESCORTÉ. — Cuisez un jeune coq-faisan à la broche, en lui donnant de vingt-cinq à trente minutes de cuisson. Vous le dresserez ensuite sur un canapé farci de farce de gibier, au milieu d'une escorte de grives, d'ortolans, de cailles et d'alouettes, cuits à temps et à la minute, et montés chacun sur des petits canapés. Composez-lui un rempart de pommes de terre paille. Garnissez chaque extrémité du plat d'un beau bouquet de cresson.

Arrosez le tout du beurre de la lèchefrite, et servez à part le jus succulent.

LES PERDREAUX FRIANDS. — Ayez six jeunes perdreaux de Bretagne bien dodus. Videz-les par la poche, puis farcissez-les d'une farce assaisonnée de sel et de poivre et composée de quatre ingrédients de poids égaux, qui seront leurs foies, du lard râpé, des truffes hachées et du foie gras frais. Bridez les oiseaux, bardez-les et couchez-les sur une broche pour les rôtir en arrosant souvent.

Préparez, d'autre part, six croûtons de même dimension que le dos des perdreaux. Cuisez-les au beurre et dorez-les bien, tout en laissant moelleux l'intérieur. Garnissez les croûtons d'une purée de bécasses au fumet fin, à laquelle on aura mêlé les entrailles de ces bêtes.

Posez les perdreaux sur ces canapés ; vous les dresserez ensuite en couronne sur un plat rond, dont le centre s'ornera d'un beau bouquet de pommes de terre paille, chaudes et blondes, tandis que les bords seront entourés d'une couronne d'argent.

Offrez à part le fonds de la lèchefrite, et servez en même temps un Musiguy bien à point.

LES LÉGUMES

LES TRUFFES A LA MIREPOIX. — Cuisez lentement au beurre une petite Mirepoix composée d'un cœur de céleri très blanc et très tendre, d'un rouge de carotte et d'un petit oignon (le tout coupé en dés minuscules). Joignez-y une brindille de thym et une demi-feuille de laurier. Sur cette Mirepoix étuvée à point, placez six belles truffes brossées et non pelées. Arrosez d'un grand verre de Champagne sec, de six cuillerées de fonds de veau corsé ; assaisonnez de sel, de poivre et de poivre de Cayenne; fermez hermétiquement et cuisez vingt-cinq minutes. Enlevez ensuite les truffes pour les placer dans une cocotte de porcelaine. Arrosez-les de la cuisson que vous aurez réduite et liée au beurre.

Laissez-les ainsi quinze minutes, puis servez-les bouillantes.

LES ASPERGES A LA BÉARNAISE. — Cuisez les asperges dans une grande quantité d'eau légèrement salée, afin de les obtenir très blanches. Vous les servirez dans un berceau d'argent et les accompagnerez d'une sauce Béarnaise blanche.

LES PAUPIETTES DE LAITUES. — Nulle différence entre leur préparation et celle des pomponnettes de laitues (Voir IIIᵉ journée), si ce n'est qu'on les sert dans leur cuisson, les intercalant de beaux croûtons de feuilletage.

LES TRUFFES AU PORTO A LA CRÈME. — Dans une casserole en porcelaine disposez douze truffes pelées, pesant chacune une quarantaine de grammes. Mouillez-les d'un quart de litre de Porto très sec et d'une petite louche de glace de volaille ; épicez de sel et de poivre de Cayenne, puis fermez hermétiquement la casserole. Laissez cuire environ vingt minutes pour que le tout réduise de moitié; vous y incorporerez alors un quart de litre de crème épaisse et très fraîche.

Après une nouvelle cuisson, et lorsque les truffes s'enroberont à souhait de la sauce, vous lierez avec trois jaunes d'œufs et cent cinquante grammes de beurre fin.

LES ÉPINARDS A LA CHIMAY. — Faites cuire douze œufs durs ; décortiquez-les et coupez-les en deux dans le sens de la longueur. Enlevez les jaunes pour les passer au tamis fin avec du sel, une pointe de Cayenne et quatre cuillerées de fine Duxelles préalablement réduite avec un peu de glace de volaille. Farcissez les œufs en dôme de cet appareil, saupoudrez-les de mie de pain fraîche et faites-les gratiner d'agréable couleur.

Cuisez en même temps trois kilogrammes de beaux épinards. Rafraîchissez-les bien, égouttez-les et les pressez pour en extraire toute l'humidité. Passez-les alors dans une casserole, à travers un tamis de fer ; chauffez-les, liez-les de beurre fin et de crème double épaisse, salez-les et garnissez-en une timbale d'argent. Ornez, enfin, la surface des épinards d'une couronne de vos œufs, à peine sortis du four.

LA CASSEROLE DE CÈPES HÉBRARD. — Prenez de moyennes têtes de cèpes aussi fermes que frais. Lavez-les, épongez-les, huilez-les bien et passez-les au gril pour leur enlever toute humidité. Après cela, vous les ferez dorer à l'huile dans une poêle, puis vous les placerez dans une terrine, les mouillant d'assez d'huile chaude pour les en recouvrir complètement. Mettez au four cette terrine et laissez-l'y trois heures, pendant lesquelles vous arroserez fréquemment les cèpes.

Vingt minutes avant de le servir, arrosez ce mets d'une persillade faite de deux gousses d'ail, de quatre échalotes et de persil ; ces divers ingrédients, hachés menu, seront légèrement revenus au beurre. Enlevez la moitié de l'huile et apportez, sur de la cendre chaude, les cèpes bouillants, assaisonnés à volonté de sel et de poivre.

Cette recette me fut communiquée par M. Hébrard, le regretté directeur du *Temps*.

LES ENTREMETS

LE SOUFFLÉ SURPRISE. — Travaillez dans une terrine quatre jaunes d'œufs avec cent vingt-cinq grammes de sucre en poudre vanillé, jusqu'à ce que l'appareil vienne à mousser ; joignez-y ensuite dix blancs d'œufs montés bien ferme.

D'autre part, disposez dans un plat long une abaisse en biscuit fin ; mouillez-la de Marasquin, nappez-la très légèrement de purée d'abricots, puis couvrez-la d'un demi-litre de glace à la vanille et à la fraise. Donnez à votre entremets la forme d'un demi-ananas allongé ; après quoi, vous masquerez le tout avec l'appareil à soufflé, de telle manière que celui-ci ait l'aspect d'une omelette soufflée. Décorez, enfin, le soufflé au cornet, saupoudrez-le de sucre, et cuisez le blanc, au four très chaud, pendant cinq minutes.

LE POUDING MOUSSELINE. — Faites fondre dans une casserole deux cent cinquante grammes de beurre ; ajoutez-y soixante grammes de farine et travaillez le tout ensemble. Répandez là-dessus trois quarts de litre de lait bouillant vanillé, que vous aurez sucré avec deux cents grammes de sucre. Après quelques minutes d'ébullition, retirez du feu ce mélange ; liez-le avec huit jaunes d'œufs et le passez à la mousseline. Vous y incorporerez doucement quinze blancs d'œufs battus ; puis vous en verserez un tiers dans un bol à soufflé beurré et saupoudré de sucre semoule.

Arrangez au-dessus un salpicon de cerises demi-sucre, des abricots confits, des pêches confites et des groseilles de Bar ; tous ces fruits auront déjà macéré au Marasquin. Couvrez cela de deux autres couches composées de façon analogue, et cuisez au four comme un soufflé, mais en laissant caraméliser. Vous offrirez en même temps une sauce de crème anglaise vanillée.

LES PÊCHES CRÉOLE. — Cuisez douze belles pêches en compote et laissez-les refroidir dans leur cuisson. Masquez alors de marmelade d'ananas le fond d'un plat rond en argent ; vous y placerez en couronne vos pêches épongées, et dresserez au centre un riz Impératrice glacé et moulé dans un moule à parfait.

Décorez les fruits d'angélique, puis les nappez de sauce d'ananas au rhum.

LES FRAISES AU CHAMPAGNE. — Mettez dans un saladier trente belles fraises dont vous aurez enlevé les queues ; sucrez-les de sucre en poudre et les arrosez du jus d'un citron. Vous les laisserez macérer ainsi pendant deux heures et demie.

Au bout de ce temps, rangez les fraises, l'une à côté de l'autre, et les pointes en l'air, dans une vasque de cristal environnée de glace en neige.

Mouillez les fruits, de façon à les enrober, d'une gelée de groseilles mise à point avec du Champagne demi-sec. Parsemez le tout d'une fine julienne d'amandes grillées à l'ancienne, et servez en offrant à part des petites meringues Chantilly.

LES QUARTIERS DE POIRE IMPÉRATRICE. — Dans un moule à bordure un peu haut moulez un appareil à riz Impératrice à glacer. Laissez-le frapper deux heures et demie ; puis démoulez la bordure sur un tampon de gelée de pommes. Vous dresserez au-dessus des quartiers de poires pochées au sirop vanillé et refroidies dans leur sirop ; tandis qu'au centre vous disposerez un buisson de petits œufs à la neige.

Décorez les poires d'angélique et de cerises demi-sucre. Garnissez le plat de croûtons de gelée de fraises, et servez à part une saucière de sauce sabayon froide et très mousseuse.

LE SOUFFLÉ GLACÉ CANADIEN. — Préparez quatre décilitres de marmelade de pommes très blanche et très réduite. Versez cette marmelade dans une terrine blanche et tenez-la sur la glace, où vous la fouetterez en y ajoutant deux cent cinquante grammes de sucre fin vanillé. Dès qu'elle aura suffisamment pris consistance, vous l'additionnerez d'un demi-litre de bonne crème fouettée bien ferme, sucrée et vanillée.

Dressez cet appareil, dans une timbale à soufflé munie d'une bande de papier destinée à rehausser le soufflé. Mettez frapper, pendant cinquante minutes, dans de la glace salée. Après quoi vous enlèverez le papier et saupoudrerez le soufflé de poudre de macaron.

LES PÊCHES AMBASSADRICE. — Garnissez de tranches de Plum-Cake un moule à savarin, que vous remplirez jusqu'aux bords de crème à pouding de cabinet. Cuisez cet appareil, et le mettez rafraîchir sans sel dans un rafraîchissoir. Démoulez-le, une heure après, puis ornez-en la surface supérieure d'une couronne de demi-pêches pochées au sirop vanillé et refroidies dans leur sirop.

Décorez les fruits avec de l'angélique et des cerises demi-sucre. Montez au centre une pyramide de crème Chantilly décorée à la poche. Environnez le tout d'une gelée de groseilles, et ceignez finalement le plat d'une bordure d'argent.

LE PONCHARDRIN DE FRAISES A LA PARISIENNE. — Portez à l'ébullition un litre de lait avec deux cent cinquante grammes de sucre, et un bâton de vanille. Laissez infuser la vanille ; puis retirez le liquide du feu, pour y mélanger huit jaunes d'œufs quand il sera tiède. Cuisez cet appareil jusqu'à ce qu'il prenne consistance ; après quoi, vous y verserez un moule à baba de Marasquin, et ferez glacer.

Incorporez-y alors deux cent cinquante grammes d'avelines grillées et pelées comme pour des pralines, cinquante grammes d'amandes douces, vingt-cinq grammes d'amandes amères et cinquante grammes de sucre. Amalgamez tout ceci avec la glace, dont il faut que la consistance soit celle d'une glace pralinée.

A ce moment, dressez sur un plat rond une belle bordure de savarin trempée au Marasquin ; disposez au centre la glace en forme de rocher, et enfermez le tout dans une couronne de belles fraises passées au sirop épais et au sucre cristallisé.

LA MOUSSELINE DU CARDINAL. — Mettez au feu un demi-litre de lait que vous mènerez à l'ébullition ; ajoutez-y un demi-bâton de vanille, et versez-y en pluie cent vingt-cinq grammes de semoule fine de blé. Après une douce cuisson et lorsque la bouillie sera consistante, vous y précipiterez cent vingt-cinq grammes de sucre en poudre et y incorporerez un poids égal de beurre fin.

Remuez longuement l'appareil ; et liez-le avec six jaunes d'œufs, puis avec deux œufs entiers. Avant d'introduire quatre blancs d'œufs battus en neige, mélangez soigneusement la mousse et moulez-la dans un moule à savarin à bordure, que vous aurez beurré et saupoudré de fécule. Ce moule devra être rempli aux trois quarts.

Faites cuire la mousseline au bain-marie pendant vingt-cinq minutes. Une fois à point, vous la démoulerez sur un plat rond et vous dresserez au centre en buisson une compote de belles cerises. Le tout sera, enfin, saucé d'un sirop de cerises, réduit avec un tiers de son poids de gelée de groseilles.

Vous pourrez, en été, servir froide cette mousseline. Vous la laisserez refroidir dans sa forme, puis vous la démoulerez, et vous dresserez les cerises au centre comme il vient d'être dit ; la même sauce les nappera, mais refroidie.

LA PÂTISSERIE

LE JULIE-D'ANGENNES. — Pilez deux cent cinquante grammes d'amandes avec trois cent cinquante grammes de sucre, dont cent cinquante seront vanillés. Dès que la pâte sera suffisamment homogène, vous y ajouterez successivement huit œufs. Rendez-la bien mousseuse et parfumez-la de bon Rhum.

Foncez un cercle à flan de pâte à tarte aux framboises ; emplissez-le de votre appareil. Cuisez au four moyen et laissez refroidir. Nappez la croûte de marmelade d'abricots passée et réduite ; dressez par-dessus de la meringue italienne, puis décorez ce gâteau d'un grillage confectionné en meringue, dont vous garnirez les losanges de confiture de groseilles de Bar rouge.

LES PETITS NIVERNAIS. — Placez dans une terrine cent vingt-cinq grammes de sucre en poudre, autant de sucre en poudre vanillé, puis douze jaunes d'œufs absolument frais. Travaillez ce mélange au fouet pendant quinze ou dix-huit minutes ; après quoi vous y introduirez cent grammes d'amandes finement pilées avec quatre jaunes d'œufs. Quand cet appareil sera bien homogène, vous y incorporerez successivement quatre-vingts grammes de beurre fondu, huit blancs d'œufs battus très fermes, cent grammes de belle farine, cinquante grammes de fécule et une pincée de sel.

Faites cuire cet appareil dans de petits moules à pomponnettes beurrés et sucrés. Lorsque les petits gâteaux seront froids, vous les fendrez en deux dans le sens de la largeur. Placez au centre une cuillerée à café de confiture de groseilles rouges de Bar, et glacez-les au Rhum.

Pour préparer cette glace au Rhum, vous mêlerez dans une terrine un verre à madère d'eau pure avec un volume égal de Rhum fin. Versez-y ce qu'il faudra de glace de sucre pour transformer cet appareil en une « glace au Rhum », dont sans retard vous napperez légèrement vos gâteaux.

LES TARTELETTES DE LA REINE PÉDAUQUE. — Pilez fortement deux cent cinquante grammes d'amandes avec un jaune d'œuf et cinquante grammes de sucre ; passez le tout au tamis au-dessus d'une terrine. D'autre part, travaillez dans une terrine deux cent cinquante grammes de sucre en poudre avec sept jaunes d'œufs. Quand cet appareil sera bien mousseux, vous y ajouterez les amandes, puis quatre-vingts grammes de beurre fondu et autant de farine tamisée. Après avoir bien mélangé le tout, ajoutez quatre blancs d'œufs battus fermes, une pincée de sel et l'intérieur d'une demi-gousse de vanille. Moulez ces gâteaux dans de petits moules à tartelettes plates, et mettez-les au four. Laissez-les refroidir, garnissez-les en dôme de marmelade d'abricots réduite et glacez-les au Rhum.

LE FAVART. — Pilez cent soixante grammes d'amandes avec cent vingt-cinq grammes de sucre et trois œufs entiers ; et passez le tout au tamis. D'autre part, travaillez cent vingt-cinq grammes de sucre avec six jaunes d'œufs ; quand cet appareil sera bien mousseux, vous y ajouterez lentement les amandes. Versez la moitié de ce mélange dans quatre blancs d'œufs battus très fermes ; amalgamez bien et joignez-y le reste de l'appareil. Ajoutez quatre vingt-cinq grammes de farine et quarante grammes de fécule, que vous tamiserez peu à peu sur l'appareil et mêlerez adroitement.

Cuisez alors ce gâteau dans un moule à charlotte ; laissez-le refroidir sur une grille, et partagez-le en six tranches égales, découpées dans le sens de la largeur. Garnissez chaque tranche de marmelade d'ananas au Rhum, puis reformez le gâteau et glacez le au Rhum. Vous le décorerez de cerises confites et d'angélique.

LE MAILLY. — Travaillez dans une terrine deux cent cinquante grammes de sucre en poudre avec quatre œufs entiers et quatre jaunes. Quand l'appareil sera bien mousseux, vous le fouetterez quelques minutes sur feu doux jusqu'à ce qu'il prenne une légère consistance. Pilez alors cent vingt-cinq grammes d'amandes avec quatre cuillerées à bouche de fin Marasquin ; passez cette pâte au tamis, puis l'amalgamez bien à l'appareil mousseux, auquel vous joindrez encore deux cents grammes de beurre fondu et cent vingt-cinq grammes de farine de riz. Cuisez cet appareil dans un moule à six pans ; démoulez-le sur une grille à pâtisserie. Une fois refroidi, vous l'abricoterez de fine marmelade réduite, le masquerez de glace fondante au Marasquin et le dresserez sur un plat rond. Garnissez le gâteau, en son milieu, d'un dôme de crème Chantilly vanillée et, tout autour de la crème, d'une couronne de belles cerises confites et dénoyautées.

Voici comment il faut préparer la glace vanillé : Pilez cent grammes de sucre avec un demi-bâton de vanille ; passez au tambour de soie, ajoutez un demi-blanc d'œuf environ, puis de l'eau pour donner à cet appareil le degré nécessaire au glaçage.

ÉPILOGUE

ÉPILOGUE

 PEINE eurent-ils levé l'ancre qu'un doux Favone anima les voiles du navire, toutes brodées aux armes de Cocagne, qui sont de « sinople à sept Jambons au naturel formant couronne avec une fourchette d'or en pal ». Bientôt, les cris d'adieu, les salves et les fanfares se marièrent confusément au murmure harmonieux des agrès et du sillage. La côte diminua peu à peu.

Porphyre et ses compagnons ne pouvaient détacher leurs regards de la Dive Bouteille. Réfléchissant les derniers feux du jour, elle trônait au milieu du tillac, sur un char de houblons et de pampres. Les quatre belles Ménades, à demi-vêtues de peaux de renards gisaient alentour, appuyées sur le coude en un voluptueux abandon; les quatre Satyres, accroupis à leurs côtés, faisaient soupirer la Syrinx, ou jouaient nonchalamment avec les tresses des dormeuses. Il leur parut, au déclin du soleil, que le ciel et la mer prenaient la teinte du flacon sacré, comme si des flots et des vapeurs inépuisables s'en fussent échappés pour colorer l'Univers. Il leur parut aussi que le vaisseau se prenait à craquer et tressaillir. « C'est ainsi, dit Elpénor au jeune Éphestion, que la Nef Argo manifesta qu'elle allait parler. Mais n'attendons point les paroles effrayantes qui réclamaient un sacrifice au sang d'Absyrte... » Elpénor achevait ces mots quand ils entendirent une voix puissante

et mélodieuse qui s'élevait de la coque de cèdre et chantait l'épilenie de la
prêtresse Bacbuc :

O Bouteille
Pleine toute
De mystères,
D'une oreille
Je t'escoute :
Ne diffères,
Et le mot profères
Auquel pend mon cœur.
En la tant divine liqueur
Qui est dedans tes flancs reclose,
Bacchus, qui fut d'Inde vainqueur,
Tient toute vérité enclose.
Vin tant divin, loin de toi est forclose
Toute mensonge et toute tromperie.
En joye soit l'aire de Noach close,
Lequel de toy nous fit la tempérie,
Forme le beau mot, je t'en prie,
Qui me doit oster de misère,
Ainsi ne se perde une goutte
De toy, soit blanche, ou soit vermeille !

O Bouteille
Pleine toute
De mystères,
D'une oreille
Je t'escoute :
Ne diffères.

Au premier vers du cantique, les Satyres et les Bassarides furent sur pied
et dansèrent en agitant des tambourins ; au dernier, il se fit une forte détonation
qui renversa tout le monde ; un jet pétillant et parfumé dépassa les plus hautes
vergues ; enfin, comme au temps de Panurge, une voix joyeuse sortit de la Bouteille
et cria : Trinque ! Alors, chacun, tout inondé de vin, sentit se dissiper sa frayeur.
Les matelots encore sur leur séant, commencèrent de se lécher les mains et de
rire au miracle, emplis de béatitude ; ensuite, ils tendirent leurs chapeaux sous la
trombe inoffensive et burent à planté. L'on en vit lutiner les Ménades à la barbe
des Satyres, puis s'endormir sur leur sein. Ceux qui ne succombèrent pas au
sommeil racontèrent le spectacle féerique qu'ils avaient contemplé durant que

le vin s'élevait toujours dans les airs et que le navire poursuivait sa route en chantant.

Donc, selon le récit des nouveaux Argonautes au peuple de Phocée, il paraît que les dauphins, attirés par la voix orphique du voilier, foncèrent de toutes parts pour former un cortège bondissant, comme autour des vaisseaux du Roi-Soleil, sur les vieilles cartes marines. Les poissons-volants vinrent à tire d'aile, si l'on peut dire, folâtrer entre les mâts ; les cinquante filles du vieux Nérée, aux cheveux d'algues vertes, nagèrent sur le dos dans le sillage, de sorte qu'elles semblaient le sillage même, avec leurs corps onduleux couleur d'écume, leurs beaux bras recourbés qui le disputent à la nacre. Triton fendait orgueilleusement la vague de son poitrail, et soufflait sans répit dans sa conque épineuse.

Le quatre mâts-carré fut en vue de Phocée aux premiers rayons du jour. Les forts saluèrent de cent et un tonnerres les Sept Jambons du pavillon de Cocagne, ce qui fit rentrer à cent pieds sous l'eau les pacifiques Néréides, le brave Triton, les tendres dauphins et les sardines volantes.

Les Phocéens, à travers les télescopes et les lorgnettes ne considéraient pas sans un étonnement mêlé d'inquiétude le navire qu'ils n'espéraient pas encore. Les plus impétueux hissaient l'antenne des tartanes, ou fixaient les avirons des yoles pour voler à sa rencontre et lui porter secours. Mais avant qu'ils eussent achevé d'imaginer, de s'injurier, de concerter, de conclure et de décider, le sujet du sentiment unanime et des avis contraires, franchissant toutes voiles dehors la passe difficile, accostait sans amarres et sans diminuer sa toile.

Bien que le roi Akakia eût coutume de se lever tôt, la nouvelle le trouva couché et rêvant au salut de l'empire, selon son ordinaire. Au bruit qui se fit tant dedans que dehors, il crut être encore à Lutèce, qu'il avait quittée la veille, et qu'une troupe de fraternitaires lui venait donner un charivari. Détrompé dès le premier mot, il enfila sans aide sa robe de chambre à ramages, ses bas, ses pantoufles, et, gardant son bonnet de nuit, sauta dans le carrosse royal avec une agilité qui réjouit les ministres, et fit battre le cœur de la reine qui le regardait s'éloigner. Arrivé au port, il fut reçu aux acclamations d'un peuple enthousiaste, qui portait en triomphe les sieurs Porphyre, Éphestion, Adraste, Eurydamas, Léander, Typhis, Elpénor, sans oublier les Ménades, qu'il appelait des Indiennes, ni les Satyres, qu'il nommait des Hommes-des-Bois, ni l'équipage, enfin, qu'il s'obstinait à croire polonais, moins à cause de sa langue étrangère que de son ivresse profonde. Là, des soldats aveugles recouvraient la vue ; d'autres, perclus de douleurs, rejetaient leurs béquilles ; des jambes de bois dansaient le rigodon. Ici, des veuves consentaient à rire ; des fiancées en deuil écoutaient des fadeurs.

Le roi Akakia mesura du premier coup l'importance du présent que lui offrait son cousin de Cocagne ; grâce à la conception rapide des grands hommes d'État, il imagina le parti qu'il en pourrait tirer pour le bonheur de la Nation. Aussi remercia-t-il tout le monde en termes mesurés, donnant à chacun sa juste louange, c'est-à-dire à Monsieur Son Cousin, aux Sept Sages, aux Polonais, aux Indiennes et aux Hommes-des-Bois. Il fit enfin l'apologie de son peuple héroïque, et termina par la promesse de lui accorder la Dive Bouteille, de la placer au centre des provinces afin que son liquide inépuisable s'épanchât sur le Territoire, jusqu'à porter au plus petit village l'oubli de ses malheurs et cette gaieté qui nourrit l'illusion si nécessaire aux hommes. Quant à son ambition, elle n'était autre que d'imiter le roi d'Yvetot, dont il coiffait déjà le bonnet. La boutade fut accueillie par des vivats ; elle valut au prince le surnom de Roi-Coton, que la Postérité conserve avec celui de Débonnaire, de Vert-Galant et de plusieurs autres.

On ne peut imaginer la diversité des réjouissances publiques par lesquelles le peuple d'Akakia Ier manifesta, sur le parcours de la Dive Bouteille, sa reconnaissance et sa joie. Il les manifesta d'autant plus que le flacon de Cocagne, traîné par soixante taureaux blancs couronnés de feuillage, épandait des viviers délectables qui nourrissaient les cultures et donnaient soudain naissance à la vigne. Au fur et à mesure que le cortège s'avançait, les médecins, frappés d'hypocondrie se pendaient aux croix des cimetières, et les Chicanoux prenaient la fuite dans la direction de la Neustrie, d'où, finalement, ils furent contraints de plonger dans la mer, en criant que la Chicane était morte... Après un voyage de plusieurs mois, la Dive Bouteille fut érigée en grande pompe sur une tour de marbre, au centre même de la Nation, dans un village que l'on nomma Ampelople, source des douze Nils régénérateurs du Pays. Ces fleuves se divisèrent en un nombre incalculable d'affluents et de confluents qui, sous des berceaux d'aulnes et de coudriers emmêlés de pampre et de lierre, coulaient en murmurant l'Hymne de Bacbuc :

> O Bouteille
> Pleine toute
> De mystères...

Étranger des bords Cimmériens, pour qui j'écris ces lignes, que ne vois-tu notre Ampelople dans sa grâce immortelle, en ce cinquantième lustre de l'ère du Roi-Coton ! Que n'es-tu au nombre des convives de ce banquet champêtre dont me parviennent les propos dignes de Platon et de Plutarque, les tintements de verres et de fourchettes! ce banquet, dis-je, où l'on déguste les recettes jadis apportées de Cocagne par le divin Porphyre et *ses* compagnons... Que n'es-tu dans ce bosquet où je me *tiens*, et d'où j'aperçois une prairie verdoyante qu'embrasse un fleuve vermeil!.. Des Satyreaux, descendants des Thyades et des Chèvre-pieds, jouent des branles sur la *Syrinx*; près de moi des Bergers font la basse sur la musette, et, plus loin, des enfants nus comme le fils de Cyprine marquent les contre-temps au tambour. Au milieu de la prairie dansent des filles et des jeunes gens; j'entends qu'ils chantent les louanges du vieux Roi-Coton, la faridondaine, la faridondon. J'en vois d'autres au bord du fleuve, qui cueillent des jonquilles ou boivent en souriant à leur image. Mais, dépassant le moutonnement bocager, voici la source de nos richesses, la Muse de nos Horaces et de nos philosophes, la Dive Bouteille, qui, de son faîte marmoréen, élève le nectar jusques aux Nues avec un bruit qu'on ne peut ouïr une première fois sans avoir soif, et duquel le souvenir cause dans l'exil un supplice intolérable. Nous ne connaissons ici d'autres tumultes, nous qui avons renoncé aux machines de nos ancêtres barbares, pour la raison que nous trouvons le plaisir et l'abondance à notre portée : je veux dire le Vin, les mets délicats, l'Amour et la Poésie. Sais-tu des choses plus plaisantes?.. Que ta coupe soit toujours pleine! Adieu.

FERNAND **FLEURET.**

TABLE DES MATIÈRES

BIBLIOTHÈQUE NATIONALE — BN — IMPRIMÉS

TABLE DES MATIÈRES

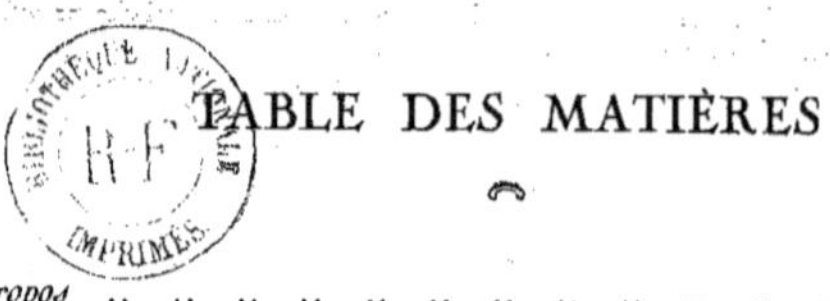

Avant-propos I

Première journée, par ANDRÉ MARY 3

Deuxième journée, par ÉMILE GODEFROY. 37

Troisième journée, par LAURENT TAILHADE. 67

Quatrième journée, par GUILLAUME APOLLINAIRE.. 103

Cinquième journée, par HENRI DE RÉGNIER, de l'Académie Française. 137

Sixième journée, par LUCIEN DESCAVES, de l'Académie Goncourt.. 169

Septième journée, par FERNAND FLEURET.. 203

Épilogue, par FERNAND FLEURET. 233

INDEX ALPHABÉTIQUE DES RECETTES

HORS-D'ŒUVRE FROIDS

Artichauts Volney 113	Olivettes à la Romaine.. 178
Aubergines Panine 113	Omelette froide à Boieldieu.. 178
Canapés Bretons. 113	Petit homard Trouvillaise 144
Caviar gris aux tranches de brioche.. 12	Petite salade à la-Reine.. 78
Célestines de foie gras Valmore.. 178	Petite salade d'anchois à la Niçoise.. 44
Champignons marinés Vendôme.. 144	Petite salade Parisienne.. 12
Côtelettes de saumon à la gelée Clos-Vougeot.. 145	Petite salade Sablaise au corail.. 12
Daube d'anguille Gilberte 210	Petites tomates à la Favorite 112
Endives marinées 211	Petits pains au lait à la Française.. 145
Filets de petits maquereaux à la Française.. 210	Rillettes d'oie aux fines tartines.. 112
Homard Niçoise. 210	Rosettes de saumon Gribiche.. 78
Huîtres aux tartines fourrées au Camembert. 44	Salade de blanc de faisan Parisien 44
Huîtres de Marennes aux tartines de Gruyère. 12	Salade de filets de Sole Helder.. 178
Jambon de Luxeuil aux figues 12	Salade de gelinotte Olivier 112
Mousse d'écrevisses. 44	Salade de lapereau Wolkowsky. 78
Noix de jambon Cambacérès 112	Salade de moules à la Surville.. 145
Œufs de Vanneau 13	Salade de noix d'huîtres Carême 78
Œufs froids Montesquiou 145	Salade Florentine 112

Salade Orientale 144
Salade Orloff 210
Salade de queue de Homard Sablaise .. .. · 44
Salade de queues de Crevettes Malouine. .. 44
Salade Trévise.. 113
Salade Wallitzka 210
Sardines au caviar.. 178
Sardines au vin blanc.. 12

Saucisson de foie gras à la Française.. .. 144
Stoudine de Galantine d'anguille.. 78
Tartelettes de Salade de volaille Bréville .. 178
Thon Quimperlaise 210
Tomates à la Provençale. 145
Tomates Bordelaise.. 79
Truites Marinées de Rozance.. 13

HORS-D'ŒUVRE CHAUDS

Anneaux d'anchois 114
Blinis moscovites au caviar frais.. 45
Bordure de gnocchi aux truffes à la crème .. 114
Bouchées d'Ortolans 212
Boudins de faisan grillés aux truffes.. 147
Boudins de lapereau aux pistaches.. 114
Boudins de volaille à la Villemer.. · 180
Caissettes de foie gras Lucullus.. 179
Canapés d'huîtres du Café Anglais.. 80
Crépinettes de Cailles Maréchale. 147
Crépinettes de perdreaux Du Bellay.. 211
Croustades à la Marinière.. 14
Escalopes de rognon de veau Câline.. 211
Favorites de Monseigneur.. 179
Feuilletés Cancalais.. 14
Filets mignons de poularde à la Marigny.. 211
Foies de Canard Polignac 80
Foies de poularde à la Clairville. 45
Fondue à la Française.. 13
Friantines de volaille à la Grimod.. 14
Gnocchi à la Sicilienne 46
Jambon du Cardinal.. 179
Jolis pâtés de Cailles 47
Laitances de carpe au vin de Musigny 47
Laitances de carpe en beignets.. 80
Langues de Morue à la crème fine.. 147
Macaronis Rossini.. 179
Moussettes de levraut au fin fumet.. 13

Œufs de Vanneau Henriette de France.. .. 179
Petites bouchées des Dames.. 14
Petites bouchées Royales 46
Petites caisses de noix d'huîtres.. 46
Petites crépinettes de la Comtesse 46
Petites rissoles Fontanges 79
Petites timbales Périgourdines.. 46
Petites timbales Régence.. 113
Petits carrés au Parmesan 146
Petits Friands du Régent 14
Petits soufflés Béchamel.. 179
Petits soufflés de Caille au fumet.. 79
Queues d'écrevisses au vin d'Or. 14
Queues d'écrevisses Bordelaise.. 146
Risotto Médicis. 180
Rissolettes de grives Pèlerine 114
Rissolettes Mignonnes.. 114
Rognons de coq au Marsala 211
Savarines de foie gras 114
Tagliatelli à la Vénitienne.. 212
Tartelettes Alsaciennes 80
Tartelettes de gnocchi de volaille au parmesan. 80
Tartelettes de l'oiseleur.. 146
Tartelettes de Madame.. 147
Tartelettes Lucullus. 113
Tartelettes mousseline 146
Tartelettes Valenciennes. 211

POTAGES

Bisque de nos Pères. 17
Borschtsch Petit-Russien 214
Consommé à la Duse 117
Consommé à la Jambe de Bois 117
Consommé à la moelle 81
Consommé à la Reine 182
Consommé Châtelaine 17
Consommé de volaille à la Française. 49
Consommé de volaille Palestrina. 17

Consommé Ducal 150
Consommé froid Castille. 82
Consommé froid Francillon 17
Consommé froid George V 117
Consommé froid Madrilène.. 150
Consommé froid Nemours 214
Consommé froid Pompadour. 50
Consommé Grande-Dame 181
Consommé Impérial.. 81

Consommé Madeleine 182
Consommé Rubis à la mousseline rose 49
Crème Albuféra. 213
Crème Altesse 81
Crème de blanc de volaille aux noix fraîches.. 16
Crème de blé vert 81
Crème d'orge d'élite 49
Crème d'Orsay.. 213
Crème Émeraude 116
Crème Germiny. 49
Crème Longueville 16
Crème Nignon.. 116

Crème Suzeraine 149
Croûte au pot de nos Ancêtres 116
Julienne verte 16
Potage de Bourgueil aux cosses de petits pois. 149
Pot-au-feu du bon Roi Henry 149
Soupe à l'oignon d'autrefois.. 150
Soupe à l'oignon Jérôme Coignard 182
Soupe Bretonne. 49
Soupe Jacqueline 182
Soupe Normande 117
Soupe Tourangelle 213
Soupe Valençay. 82

ŒUFS

Œuf au plat Monaco 148
Œufs au miroir à la Villemain 181
Œufs au miroir à la Chartres 83
Œufs au miroir Batelière 116
Œufs au miroir du Châtelain 48
Œufs brouillés Chevreuse 15
Œufs brouillés Demidoff 148
Œufs brouillés du Dauphin de France 212
Œufs brouillés Fanchette 47
Œufs brouillés Favorite 82
Œufs brouillés Rougemont 148
Œufs brouillés Vivonne.. 181
Œufs Chardin 148
Œufs cocotte Montfort.. 181
Œufs en cocotte Saint-Cloud 16
Œufs farcis à la Gourmande 15
Œufs farcis Lavallière 115
Œufs frits aux pommes d'amour. 48
Œufs Hervieu 213
Œufs Mariette.. 83
Œufs Marquise. 115
Œufs Martyne 82
Œufs mollets à la duc d'Aumale. 181
Œufs mollets Lucette 149

Œufs Montespan 180
Œufs mousseline 48
Œufs pochés à la Cussy. 181
Œufs pochés à la d'Orléans 16
Œufs pochés à la Savigny 48
Œufs pochés Bernardine 213
Œufs pochés Brillat-Savarin 149
Œufs pochés de l'Archevêque 213
Œufs pochés froids à la Chartres 116
Œufs pochés froids Charles X 212
Œufs pochés Suprême 15
Œufs pochés Wally 115
Œufs Thierrette. 82
Omelette à la Maugiron. 180
Omelette Claude-Lorrain 47
Omelette d'Alexandre Dumas 212
Omelette Dame Simone. 180
Omelette de la Mère Lucas.. 148
Omelette de Léon X 115
Omelette du Petit-Trianon 148
Omelette Princière 115
Omelette Royale. 15
Omelette Sablaise 83

POISSONS

Aiguillettes de barbue Madelonnette.. 152
Alose de Vertou. 153
Anguille de Chateaubriand.. 151
Anguille de Chateaurenault.. 86
Barbue à la d'Orléans.. 19
Barbue à la Poissarde 85
Barbue du Père Dufour.. 51
Bouillabaisse des Gourmets. 118
Brochet à l'Angevine 152
Caissettes de laitance à la Mariée 152
Carpe à la Aristide.. 182

Carpe à la gelée au vin vermeil.. 86
Carpe à l'Ancienne.. 216
Carpe à la Pontréanaise. 83
Carpe à l'Armoricaine.. 150
Carpe froide en terrine.. 17
Cassolettes de queues de crevettes roses.. .. 184
Côtelettes de saumon o-20-100-0.. 217
Crapaudine de Saumon.. 151
Écrevisses à la Batelière. 84
Écrevisses de la bonne Mère Françoise.. .. 53
Écrevisses des Gourmets. 51

Escalopes de saumon Vendéenne.	52	Pilaff de homard Parisienne..	184
Escalopes du Turbot Wagram..	152	Quenelles de brochet Lyonnaise..	19
Étuvée..	183	Queue de langouste Doria..	217
Filets de barbue au bon fumet..	117	Queues d'écrevisses au Champagne..	216
Filets de barbue Louis-Philippe..	52	Rosettes de turbot Jeannine.	19
Filets de rougets Seiglière	216	Saumon des Chartreux..	185
Filets de sole à la Condé	20	Sole au cidre du bon Normand	151
Filets de sole Beaumont..	119	Sole au Suprême..	184
Filets de sole du village..	84	Sole Barville	119
Filets de sole en berceau.	85	Sole Bonnefoy..	84
Fricassée de homard à la Debauge..	20	Sole Camille Cerf..	51
Gâteau de barbue à la française..	216	Sole Castille	216
Goujonnettes de sole Jussieu.	50	Sole de Dieppe Sergine.	18
Gratin de filets de sole Thélemoise	52	Sole Régence	152
Gros turbot à l'anglaise..	51	Sole Sablaise	151
Homard au feu d'Enfer	153	Sole Stroganof..	186
Homard au Porto..	84	Sole Thérèse	215
Homard Bonne-Dame..	18	Sole Valois.	217
Homard de l'Ile verte..	85	Suprêmes de truites de rivière Chevreuse	186
Homard farci Vendôme.	53	Suprêmes de truites en papillotes	20
Homard Saint-Cloud	118	Suprêmes de turbot gourmande.	215
Homard Thermidor..	120	Tourte d'anguille chaude aux laitances	118
Laitances de carpes au vin Gaillard.	183	Truites de rivière au vin dru	83
Laitances de carpes Demina.	118	Truites de rivière aux croquettes fines	119
Koulibiak de saumon	215	Truite saumonée à la Renommée	184
Matelote de lamproie aux pruneaux.	185	Truite saumonée bien accompagnée	18
Matelote rosée..	50	Truites saumonées bien accompagnées	183
Mousseline de turbot Bauloise..	84	Truite saumonée marinière..	214
Noisettes de homard Brébant..	185	Truite saumonée rubis..	117
Noisettes de truite saumonée à la gelée de		Turbotin soufflé Nantaise..	50
Musigny..	119	Vol-au-Vent de filets de sole Valençay..	185

ENTRÉES CHAUDES

Agneau de Pauillac entier à la Pierville..	190	Caneton à la Romaine..	88
Aiguillettes de bœuf à la cuiller..	87	Caneton au jus d'or..	122
Aiguillettes de caneton au ragoût fin..	188	Caneton au Pommard	22
Baron d'agneau aux beignets fins	124	Caneton Caprice	90
Baron d'agneau du Café Foy	155	Caneton feuilleté	90
Bécasse au feu sacré	189	Caneton Follette	122
Bécassines à l'eau-de-vie.	222	Caneton Petite-Fermière.	158
Bressoles de lièvre à la d'Orsay..	88	Chateaubriant aux perles noires..	89
Bressoles de lièvre à l'ancienne..	57	Chou Maître-René..	25
Bressoles de veau Coigny	124	Civet de lièvre à la Royale..	123
Bressolettes de lièvre Nantaise..	158	Côte de bœuf à la broche Compiègne	21
Cailles à la bourgeoise..	91	Côte de bœuf braisée Darmont..	120
Cailles aux beignets..	159	Côtes de veau aux pistaches.	126
Cailles aux laitues au Porto..	123	Côtes de veau Duchesse.	154
Cailles aux noix fraîches.	219	Côtes de veau en rosace..	121
Cailles Cavalière	126	Côtes de veau Maman Jeanne	87
Cailles du Vert-Galant..	23	Côtelettes d'agneau Widal..	91
Cailleteaux à l'Excellence..	58	Côtelettes de faisandeau Gentilhomme	191
Canard à la Mantouane.	222	Côtelettes de levraut Crébillon..	124
Caneton à la Bonne-Dame..	54	Côtelettes de levraut Remy de Gourmont	57

Côtelettes de mouton à la moelle. 188
Côtelettes de perdreaux Monselet 55
Côtelettes de volaille Maleville 25
Côtelettes de volaille Maréchal 23
Côtelettes de volaille Marie-Louise 187
Cul de veau à la casserole du Cardinal 54
Culotte de bœuf à la Bretonne 154
Curry de poularde 217
Daube Béarnaise 188
Daube de bœuf Tourangelle. 55
Daube d'oie Fréneuse 23
Délices de Bretagne. 158
Dinde Gastronome 220
Dodine de canard 190
Dodinette de bécasses 219
Élégantes parfumées aux perles noires 192
Étouffée Orléanaise. 56
Faisan à la Dauphinoise 158
Faisan au feu d'Enfer 91
Faisan Brillat-Savarin 125
Feuillantines. 192
Filet de bœuf à la glace fine. 24
Filets de grives à la minute 220
Filets de levraut Marie-Jeanne 123
Filets de lièvre à la Lyonnaise 221
Foie gras à la mode de Nantes 155
Foie gras Hervine 57
Fondants de volaille à la Française 88
Fricassée de volaille Saint-Amant 187
Gâteau de bœuf Gutzeit. 219
Gâteau de lièvre. 156
Gigot de Pré-Salé braisé de sept heures.. .. 56
Gratin de grives Ardennaises. 221
Gratin de perdreaux. 192
Grives au chasseur 126
Grives au genièvre 54
Hervinettes.. 222
Islettes d'agneau. 24
Jambon de Virginie à l'Américaine 218
Jambon du comte de Béru 222
Jambon d'York au Champagne 154
Jambon d'York aux nouillettes à la Murat .. 186
Lièvre aux saucisses à l'ancienne mode 26
Matelote de caneton à la Capelière 155
Merveilleuses 26
Mousse de jambon aux pommes d'amour. .. 22
Mousse de volaille suprême 157
Mousseline de jambon Carmen 87

Mousseline de poularde Parisienne 220
Navarin. 189
Noisettes d'agneau Vivienne. 24
Noisettes de Béhague Altesse 22
Noix de jambon de la Cave-Peinte 53
Oie de la Saint-Martin.. 125
Oison Alsacien 156
Palets des Dames 219
Pâté chaud de caneton à la Marignan 218
Perdreau sauté Monselet. 156
Perdreaux de l'Archevêque 24
Perdreaux rouges Belle Toulousaine.. 125
Petits filets crêpettes. 157
Porcelet des Gourmands. 21
Pot Royal 86
Poularde à la Moelle 92
Poularde à la Valois 56
Poularde Coquette 191
Poularde de Houdan friande. 88
Poularde Délice. 90
Poularde de Richelieu 155
Poularde des Tonneliers.. 122
Poularde du Passeur. 125
Poularde Galante 90
Poularde Gourmande 121
Poularde Jacqueline.. 54
Poularde Simonnette. 25
Poularde Surprise 157
Poulet au citron.. 89
Poupeton de ris de veau.. 157
Poussins à la Colbert 192
Ris de veau à la Briand. 56
Rognons de veau Bonne-Femme.. 221
Rosettes de bœuf Villemain.. 26
Rosettes de veau Gastronome 21
Sauté de Perdreaux Paiwa.. 190
Selle d'agneau Colette.. 187
Selle de Béhague Juliette 156
Selle de Chevreuil à la Normande.. 54
Selle de Chevreuil Marly 124
Selle de Pré-Salé Marquise 121
Selle de Pré-Salé Yvonnette 221
Selle de veau du Comte d'Artois 89
Selle de veau Prince Orlowsky.. 24
Soufflé de jambon du Gastronome.. 57
Soufflé de volaille Perrine 218
Suprêmes de perdreaux Gastronome 91

ENTRÉES FROIDES

Cailles à la Cherville 224
Caneton du Bon Curé 60
Caneton Saint-Évremond. 223

Carpe du Père Douillet. 224
Carré de veau Sergine.. 160
Charpie de Veau 223

Culotte de Bœuf fondante.. 93
Daube de poularde à l'Ancienne 160
Faisan à la Rossini.. 194
Foie gras à la gelée de faisan 28
Foie gras Altesse 58
Foie gras au Porto.. 161
Foie gras en Daube. 194
Fricassée de Volaille de Belley. 127
Langouste à l'Élégante.. 92
Marbré de Bœuf 93
Moussette de Homard Renan 160
Noix de Jambon Charles X.. 60
Parfait de foie gras à la Royale.. 194
Pâté d'alouettes Nignon.. 193

Pâté de bécasses à la gelée.. 59
Pâté de bécassines 127
Pâté de caneton d'Amiens .. .. .. 27 et 159
Pâté de foie gras de Strasbourg ou pâté de
   Close.. 127
Pâté de grives au genièvre.. 159
Pâté de lièvre de Nantes. 128
Pâté fin de volaille aux truffes 58
Pâté friand de caille à la feuille de vigne. .. 94
Poularde à l'estragon à la Chartres.. 193
Poularde Frileuse 27
Poularde Frimas 93
Poularde Surprise 59
Selle de Pré-Salé Saint-Amant 127

RÔTS

Bécasse succulente.. 195
Brulôt de perdreaux 61
Cailles accompagnées d'ortolans sur la cendre 129
Cailles à la feuille de vigne.. 29
Caneton de Rouen à la presse 61
Dindonneau surprise. 29
Faisan accompagné.. 95
Faisan escorté 225

Oison à la moutarde.. 161
Ortolans à la goutte de sang. 195
Perdreaux friands.. 225
Poularde des gourmets.. 225
Poussins aux perles noires Catheline 129
Roi de Caille à la goutte de sang.. 162
Selle de Marcassin au Chasseur.. 95

SALADES

Salade à la d'Orléans.. 129
Salade Choiseul. 225
Salade de laitue Directoire 28
Salade Élisa. 94
Salade Florise 28
Salade Fontanges 194
Salade Lyria 60
Salade Mignonne 195

Salade Mimosa.. 94
Salade Princesse. 128
Salade Renée. 225
Salade Rosemonde 60
Salade Souveraine 161
Salade Teissière. 28
Salade Valmont. 161

LÉGUMES

Asperges à la Béarnaise.. 226
Asperges à la Française.. 31
Asperges à la Gould. 61
Asperges au gratin.. 130
Aubergines à l'étouffée.. 150
Aubergines au four.. 30
Bordure des Augustines. 196

Bordure Printanière. 129
Cardons à la Rossini.. 95
Casserole de cèpes Hébrard 227
Cèpes à la feuille de vigne.. 162
Cèpes frais en terrine 162
Champignons au Madère à la Chevigné 95
Chicorée aux amandes fraîches.. 130

Chicorée aux bouchées Duchesse. 62
Cœurs de céleri à l'Essence.. 30
Compote Paysanne.. 96
Compote Petite-Baronne 196
Concombres Petit-Duc 163
Courgettes Bonne Fermière.. 96
Endives Madeleine.. 31
Épinards à la Chimay.. 226
Feuilleté de truffes.. 29
Fines laitues Dame Simonne.. 61
Fonds d'artichauts Célestine.. 30
Fonds d'artichauts Comtesse. 162
Haricots verts Parisienne 62

Macaronis Baufremont 196
Morilles Richemonde 62
Paupiettes de laitues. 226
Petits pois à la Nivernaise.. 62
Petits pois Normande 130
Pomponnettes de laitue.. 96
Purée de flageolets aux œufs Colette.. 30
Têtes d'asperge Poulette. 96
Tomates La Varenne 196
Truffes à la Mirepoix 226
Truffes au Porto à la crème. 226
Truffes aux fines herbes.. 62
Truffes Surprise 196

ENTREMETS

Baisers fins.. 64
Beignets de cerises des Béguines 163
Beignets du Sacristain 63
Beignets Marquise 97
Beignets Mignons 98
Benoîton. 132
Bordure d'ananas Sylviane.. 131
Café glacé à la Française 63
Coquilles succulentes 63
Coupe de l'Imagier.. 198
Coupe glacée à la Reine 98
Coupe glacée framboisée. 32
Coupe glacée moka 199
Coupe glacée Napolitaine 132
Crêpes aux noix fraîches 198
Crêpes chocolatines 31
Crêpes flambées Marnier 97
Crêpes Laurette. 164
Crêpes Suzette 163
Croûte aux cerises à la Duchesse.. 130
Croûte aux pêches Créole.. 98
Croûtes Chantilly 164
Croûte Maréchale 131
Délice aux fraises.. 32
Épis d'or.. 131
Figues à la Barante. 199
Fleurs de pêchers.. 199
Fraises à la Royale.. 164
Fraises au Champagne.. 228
Fraises de Paris.. 199
Groseilles au miel.. 63
Meringues glacées au Rocher 98
Merveilles frites.. 164
Mousse d'orange à l'Andalouse.. .. .. ., 197
Mousse glacée Nantaise. 31
Mousseline du Cardinal.. 229

Neige aux fraises.. 132
Orangine 32
Parfait Smarchkel. 63
Pêches à la Valois.. 198
Pêches Amandines 32
Pêches Ambassadrice 228
Pêches Cerisette. 164
Pêches Créole 228
Pêches Grisine 64
Pêches Marceline 97
Pêches Moskowa 163
Pêches Olly.. 31
Petits pots de crème Marly 64
Petits soufflés Choisy 197
Poires Mélisande 164
Ponchardrins à l'Impériale.. 63
Ponchardrins de fraises à la Parisienne. .. 228
Précieuses aux fraises 197
Profiteroles Surprise. 198
Pouding Duchesse 197
Pouding Mousseline. 227
Pouding soufflé Cerisette 132
Pouding Vicomtesse. 163
Quartiers de poire Duchesse Anne 97
Quartiers de poire Impératrice 228
Queens Pudding.. 198
Soufflé Chocolatine.. 131
Soufflé Délice 96
Soufflé Fin 131
Soufflé glacé Canadien 228
Soufflé glacé Mélisande. 97
Soufflé Montpensier. 32
Soufflé Surprise 227
Soufflé Xénia 64
Varenikis aux cerises 197

LA PÂTISSERIE

Abricotines Galeran.	132	Petites galettes bretonnes	165
Amandes grillées à l'ancienne	33	Petits bâtons vanillés	33
Cake	99	Petits gâteaux de Nantes	99
Couronne d'Éleusis	65	Petits pains de Merlin	165
Délice d'Yveline.	199	Petits pains Mélusine	133
Delza	200	Petits Nivernais.	229
Doigts de la Lune	65	Talmouses de Nantes	33
Favart	230	Tarte Amélie	65
Fondant américain	133	Tarte aux framboises Montbazon	200
Gâteau Castillane	33	Tarte aux Pêches	165
Gâteau de France	165	Tarte Cerisette	200
Julie-d'Angennes.	229	Tarte Jean-Marchand	133
Macarons d'Amiens.	99	Tartelettes aux Pêches	33
Mailly	230	Tartelettes Créole	132
Meringue	65	Tartelettes de la Reine Pédauque	230
Nicolettes	199	Tartelettes Marquise	99
Palets des Dames			

C'est le premier décembre mil neuf cent dix-neuf

que sur les presses

de G. DE MALHERBE ET Cie,

on acheva d'imprimer, à Paris,

L'HEPTAMÉRON DES GOURMETS

ou

LES DÉLICES DE LA CUISINE FRANÇAISE

par

ÉDOUARD NIGNON.

Une fable cocanéenne l'orne,

tissée par sept maîtres que s'était plu à réunir

BERTRAND GUÉGAN.

www.ingramcontent.com/pod-product-compliance
Lightning Source LLC
LaVergne TN
LVHW021543170726
843501LV00004B/1174